图书馆学系列丛书

俄罗斯图书馆事业政策法规研究

贺延辉◎著

本书全面梳理和阐释从沙俄到苏联再到俄罗斯的不同历史时期，
全方位展现近二十年来俄罗斯图书馆事业从衰退到复苏再到振兴的发展历程，
便于认知俄罗斯图书馆事业发展的全貌。

知识产权出版社
全国百佳图书出版单位

内容提要

本书全面梳理和阐释从沙俄到苏联再到俄罗斯的不同历史时期（主要是当代俄罗斯），俄罗斯图书馆事业发展的有关政策、法律、职业规范等的制定背景、内容、特点、作用、价值等，通过对俄罗斯图书馆政策法规的研究，全方位展现近二十年来俄罗斯图书馆事业从衰退到复苏再到振兴的发展历程，便于认知俄罗斯图书馆事业发展的全貌。

责任编辑：许　波　　　　**责任出版**：卢运霞

图书在版编目（CIP）数据

俄罗斯图书馆事业政策法规研究／贺延辉著．—北京：知识产权出版社，2013.7

ISBN 978－7－5130－2163－0

Ⅰ．①俄…　Ⅱ．①贺…　Ⅲ．①图书馆事业—方针政策—研究—俄罗斯②图书馆法—研究—俄罗斯　Ⅳ．①G259.512②D951.221

中国版本图书馆CIP数据核字（2013）第171223号

俄罗斯图书馆事业政策法规研究

ELUOSI TUSHUGUAN SHIYE ZHENGCE FAGUI YANJIU

贺延辉　著

出版发行：知识产权出版社

社　址：北京市海淀区马甸南村1号	**邮　编**：100088
网　址：http://www.ipph.cn	**责编传真**：010－82000860转8353
发行电话：010－82000893 82000860转8101	**传　真**：010－82000893
责编电话：010－82000860－8380	**责编邮箱**：xubo@cnipr.com
印　刷：保定市中画美凯印刷有限公司	**经　销**：新华书店及相关销售网点
开　本：787mm×1092mm　1/16	**印　张**：19.25
版　次：2013年8月第1版	**印　次**：2013年8月第1次印刷
字　数：300千字	**定　价**：58.00元

ISBN 978－7－5130－2163－0

目　录

1 引　言

在图书馆领域，中国人有一种难以割舍的俄罗斯情结。历史上的苏联曾有过繁荣发达的图书馆事业。鼎盛时期的苏联图书馆学在世界图书馆学体系中占有举足轻重的位置，其理论思维与思想曾影响了整整一代的中国图书馆学家，[①]学习、引进、研究列宁关于图书馆的思想及苏联图书馆事业的建设原理与经验是我国图书馆学基础理论研究与发展的第一阶段。[②] 苏联图书馆思想和经验被应用于我国图书馆实践和事业建设，苏联图书馆事业曾是我们的榜样，也是我国学者研究关注的重点，但两国关系的恶化中断了这种研究。

20 世纪 90 年代苏联解体，中国和俄罗斯（简称中俄）关系实现正常化，建立了全面战略伙伴关系，这使得恢复和加强两国图书馆领域的交流合作成为可能。1992 年中国和俄罗斯两国政府开始签订文化合作议定书，支持图书馆合作，中国国家图书馆与俄罗斯国立图书馆、上海图书馆与俄罗斯国家图书馆建立联系机制。2006 年和 2007 年中俄“国家年”活动、2009 年和 2010 年中“语言年”活动为两国图书馆界提供了良好的交流平台。2007 年和 2008 年，俄罗斯国家图书馆馆长率团访问了中国国家图书馆和上海图书馆；2009 年俄罗斯图书馆代表团访问中国国家图书馆；2011 年中国国家图书馆代表团应邀访问俄罗斯国家图书馆；2012 年中国国家图书馆馆长会见叶利钦总统图书馆馆长一行。中俄图书馆界开展了专家互访、人才交流、互赠图书资料，并合作探讨图书馆问题。如今同为金砖国家的中俄两国正处在最重要的历史时期，关注与我国图书馆事业有深刻历史渊源的俄罗斯图书馆事业，愈加凸显出其历史必然性和现实迫切性。

多年来，我国的国外图书馆研究一直比较热衷于欧美等发达国家的图

---

① 林曦. 俄罗斯图书馆学理论研究热点评析[J]. 中国图书馆学报，1997(6)：26－37.

② 黄宗忠. 20 世纪 100 年图书馆学基础理论的研究与进展及其评介(下)[J]. 晋图学刊，1998(3)：1－7.

书馆事业，对俄罗斯图书馆事业的研究很少。的确，西方发达国家图书馆事业的理论和实践处于世界领先地位，足以将全球目光吸引在它们身上，但俄罗斯图书馆事业作为曾经的国际图书馆界“巨人”，其历史积淀下来的深厚文化底蕴和巨大的发展潜力为世界所公认，仍是当今国际图书馆事务中不可或缺和不可小觑的力量。因为缺少俄罗斯元素容易导致国外图书馆学术研究的片面性和片断性，难以形成完整的学术体系和科学思想，难以展示世界图书馆事业发展的多样化全景，所以研究国外图书馆时没有理由遗忘俄罗斯。

20 世纪 90 年代是俄罗斯图书馆事业发展变化最为显著的非常时期。俄罗斯图书馆一方面要应对社会制度剧变带来的生存发展危机，探索和确立与转型制度相适应的管理体制与发展模式；另一方面要面对全球图书馆事业信息化、网络化浪潮带来的机遇与挑战，实现从传统形态向信息化形态的转变。在短短的二十几年时间里，俄罗斯图书馆事业历经了危机、衰落、复苏的不寻常改革发展之路，如今正迈向振兴繁荣之路。俄罗斯图书馆事业政策法规不仅完整记录了这一曲折艰难而又充满希望前景的发展历程，而且指明了俄罗斯图书馆事业发展的目标、方向、任务与内容，更成为俄罗斯图书馆事业发展的纲领性指导与基础性保障。可以说，俄罗斯图书馆事业政策法规的研究、制定、实施的过程就是俄罗斯图书馆事业的一部发展史。研究俄罗斯图书馆事业政策法规，能全方位展现俄罗斯图书馆事业的面貌与未来。

“图书馆法”“图书馆政策”“图书馆职业规范”等沉寂了几十年甚至百年的术语在俄罗斯社会转型时期重新回到俄罗斯图书馆事业管理层和图书馆界的视野，受到高度重视，并在新的历史时期和社会背景下被赋予了具有时代意义的目标取向、价值理念、内涵精神与结构内容。制定实施图书馆法、图书馆政策、图书馆职业规范成为俄罗斯图书馆事业管理者及图书馆界的重要研究内容和实践任务。实践表明，俄罗斯各类图书馆政策法规的出台和实施，对俄罗斯图书馆事业走出困境、解决发展面临的问题及振兴繁荣等的作用明显。通过梳理俄罗斯图书馆政策法规的历史变迁轨迹、现实发展状况及未来前行趋势，揭示俄罗斯图书馆事业发展的规律、特点与前景。本书重点分析研究各类图书馆政策、法律法规、职业规范的制定背景、具体内容、实践意义及实施保障措施等问题，期望对我国图书馆事业发展能有所启示,因为“没有哪个国家像俄罗斯与中国这样具有如此大的可比性和可借鉴性,中俄两国的可比性和互补性程度,是其他任何国家都难以达到的”。[①]

中国和俄罗斯图书馆事业发展和管理模式曾经如出一辙,有相似的发展历程,虽然20世纪90年代后受两国不同的改革之路影响而有所不同,但如今同处于相近的信息化建设与发展阶段,都面临着整体水平不高、发展不均衡、信息化程度有待提高、经费不足等问题。中俄两国图书馆事业发展各具特色,俄罗斯图书馆事业在法制建设、发展政策制定和职业规范体系构建方面的研究成果和实践经验值得借鉴,而这些方面是我国图书馆事业发展的重要保障和动力,也是薄弱环节。变化轨迹其实是共同财富,俄罗斯图书馆事业的发展经验成果甚至教训也是我们的财富,分享这些财富有助于开阔视野、拓宽思路,启迪我国图书馆事业又好又快发展。

① 不能遗忘的俄罗斯:中央教育科学研究所所长朱小蔓访谈[EB/OL]. http://news.xinhuanet.com/2006russia/2006-11/30/ content_5496189.htm

2 苏联时期的图书馆政策法规

2.1 苏联图书馆政策法规概述

苏联曾建立起世界上最发达的图书馆系统,苏联图书馆事业令人瞩目的辉煌成就为苏联社会主义建设和成为世界强国做出重要贡献,对世界图书馆事业产生重要影响。苏联图书馆事业的繁荣源于国家的重视,1992 年俄罗斯国家图书馆编制的图书馆政策法规数据库显示,苏联时期颁行的各类图书馆政策法规达 252 个,[①]涉及图书馆事业发展的各方面。

苏联在图书馆事业建设中推行一整套理念、体制、方法、政策,经过长期的理论研究与实践摸索,形成了苏联图书馆事业发展模式,包括三个层面的综合概念:①理论层面,苏联图书馆事业是在列宁的图书馆思想理论指导下进行的,它规定了苏联图书馆事业发展的基本特征、模式选择的基本类型;②体制层面,苏联实行图书馆事业国家集中领导体制来适应和贯彻思想理论;③政策法令方面,即苏共和苏联政府为实现体制运行而采取的与图书馆事业有关的决议、法令、计划等。图书馆政策法规是这个模式的重要组成和实现手段,全面反映苏联图书馆事业的发展目标、原则、方向、内容等,为研究苏联图书馆事业提供基本素材。

我国学者认为,研究苏联问题应分清三个性质不同的时期:①社会主义革命和建设时期:1917 年十月革命胜利、建立社会主义制度到 1985 年 3 月戈尔巴乔夫担任苏共总书记;②社会主义向资本主义演变的过渡时期:戈尔巴乔夫上台到 1991 年 12 月苏联解体;③社会制度根本转型时期:苏联解体、

---

① В. Р. Фирсов. Государственное законодательное регулирование деятельности библиотек [EB/OL]. http://www. rba. ru:8101/ or/od/law/obesp/fir/fir1. htm

俄罗斯独立。① 这种划分是基于社会制度变化而提出的，意在对社会制度变迁下的苏联进行区别性研究。对苏联图书馆政策法规的研究也将依此划分展开，苏联图书馆事业建立在苏维埃制度基础上，制度转变从根本上改变了图书馆事业存在和发展的根基。不同历史时期，在政治、经济、文化等社会背景要素的影响下，图书馆政策法规的目标、原则、任务、内容等迥异，根据社会变化分阶段研究苏俄罗斯图书馆政策法规，才能客观反映不同制度时期图书馆政策法规的发展变化。

2.1.1 社会主义革命和建设时期（1917－1985 年）

1917 年十月革命后，新诞生的苏维埃政权面临巩固政权和重建国民经济的重任。面对国内外敌对势力的威胁与破坏，苏维埃政权必须建立强有力的政治思想宣传体系，向人民宣传马克思主义，转变民众世界观，树立共产主义思想，建设苏维埃社会主义国家。国内战争造成大量人员伤亡、大批俄罗斯人侨居国外，导致俄国内劳动力资源空前缺乏，大量缺少知识文化的农民涌入城市，参与经济与社会建设，人口文盲率达 80%，城市和农村建设急需有知识有文化的人。为此，苏维埃政权首要工作是对民众进行思想和文化教育。列宁在革命斗争中曾利用过德国、英国、法国、瑞士、丹麦、瑞典、波兰等多国图书馆，多年亲身实践和体验使他对图书在改变民众思想、发展国民经济中的作用有深刻认识，他指出："在一个不读书、不善于利用图书的国度中，建设社会主义是无法想象的。"②他认为，发展图书馆事业的意义重大，它是国家文化程度的标志，作为沟通社会思想的系统和社会使用图书的一种组织形式，图书馆有助于民众了解高度发达的近代文明，因此图书馆作为传播知识和对民众进行政治教育的中心，在社会生活中应占有一定地位。他要求苏维埃政权重视发展图书馆事业，通过建设图书馆网提高国民思想水平、文化素质、劳动技能。在列宁的领导下，苏维埃政权在执政之初就将图书馆事业视为国家教育系统的重要组成而着力建设。1918－1920 年，苏维埃人民委员会召开了 33 次会议研究图书馆问题，颁布了"国家对图书馆事业的组织安排""保护俄罗斯苏维埃联邦社会主义共和国图书馆和藏书

① 周新城，张旭．苏联演变的原因与教训：一颗灿烂红星的陨落[M]．北京：社会科学文献出版社，2008：115－116.

② 何善祥．克鲁普斯卡娅的图书馆学思想[J]．中国图书馆学报，1991(2)：49－57.

库”“征用图书馆、书库和一般书籍的程序”“储存书籍和其他印刷物的国有化”“登记彼得格勒存书条例”等法令，将沙俄时期各类图书馆和藏书超过500册的个人图书馆进行国有化改造，作为苏维埃图书馆事业的基础组成，只允许知名科学活动家、文化活动家拥有个人图书馆。

1920年11月，依据列宁的建议，苏维埃人民委员会颁布了“集中管理俄罗斯苏维埃联邦社会主义共和国图书馆事业”的法令，这是第一部以社会主义国家图书馆事业发展纲领为内容的法令，宣告苏联图书馆系统和苏联图书馆学理论的诞生，确定了国家集中领导图书馆事业、有计划发展图书馆网等国家管理图书馆事业的基本原则，规定了所有部门、机关、社会团体的图书馆一律宣布为人人都能利用的图书馆，列入国家统一图书馆网内，一律交由教育人民委员部中央政治教育委员会管辖。① 依照该法令，逐步建立起图书馆图书国家集中供应制度，保证了图书馆有稳定充足的图书来源。②《帮助自学》《红色图书馆员》《共产主义教育》等刊物成为这个时期图书馆政策研究方法的保障。

1923年苏维埃人民委员会发布“大众图书馆工作”命令，要求各加盟共和国、边疆区建立科学图书馆，每个地区都要组建中心图书馆，作为图书馆工作研究中心和大众图书馆服务中心，为流动图书馆网提供图书文献。依据该命令，图书馆主管部门着手建设大众图书馆，学校、农村、工厂开办图书馆、农村木屋阅览室、帐篷阅览室、红色茶馆、农民之家等，用征来的文献充实其收藏。1923年10月，俄共(布)中央委员会发布“加强党对图书馆工作影响”令，首次将图书馆置于苏共领导之下，规定在党的宣传鼓动部下设图书馆委员会，建议地方党组织的书记们参加当地图书馆委员会，从中央到地方各级党组织都能从组织制度上加强对图书馆的领导，保证图书馆发展的政治方向，图书馆成为苏共宣传思想政策的工具和群众性教育阵地。1924年俄罗斯苏维埃联邦社会主义共和国第一届图书馆代表大会召开，大会指出，图书馆员工作的主要目的是将图书馆变为研究和宣传共产主义世界观的工具，图书馆要成为对人民进行思想教育的中心。1924年《红色图书馆

---

① 彭斐章. 论苏联图书馆事业发展中观念的变革[J]. 武汉大学学报(社会科学版)，1987(5)：12-14.

② А. Н. Арканников. Декрет «О централизации библиотечного дела», как первая попытка создания в России закона о библиотеках [EB/OL]. http://libconfs. narod. ru/1998/8s/8s_p5. html

员》“图书馆立法”专题指出,缺少明确的法律保护使图书馆工作遇到许多问题无法解决,建议制定创办图书馆和开展图书馆工作的法定程序,明确图书馆的公共性和免费性,采用必要的集中管理机制,立法制止图书馆物质条件恶化等。

1925 年 9 月,俄共(布)中央委员会发布“农村图书馆及向图书馆供应通俗读物”决议,提出一年之内将农村图书馆网的固定图书馆发展到 1 万所,流动图书馆发展到 3.5 万所,向农村供应反映农村问题的图书和法律、文艺、政治类图书。该决议奠定了有计划发展农村图书馆事业的基础,表明苏共对图书馆在提高农村居民文化水平、丰富农村文化生活中主导作用的认可。

1929 年 10 月,联共(布)中央委员会颁布的“改进图书馆工作”决议,在苏联图书馆事业史上具有重要意义。针对国民经济发展五年计划初期,图书馆事业落后于群众文化需求和国民经济社会主义改造任务的状况,决议确定了图书馆未来若干年的发展道路,规定了图书馆的政治性和政治目标,建议加盟共和国的党组织、工会、人民教育委员会整顿和改造图书馆工作,使图书馆与其日益增长的政治作用相适应,把图书馆建成有助于党组织动员群众完成社会主义建设五年计划的文化中心,千方百计地扩大图书馆网,使图书充分地为工业中心、国营农场、集体农庄服务,依靠国家财政,发挥劳动者首创精神,改善图书馆物质条件和藏书状况。

20 世纪 20 年代,苏维埃政府重视社会利用图书的组织工作,引导图书馆员参加政治和经济活动,到工人、农民、妇女儿童中宣传图书,帮助劳动人民接受共产主义教育,为恢复国民经济,实现社会主义工业化积极工作。这一时期的政策法令确立了苏联图书馆事业发展的国有化、普及化、免费性、国家集中化领导等原则基础,使图书馆事业的发展和社会地位逐步提高到与当时政治、经济、文化发展任务相适应的水平,为苏联图书馆事业繁荣发展奠定了基础。

1934 年 3 月,苏联中央执行委员会通过“苏联图书馆事业”决议,将苏维埃政府图书馆政策具体化,是苏联图书馆事业迈向新阶段的转折。决议肯定成就的同时,指出图书馆状况仍不能满足社会主义建设需要,强调国家对图书馆事业发展和图书馆网建设领导的必要性,提出做好扩大图书馆规模、改进藏书状况、改善图书馆条件、培养图书馆干部、吸引劳动者参与图书馆建设等工作,要求党组织、工会、人民教育委员会加大图书馆网建设规模。

决议提出新的图书馆管理方式，要求加盟共和国中央执行委员会在人民教育委员会内设图书馆管理员，组建图书馆事业联合建设委员会，研究图书馆事业发展的一般性问题，协调各部门图书馆工作，增设图书配发处，为图书馆配送图书，加强图书馆事业集中领导体制。按决议，1934 年进行了全苏第一次图书馆普查，全苏有图书馆 11.6 万个，藏书 3 亿册。

卫国战争之前，苏联各类图书馆网基本建成，图书馆成为教育、科学、文化系统的重要组成。第二次世界大战使苏联图书馆遭受严重破坏，7.6 万所图书馆被毁，受损图书超过 10 亿册，珍贵藏品、手稿文献被德国法西斯掠夺。卫国战争期间图书馆为保家卫国的战事服务，宣传爱国主义文献，编制战事技术图书书目，为上前线的人学习新知识技能提供服务。由于 1943 年国家采取了保护藏书的非常措施，战后图书馆重建顺利，大众图书馆网快速恢复，由 1946 年的 4.74 万所增至 1950 年的 12.3 万所。1950 - 1960 年各类图书馆网全面发展。

1959 年 9 月，苏共中央委员会通过“全国图书馆事业状况及其改进措施”决议，对提高图书馆思想教育水平做出指示，指出图书馆物质基础状况、干部选拔与培养虽有所改善但仍不令人满意，在调整图书馆网、改善藏书和工作条件、干部培养、科技情报目录编制、集中分类编目、图书馆建设与装备、图书馆设备生产等方面部署新任务。为提高图书馆事业整体水平，苏共中央委员会赋予苏联文化部对全国图书馆事业统一领导、协调的权力，苏联文化部成立了图书馆检查总局。决议巩固了建立统一图书馆系统的组织基础：国家统一规划图书馆服务，国家集中领导和协调各系统图书馆，加强图书馆委员会的作用，避免和克服平行重复工作。为实现图书馆应为群众所享用的列宁主义原则，决议为图书馆确定了重要任务，即把图书送到每个家庭，保证劳动人民自由利用任何一所图书馆，重申了把图书馆建成向群众宣传政治、教育、科技、农业等方面知识的中心及党组织对劳动者共产主义教育的坚固阵地。

20 世纪 70 年代初，苏联图书馆事业建设基本完成，取得显著成效，形成了多部门、多层级的图书馆网，各类图书馆在读者服务、文献收藏方面分工明确，能满足社会主义建设和居民需求。1967 - 1971 年“图书馆与科技情报”项目研究显示，科研人员需要图书馆提供专业科技情报，但国家没有将为专业人员提供科技情报作为图书馆新任务，而是成立了科技情报中心。

苏联国家科技委员会负责科技情报中心网建设，众多科技图书馆变成了科技情报中心，图书馆由 1960 年的 38.2 万个降到 1975 年的 35 万个，国家大量资金用于科技情报中心自动化建设，图书馆自动化建设一度受到影响。

1974 年 5 月，苏共中央委员会通过了具有里程碑意义的“提高图书馆在对劳动者进行共产主义教育和科技进步中的作用”决议，决议要求：党和国家机关重视图书馆事业，提高图书馆的社会作用，将图书馆作为党组织对人民进行共产主义教育的可靠阵地、政治思想和科学情报机关，巩固图书馆的思想功能，图书馆利用馆藏宣传党和国家政策，尽力将工作活跃起来，宣传最新科技成就，培养劳动人民共产主义觉悟，用知识武装他们，以便卓有成效地完成国民经济计划，克服各类图书馆本位主义思想，消除长期存在于各部门图书馆间的隔阂，加强图书馆合作协调，建立跨部门图书馆网络，完善图书馆事业领导体制，建立跨部门图书馆委员会，统一领导和协调全苏图书馆事业，把图书馆职能扩展到为教育、科学、情报等服务。决议提出在集中化原则基础上组建图书馆事业、建立全苏统一图书寄存本制度、编制联合目录、研究建设图书馆网等，确定集中化的目的、内容、经济基础等。这个时期开展的“图书和阅读在苏联社会生活中”“图书馆藏书建设与利用”“科学图书馆藏书发展前景”等研究，为决议的制定实施提供了科学基础。为贯彻决议，苏联政府批准了《统一馆际互借系统条例》《全苏图书馆藏书寄存保护条例》《国立大众图书馆集中化条例》《国立大众图书馆集中化过程与远景》《大众图书馆网组建统一标准条例》《综合图书馆和科技图书馆的相互关系》等文件，以加强图书馆间关系，利用馆际互借满足读者需要，图书交换量大增，过时和利用率低的图书重复量下降。

1984 年 3 月，苏联最高苏维埃主席团通过了《苏联图书馆事业条例》，这是苏联时期最为重要的图书馆法令，是苏联人民文化生活中的一件大事。[①] 条例确立了图书馆与国家、社会机构、公民的关系，突出图书馆的社会作用和地位，巩固了图书馆单一意识形态的任务：宣传马列主义、苏共和苏维埃国家的政策与历史、社会主义制度和苏联生活方式的优越性，促进公民政治思想教育、劳动教育、德育教育和美育教育，形成科学的马列主义世界观和

---

① H. C. 卡尔塔绍夫. 苏联统一图书馆网的发展[J]. 滕义勇，译. 图书馆学通讯，1988(3)：43－50.

思想信念。条例明确了图书馆是思想教育、文化教育和科学情报机构，规定了图书馆的社会职能是促进苏联公民享有宪法赋予的接受教育、使用文化成果、休闲、科技和艺术创造自由等权利的实现，促进人民政治觉悟提高和形成积极的生活态度，以共产主义劳动态度、思想信念、对资产阶级思想的不调和性、苏维埃爱国主义、保卫社会主义祖国、国际主义、各民族友谊与兄弟般团结，对民众进行教育。条例规定了图书馆事业的组织原则：全苏图书馆联合成统一系统、国家保障图书馆网有计划发展、国家制定图书馆员培训和选拔计划、图书馆公共性和免费性、社会机构参与图书馆工作、国家为图书馆提供财政保障和馆舍、保证图书馆管理与方法指导的统一性。条例提出的联合建立集中化图书馆系统、馆藏联合目录、图书馆统一藏书等概念促进了图书馆资源的联合建设与共同利用。

2.1.2 “改革新思维”时期(1985 - 1991 年)

1985 年，精力旺盛的新一代政治家戈尔巴乔夫踌躇满志地入主克里姆林宫。他倡导的“民主化”“公开性”的“改革新思维”没有使低迷的经济得以复苏，对国家精神生活却是革命式的改变，这种变化首先发生在文化领域。苏联社会开始重新认识世界观和价值观，显著特点是国家精神生活被唤醒并强劲复苏，“非传统”成为最常用和普及的词语，非传统的思想、旧名称和被搁置的图书等开始出现在人们的社会语言中，提出了“人的因素”“社会人文化”“全人类价值至上高于一切”等新口号，苏联社会的领导力量率先提倡并积极支持这一旨在增强苏联社会人文价值的进程。此后六年时间里，苏联文化生活形势发生了天翻地覆的变化，利用意识形态条条框框铸成的“苏联文化”铁板一块的现象不复存在，文化生活变得异常复杂多样。戈尔巴乔夫推行的“改革新思维”对社会思想变化起到决定性作用，对包括图书馆在内的文化部门产生巨大影响。

(1)图书馆事业危机初显，改革声起①

1985 - 1986 年，俄罗斯图书馆事业发展平稳，俄罗斯文化部文件中一如既往地写道：“图书馆业务工作证明了其社会作用在增强”，图书馆专业期刊

① 本部分除特别标注外，数据均来源于 В. Р. Фирсов. Государственное законодательное регулирование деятельности библиотек. [EB/OL]. http://www. rba. ru:8101/ or/od/law/obesp/fir/fir1. htm

上也提到:"图书馆正经历着发展进程中提高自身社会作用的转折期",讨论图书馆网调整、图书馆工作完善等问题。图书馆文献总量持续增长,以俄罗斯文化部大众图书馆为例,1986－1991 年图书馆数量由 49431 个增至 50436 个、馆藏由 8.96992 亿册增至 9.20954 亿册,馆员由 11.3836 万人增至 12.0091万人。从 1987 年起,先是在图书馆界然后在社会上出现了"图书馆危机"的观点,1987 年图书馆利用率开始降低:1986－1991 年读者由 6019.3 万降为 5319.4 万、借阅量由 13.5329 亿册降到 11.5886 亿册、每册图书均借阅次数由 1.5 降为 1.2。在文献稳定增长情况下,图书馆利用率下降的根本原因在于馆藏不能满足读者需求。社会变革思想改变了读者的阅读需求,他们感兴趣的是与新的社会精神生活相关的书刊,图书馆馆藏却是数量巨大、内容与现实社会精神生活不相适应的书刊,读者对此失去兴趣,称其为"过时的死书"。大众图书馆馆藏调查显示,17% 的图书从未被利用,23% 的图书只被借阅一次,30% 的文艺图书由于复本量大而未被借阅过。全苏图书局统计,大众图书馆藏书只能满足读者需求的 5%。集权管理体制使图书馆没有自主权,工作内容、服务方式等由联盟和联邦中央决定,馆长不是图书馆管理者,而是上级命令的执行者。按 1985 年俄罗斯部长会议命令,图书馆无权自行采购图书,只能按规定和拨款限定,通过俄罗斯图书联盟和全苏图书联盟等下设的图书配发中心采购图书,这些机构不是按图书馆实际需求而是按其拥有的图书情况及学科比例为图书馆配书,图书馆只能采购到 8% 的符合读者需求的新图书。

对图书馆来说,经费紧张是这个时期最严重的问题,1989 年已明显感到国家拨款的增长跟不上通货膨胀速度,图书价格上涨使紧张的购书经费更显捉襟见肘。馆员工资虽比以往增加了,但与其他行业相比仍很低。国家对文化部门财政预算采取"剩余原则",即文化部门在财政预算分配中排最后,财政预算剩余多少就拨款给文化部门多少。图书馆界多次提议图书馆财政拨款采取"定额预算",但国家经济状况无法满足这种要求。社会学者对图书馆境况十分担忧,著名院士 Д. С. Лихачев 痛心地说:"图书馆这种状况毁坏了国家的声誉。"他对图书馆在变革时期的社会作用大加肯定也充满期望:"图书馆是最重要的文化部门,一个国家可以没有大学、科研机构,但只要图书馆没遭受火灾和水灾,拥有馆舍,配备现代化技术,由专业人员管理,那么国家的文化就不会毁灭。"经费投入不足使国家机关允许图书馆另觅预算外资金，1988 年 8 月，苏联国家出版委员会发布“向居民出售图书馆馆藏图书”令，指出“没有被利用且没有必要在图书馆间重新分配的图书可出售”，俄罗斯文化部出台细则，业界评价“这是图书馆事业改革有前景的方向”，但实际作用有限和难持久，出售图书获得的收入不足财政拨款的 10%，难以弥补巨大的经费缺口。

20 世纪 80 年代末，国家审查制度的放宽使原来遭禁的作品纷纷出笼，70 多年来由于意识形态观念不同而一直被描绘成“精神垃圾”并被限制或禁止流通阅读、只供专门收藏的西方各文艺流派的作品在俄罗斯纷纷亮相，开始对社会开放，成为当时意识形态变化的标志。М. А. Чудакова 称其为“对全苏阅读的理性清洗”。此时出现的大量“非公开出版物”迎合了社会精神生活需求，到 1990 年其数量已达 500 多种。1987 年文学和出版管理总局重新审定国立列宁图书馆特藏文献，将因书刊检查而未对外公开的 2.7 万种国内出版物、25 万种国外图书、57.2 万种国外期刊、8500 份国外报纸等特藏解禁，成为公开馆藏，1988 年国立列宁图书馆特藏部关闭，在此基础上成立了“俄罗斯国外文献部”。[①] 这些变化对图书馆职业价值观提出了挑战，馆员对图书馆入藏这些图书的合理性进行争论，部分馆员强烈反对，因为从图书馆传统职业观来看，尼采、弗洛伊德等的论著是有害的，不能收藏和公开流通。社会对图书馆需求的萎缩正值全苏出现繁荣的读书景象，这使图书馆有种“职业丧失感”，社会甚至图书馆界自身开始指责图书馆的“保守主义”、没有能力进行非意识形态化的独立工作、正统地遵循党性原则等，要求图书馆彻底改革，首先是政治中立性和非意识形态化的呼声高涨。В. И. Харламов 认为馆员有必要“悔过”与“净化”传统观念，А. В. Соколов 教授认为，读者的不信任、社会地位与威望的下降、馆员对自身的怀疑及冷漠、消极的态度等是自喻为“完美无瑕”的图书馆集权管理体制应付出的代价。

随着政治改革的发展，减少国家对文化部门干预的呼声鹊起，政治学者 Ф. Бурлацкий 提出，文化领域应采取国家和社会管理相结合的方式，管理权分别为 10% 和 90%。在 А. В. Соколов 主持下，1988 年列宁格勒图书馆界制定了“克服图书馆危机构想”，构想具有彻底的改革性质，首先指向的是图书

---

① Н. В. Рыжак. Цензура в СССР и Российская государственная библиотека[EB/OL]. http://rumchten. rsl. ru/2007/ru/upload/ doc/1169205431. doc

馆经济和管理体制改革，提出图书馆所有权非国有化、图书馆从事经营活动、图书馆职业自我管理、图书馆有权支配和管理国家财政拨付的经费及图书馆拥有的全部财产等观点。在民主化、公开化、自由化等思潮影响下，非官方的图书馆职业团体开始出现，成为苏联时期图书馆实质性改革的第一步。1988 年，非国立的莫斯科独立公共图书馆成立，1990 年藏书 10 万多种。1989 年 5 月，列宁格勒图书馆协会成立，成为苏联时期俄罗斯第一个图书馆协会，之后莫斯科图书馆协会和俄罗斯图书馆协会与学会相继成立。这些职业团体宣称参与图书馆政策的制定，成为图书馆政策主体。苏联文化部视这些非官方职业组织为“反对者”，指出“要按规定程序，制定管理这些协会的措施”，责成大众文化工作与图书馆、博物馆事业管理总局和国立列宁图书馆草拟文件，对图书馆职业团体实施控制与领导。

（2）图书馆事业的改革措施

为摆脱图书馆事业危机，苏维埃政府制定了多个旨在改革完善图书馆事业的政策法规。1987 年 5 月，国家跨部门图书馆委员会通过了“全苏图书馆事业发展基本方针：1986 – 1990 年至 2000 年”决议，从结构到内容上对《苏联图书馆事业条例》进行了引申，提出“提高图书馆思想教育工作，以实际行动展现社会主义生活方式优越性，巩固图书馆在加快科技进步中的作用”的号召。1988 年，俄罗斯文化部批准了具有图书馆发展宣言性质的“2005 年前俄罗斯图书馆事业发展构想”，指出图书馆高度集权管理和统一工作方式的弊病，提出强化组建统一图书馆网，应根据社会对知识需求的变化采用自动化技术变革图书馆事业，构想描绘了图书馆事业发展前景，确立了应用自动化技术完善图书馆工作的目标。俄罗斯文化部开始为图书馆配备计算机，到 1990 年俄罗斯图书馆已有计算机约 700 台。1988 年 11 月，苏联文化部出台“文化机构现代化技术与设备的保障措施”决议，布置 1989 – 1995 年现代化设备的研制生产任务，1989 年批准了“图书馆信息自动化系统建设构想”实施技术方案，通过了“图书馆事业改革进程及文化管理机构对完善图书馆工作承担的任务”决议，指出图书馆事业改革进程缓慢，应加强图书馆对社会改革和民主化进程的思想保障作用，要求全苏图书馆按苏共二十七大、全苏第十九次党代会和苏共中央委员会全会决议，研究服务居民的方式。决议因没有反映图书馆实践发展新趋势而遭学者批评，被认为没有实质性新内容，与 5 – 10 年前的决议没区别。1989 年 5 月，苏联部长会议审议下发了俄罗斯文化部的“新经济环境下文化教育机构改革的基本状况”报告，阐述了80年代图书馆与国家间关系的转变，指出文化机构与国家之间权利义务重新分配的基本原则之一就是给文化部门下属机构更大自主权，提出建立财政预算文化艺术发展基金、工资基金、创作活动和社会发展基金，图书馆可在不将免费服务变为有偿服务的前提下自主创收，额外收入不作为减少财政拨款的理由，图书馆可以独立、合作、租赁等方式从事经济活动，在银行开设账户。1989年8月，苏联国家科技委员会批准了“图书馆免费服务项目”，图书馆有偿服务项目有限，按俄文化部统计，1989－1990年有偿服务收入只补充了财政预算的0.3%。1989年10月，苏联部长会议通过决议，提出文化管理要坚持民主化、国家与社会管理相结合、采用经济管理方法等原则。苏联文化部制定了“文化部门管理纲要”，内容包括与创作者联盟及其他社会机构共同研究和解决文化发展问题，建议成立隶属于文化部门的社会性文化艺术委员会及相应的地方人民代表苏维埃管理机构，整合物质资源和财政资金，建立文化休闲中心，中心自治管理，设有由著名文化活动家、科学家以及创作者联盟、自愿团体、工会组织、共青团、劳动者集体等代表组成的文化休闲委员会。纲要反映出减少国家对文化事业干预及文化管理权重新分配的趋势。1991年4月，“国家大型图书馆发展紧急措施”总统令出台，要求执行先前通过的各项决议，克服图书馆事业危机，划拨图书馆改造资金，实行税收优惠，重新核算外文文献购买资金，总统令具有“应急”性质，反映当时苏联大型图书馆岌岌可危的处境。

我国学者在80年代中期访问考察苏联时，切身体会到“这是一个传统体制运行久已疲惫，整个社会充满惰性，但同时又期盼着变革奇迹来临的时期”。① 处于这样社会环境和发展阶段的图书馆事业在“新思维改革”的影响下，其有几十年牢固根基的思想基础开始动摇，图书馆事业国家集权管理体制的弊病彻底暴露。为拯救陷于困境中的图书馆事业而制定的各种政策法令提出改革思路，规划图书馆事业变革的目标、内容、发展方向。但经济拮据使政策计划的实施经费难以到位，加之此时图书馆事业仍未能从根本上摆脱集权管理体制，图书馆职业思想中仍是传统观念，即“党组织是图书馆的救世主”，然后才是图书馆改革。诸多原因使这时期多数政策法令的执行

① 冯绍雷，相蓝欣. 转型中的俄罗斯社会与文化[M]. 上海：上海人民出版社，2005：4.

效果不如意,实践中很少能全面贯彻实现,多以不了了之收场。最终结果正如当时评论所说,图书馆对社会变革的反应迟缓,在适应和推进社会变革方面是“惰性”和消极的,不能适应飞速变化的社会现实,成为图书馆不能满足读者需求的重要原因之一。知识界仍视图书馆为重要的社会机构,但尚不能与国家改革目标和任务相适应。图书馆事业只有改革才能摆脱危机,成为各界共识。俄罗斯文化部对中央级报刊刊文统计分析显示,图书馆事业改革的研究文章逐年增加:1986 年 62 篇、1987 年 70 篇、1988 年 92 篇,《图书馆员》《苏维埃图书馆学》《苏联科技图书馆》等刊发的图书馆事业改革主题的文章 960 多篇。在传统保守思想与激进改革思想相碰撞、传统管理体制因受改革思潮强力冲击而摇摇欲坠的复杂境况下,苏联图书馆事业改革序幕徐徐拉开,随后苏联的轰然解体加速了改革进程,并使改革更彻底和全面。

2.1.3 苏联解体初期(1991 – 1995 年)

1991 年 12 月 21 日,苏联解体。集权国家的瓦解并没有给俄罗斯人民带来民主改革派承诺的富裕生活,相反却是经济停滞甚至倒退、文化思想激情活跃后的混乱,人们开始追求个性、个人成就,关注精神生活“私有化”,文化的社会威望开始下降,文化事业发展的不良状况不再引起人们的担忧,只有从事文化事业的人才去关心它,但他们对文艺的研究与评价已引不起社会风潮了,对此,Д. С. Лихачев 警告说:“我们国家正遭受着文化荒凉”。知识分子作为社会进步的先进力量,其社会声望衰落,在人们心目中,他们不再是共同建树伟大功绩的战友,而是一群什么都不懂的怪人。苏维埃国家垮台后,在俄罗斯还没有形成统一的发展目标和价值观,对文化的意义和作用认识模糊不清,戈尔巴乔夫时期对新出版文艺图书和政治性图书阅读进而热烈讨论的景象不复存在。为拯救陷于危难之中的文化事业,两个“应急”令——“社会转型时期国家支持文化艺术事业的措施”政府令(1992 年 4 月)和“国家支持文化艺术的补充措施”总统令(1993 年 11 月)出台,提出了针对文化事业的税收、价格、关税等优惠措施。但由于此时正值联邦与联邦主体之间权力争夺激烈时期,各种矛盾重重,加之各级财政预算都没有划拨任何专款,两个法令下发各联邦主体后,其中许多规定内容难以实现,法令只对联邦管辖的几个图书馆产生效果,众多图书馆实际上没有惠及。

(1)图书馆事业发展跌入低谷

图书馆集权管理体制随苏联解体而瓦解,但图书馆事业危机状况并没有因摆脱集权管理禁锢而缓解,反而受社会动荡、经济滑坡、文化事业衰落、思想意识混乱等诸多不利因素影响,在危机泥潭中陷得更深。1992 - 1995 年是俄罗斯图书馆面临生死存亡、最为严峻的"非常危机"时期,图书馆事业与整个国家一起经历着社会转型带来的痛楚,一切都遭到严重破坏,图书馆藏书、馆舍条件、技术装备、物质基础等全方位呈现出难以满足公众需求的状况。

苏联解体前后,俄罗斯图书馆事业从初显危机发展到"非常危机",首要根源在于社会制度剧变改变了国家对图书馆的态度及图书馆的社会作用和职能。苏联时期,图书馆是苏共实现政治任务、宣传方针政策的重要工具,因而国家高度重视。所有图书馆都是国立的,国家在图书馆经费中起首要和主导作用,几乎全国 90% 的图书馆都由国家提供经费。① 正如 Е. И. Кузьмин 所说:"这时的图书馆不只为居民服务,还要为社会制度服务,图书馆由苏共中央有关部门领导,国家为意识形态的需要而舍得花钱,所以图书馆物质条件好,如今政治制度变革消除了苏共垄断统治地位,社会生活民主化、图书馆活动非意识形态化,图书馆不再为国家政治服务,自然也得不到国家关心了。"国家不再对全国图书馆实行集中管理和提供经费,而由联邦主体和自治地方直接管理和提供经费,这对习惯了国家政策和财政"呵护"的图书馆来说如釜底抽薪,丰衣足食的富裕生活不复存在,图书馆在地方自治建设过程中遭受沉重打击,深陷生存危机。90 年代,俄罗斯国内生产总值几乎下降了 50%,②国家和地方财政大幅减少图书馆经费,多数图书馆购书经费停拨,只为馆员发放维持生活的工资,图书馆状况急速恶化,服务基本陷于瘫痪。

俄罗斯图书馆事业的"非常危机"突出表现为:①图书馆数量锐减、图书馆网萎缩——苏联色彩的科技图书馆、苏共图书馆、工会图书馆或合并或撤销,俄罗斯文化部系统的图书馆由 1990 年的 62234 个连年减少至 1999 年的 52918 个,按 750 - 1000 人设一个分馆的标准,仍有 23.9% 的居民点的 500 -

---

① И. М. 福鲁明. 图书馆的组织与管理[M]. 赵连生 等,译. 北京:书目文献出版社,1985:136.

② 普京. 普京文集:文章和讲话选集[M]. 北京:中国社会学科出版社,2002:29.

700 万人得不到任何形式的图书馆服务。[①] ②图书馆藏书补充和更新、文献保存与安全、馆舍修缮、设备购置、读者服务等缺少经费支持与保障，整个 90 年代，许多农村图书馆基本没有新书入藏，甚至连俄罗斯地图、俄罗斯宪法、俄罗斯民法典等都没有，[②]许多图书馆发展计划因资金匮乏而难以实施，如《发展和保护俄罗斯文化纲要》(1993 – 1996 年)的图书馆藏书建设、保护与使用分纲要实际只得到 6% 的预算经费。[③] ③图书馆藏书状况恶化，苏联时期建立有中央发行供应站 – 地方图书批发站 – 地方图书分配供应中心的图书供应体系，图书馆通过这个渠道集中采购图书，文献呈缴本是馆藏的重要来源，全苏图书局和图书出版总局监督文献呈缴，对违反缴送规定的机构采取惩罚措施，图书采购供应在严格监督之下进行，保证了图书来源的稳定与充足。苏联解体后，图书统一供应调配体系瓦解，全俄新书出版目录不再编制，新图书贸易流通体系未建立，图书馆无法获知新书出版信息和获取渠道，无法购得新书，文献呈缴制度也遭破坏，监督部门被撤销，不缴送和不如数缴送呈缴本的现象极为普遍，使图书馆最基本的文献呈缴本来源都得不到保障，这个时期约 80 – 90% 的新版图书不能进入图书馆。社会转型使俄罗斯出版业萎缩，图书出版量由 1990 年 41200 种 15.53 亿册骤减至 1992 年 28700 种 13.13 亿册，1994 年为 5.94 亿册，科技、科普、教学类图书出版量锐减，客观上降低了图书馆新书入藏量。[④] 1990 – 1995 年，图书馆新书入藏仅占出版总量的 3% – 5%，且逐年大幅减少：1990 年 5944.6 万册、1993 年 5298.6 万册、1995 年 3159.1 万册，[⑤]2000 年则为 1910 万册，俄罗斯立公共科技图书馆等的文献注销和剔除量甚至超过补充量。图书馆馆藏多形成于

---

① М. Самохина. Из жизни сегодняшних российских библиотек: заметки библиотечного социолога[EB/OL]. http:// magazines. russ. ru/nlo/2005/74/sa18. html

② А. С. Соколов. О развитии библиотечного дела: доклад на заседании Правительства РФ 1 ноября 2007 г. [J]. Библиотековедение, 2007(6):1, 8 – 13.

③ Е. И. Кузьмин. Библиотеки на службе общественному прогрессу. Модернизация и сотрудничество библиотек. Приоритеты госуда – рственной политики Министерства культуры России[J]. Научные и технические библиотеки,1997(10):12 – 17

④ Б. В. Ленский. Издательство – книготорг – библиотека: путь книги к читателю [J]. Научные и технические библиотеки,2002(2):7 – 10.

⑤ КузьминБиблиотеки на службе общественному прогрессу. Модернизация и сотрудничество библиотек. Приоритеты государст – венной политики Министерства культуры России[EB/OL]. http://www. gpntb. ru/win/ntb/ntb98/1/f1_02. html

20世纪七八十年代，藏书结构不合理，多数馆藏或内容过时、“有害”或纸张老化，利用率极低或无法流通，据专家估算，约40%的藏书未被利用过，管理的疏忽使珍贵文献被毁、失窃，造成无法弥补的损失。④馆舍危破、设备陈旧、技术落后，不符合藏书、业务工作、用户服务的最起码条件要求，馆舍被肆意剥夺挪为他用，俄罗斯文化部系统只有39%的图书馆有独立馆舍，图书馆寄人篱下，馆藏文献面临无家可归、严重流失、存放环境恶劣的惨境，办公设备、书架、书柜、阅读桌椅等设施破旧和不足，图书馆现代化装备落后世界水平15到20年。馆员工资和社会待遇低，图书馆无法留住人才，图书馆专业教育萎缩，独联体国家图书馆间联系中断，馆际互借、图书交流与传递停顿。

与图书馆状况极度恶化形成鲜明对比的是居民信息需求强烈，1991至1993年，来馆读者从5320万人增到5340万人，图书借阅量由11.55886亿册增至11.75703亿册。在图书馆数量比1985年减少15%的情况下，读者数量却增加了12%，联邦主体图书馆的读者甚至增加了30%，到馆人数是到其他文化机构的3倍，图书馆成为最民主和最有社会需求的文化部门。读者数逐年增加的原因是物价飞涨、收入急剧降低、居民购买力下降（40%的居民没有能力购买图书）。同期的期刊订购量也持续减少，1992年每种期刊的订购量都不到1990年的50%。由于图书贸易渠道不畅通、出版信息闭塞、流通资金不足，90年代初全俄出版的图书有90%无法进入大多数中小城市，新书主要在出版地销售，无法在全俄范围流通，只有莫斯科、圣彼得堡等少数大城市不存在“图书匮乏”现象，一些居民点书店最多只销售2000－3000种图书，大多数俄罗斯人不知道全俄出版了哪些新书，也很难获得这些图书。但现实中，俄罗斯居民还保持着阅读的传统与渴望，阅读在居民空闲时间中的地位仅次于看电视，读书、看报、读杂志的人分别占被调查者的42.4%、27.8%、20.4%。居民为了生存必须了解国家改革变化，掌握新知识、新技能，更新思想观念以适应新社会制度和经济关系。这时，公共图书馆成为民众阅读新书、获取和补充新知识的首选，因为社会转型后，只有公共图书馆是唯一免费提供知识信息的文化机构，在动荡纷乱的社会环境中，图书馆给读者的心理感受总是清洁、安静、舒适、有秩序。在小城市和农村地区其他文化机构关闭或收费的情况下，图书馆肩负着文化中心的功能，供人们休闲、学习、修养道德、启蒙思想，成为这些地区唯一的文化“火种”。图书馆读者成分随时代发展也发生变化，研究者、企业工人减少，青年读者增多，出现企业主等新群体及大学生、残疾人、退休人员、失业者等社会无保障群体，图书馆肩负了保持社会稳定、缓解和降低社会巨变带来的社会紧张度的重要任务。

图书馆事业发展的各项指标下跌表明，1991 年开始的十年是俄罗斯图书馆居民服务的最差时期，①也是俄罗斯图书馆事业发展历史上最黯淡的时期，读者 60% －80% 的信息、精神、文化需求在图书馆很难得到满足。激进改革带来的社会动荡、政治剧变、经济滞胀使整个国家筋疲力尽，也使俄罗斯图书馆事业经历了由极盛到极衰的巨大转变，进入动荡带来的调整期。与国家境况一样，俄罗斯图书馆事业失去了大国荣光，危机的窘境使昔日图书馆强国的风采荡然无存，尽显衰败落寞。对俄罗斯图书馆来说，此时最重要的是转变思想观念、创新服务方式，以适应社会转型生存下来。苏联时期的图书馆政策法规随着苏维埃制度一起被废止，必须尽快出台新的图书馆政策法规，从根本上改变俄罗斯图书馆事业的衰落状况。

（2）拯救和发展图书馆事业的政策法令

1992 年 1 月和 3 月，叶利钦总统先后发布“俄罗斯国立图书馆”“俄罗斯国家图书馆”总统令，俄罗斯继承了位于莫斯科的前苏联国立列宁图书馆，并在这个世界第二大图书馆的基础上建立了俄罗斯国立图书馆（РГБ），将位于圣彼得堡的原俄罗斯苏维埃联邦社会主义共和国的国家图书馆——萨尔蒂科夫·谢德林国立公共图书馆更名为俄罗斯国家图书馆（РНБ），将 РГБ 和 РНБ 规定为联邦国家机构，俄罗斯有两个地位和功能完全相同的国家图书馆。1992 年 2 月，俄罗斯最高苏维埃发布关于 РГБ 的决议，要求按总统令保护和建设 РГБ，全俄图书馆藏书和立法专家组在 1992 年 4 月前将国家图书馆法提交最高苏维埃主席团审议，俄罗斯政府为保存和使用 РГБ 馆藏提供资金。1991 年 12 月和 1992 年 10 月，叶利钦签发总统令，将 РГБ、РНБ 与克里姆林宫、艾尔米塔什博物馆、特列季亚科夫陈列馆等一起并列为俄罗斯人民有特殊价值的物质文化遗产。1992 年 10 月，叶利钦批准“俄罗斯人民有特殊价值的物质文化遗产条例”，要求俄罗斯政府明确这些机构的地位，

① В. В. Шилов. Некоторые особенности развития фондов общедоступных библиотек России в последнее десятилетие XXв. [EB/OL]. www. gpntb. ru/win/inter – events/crimea2002/trud/sec78/Doc22. HTML

解决经费问题，制定国家保护这些机构及其活动的措施。1994 年 10 月和 1995 年 7 月，俄罗斯政府批准了“俄罗斯人民有特殊价值的物质文化遗产国家名录条例”“俄罗斯人民有特殊价值的物质文化遗产机构工作要点”。1992 年 8 月，俄罗斯政府批准了《РГБ 暂行章程》和《РНБ 暂行章程》，[①]规定了 РГБ 和 РНБ 的地位、职能、权利、义务等，在《俄罗斯图书馆事业法》出台前，发挥着国家图书馆法的作用，成为 РГБ、РНБ 开展活动的基础和依据。总统令、政府令的出台，在一定程度上减轻了社会动荡、经济危机对 РГБ、РНБ 的灾难性影响，使 РГБ、РНБ 的发展有了超乎寻常的国家意义，成为带动俄罗斯图书馆事业发展的主导力量。

1995 年 5 月，叶利钦颁布“设立全俄图书馆日”总统令，将每年 5 月 27 日定为全俄图书馆日[②]，建议俄罗斯政府、联邦主体、地方自治机构在图书馆日期间采取有效措施，提高图书在居民社会政治和文化生活中作用，解决图书馆发展问题。叶利钦在全俄图书馆日庆典致辞中提出：“俄罗斯是世界上最爱读书的国家之一，我们当中很少有人从未利用过图书馆，图书馆员是最热情的人，即使在炮声隆隆、大量工厂倒闭的困难时期，图书馆仍继续开馆工作，我们国家一代代有知识、有文化人的成长，都要归功于热爱本职工作和具有忘我精神的图书馆员，我向你们致敬。”图书馆日的设立表明国家对图书馆事业在教育、科学、文化等领域中作用及图书馆职业价值的肯定，这对身处困境的图书馆界是极大的精神鼓舞，增强了图书馆职业的自豪感、荣誉感、责任感，对重塑图书馆社会形象与威望，稳定动荡中的图书馆事业有重要作用。

1992 年俄罗斯文化部开始与最高苏维埃文化和教育委员会研究图书馆事业法律保障问题。1993 年 3 月，最高苏维埃主席团发布“俄罗斯国家图书馆法”“图书馆法”“文献呈缴法”草案，并交总统、最高苏维埃常设委员会、联邦主体审议。1994 年 12 月，国家杜马通过了《俄罗斯图书馆事业法》《俄罗斯文献呈缴法》，俄罗斯图书馆事业发展走上法制化轨道。1992 年 РГБ 制定了“到 2000 年图书馆事业构想”，反映出制度变迁对图书馆的影响和新需

---

① 2001 年 3 月，俄总理卡西亚诺夫签发批准了《РГБ 章程》《РНБ 章程》政府令，《РГБ 暂行章程》和《РНБ 暂行章程》废止。

② 1795 年 5 月 27 日是俄第一个国立公共图书馆——皇家公共图书馆(现俄罗斯国家图书馆)的开馆日。

求,勾画了后工业化社会俄罗斯图书馆事业的发展蓝图,指出萧条时期社会丧失了对图书馆重要性的认识,必须从根本上重新审视社会转型后图书馆的作用,只有当图书馆成为人们生活所需时,图书馆社会地位与威望才会得到恢复,因此,告别集权社会的图书馆必须彻底改革。构想充满了完美的"理想主义"色彩,成为首批与社会变革最相适应的计划。1993 年俄罗斯文化部确定了图书馆领域工作计划:保护和建设全俄图书馆网及其馆藏资源、用法律手段保障和规范图书馆居民服务活动、开展图书馆信息化建设、建立联合相关部门参加的国家自动化图书馆咨询系统等。1993 年 11 月,"建立信息图书馆网:通往信息社会之路"全俄大会,将图书馆信息化上升到信息社会建设的战略高度,揭开了俄罗斯图书馆事业改革尤其是信息化发展的大幕。

2.2 苏联图书馆政策法规的特点

2.2.1 马列主义思想为基础

列宁的一生与图书馆有密切关系,图书馆为列宁接受、研究、继承、发展马克思主义提供了资料,为列宁理论研究做出特有贡献。"世界还从未有过任何政治活动家或学者和思想家,能像列宁那样关怀图书馆工作,对图书馆事业如此重视。"①根据《列宁论图书馆事业》一书登载,列宁关于图书馆事业发展的著作、提纲、演讲、发言、书信以及由他起草和签署的文件、决议、法令、电报等,总计约达三百件。② 列宁立足于马克思主义思想,借鉴西方图书馆服务经验,将苏联图书馆事业与社会主义革命和建设紧密结合,提出了图书馆普及性、图书馆活动党性原则、有计划建设图书馆网、国家集中领导图书馆事业、吸引群众参与图书馆建设等思想。1924 年列宁病逝后,克鲁普斯卡娅在领导苏联图书馆事业过程中贯彻和发展列宁的这些思想,使其成为苏联图书馆政策法规的思想基础和指导原则,使其成为苏联图书馆政策法

① [苏]O. C. 丘巴梁. 普通图书馆学[M]. 徐克敏,郑莉莉,周文骏,译. 北京:书目文献出版社,1983:2.

② 文化部图书馆事业管理局. 列宁论图书馆事业[M]. 北京:书目文献出版社,1984:2 - 6.

规的思想基础和指导原则,成为苏联图书馆事业的理论基础。列宁和克鲁普斯卡娅对苏联图书馆政策的制定起到决定作用。① 列宁图书馆思想集中体现在图书馆事业发展的文件法令之中,如《苏联图书馆条例》开篇指出要"按照组织图书馆事业的列宁思想,在苏联建设和发展广泛的国立图书馆网和社会团体图书馆网"。明确统一的指导思想为苏联图书馆事业发展指明方向,提供了思想保障。图书馆建设方面执行了列宁的政治路线,世界上第一个苏维埃国家在图书馆工作的规模上也成了世界头等强国。②

2.2.2 坚持党性原则

1905 年 11 月,列宁就在《党的组织和党的出版物》一文中指出:"出版社、发行所、书店、阅览室、图书馆等都应成为党的机构,向党报告工作,有组织的社会主义无产阶级应当注视和监督这一切工作。"党性原则对图书馆事业影响是全方位的,从图书馆专业教育、馆员培养到馆藏文献建设、读者服务等,要求图书馆在文化、政治教育和国家经济建设中成为党的得力助手。图书馆员教育首先要求是政治合格,具有政治觉悟,成为宣传党政策的思想工作者,图书馆学教材编制也以党性作为图书馆学和图书馆事业的最基本原则,如 1977 年出版的《图书目录学》指出,在苏联图书目录学不能脱离政治,应充分反映党性,并将马列主义著作的分类放到首位,深入研究这些原则并指导实践,这是国内科学研究与实践的伟大成就。党性原则突出表现为书刊检查和设立图书特藏库。③ 20 世纪 20 – 30 年代苏维埃政权实行严格的书刊检查制度,对苏维埃政权、共产主义、无产阶级思想有敌意的,以及反马克思主义的、唯心主义思想倾向的、宣传资产阶级道德观念的、反革命作家的、宗教组织出版的"思想有害"书刊不能入藏图书馆。"关于改进图书馆工作"决议要求清查馆藏,销毁图书馆中"思想有害"的文献,国家级图书馆成立特藏部收藏此类文献,如鲁缅采夫博物馆图书馆(苏联国立列宁图书馆前身)按人民委员会命令成立了特藏部,制定特藏条例,将文学和出版事务

---

① Е. И. Кузьмин, Т. Л. Манилова. Библиотечная политика [J]. Научные и технические библиотеки. 2004(1):56 – 61

② 董光荣. 苏联图书馆事业七十年(1917 – 1987) [J]. 中国图书馆学报,1988(3):36 – 42.

③ Ф. В. Климаков. Снова о ленинском наследии в библиотечном деле [J]. Библиотековедение. 1994(4):112 – 120.

管理总局认定为有“政治问题”而禁止流通的651个作者的作品转入特藏，不体现在馆藏目录中，不流通借阅。书刊检查和馆藏清洗政策使图书馆卷入肃反运动、党内斗争、对“人民敌人”镇压等政治活动，增强了图书馆的政治思想作用。

2.2.3 强化图书馆的政治思想作用

苏联图书馆事业在建立之初就确立了宣传苏共政策和共产主义思想的任务。克鲁普斯卡娅曾指出：“社会主义改造时期比任何时候都迫切需要图书馆成为共产主义的宣传中心、社会主义建设工具”。图书馆政策法规中始终不渝地强调图书馆的政治思想性：图书馆要成为党思想教育系统的一部分、共产主义思想积极传播者、对劳动人民进行共产主义教育和树立唯物主义世界观的基地、党组织进行群众政治工作的根据地。苏联图书馆学家丘巴梁在总结苏联图书馆基本特征时，首先并且最多提到的就是图书馆的思想性。图书馆加入到人民群众政治思想教育系统中，建立社会政治和情报宣传中心、政教和社会主义建设研究室等，宣传政治思想贯穿于图书馆工作，图书馆工作成为积极的思想教育过程，人们的精神面貌和社会觉悟通过这个思想教育过程逐步形成，对劳动人民进行共产主义教育是图书馆的一项主要和坚定不移的教育目标。① 所有这些决定了苏联图书馆事业的发展具有浓厚的政治色彩。在苏联经营图书馆的目的十分明确，就是要服从于政治任务，服从于共产主义教育的最终目的以及人民对文化的需求，在这些任务中，党和政府把提高人民的政治思想觉悟作为图书馆首要任务，图书馆在党领导下担负着灌输马列主义的部分工作，这种明确的目的性质使苏联图书馆事业发展异常迅速。②

2.2.4 图书馆政策主体的单一性

苏联图书馆政策仅是由苏共和国家权力机关制定的，因此，苏联所有图

① [苏]O. C. 丘巴梁. 普通图书馆学[M]. 徐克敏，郑莉莉，周文骏，译. 北京：书目文献出版社，1983：5.

② 杨威理. 西方图书馆史[M]. 北京：北京商务印书馆，1988：333.

书馆政策都是党－国家政策。[①] 从1922年苏联就形成了苏共一党独存执政的政局，且过分集中了属于国家权力机关的权力，党代替了苏维埃，苏维埃的权力和职能几乎被党包揽过去，党集中了宪法赋予最高苏维埃的立法权、决定权、任免权和监督权，最高苏维埃讨论的法律草案都来自联共(布)中央领导机关，并非来自最高苏维埃依据宪法所提出的立法倡议，许多苏联立法文件是由联共(布)中央代替最高苏维埃起草、制定，通过的批准的，[②]苏维埃作为人民代表机关、权力机关，实际上成为通过党的决议、把党的决议变成国家法令的表决机器和橡皮图章。[③] 对图书馆来说，苏共和国家权力机关制定的图书馆政策效力与作用是一样的，苏共实际上就成为图书馆政策的单一制定主体，严格的集中管理体制不允许其他主体参与图书馆政策的制定，职业团体、社会组织等无权制定图书馆政策，即使在某个时期它们提出图书馆计划，也要接受苏共和国家机关的严格控制和监督。[④] 单一图书馆政策主体，确保了苏共对图书馆事业的全权掌控，使图书馆事业始终沿着苏共制定的政策路线前行，为苏共事业服务。

2.2.5 图书馆事业集中化管理

1919年5月，列宁在全俄社会教育第一次代表大会上指出："必须把俄国图书馆联合成整体，那时我们将有充足的图书满足人们的求知欲并使不识字的人识字，我们应利用现有书籍，着手建立有组织的图书馆网来帮助人民利用我们现有每本书，应建立有计划的统一的组织，而不是建立许多平行组织。"1920年以集中化管理为名称的法令"集中管理俄罗斯苏维埃联邦社会主义共和国图书馆事业"出台，建立统一图书馆网、集中管理图书馆事业的思想由此确立，并成为苏联图书馆事业的宏观管理政策。集中化管理包括三种最普遍形式：①全国规模的图书馆体系集中管理，全国图书馆宏观上连成一个网络；②图书馆过程的集中管理，包括图书馆集中供应图书、编目、

---

① М. Н. Глазков. Массовые библиотеки России в контексте партийно－государственной библиотечной полтики(середина1920х гг. имай1941г.)[EB/OL]. http://vak. ed. gov. ru/common/img/uploaded/ files/vak/announcements/pedagogicheskie/15－12－2008/GlazkovMN. doc

② 程文中.苏联模式的兴衰[M].武汉:湖北人民出版社,2000:209.

③ 宫达非.中国著名学者:苏联剧变新探[M].北京:世界知识出版社,1998:278.

④ Е. И. Кузьмин Т. Л. Манилова. Библиотечная политика[J]. Научные и технические библиотеки,2004(1):56－61.

出版书目索引等;③建立集中化图书馆系统,组建结构完整、相互有机联系的图书馆总和,在统一组织、经济、共同藏书和技术一致的基础上工作。统一集中管理的目的在于克服图书馆各自为政和相互分散、隔绝的状态,以达到最优管理水平和最佳服务效果。苏维埃政府在不同时期一般都设级别较高的国家机构,负责统一集中领导图书馆事业。设立管理图书馆事业的国家机构首创于苏联,[①]1917 年建国初期,人民教育委员会设社会教育部,1934 年加盟共和国人民委员会内成立图书馆管理局,1945 年领导图书馆事业的权力划归苏联部长会议基层文化教育机关委员会,苏联文化部成立后下设图书馆事业管理局,统领全苏图书馆事业,1975 年 10 月,苏联部长会议批准成立了国家跨部门图书馆委员会(ГМБК),隶属苏联文化部,《苏联图书馆事业条例》明确了该委员会拥有统一领导、协调、监督全苏各系统图书馆的职能和权力。

2.3 评价苏联图书馆政策法规

2.3.1 从全盘否定到客观理性评价

(1)全盘否定苏联图书馆政策法规

苏联解体前夕和初期,意识形态的多元化改革使各种反社会主义、反马克思主义的思想飞速传播,指责和谩骂十月革命、诋毁列宁主义、全盘否定斯大林、不遗余力攻击和丑化苏共和苏维埃联盟等成为社会时尚,宣传共产主义理想,颂扬社会主义功绩的学者受到舆论指责和讥讽。在这样的社会思潮和行为影响下,图书馆界对苏联图书馆事业进行了复古与批判,十月革命前的图书馆事业备受推崇、图书馆传统被重新奉为圭臬,将被苏联批判禁止的、"有争议"的图书馆事件、人物重新从历史文献中挖掘出来,大加赞扬,比如,复古寻根风潮下的巴甫列科夫(Ф. Ф. Павленков)图书馆复兴活动、纪念 30 年代被认定为与苏共"党性原则"背道而驰的"反动资产阶级黑货"哈芙金娜(Л. Б. Хавкина)等。苏联图书馆事业 70 多年的成就要么避而不谈要

---

① И. М. 福鲁明. 图书馆的组织与管理[M]. 赵连生等,译. 北京:书目文献出版社,1985:191.

么被说得一无是处,对苏共图书馆政策极力批判、攻击、贬损,甚至到了污蔑的地步,用尽“声名狼藉”“臭名昭著”“罪恶”“地狱”等恶毒、挖苦之词。席卷各行业的“去苏维埃化”之风吹袭图书馆领域。列宁对图书馆事业的贡献遭质疑和否定,如果说以前对列宁的图书馆理论极力美化的话,那么此时则被说成是可怕的地狱性灾难,列宁不是图书馆学家,没有给俄罗斯和世界图书馆学带来任何新思想,列宁关于图书馆的观点、指示都具有意识形态性,而正是意识形态化使俄罗斯图书馆事业脱离了世界文明,①至于图书馆公共性和免费性、建设图书馆网、按地域设置图书馆以及居民获取科技、文化、艺术领域珍品等思想在革命前就已存在,列宁没有增添什么新理论,所谓列宁图书馆思想只不过是图书馆集中化领导、图书馆坚持党性原则。② 这反映出图书馆界在摆脱长期僵化集权管理制度桎梏后的一种急切心态,对苏维埃图书馆政策的痛斥与不满。对此,国立莫斯科文化艺术大学教授、历史学副博士 А. И. Пашин 指出:“每当国家政权更迭时,人们注意力往往只集中于对过去的否定,而不去认识和研究过去积极和值得肯定的方面,十月革命后就是这样,当时严厉抨击 1917 年前的图书馆政策,如今还是这样,一些人总是一味地刻意突出和放大苏维埃时期图书馆政策的消极方面,而不去正视和承认政策实施取得的成就。”③事实的确如此,比如,苏联图书馆学家丘巴梁就曾认为:“总结一下革命前俄国国民图书馆的发展,可看到在经过十月革命之后,原来并未留下什么值得继承的优良传统”,④如今 Д. С. Лихачев 院士则认为,19 世纪俄罗斯拥有先进的图书馆系统,今天发展图书馆事业,不仅要赶上发达国家,还要继承我们的图书馆传统,这个传统不是 20 世纪的而是 19 世纪的,即图书馆是最重要的文化机构。

(2)客观理性地对待和认识苏联图书馆政策法规

事过境迁,面对社会转型期的种种困顿,一向重伦理内省、轻思辨逻辑

---

① В. И. Харламов. Феномен библиотечной идеологии историка [J]. Советское библиотековедение,1991(2):41－46.

② Ф. В. Климаков. Снова о ленинском наследии в библиотечном деле [J]. Библиотековедение,1994(4):112－120.

③ А. И. Пашин. Из истории библиотечного законодательства России [J]. Библиотековедение,2003(6):94－100.

④ [苏]О. С. 丘巴梁. 普通图书馆学[M]. 徐克敏,郑莉莉,周文骏译. 北京:书目文献出版社. 1983:95.

的俄罗斯人难免重新审视苏联的存在，经过十多年的整合与反思，动荡时期那种“否定一切”的极端冲动做法被多数人摒弃。全俄社会舆论研究中心2002年年底发表的题为《新俄罗斯晴雨表》（New Russia Barometer）的研究报告显示，对苏联时期的评价持肯定态度的民众从1992年的40%上升到2001年的70%。[①]

实事求是的态度随着“感情化”色彩的淡薄而逐渐占据主导地位，大多数学者意识到对苏联图书馆事业的批判明显“矫枉过正”，对苏联图书馆事业的评价从最初的狂热、偏激、激愤逐渐转向客观、冷静、理性，平心静气、理智公正地描述和认识过去的是与非。国立莫斯科文化艺术大学图书馆学教研室主任 Ю. Н. Столяров 教授认为：“不应将一切都黑白颠倒，过去的确存在错误和疏漏，但取得的成就也是巨大的，对待列宁的图书馆思想不能是一个态度。”[②]А. И. Пашин 教授客观指出：“毫无疑问，在我国每个历史时期，图书馆事业发展都有积极和消极的方面”。[③] 针对当前俄罗斯社会文化生活、图书馆发展存在的问题，有学者通过对苏联图书馆事业的研究与回顾，挖掘历史经验，寻找解决办法。国立莫斯科文化艺术大学 М. Н. Глазков 教授撰文《1930年代的苏联青年、图书馆和意识形态》指出，30年代苏联图书馆对学生、青少年的思想教育，为在那个特殊艰难时期培养大批杰出科学家、打败德国法西斯及在航空航天领域成为世界领先强国做出重要贡献，苏联图书馆开展的青年人理想主义、英雄主义等思想教育，对培养21世纪的俄罗斯青年人有借鉴作用。[④] 2008年 М. Н. Глазков 在其博士论文《党－国家图书馆政策下的俄罗斯大众图书馆》中指出，20年代中期到40年代初革命重建和新经济政策时期，国家为摆脱危机、建设图书馆网而采取的政策措施对当今俄罗斯图书馆政策的制定实施有参考价值，比如，当时国家图书馆政策最显著特点是国家加大支持和干预大众图书馆的力度，促进了大众图书馆网蓬勃发展，成为大众图书馆各项指标增长最快时期，建立起普及的图书

---

① 冯绍雷，相蓝欣. 转型中的俄罗斯社会与文化[M]. 上海：上海人民出版社，2005：4.

② Ю. Н. Столяров. Полуправда хуже лжи[J]. Библиотековедение，1993(2)：46－52

③ А. И. Пашин. Из истории библиотечного законодательства России [J]. Библиотековедение，2003(6)：94－100.

④ М. Н. Глазков. Советское юношество，библиотеки и идеология 1930 гг. [J]. Школьная библиотека. 2008(1)：4－7.

馆职业教育体系，馆员数量增加、水平提高、服务能力增强。[①] Ю. Н. Столяров 认为："总结苏联时期图书馆事业，应区分它的成就与失误，将图书馆视为党组织支撑点的意识形态观带来了一系列积极进步的趋势，最主要的是图书馆服务定位于广大民众，建立起了广泛而又多层级的图书馆网，图书馆数量增加了 10 倍，藏书量增加了 100 倍，图书馆均匀分布在全国各地，服务覆盖所有社会阶层和角落的居民，从北方苔原地区到南方山地地区都可确保获取到图书馆图书。苏联解体前全苏图书馆超过 32 万个，馆藏总量超过 60 亿，每 2400 人拥有一个图书馆，图书馆事业发展指标（百万居民拥有图书馆数量、馆员数量，读者数量、图书保障率等）都居世界第一或前列，1991 年俄罗斯人口 1.48 亿人，大众图书馆、学校图书馆、大学图书馆分别为 6.2 万个、4.1 万个、3000 个，此时美国 2.2 亿人口，上述图书馆分别为 1.5 万个、9.2 万个、3400 个。"[②]苏联时期图书馆的繁荣与强大可见一斑。

事实上，当今俄罗斯图书馆事业发展仍能看到苏联时期的印记，验证了对一个国家来说，历史与文化的传承性是难以割断的。比如，虽不再对图书馆事业实行国家集中管理，但 60 年代展开建设的各类集中化图书馆系统作为图书馆联合管理方式，依然存在并广泛沿用，且为《俄罗斯图书馆事业法》确认。近些年俄罗斯政府有意识加大对图书馆事业支持与干预力度，尤其是 2006 年国家杜马主席倡议成立的促进俄罗斯图书馆发展社会委员会，是一个功能和作用与苏联国家跨部门图书馆委员会（ГМБК）相近的机构，目的是加强对全俄图书馆事业的宏观协调和规划。РГБ 开设的两个网站，其中一个是以列宁名字为域名的（http://leninka.ru/），一些新闻报道和研究活动仍称 РГБ 为列宁图书馆。许多图书馆还保留以高尔基等苏联作家的命名。

2.3.2 苏联图书馆政策法规的成败得失

对苏联图书馆政策法规的批评性主要集中在集权管理体制和坚持党性原则。俄罗斯文化部图书馆局局长 Е. И. Кузьмин 指出："新时代已到来，我

---

① М. Н. Глазков. Массовые библиотеки России в контексте партийно – государственной библиотечной политики（середина1920х гг. – май1941 г.）[EB/OL]. http://vak.ed.gov.ru/common/img/uploaded/ files/vak/announcements/pedagogicheskie/15 – 12 – 2008/Glazkov MN. doc

② Ю. Н. Столяров. Итоги развития отечественных библиотек к концу второго тысячелетия [J]. Научные и технические библиотеки，1998（10）：36 – 50.

们必须重新考虑图书馆所有社会职责，旧体制很清楚，它需要图书馆做的是对共产主义宣传机构的体制加以支持，但它没能使图书馆对每个公民提供自由获取信息的服务，与此相反，图书馆变成了人民与信息之间的障碍，它们采用了许多办法控制读者，并引导他们的文化需求”，[①]“获取信息尤其是社会政治、经济、人文方面的信息都要受到国家权力机关的严格监督检查，在集权制度垮台之前，大量可靠信息一般都由国家安全部门、军事部门以及为其提供服务的工业部门所掌控，图书馆实质上没有成为保障公民自由、快速、便捷获取所有国内外信息的真正环节”。[②] Ф. В. Климаков 认为，集权管理体制最初对图书馆具有积极作用，但随时间的变化其负面影响显现出来，图书馆领域出现官僚主义、保守主义，图书馆活动人为地强加了党性原则，使图书馆意识形态化，这对图书馆是重大灾难，严重影响了俄罗斯图书馆学发展，党性原则和文化领域财政拨款“剩余”原则是 80 – 90 年代图书馆职业威望降低、图书馆事业危机的根本原因。К. И. Абрамов 也认为，图书馆建设和社会主义图书馆学遵循阶级性、党性、苏共集权领导等原则使图书馆事业无法实现真正的民主改革，限制了与世界图书馆界的交流，使世界图书馆界分为社会主义和资本主义两个“敌对”阵营，这与不屈从于意识形态和政治的全人类图书馆发展价值观相对立，按这些原则在图书馆领域采取的集权检查、藏书清洗、建立特藏等措施，与图书馆民主化和公共性没有任何共同之处，造成人民精神生活的单调、贫穷，阻碍了人的全面发展和人文精神发展。[③] 许多学者认为，时间和国家的发展证明十月革命前一些作家、社会活动家对图书馆人文本质的认识与描述至今仍可圈可点，如 Н. А. Рубакин 曾认为：“图书馆是一部百科全书，它用图书展现世界，读者在这里可找到任何问题的答案”，表明不应对馆藏文献实行检查和思想限定。馆员不应服务于任何意识形态，馆员的责任和使命是成为图书的奉献者和教育者，读者获取知识的得力助手，馆员的政治偏好和信仰应表现在图书馆之外，不应体现在图书馆服务中，这应成为馆员的职业信条，必须有牢固的法律屏障阻止任何

---

① 库茨明 杨丹译. 变革中的苏联图书馆[J]. 国外社会科学，1994(12)：70 – 71.

② Е. И. Кузьмин. Библиотеки России в контексте социально – экономических реформ[J]. Библиотековедение，1994(6)：7 – 12.

③ К. И. Абрамов. Научные основы теории и практики библиотечного строительства в демократической России[EB/OL]. http://libconfs. narod. ru/1996/1s/1s_p1. html

政治力量干预图书馆事业的企图。

我们认为，评价苏联图书馆政策法规从图书馆政策法规制定实施的历史时期、社会环境背景、实行效果等方面入手是客观公正的。

(1)成就是主要的，不容否定与抹杀

苏联是意识形态国家，图书馆被视为上层建筑的组成部分，必然要为国家政治制度服务，苏联图书馆政策法规内容不断变化，但一成不变且不断被巩固和强化的是图书馆思想教育功能、坚持党性原则、实行集中统一领导等，这些内容的确定源于特殊历史时期的需要。苏维埃建国初期，战争和沙俄残暴统治使整个国家满目疮痍、经济落后、社会愚昧，面对国内外反动敌对势力疯狂破坏与反扑，为巩固苏维埃政权，在废墟中建设社会主义国家，必须集中一切力量，于是对社会各项事业采取了集中化管理模式，进行严格的书刊检查、消除反革命思想、清剿馆藏反革命刊物。20 世纪 30 年代起图书馆集中管理体制基本形成，其优势在于有利于图书馆事业统一管理，保证了集中使用有限的人力、物力和财力；有利于图书资源共享、充分发挥大系统的功效，更好满足社会需求，在短时间内高速建设图书馆事业：建立庞大的图书馆网，少数民族地区、农村地区、偏远地区都建立起图书馆网的分支网点，使藏书量倍增、读者总数增加；建立并壮大馆员队伍，使苏联逐渐从图书馆事业落后的国家发展成为图书馆强国。尽管这种模式有种种弊端，但仍不失为一条依靠自己力量进行图书馆事业建设的道路。奠定了苏联图书馆事业强大的物质基础，正是这种管理体制的伟大功绩所在。

苏联图书馆政策法规造就了苏联图书馆事业繁荣强大，其历史积极作用是值得肯定的。苏联图书馆事业的成就及其对国家政治、经济、文化、科技发展的贡献有目共睹，不容抹杀和否定。十月革命前，俄罗斯图书馆事业总体发展水平较低，多数是教会学校图书馆，公共图书馆及其藏书受到警察局和书刊检查机构的监督，大型图书馆的工作活动都是孤立封闭的，中亚地区、高加索和边远地区完全没有图书馆服务。1914 年俄国 1.6 亿居民只有 7.6 万所图书馆，藏书 4600 万册，1940 年、1960 年、1985 年全苏图书馆数量分别为 27.7 万所、38.2 万所、32.6 万所，藏书为 5.27 亿册、18.9 亿册、55.61亿册，①建立了两个为世界文化发展和人类文明做出贡献的世界级超

① К. И Абрамов, Н. С. Карташов. Библиотековедение[M]. М.：Книжная палата, 1988：45.

大图书馆。苏联图书馆学思想对世界图书馆事业有重要影响,1970 年列宁一百周年诞辰时,第 36 届国际图联(IFLA)大会将议题定为“列宁与图书馆”,与会者对列宁的图书馆思想给予极高评价。① 美苏争霸时期,美国专家分析指出,苏联超过美国成为世界上第一个发射人造地球卫星并制造宇宙飞船的国家,其原因就在于苏联有发达的教育、科学和图书馆事业。② 俄罗斯两任总统普京和梅德韦杰夫都对苏联图书馆事业的强大繁荣给予肯定。

(2)高度集权和唯意识形态思想,僵化了图书馆事业

凡事都有一个“度”,事物在“度”的范围内存在与运行状态良好,超出则适得其反。苏联图书馆政策法规就表现出超“度”的现象,即过于突出强调图书馆的政治思想性、党性和集中行政领导、国家统一计划,结果是图书馆过于意识形态化,集中化统一管理逐渐演变成为高度集权领导,形成“大一统”的政策模式,紧箍咒似地束缚着图书馆事业,图书馆事业本质特点和发展规律被忽视和践踏,图书馆积极性和创造性遭受严重压抑。延续七十余年的苏维埃体制所带来的僵化思维、行政习气、集权意识、长官意志、粗放经营方式、拖沓办事等问题无一不体现在图书馆事业管理中,严重制约图书馆事业发展,种种弊病积年累月,最终导致苏联解体前后俄罗斯图书馆事业的危机。即使是在一篇简单介绍苏联图书馆事业的文章中,也不能忽略政治在图书馆事业中的作用,评价图书是否适于图书馆收藏、能否供读者借阅的标准,不是图书的艺术性、内容是否引人入胜,而是图书的思想性,阻碍图书馆成为无产阶级革命思想宣传工具的图书即便有再多优点也是有害的,这显然是唯意识形态论的选书标准。被美国学者称为“帝国围墙”“铁幕”的书刊检查政策,③在社会步入正常发展时期之后,仍作为一种常态制度施行,就像一道屏障,防止“有害”文献入侵的同时,也不分青红皂白地将一些世界优秀文化成果拒于国门之外,作为“异己”思想承载体的国外出版物须经仔细筛选、严格检查后,方可作为“特藏”入藏于莫斯科和圣彼得堡的大型图书馆,借阅有严格限制,普通民众无法接触。20 世纪 20 – 30 年代开始的图书

① 文化部图书馆事业管理局. 列宁论图书馆事业[M]. 北京:书目文献出版社,1984:12.

② Ю. А. Гриханов. Библиотечное дело страны на рубеже тысячелетий. Россия в окружающем мире[EB/OL]. http://www. rus – stat. ru/ stat/345POM2008_120 – 143_Grikhanov. pdf

③ Е. И. Кузьмин. Библиотеки России в контексте социально – экономических реформ[J]. Библиотековедение,1994(6):7 – 12.

馆馆藏文献“净化”活动，使苏联国内持不同政见者的著作、非主流思想作品及部分世界文化和历史遗产被认为“有思想问题”而连同反革命出版物一起被销毁或特藏。大多数读者只是通过列宁和别林斯基等的评论认识托尔斯泰、果戈理等，但对这些作家的宗教作品和精神散文却知之甚少或全然不知，原因是这些作品或是被过滤掉或是特藏。按俄罗斯现代学者观点，“没有阅读过按苏共党性原则被列为有害和反动的被流亡作家的作品，就不能认识和了解俄罗斯文学的发展历史”。所有这些结果直接影响图书馆藏书建设与读者服务，图书馆无法全面收藏世界文化产品，馆藏结构单一、不合理，服务意识形态化。Е. И. Кузьмин 把苏联解体前后图书馆无法满足读者需求的原因归结于书刊检查制度：“我认为不应从目前国家转型时期而应从不久的过去找原因”，这是有一定道理的，并非凭空无实。①

综上，苏联图书馆管理体制、发展模式有其正确之处，但由于苏共领导人和苏联政府在一定时期在政治、经济等国计民生问题上极端甚至错误的思想、做法、决策等促成了一些积重难返的矛盾问题，必然直接或间接对图书馆政策法令的制定实施造成负面影响。尊重历史、尊重事实，客观公正评价苏联图书馆政策法规的功与过、得与失的意义在于，总结和继承苏联图书馆事业发展辉煌的成功经验、摒弃不足与教训，更好地做出图书馆事业发展决策。

---

① Е. И. Кузьмин. Библиотеки России в контексте социально – экономических реформ[J]. Библиотековедение,1994(6):7 – 12.

3　从苏联到俄罗斯:图书馆事业国家管理政策的转变

2001 年普京总统在国情咨文中指出:“过去的十年对俄罗斯来说是变化巨大的十年,可以毫不夸张地说是革命的十年。”在这一时期,俄罗斯图书馆事业经历了历史性变革。Е. И. Кузьмин 一席话道出了以政治和经济制度变迁为核心的社会转型对俄罗斯图书馆事业变革的决定性影响:“按影响力来说,20 世纪 90 年代对俄罗斯图书馆事业最有影响的不是国家在图书馆领域的政策,而是国家在民主化建设、权力由集中转向分散、市场经济改革、工业和服务行业私有化、生产自由化、价格放开、财政预算缩减等方面的政策。”① 这种影响首先表现为彻底改变了图书馆事业的国家管理体制。

图书馆管理体制是指对各类型图书馆实施控制、监督、指导、操作的机构安排以及这些机构间的权力义务关系,决定着谁负责制定图书馆的方针、政策、标准,谁为图书馆拨款,谁决定图书馆的发展规划,谁对图书馆监督约束、业务指导,谁组织实施图书馆服务等一系列问题。② 图书馆管理体制反映了国家对图书馆事业的宏观管理政策,决定了图书馆事业发展。因此,我们以社会转型前后俄罗斯图书馆管理体制转变为入口,展开对俄罗斯图书馆政策的研究。

3.1　俄罗斯宪政制度改变图书馆事业的制度根基

历史表明,图书馆事业的发展与其所处的社会环境有密切的相互关系,谢拉在 20 世纪 70 年代提出:“图书馆是一个社会部门,在社会中起着媒介作

---

① Е. И. Кузьмин. О политике Министерства культуры РФ в области библиотек[EB/OL]. http://www. gpntb. ru/win/inter – events/crimea96/report/DOC/1. html

② 于良芝. 图书馆学导论[M]. 北京:科学出版社,2003:82.

用，它过去是，现在仍然是受社会环境的影响和制约的，社会是图书馆的支柱，反过来，图书馆必须满足社会的要求并对其负有责任。因此，要了解图书馆的过去、现在和将来，首先必须了解社会性质本身以及支配这个社会的文化和价值体系。”①图书馆事业发展的社会环境包括政治环境、经济环境、文化环境等，这些环境的形成与变化对图书馆事业有显著和决定影响。俄罗斯图书馆事业发展的历史充分验证了这一切。20 世纪的俄罗斯经历两次震动世界的革命：1917 年十月革命推翻沙俄统治，建立苏维埃政权，1991 年苏联解体，俄罗斯成为独立主权国家，两次革命建立了性质截然不同的两种社会制度，为俄罗斯图书馆事业营建了迥然相异的社会环境。

苏联解体后，俄罗斯重建了国家结构、政治和经济制度，实现了社会制度转型并最终以宪法确定下来。宪法作为国家根本大法，最能标示出国家发展变化的基本方面，最能揭示社会发展在一定历史阶段的价值取向，尤其是在社会变革时期，宪法的上述作用更明显。1993 年 12 月，以全民公决方式通过的《俄罗斯宪法》是 20 世纪 90 年代俄罗斯社会制度变革的产物，体现出社会转型的基本内容与方向，是俄罗斯现行社会制度不同于苏联社会制度的基本标示。《俄罗斯宪法》确定了俄罗斯基本政治制度和经济制度：改变了国家的阶级性质，以人、人权、人民权利取代了以工人阶级为社会主导力量的劳动人民全民国家的提法，遵循西方尊重个人尊严和基本权利的原则，接受西方人权概念，依据公认的国际法原则和准则，承认并保障人和公民的权利与自由、人的基本权利与自由不可被剥夺；改变了国家发展的意识形态理论基础，承认意识形态多样性，任何意识形态不得被规定为国家的或必须遵循的意识形态，自由、民主、人权基础上的西方民主政治思想成为国家发展的意识形态基础，科学共产主义、马列主义不再是指导国家和社会发展的理论基础和行动指南；取消了建设无阶级的共产主义国家和社会的发展目标；改变了对国家和社会领导力量、指导力量的规定，承认政治多元化和多党制、社会团体在法律面前一律平等；取消了社会主义生产资料公有制是国家经济制度基础的提法，代之以私有财产神圣不可侵犯原则、私有权受法律保护，强调俄罗斯是社会国家，平等承认和保护私有制、国家所有制、地方所有制及其他所有制形式。可以看出，《俄罗斯宪法》完全摒弃了苏维

① 杨威理. 西方图书馆史[M]. 北京：商务印书馆. 1988：59.

埃宪法制度,是埋葬社会主义制度的宪法,是根本上改变国家政治制度和经济制度的宪法,体现出从社会主义制度向资本主义制度的转换和体制的过渡,在制度转换基础上建立符合资本主义的社会、政治、经济等机制。

宪政制度的确立使俄罗斯社会生活各领域发生翻天覆地的变化,对建立在苏维埃社会主义制度基础上、具有鲜明意识形态特点、宣传共产主义思想和苏共政策的图书馆事业产生的冲击和影响是无疑是巨大的、根本性的。俄罗斯图书馆事业存在和发展所依靠的最基本、最坚固的社会制度基础——苏维埃社会主义制度被推翻了,随之而来的是,建立在这一基础之上的图书馆事业发展的政策、指导思想、目标、原则、内容等所有方面发生深刻、彻底的变化。以宪政制度为基础和指导,在新社会制度基础上改革和重建俄罗斯图书馆事业,使之与国家政治经济转型和改革发展目标相适应是历史发展必然。

3.2 俄罗斯图书馆事业管理:从集权到分权

3.2.1 联邦制度和地方自治制度改变图书馆事业国家管理体制

俄罗斯联邦中央与联邦主体的关系在国家制度从苏联集权制向民主共和制转变中发生深刻变化,为维护国家统一、防止地方分离主义使俄罗斯重蹈苏联分崩离析的覆辙,联邦中央从 1992 年起陆续与绝大多数联邦主体签订联邦条约,联邦主体权限得到扩大。《俄罗斯宪法》明确了在俄罗斯联邦国家完整、国家权力体系一致、联邦中央和联邦主体之间划分管辖对象、俄罗斯联邦各族人民平等与自治的基础上建立俄罗斯联邦体制,对国家权力划分采取新机制,将国家权力分为联邦中央权力、联邦中央 - 联邦主体共管权力和联邦主体权力,在联邦中央与联邦主体分权原则基础上建立新的国家政权形式。按《俄罗斯宪法》第 71 - 73 条规定,联邦中央将除涉及主权、安全、外交等国家根本利益之外的社会各领域的管理权力向地方分散,除了联邦中央专属管辖的职权及联邦中央和联邦主体共同管辖的职权,联邦主体在管辖范围内再建立其国家权力机关体系、规定组织活动程序、决定行政区域制度、保证地方自治、制定和执行社会经济发展纲要等方面拥有全部权力。

俄罗斯国家权力地方化实质上是制度性分权,表现为地方自治,即地方对本地区自治范围内的事务实行自主(我)管理的一种治理模式。俄罗斯地方自治制度是苏联解体前戈尔巴乔夫改革的产物,它在戈尔巴乔夫实行苏联社会生活民主化过程中产生,在苏联解体、俄罗斯独立后得到进一步发展,成为《俄罗斯宪法》确认和保障的宪政制度原则之一。1995 年 8 月,《俄罗斯地方自治组建基本原则法》(简称《俄罗斯地方自治法》)颁布,明确了地方自治的含义,即在俄罗斯各联邦主体的一定行政区域单位(区、市、市辖区、镇、农村居民点)内居住的居民,直接或通过选举产生的地方自治机构自主解决地方性事务,并受国家司法保护的居民自治形式。按《俄罗斯宪法》和《俄罗斯地方自治法》规定,俄罗斯有联邦和联邦主体两级国家权力机关,地方自治机构不属于国家权力机关。明确地将地方自治机构排除在国家权力体系之外,从理论上讲是最彻底的自治形式,使地方自治机构能拥有和行使广泛的自治权,居民自主决定自治地方的机构设置。《俄罗斯地方自治法》为地方实施自治权提供法律保障,即"联邦和联邦主体的国家权力机关为公民实现地方自治提供保证,其对地方自治机构主要是法律上的调整,即对公民的地方自治权和地方自治机构及其负责人的权利、义务进行立法,只有在联邦和联邦主体法律规定的情况下,才能对地方自治机构行使执行管理权和监督权,或在地方自治机构行使转交的国家职权时对其监督,否则无权干涉地方自治活动"。可见,国家权力机关对地方自治机构主要提供保障支持和法律调整,直接介入地方自治事务和发挥监督作用是有严格条件限制的。

俄罗斯新的联邦制度和地方自治制度的确立实施意味着国家权力由苏联时期的中央集中开始向地方分散。文化事业方面,按《俄罗斯宪法》规定,联邦主体拥有与联邦中央共同管理文化领域一般性问题的权力,但联邦中央的职权只是宏观确定文化领域联邦政策和计划的基本原则,联邦主体实际拥有管理地方文化事业的完全权力,1992 年颁行的《俄罗斯文化立法基础法》历经多次修订,完善了联邦中央、联邦主体、自治地方在文化领域的权限划分,最终将地方文化事业的管理权划归了联邦主体和自治地方。《俄罗斯地方自治法》第 6 条规定,自治地方有权力和责任为文化机构的发展创造条件、保护历史文化遗产等。至此,俄罗斯以法律形式彻底改变了苏联时期苏共中央对文化事业的集权领导和控制,实行文化事业管理的地方化,加上国家倡导文化活动的多样性、开放性,因此,联邦主体和自治地方在设立和管理文化机构、制定地方文化政策法规等方面拥有自主权力。作为文化事业组成的图书馆事业的管理体制发生相应变化,即由苏联时期国家绝对、统一的集权领导变为国家分权的地方管理。《俄罗斯文化立法基础法》《俄罗斯图书馆事业法》规定了联邦主体和地方自治直接管理各自管辖范围内图书馆的责任,有义务为这些图书馆的藏书补充和馆藏保存提供经费和物质保障,实现公民使用图书馆服务的权利。

分权管理使国家与图书馆事业之间关系发生深刻变化,这形成并决定了国家对图书馆事业的管理体制,1994 年通过的《俄罗斯图书馆事业法》将这种关系以联邦法律形式确定下来。比较《苏联图书馆条例》第 5 条"苏联图书馆事业的领导"和《俄罗斯图书馆事业法》第四章"国家对图书馆事业的义务",不难发现 10 年间国家与图书馆事业之间关系的变化,即"领导"被"义务"关系取代,这不是简单的词语变化,背后折射出国家管理图书馆事业的态度和立场的转变。"领导"意味着国家对图书馆事业拥有绝对的、不容置疑的权力,国家和图书馆是上下等级关系,显示国家的权力,"义务"则意味着国家对图书馆事业发展应承担的责任,指示国家在图书馆领域怎样的行为是应为的、必为的或禁为的,显示国家的责任。国家对图书馆事业由拥有自上而下的领导权转变为应承担支持、扶持的义务。由于权利与义务的对立统一关系,所以国家对图书馆事业履行义务,意味着图书馆成为受法律保障的权利主体,成为权利的受益者。

从内容上讲,"国家对图书馆事业的义务"要比"苏联图书馆事业的领导"更丰富具体。《俄罗斯图书馆事业法》第 15 条"国家对图书馆事业发展的义务"中规定,"联邦国家权力机关对图书馆的义务:监督国家图书馆馆藏文献的保护和利用,建设国家图书馆和其他联邦图书馆,为其提供财政经费,管理这些图书馆,确定馆员培养和再教育、就业、工资等联邦政策基本原则,建立培养和再教育图书馆员的联邦教育机构,为其提供经费并实施管理,促进图书馆事业领域的科学研究,并提供经费,确定图书馆活动的国家标准,建立图书馆事业的信息保障系统,对图书馆进行国家统计。联邦和联邦主体国家权力机关、地方自治机构无权通过可能使处于财政拨款的图书馆物质技术保障水平降低以及将图书馆迁入不符合图书馆劳动保护、图书馆藏书保存、图书馆服务条件的房屋的决议和采取相应行动。上述机构违反图书馆和用户法律利益的决议和行动措施，将被起诉”。

国家的“领导权力”通过“法定义务”转变为图书馆的“法定权利”，表明国家不再行使行政权力而是通过政策导引和经济调整这两个杠杆，以履行应尽义务的方式实现对图书馆事业的管理。应当说，《俄罗斯图书馆事业法》明确了分权管理体制下国家对图书馆事业的义务关系，确立了俄罗斯新型国家管理图书馆事业体制的雏形。

3.2.2 俄罗斯图书馆事业从集权领导到分权管理的表现

分权意味着自我管理，国家对图书馆事业分权管理体现在三个层面：从行政区域上，联邦中央将管理图书馆的权力下放给联邦主体和自治地方，主要由地方自治机构自治管理；从部门角度，俄罗斯文化部不再代表国家对各部门图书馆跨部门统一管理，而由各部门自行管理下辖图书馆；从职业角度，图书馆界行业自我管理，相对于国家而言，这是社会力量参与图书馆事业，故称为社会管理，下文有专门一章论述图书馆职业自我管理，故此处略去。

(1)公共图书馆所有权：从国家到自治地方

国立大众图书馆是苏联时期最广泛、普及、为居民提供最基本服务的公共图书馆，遍布全苏各地的区、市、市辖区、镇、农村居民点等。在实行地方自治制度后，绝大多数国立大众图书馆所在的区、市、市辖区、镇、农村居民点等都实行了地方自治，按《俄罗斯宪法》《俄罗斯地方自治法》规定，地方自治区域内的部门、机构基本都归属地方自治机构直接管理，成为自治地方的财产，由此，国立大众图书馆的所有权由苏联时期的国家划归为自治地方，它们不再称“国立”图书馆而是“自治地方”图书馆，自治地方取代国家成为这些图书馆的主管者、创建者。1998 年“图书馆为居民服务”议会听证会的数据表明，70% 的国立大众图书馆变为自治地方公共图书馆。Т. Л. Манилова 根据《俄罗斯图书馆事业法》和《联合国教科文组织(UNESCO)公共图书馆宣言》的条款给出了自治地方公共图书馆的定义，即“由地方自治机构建立并给予财政拨款，保障当地居民自由获取信息、为自治地方建设服务的公共图书馆”。按《俄罗斯地方自治法》规定，区、市、镇、农村居民点等各级地方自治机构有权:开办、撤销、重组图书馆,确定图书馆的发展目标、任务、方向、活动方式和条件,规定和调整图书馆服务和产品的价格和税率,批准和修订图书馆章程,任免图书馆馆长,监督图书馆活动,为图书馆提供经费,保障对图书馆的有效管理、使用和支配属于自治地方的财产,防止不按规定使用、侵占和不使用图书馆。地方自治机构不属于国家权力体系,自治地方图书馆也就不再归国家机关管理,这意味着国家将管理这些图书馆的权力下放给自治地方。从国立大众图书馆到自治地方图书馆,公共图书馆所有权从国家向自治地方的转交,这是俄罗斯图书馆事业管理体制的重大变化。

自治地方公共图书馆在类型划分上仍属俄罗斯文化部系统。俄罗斯文化部公共图书馆约4.7万个,9个联邦图书馆(РГБ、РНБ、全俄国立外文文献图书馆、俄罗斯国立公共历史图书馆、俄罗斯国立社会政治图书馆、俄罗斯国立艺术图书馆、俄罗斯国立盲人图书馆、俄罗斯国立青少年图书馆、俄罗斯国立儿童图书馆)和89个联邦主体的261个中央图书馆(其中85个综合科学图书馆、34个青少年图书馆、73个少儿图书馆、69个盲人图书馆)属于国立公共图书馆,分别由联邦和联邦主体的国家机关管理和提供经费,其余都是自治地方公共图书馆,由地方自治机构管理和提供经费。自治地方公共图书馆在俄分布最广泛,为80%的图书馆用户提供最基本服务,是俄罗斯图书馆事业的基础。

自治地方图书馆摆脱了国家长期集权领导的束缚和对国家的依附,但还未来得及享受获得压抑已久的民主的喜悦,地方自治机构对图书馆的漠视态度及肆意撤销、改组、合并图书馆等行为,就使习惯了苏联时期国家财政支持和关爱的这些图书馆一时难以适应,有一种被国家抛弃、无家可归、无依无靠的落寞感。为确保自治地方图书馆在地方自治建设中的生存与发展,减少地方自治建设对图书馆的消极影响,增强图书馆的地方归属感,俄罗斯文化部将自治地方图书馆的发展作为国家图书馆政策的重要内容,与联邦主体和自治地方沟通交流,给予自治地方图书馆的发展以指导和帮助。1995－1997年,俄罗斯文化部制定并向各联邦主体下发了《图书馆居民服务标准》《自治地方图书馆网组建标准》《自治地方图书馆网组建条例》等,并与俄罗斯图书馆协会(РБА)等联合举办针对自治地方图书馆的职业活动,如"现代读者服务发展趋势"全俄大赛、"自治地方图书馆网站设计大赛"等,推进图书馆信息化、网络化建设、读者服务研究等。2005 年 3 月，俄罗斯文化部向联邦主体提出“保障自治地方文化机构活动”建议，希望地方当局给予图书馆以必要的资金和物质保障。2008 年 2 月，俄罗斯文化部颁布了《农村地区文化机构（公共图书馆和文化休闲机构）服务最低资源保障标准》，为农村图书馆设定服务最低资源保障标准。尽管对自治地方图书馆不再有管理权力，但俄罗斯文化部还是履行保护和发展文化职责，制定政策措施，提出建议意见，支持和帮助自治地方图书馆实现所有权转制，逐渐走出困境，稳步发展。

自治地方图书馆是按新所有权方式管理和建设的图书馆，它的发展及与自治地方的关系、为地方自治建设服务等一直为俄罗斯图书馆界关注研究。2006 年新《俄罗斯地方自治法》在俄罗斯全面施行，对自治地方图书馆再度产生重大影响，使自治地方图书馆发展成为俄罗斯图书馆事业最需迫切解决的问题之一。建立起符合各方利益需求的自治地方图书馆发展模式是一项长期、复杂、有难度的事情，迄今仍未止息。

（2）各部门图书馆的行业自我管理

在继承前苏联大多数图书馆的基础上，俄罗斯保留下了庞大的图书馆网。俄罗斯图书馆部门属性较强，各行业部门基本上都有图书馆网。除俄罗斯文化系统公共图书馆外，还有俄罗斯科学院系统图书馆（379 个）、俄罗斯教育系统图书馆（6.6 万个）、工业和交通等部门科技图书馆（3500 多个）、农业系统图书馆（720 多个）、医学和卫生系统图书馆（1500 多个）、国家最高权力机关图书馆——俄罗斯总统办公厅图书馆和议会图书馆。俄罗斯内务部、俄罗斯外交部等也都有各自图书馆系统。全俄约 13 万个图书馆中，俄罗斯教育部系统图书馆数量最多，约占总数的 49%，俄罗斯文化部系统公共图书馆约占 37%，其他部门图书馆约占 14%。

苏联时期，国家各部、委、局下属的图书馆除受本部门直接领导外，还要统一接受苏（俄）文化部下设的国家跨部门图书馆委员会（ГМБК）的集中领导。ГМБК 在苏联解体后解散了，《俄罗斯图书馆事业法》和俄罗斯政府批准制定的《俄罗斯文化部章程》都没有设立类似机构的规定，也未再赋予俄罗斯文化部代表国家对各部门图书馆跨部门统一管理的国家级权力。在管理图书馆方面，俄罗斯文化部基本任务职能是确定图书馆事业发展目标与内容，直接管理下属 9 个联邦图书馆等，不再拥有超部门的特殊权利，在图书馆管理方面,与其他联邦部门、机构之间的关系由垂直领导变为平行平等,协调、合作开展工作。俄罗斯文化部图书馆政策对其他部门、机构管理各自下属图书馆事业只具推荐性和建议性,不再是必须执行的命令。这意味着国家不再对各部门图书馆集中统一管理,而是将权力下放,由各部门自行管理本系统图书馆,突出了行业机构的自我管理。各部门制定各自系统图书馆的发展计划、规章制度等,如俄罗斯教育部制定的 Libweb 计划、普通教育机构图书馆工作计划、《教育机构图书馆藏书统计》《中等专业教育机构图书馆暂行条例》《高等职业教育机构(高校)图书馆示范条例》《高校图书馆藏书建设示范条例》等。

3.3 俄罗斯图书馆事业分权管理体制的利弊分析

3.3.1 俄罗斯图书馆事业分权管理体制的积极意义

图书馆事业分权管理是俄罗斯实行新联邦制度和地方自治制度的必然结果,与俄罗斯新的政治制度、经济制度一致,符合俄罗斯国情及图书馆发展要求和国际图书馆发展潮流。分权管理打破了苏联长期高度集权管理体制的束缚,清除了僵化体制产生的官僚主义、教条主义、保守主义等问题对图书馆事业发展的影响,迈出了图书馆事业由国家管理向国家与社会共同管理变革的重要一步,对俄罗斯图书馆事业具有一定的进步意义和积极作用。

(1)有利于调动地方发展图书馆事业的积极性

联邦主体和自治地方可根据地方社会、经济、文化传统、民族构成等地方元素设置规划图书馆,制定符合地方特点和需求的图书馆政策法规,使图书馆贴近地方社会,更好地为地方社会服务。地方制定图书馆发展计划的积极性提高,如“2010 年前卡累利阿共和国国家图书馆发展构想”“2003 - 2005 年库尔干市图书馆居民服务发展计划”“2015 年前莫斯科市图书馆居民服务发展构想”“乌里扬诺夫斯克州图书馆藏书保护条例”“斯维尔德洛夫州图书馆儿童服务构想”“列宁格勒州公共图书馆服务标准”等等。楚瓦什共和国总统 Н. В. Федоров 亲自主抓图书馆事业,2007 年拨款 1.5 亿卢布修缮馆舍，三年内在农村建了500多个现代化图书馆，Н. В. Федоров自豪地说，无论是新建馆舍还是修缮的馆舍都可与欧洲国家相比。2008年8月，梅德韦杰夫总统与Н. В. Федоров就图书馆现代化问题进行工作会谈，肯定了楚瓦什共和国图书馆事业发展取得的成绩，认为其经验可推广。

（2）有助于调动图书馆界的积极性，激发图书馆的职业创造热情

苏联时期僵化管理体制和官僚思想作风抑制了图书馆创造性，图书馆的职业活动、职业联合及与其他机构团体的交往受到监督和限制，图书馆的文献采购、藏书、工作方式、服务内容等都由苏共、苏维埃政府统一规定，图书馆缺乏自主权，长此以往，图书馆首创精神被磨灭了。分权管理为图书馆发展创造了开放、民主、自由的社会环境，改变了图书馆沉闷状况和惰性工作习气，图书馆发展具有了活力，图书馆自我管理的职业意识和能力增强，自主决定和开展职业活动，参与研制实施图书馆政策法律的热情高涨，扩大了与社会各界的交往，建立各种伙伴关系，与地方权力机关和行政主管部门沟通，积极参与地方社会建设，使社会更多了解图书馆在新政治经济环境中的作用。俄罗斯图书馆事业能经受住历史上最严峻的困境考验，离不开图书馆界积极向上的职业热情和顽强不息的职业精神。

（3）有益于社会力量参与图书馆事业建设，促进图书馆事业的社会发展

苏共和苏维埃政府主张社会机构、普通民众参与图书馆建设，但有严格的限定和监督，缺乏真正的民主性、社会性。《俄罗斯图书馆事业法》明确允许国外个人和组织在俄罗斯开办图书馆，个人、社会组织、管理机构都可依法参与图书馆建设，集思广益，共同推进图书馆事业发展。索罗斯基金、开放俄罗斯基金、普希金图书馆基金、比尔·盖茨基金等社会机构与俄罗斯文化部或图书馆合作，为图书馆发展提供资金，制定实施旨在推动图书馆事业发展的计划，如索罗斯基金的“普希金图书馆计划”、开放俄罗斯基金的“现代农村图书馆计划”等，对俄罗斯图书馆事业发展起到促进作用，减轻了国家和地方的财政负担，使图书馆全面融入社会，有更多机会与社会各界建立联系，增强图书馆的社交能力和服务社会的能力。图书馆作为社会机构的属性决定了社会力量参与图书馆事业是必需的，符合图书馆事业发展的社会化趋势。

3.3.2 俄罗斯图书馆事业分权管理体制的消极影响

分权管理是激进改革的产物，是图书馆事业管理体制的根本性变革。

一方面,图书馆事业从中央集权领导到地方分权管理的转变,期间没有适当的过渡或缓冲,包括图书馆界在内的社会各方在思想意识、管理组织等方面都缺乏基本的心理准备和必要的对策措施,对可能出现的问题无法预料,反应也是措手不及的,必然出现认识和管理上的混乱局面;另一方面,分权管理在确立和运行的最初就表现出一种极端的管理方式,即从苏联时期的一个极端——中央高度集权走向另一个极端——过度分权给地方,国家对图书馆事业的管理从大权独揽、大包大揽、事必躬亲到完全放手、撒手不管、任由发展。由此可见,推翻苏维埃集权管理制度而实施的分权管理实质上表现为一种过度的分权管理。"过度""极端"本身就意味着存在问题,必然会对图书馆事业产生消极影响。

(1)过度分权严重削弱了国家对图书馆事业的宏观管理和掌控能力,国家在图书馆事业发展中的责任和义务被淡化,地位和作用被忽视

国家权力地方化分散的后果就是"弱中央强地方",过度分权造成权力失衡,缺失国家层面的监督与干预、宏观管理与协调,图书馆发展的好坏完全由地方决定,图书馆发展的不确定性增强,影响图书馆事业的消极因素及图书馆发展的消极趋势得不到及时有效的约束与遏止,图书馆事业整体发展得不到统筹规划。分权原则实现了地方一级政府阻止联邦政府权力体系深入图书馆层面的制度保障,改变了联邦政府权力自上而下行使的逻辑,销蚀了国家权力控制图书馆事业的合理性和必要性。正因如此,图书馆界抱怨国家对图书馆事业不重视,有推卸责任、袖手旁观之嫌。一些联邦主体连地方法律都敢毫无顾忌地与俄罗斯宪法及联邦法律相抵触,国家政令在地方的执行常遇阻力毫不为怪。监督与评价机制的缺乏往往造成国家图书馆政策预期目标和任务难以实现。2007 年 11 月,俄罗斯文化部部长 А. С. Соколов 在俄罗斯政府会议上做的"图书馆事业发展"报告中指出,据专家统计,俄罗斯有图书馆约 13 万所,这个数字是 20 世纪 80 年代最后一次全俄图书馆普查基础上估算的。[①] 一个国家不能准确掌握本国图书馆事业基本信息,至少表明国家在管理图书馆事业方面的失职。

---

① Т. Л. Манилова. Библиотечное дело в России на современном этапе: Несколько штрихов к портрету[J]. Информационный бюллетень РБА,2007(45):9－12.

(2)图书馆数量持续减少,图书馆网萎缩

近十几年来,俄罗斯图书馆数量一直呈现下降趋势,由15万降至目前的13万,俄罗斯文化部系统的公共图书馆由1990年的5.02万个减至2007年的4.7万个。究其原因,俄罗斯文化部认为,“《俄罗斯地方自治法》的实施使地方自治图书馆消亡的危险变为现实”,危险对一些图书馆依旧存在。苏联时期撤销、合并图书馆需经党组织等批准,如今地方自治机构完全有此权力,无需向国家机构报批。地方图书馆的命运掌握在自治地方手中,在地方自治组建过程中,图书馆很容易受到地方长官主观意识的影响,被当做一种财政负担而牺牲掉。小城镇和农村地区,图书馆被随意撤销的现象较普遍,一些地区为节约经费甚至不顾服务功能的差别,而将公共图书馆与学校图书馆合并,影响到居民利用图书馆服务。图书馆界及社会人士倡导“不让蜡烛熄灭”活动,力图保住农村图书馆。存留下来的图书馆因地方当局和主管部门对图书馆实行拨款“剩余”原则,经费严重不足,生存境况堪忧,未来发展对一些图书馆来说成为奢望。

(3)图书馆各自为政、条块分割,发展缺乏协调

分权管理后,各部门、各地方根据各自利益需求管理下辖图书馆的发展,这有合理之处,但不可避免会出现各自为政、条块分割的情况。图书馆信息化、网络化发展趋势及构建全俄统一图书馆信息空间的目标要求各地各类图书馆跨地区、跨部门合作,开展信息资源整合及其共享与利用,要求各类图书馆有共同认定和遵守的发展战略和模式。但现实中由于不再有类似苏联时期国家跨部门图书馆委员会(ГМБК)这样的对各地、各部门图书馆统一协调的机构,因此缺乏对各地、各部门图书馆各行其是的发展进行协调的机制和信息资源共建共享措施。虽然俄文化部有协调全国图书馆事业发展的责任,但这也仅属行政职能,而非绝对权力,协调能否实施及实现效果如何,很大程度上取决于各地、各部门的响应与配合程度。

(4)图书馆事业整体发展不平衡、发展缓慢、发展水平低

国家不干预、不介入的完全分权管理,使图书馆发展完全取决于地方经济条件尤其是地方当局的重视程度,这加剧了俄罗斯图书馆事业发展因各地经济条件、地理环境、历史文化、民族传统等方面的差异和不平衡状况。联邦主体间以及同一联邦主体内不同地方自治区域间差距巨大:①年购新书量:联邦主体图书馆间相差230倍,同一联邦主体内图书馆间相差100倍,

全俄范围内相差达1500倍;②购书经费:萨马拉州为20亿卢布,科斯特罗马州仅为1000万卢布,卡累利阿共和国国家图书馆外文图书经费比33个联邦主体之和还多;③读者数量:2000年鄂木斯克州图书馆为13万人次,伊尔库茨克州科学图书馆仅为2.6万人次;④馆员工资全俄各地相差20倍;⑤图书馆经费在文化经费预算中比例全俄各地相差3倍;⑥2003年全俄图书馆购书经费总额12亿卢布,人均8.5卢布,全俄范围内相差10多倍;⑦购书经费在图书馆经费中比例,全俄各地相差50倍;⑧人均拥有图书馆数量,全俄平均每3000人拥有一个图书馆,各地差别巨大,从800人到6500人不等。

俄罗斯社会院文化发展委员会主席 А. А. Калягина 用"两个俄罗斯"来形容各地差距,莫斯科和圣彼得堡是一个俄罗斯,其他地区是另一个俄罗斯,"两个俄罗斯"的居民在经济收入、生活条件和水平、思想意识等方面存在巨大差距。[①] 俄罗斯图书馆发展同样出现了"两个俄罗斯"的分化现象,与一些地区图书馆衰落、被关闭形成鲜明对比的是,一些地区建设具有世界水平的现代化图书馆,如1994年顿河畔罗斯托夫市建成了藏书750万册、阅览席位1200个的俄罗斯南部最大的顿河公共图书馆新馆。少数图书馆的先进不能代表俄罗斯图书馆整体发展水平,无法掩盖俄罗斯图书馆发展存在的问题。按UNESCO的建议标准,图书馆年新书入藏为250册/千人,俄罗斯各地间相差达30倍,楚科奇高自治区高出标准2倍,北奥塞梯共和国是标准的1/10,全俄有一半地区不超过100-150册/千人,俄罗斯学者称这些地区为信息封闭区、信息孤岛,脱离世界发展,处于人类文明进步的边缘,属人文灾难区。图书馆事业发展不平衡造成公众获取信息的不平等,在俄罗斯社会发展、居民生存愈加离不开知识信息的时代,地区间差距因公众不能平等获取信息而进一步拉大,且两者间容易形成恶性循环,对社会稳定、经济发展、国家统一极为不利。

近些年各项数据表明,俄罗斯图书馆整体发展是缓慢的,落后于世界水平。从1991年到2000年,图书馆藏书总量减少了13.18%,人均图书保障

① А. А. Калягина. Культура и будущее России. Новый взгляд. Доклад председателя КомиссииОбщественной палаты по вопросамразвития культуры[EB/OL]. www. rba. ru/or/comitet/05/od/10. 2. doc

率由7.27册降到6.45册,图书馆的居民覆盖率从43.96%降到40.18%,[①]馆舍破旧、设备陈旧、新书入藏少、计算机化水平低、基础设施差。图书馆事业如此境况与过度分权管理、缺乏必要的国家介入有直接关系。РНБ副馆长В. Р. Фирсов指出:“俄罗斯有些图书馆成为现代化信息和文化中心,有能力满足公民信息需求,有些地区居民却失去了最基本的图书馆服务,我们分析后得出的结论是,在图书馆立法基础上,国家对图书馆活动的干预与调控是避免居民失去图书馆服务的最根本措施”。[②] 现实表明,越是社会转型时期,图书馆事业越需国家干预,国家越应担负起发展图书馆事业的责任,通过国家宏观调控,缓减社会动荡对图书馆事业的影响,引导图书馆适应社会新形势,平稳过渡发展。国家宏观重视图书馆事业,首先要确立一种符合国情和图书馆事业特点的图书馆管理体制,再付诸实施切实可行的政策措施,这样才能彻底改变俄罗斯图书馆事业发展缓慢、落后的面貌,促进图书馆事业均衡、快速发展,消除信息鸿沟,真正构建起惠及全俄人民的统一文化信息空间,为信息社会、公民社会、法制社会建设提供强有力的资源保障。

3.4 俄罗斯图书馆事业的“国家－社会”管理模式

俄罗斯在较短时间里完成了破坏苏维埃制度的任务,而建立新制度的历程却异常艰难和漫长。同样,在短短几年时间彻底打破苏联用70多年时间建成的图书馆事业管理体制和发展模式后,建成新的图书馆事业管理体制和发展模式,不是一蹴而就的事,破旧立新必然有个过程,要受到政治、经济、文化等诸多因素不断变化的影响。与国家发展阶段相一致,俄罗斯图书馆事业发展也可划分为叶利钦时代、普京时代和梅德韦杰夫－普京的梅普组合时代。

---

① В. В. Шилов. Некоторые особенности развития фондов общедоступных библиотек России в последнее десятилетие XX в. [EB/OL]. www. gpntb. ru/win/inter – events/ crimea2002/trud/sec78/Doc22. HT ML

② В. Р. Фирсов. Государственное законодательное регулирование деятельности библиотек [EB/OL]. http://www. rba. ru:8101/or/od/law/obesp/fir/fir1. htm

3.4.1 俄罗斯图书馆事业管理:从叶利钦时代到普京时代

叶利钦执政时期,正如普京在1999年《千年之交的俄罗斯》中所言,俄罗斯处于其数百年来最困难的历史时期,大概这是俄罗斯近二三百年来首次真正面临沦为世界二流国家抑或三流国家的危险,①也被认为是俄罗斯民族近三百年历史中最暗淡的时期之一。② 政权纷争、经济衰退、社会动荡是这个时代的特征,社会发展的各项指标严重下滑,国家权力和权威受到动摇和弱化。我国历史学家秦晖曾这样评价叶利钦时代的改革:"如果把转轨比拟为从此岸驶向彼岸的一艘船,那么叶利钦这个掌舵人使船驶离了此岸,但没有到达彼岸,然而这艘船也没有掉头而返,更没有在风浪中倾覆,而且还在冒着风浪向彼岸前行。"③具体到图书馆领域,叶利钦的改革就是彻底打破苏维埃图书馆事业管理体制,实现图书馆事业管理从集权到分权的转变,确立图书馆事业分权管理的基调与大方向。在当时激进改革思想指导下,为表示与苏维埃制度彻底划清界限、摧毁苏维埃制度的决心,必须根除极具苏维埃特色的图书馆国家集权管理制度,加之此时国家被旷日持久的权力争斗、濒临崩溃的经济形势搞得焦头烂额,根本无暇顾及图书馆事业,也无力实施管理。国家索性按新宪政制度将图书馆事业管理权完全分权,基本上放弃了对图书馆事业的职能性管理,一时间给人的印象就是,国家角色由图书馆事业的主管者、庇护人陡然变为旁观者、局外人,最终造成国家权力式微、地方权力膨胀。国家既放弃了苏联时期对图书馆事业的领导也没有真正履行《俄罗斯图书馆事业法》中规定的"国家对图书馆事业的义务"。分权管理不是专门针对图书馆领域提出和实施的,其在图书馆领域应用是一刀切式的,没有考虑图书馆事业特点,存在弊病是必然的。这一切就形成了叶利钦时代带有"过度"缺陷的图书馆分权管理体制,至于分权管理体制的完善及其带来的问题如何解决等连同国家发展的其他烂摊子,则留给了继任者普京。

2000年普京主政后,为实现恢复经济、振兴俄罗斯、重塑俄罗斯大国形

---

① 冯绍雷,相蓝欣.转型中的俄罗斯社会与文化[M].上海:上海人民出版社,2005:215

② 李静杰.十年巨变:俄罗斯卷[M].北京:中共党史出版社,2004:258

③ 叶利钦带走了什么[EB/OL].南方周末.2007-04-26. http://news.mop.com/o/2007/0426/113111116.shtml

象等战略目标，提出必须改变叶利钦时期过度分权造成的中央权力孱弱、地方权力过大、中央与地方关系混乱无序、中央无力驾驭强大联邦主体的局面。为此，普京全力推进权力结构改革，采取强力措施强化国家政权，巩固国家垂直权力体系，改造联邦制，加强中央集权，削减地方权力。同时，普京意识到国家复兴离不开文化繁荣："我一直认为，关注俄语和俄文化影响力的增长是最重要的社会政治任务，我坚信俄罗斯人民精神统一以及把我们团结在一起的道德观念是促进国家政治、经济稳定发展的重要因素，只有保持对母语、特有文化、独特文化价值、国家历史的尊重，拥有共同的道德取向，我们的社会才能解决面临的重大国家任务。"他多次强调文化要为国家未来贮存智力资源，重视继承传统文化，以凝聚民族力量和精神，在2007年5月的俄罗斯总统文化艺术委员会会议上再次提出文化的教育作用，将俄罗斯优秀文化传统传给青年人，让他们参与文化事业。普京颁布总统令将2006年定为俄罗斯人文、文化、教育年，每年3月25日为文化工作者日。图书馆是俄罗斯当今最普及的基础性文化部门，担负文化繁荣重任，2007年普京签发奖励文化事业计划总统令，奥廖尔州盲人图书馆的"图书馆藏书统计系统设计与读者构成"、萨拉托夫州科学图书馆的"图书馆——多民族社会的文化交流中心"、诺夫哥罗德市图书馆的"计算机技术走进农村图书馆"、图拉州科学图书馆"缩微技术保护图拉州古籍文献"等获总统基金奖，РНБ和РГБ的馆长 В. Н. Зайцев 和 В. В. Федоров 入选俄总统文化艺术委员会，并被授予"为国家服务"勋章，表彰其对图书馆事业的贡献。图书馆经多年不懈努力，确立了在信息社会、公民社会建设中不可替代的地位，积累信息潜能和提供信息服务的作用日渐显现，图书馆的法律信息服务、生态教育、消费者服务、青年人问题研究、地方自治建设信息保障等有广泛的社会影响和良好社会效果。

2008年普京卸任总统，担任俄罗斯政府总理，梅德韦杰夫继任总统，俄罗斯进入梅普组合时代。国家政权的平稳过渡和社会、经济的稳定发展，使普京时代的国家图书馆政策计划得以延续下来，更多强有力和有效的国家发展图书馆事业的措施出台、实施，并将图书馆事业的发展充分融入到国家文化发展、科技教育事业发展和信息社会建设之中。总体而言，俄罗斯将图书馆事业的发展提到了国家任务的新高度。2012年普京在总统大选中获胜，确保了国家发展图书馆事业的各项政策措施持续、有效实施。

3.4.2 俄罗斯图书馆事业"国家 - 社会"管理模式的形成

(1)俄罗斯图书馆事业"国家 - 社会"管理模式形成的表现

苏联重视图书馆,结果是发达的图书馆事业成就了苏联的强大,如今俄罗斯复兴强国同样离不开图书馆信息、文化、教育功能的发挥。正如俄罗斯文化部"图书馆事业发展国家政策"决议中所言:"没有新图书馆就没有新俄罗斯",[①]而拥有"新图书馆"的前提是国家对图书馆事业的重视。在强化联邦中央权力的治国方略指导下,面对图书馆社会作用愈加重要的现实,在意识到国家的支持是改变图书馆事业落后面貌、走出危机困境进而走上康庄大道繁荣发展的基本力量源泉之后,国家对图书馆事业的重视程度开始提高,表现为国家政要针对图书馆事业的言行、国家机关制定实施的旨在推动图书馆事业的政策法令、计划等。

1)国家政要关注和参与图书馆职业活动

2000 年后,俄罗斯的总统、总理、联邦委员会主席、国家杜马主席等国家政要多次莅临图书馆,关注和参与图书馆职业活动,感性认识和切身体验图书馆发展状况,为国家采取政策措施发展图书馆事业做前期调研。

2002 年普京夫妇陪同美国总统布什夫妇参观俄罗斯国立儿童图书馆,2003 年普京参加 РГБ 建馆 175 周年和 РНБ 新馆典礼,强调图书馆作为世代人无价经验的宝库,在积累国家智力潜能方面的作用与意义重大。2002 年国家杜马主席 Н. И. Селзенев 参观 РГБ,联邦委员会主席 С. М. Миронов 参观俄罗斯国立儿童图书馆、РГБ、РНБ,了解图书馆服务,肯定图书馆对国家发展的作用。[②] 2004 年 1 月,РНБ 建馆 190 周年,С. М. Миронов 致电称这是俄罗斯文化、科学、教育的纪念日,鼓励图书馆克服困难,繁荣发展图书馆事业。2005 年 5 月,普京、С. М. Миронов 为俄罗斯图书馆协会(РБА)第十届年会发去贺电,称图书馆不是简单的信息和休闲机构,而是解决国家文化精神发展问题的重要主体,图书馆要集中力量成为地方政府得力助手。

---

① О государственной политике развития библиотечного дела в Российской Федерации: Решение Коллегии Министерства культуры и массовых коммуникаций Российской Федерации[J]. Библиотековедение,2005 (5): 8 – 9

② Е. И. Кузьмин Л. А. Дубровина В. М. Красильщикова. Реализация государственной библиотечной политики Министерством культуры Российской Федерации в 2002 – начале 2003 г. [EB/OL]. http://www.minervaplus.ru/publish/P2002 – 03. htm

2007 年 5 月，国家杜马主席 Б. В. Грызлов 亲自参加 РБА 第十二届年会，为 2008 年和 2009 年 РБА 年会发去贺电，介绍国家杜马和促进俄罗斯图书馆发展社会委员会在图书馆事业发展方面所做的工作和计划。2008 年 – 2010 年，梅德韦杰夫三次向全俄学校图书馆员大会发去贺电，肯定了学校图书馆在青少年教育、智力成长、创造发展中的重要作用。2008 年 10 月，梅德韦杰夫、С. М. Миронов 向俄罗斯国立公共科技图书馆成立 50 周年发去贺电，盛赞其对教育、科技发展做出的贡献。2009 年梅德韦杰夫、普京、С. М. Миронов、Б. В. Грызлов 等向 РГБ、РНБ 祝贺新年，勉励图书馆为国家复兴做贡献。2009 年 5 月，梅德韦杰夫为“知识社会中的图书馆：一体化进程”全俄图书馆大会祝辞：“图书馆是公民尤其是年轻人文化素质培养和休闲中心，在教育、科学、文化发展中作用重要，要赋予图书馆与时代相适应的新形象，加强图书馆物质基础建设。” 2010 年普京向全俄学校图书馆员大会发去贺电。2011 年 4 月，梅德韦杰夫参观俄罗斯国立青年图书馆。2009 年 С. М. Миронов 参加了主题为“俄罗斯历史文化传统与改革创新：图书馆的教育责任”的“鲁缅采夫阅读 – 2009”国际会议。Б. В. Грызлов 为 2009 年全俄图书馆日致辞：“21 世纪图书馆依旧是重要的知识来源，在知识经济社会中的作用重要，图书馆读者主要是学生和青年人，图书馆状况决定了教育和文化水平及国家未来。” С. М. Миронов 致辞：“国家和社会认识到，没有教育和多样性的知识，不深入理解保存在图书馆的思想精神瑰宝，国家就不能繁荣富强，教育、科学、文化的发展离不开图书馆员创造性劳动，图书馆履行着全民教育、社会道德建设、开发社会智力和精神潜力、传承文化知识的神圣使命，图书馆员的工作使人类思想成为全社会公共财富。”

2）联邦委员会和国家杜马举行图书馆事业发展议会听证会

图书馆令人担忧的状况和发展前景引起了联邦委员会和国家杜马的关注。联邦委员会先后举行了“图书馆的居民服务”（1998 年）、“图书馆的儿童服务”（2002 年）、“保护国家文化历史记忆：图书馆和档案馆”（2003 年）听证会，国家杜马举行了“学校图书馆开展儿童道德教育活动的法律保障”听证会（2009 年）。

参加听证会的议员、政府官员、社会组织代表听取有关图书馆事业发展的报告，向国家机关、地方自治机构等提出建议。例如“保护国家文化历史记忆：图书馆和档案馆” 听证会向各部门提出建议：①联邦会议——审议

《2005年联邦预算法草案》时,图书馆经费增长不低于50%,以修缮和新建馆舍、购置馆藏文献保护设备;②俄罗斯政府——批准图书馆信息资源条例、图书馆文献寄存条例、珍贵文献保护条例、图书馆信息资源再分配条例、馆藏文献剔除条例、藏书统计细则、图书馆文献备份条例等文件,组织协调各部门图书馆工作;③俄罗斯文化部——在《俄罗斯文化纲要》(2006－2010年)框架内研究图书馆馆藏保护国家纲要"俄罗斯记忆",起草并向俄罗斯政府提交保护俄罗斯文献资源的文件;④联邦主体和自治地方——在《俄罗斯文化纲要》、联邦主体文化保护和发展纲要的框架内,与联邦和联邦主体的文化部门签订图书馆馆藏保护经费使用协议,完善地方图书馆立法,审议地方年度预算草案时,提高图书馆经费投入,完善馆员工资制度,批准地方性馆藏文献保护计划。"学校图书馆开展儿童道德教育活动的法律保障"听证会,提出建议:①国家杜马——成立专门的完善立法工作组,从联邦层面明确学校图书馆服务和藏书等最低资源保障标准,支持馆员创新项目研究;②俄罗斯政府——在国家教育创新项目"我们的新学校"中规范了学校图书馆事业发展;③俄罗斯教育部——将学校图书馆作为单独内容纳入新的联邦国家教育标准中,研究、制定学校图书馆管理制度、学校图书馆信息素养中心工作示范条例、学校图书馆经费强制性标准规范、致地方教育主管机构负责人和学校校长建议书,起草在俄罗斯卫生与社会发展部技能统一目录中增添馆员－教师的建议,为图书馆信息化创造条件,建立和发展学校馆员的教育和培训制度,师范院校开设"学校图书馆"专业,实施馆员资格认证;④俄罗斯文化部——审议在文化艺术院校图书馆信息活动专业设立"学校图书馆"方向;⑤联邦主体政府机关——研制实施地方性学校图书馆发展计划,确立学校图书馆作为教学过程中学生信息素养培养中心的职能,为图书馆基础建设和信息技术应用投资,创建舒适智能的图书馆环境,加强图书馆基本藏书建设,采取措施加强馆员继续教育培训,支持国际学校图书馆员协会的"学校图书馆月"活动(每年10月1－31日),吸引社会各界为学校图书馆提供物质技术保障,支持学校图书馆员大会等职业活动;⑥俄罗斯学校图书馆协会——联合学校图书馆员职业界,保持图书馆在学校中的良好传统,创新服务,继续举办全俄学校图书馆员大会、全俄年度"最佳学校图书馆员""学校最佳图书馆信息素养中心"活动,办好《学校图书馆》《家庭阅读》《读书》等读物,开展学校图书馆员国际和地区交流。

议会听证会是国家对图书馆事业最高层次上的讨论研究，图书馆事业发展中最突出、最迫切、最需求国家层面参与解决的问题直接送达立法者、政策决策者手中，有利于问题及时有效解决。联邦委员会和国家杜马是国家最高立法机构，因此，听证会建议都与制定和修订法律法规以推进图书馆事业发展有关，有些建议经审议程序写入了与图书馆事业发展有关的联邦法律，成为法律条款，有些建议则成为图书馆政策组成内容或制定的参考。

3）成立图书馆事业统一协调机构——促进俄罗斯图书馆发展社会委员会

2006年11月，国家杜马倡议成立了促进俄罗斯图书馆发展社会委员会（以下简称促委会），Б. В. Грызлов亲任主席，俄罗斯政府驻国家杜马全权代表А. В. Логинов、РГБ馆长В. В. Федоров任副主席。促委会的成立是俄罗斯图书馆事业发展的客观需要，国立莫斯科大学图书馆馆长В. В. Мосягин指出："俄罗斯图书馆事业面临诸多问题的原因在于缺少国家调控，老一辈专家对15年前停止活动的国家跨部门图书馆委员会（ГМБК）还记忆犹新，如今图书馆事业也需要类似机构。"俄罗斯图书馆事业存在的问题不是单个部门能解决的，俄罗斯文化部虽有跨部门、跨地区协调图书馆事业的职能，但缺乏实质权力，因此迫切需要一个具有宏观协调全俄图书馆职能和权力的机构来统一认识和行动，规范和决策图书馆事业发展。社会制度的变迁决定了国家不可能组建类似ГМБК的国家权力机构统一管理图书馆事业，因为这毕竟是集权时代具有集权特征的机构。这种情况下，一个将目标和任务定位于协调全俄图书馆事业的非集权、非国家权力性质的社会机构——促委会应运而生。俄罗斯图书联盟主席В. С. Степашин认为，促委会独立于政治派别和政治活动，其成员为相关部门代表，可成为类似ГМБК的协调机构。促委会虽不是由国家颁布法令成立的国家权力机构，也没有被赋予协调管理全俄图书馆事业的国家权力，而且名称上冠以"社会"性质，但从其成员、工作任务等方面来看，与ГМБК相似，是具有宏观协调管理全俄图书馆事业职能的"国家权力机构"。促委会成员包括：俄罗斯教育与科学部部长、联邦教育署署长、出版和大众通信署署长、联邦委员会副主席、联邦委员会文化委员会主席、联邦委员会教育和科学委员会主席、国家杜马文化委员会主席、国家杜马劳动和社会政策委员会主席、国家杜马民事－刑事

－仲裁立法委员会主席、俄罗斯总统助理、俄罗斯总统国家事务研究院院长、俄罗斯政府驻联邦委员会全权代表、联邦主体的行政长官（州长、总统）和议会主席等。促委会下设《俄罗斯图书馆事业法》和《俄罗斯文献呈缴法》修订、图书馆事业发展构想、图书馆领域著作权与信息技术立法、图书馆社会作用和图书馆员社会状况、信息创新五个专家组，全面研究图书馆事业发展迫切问题，为图书馆事业发展提出宏观建议与对策。促委会基本任务是在科学、教育、信息、文化领域国家政策框架内研究图书馆事业发展前景，联合各方力量促进各部门图书馆协调发展，吸引社会经济力量参与图书馆事业建设。促委会研究和解决的是图书馆事业发展最迫切需要国家参与干预的法律政策、财政经费、全俄图书馆网建设等具有全局性、跨地区、跨部门性问题。

30 年后，再次成立具有 ГМБК 职能的促委会，反映了俄罗斯图书馆事业在经历了过度地方化分权发展阶段后，客观理性地表现出需要国家的参与、干预。促委会的决议、意见、建议对国家和地方制定图书馆领域决策、政策、立法有决定性影响。促委会的成立，实现了国家对图书馆事业统一协调、宏观规划。促委会既“社会”又“国家”的性质，体现出俄罗斯图书馆事业“国家－社会”管理体制模式的特色。

4）普京国情咨文提出振兴俄罗斯图书馆事业

2007 年 4 月，普京在年度国情咨文中首次提出振兴图书馆事业的号召。普京指出，长期的经费不足使曾辉煌于世的俄罗斯图书馆事业衰落了，为此要在新基础上发展图书馆事业，联邦主体行政长官要重视图书馆信息化建设与发展，给予经费保障和支持，将图书馆建成真正的信息、文化、休闲中心，国家和地方要制定图书馆事业发展计划，提供财政经费，加强与世界大型图书馆交流合作。普京与美国总统布什通电话，表示俄罗斯将高度支持和参与建设旨在保护人类文化历史的世界数字图书馆。2007 年 5 月，普京在俄总统文化艺术委员会会议上再次提出：“图书馆事业发展是与教育、全民阅读有直接关系的基础性问题，经费短缺使学校图书馆、农村图书馆境况最为糟糕，馆藏贫乏，使用的还是苏联时期的馆藏，因此，为图书馆配备先进信息技术和设备软件，培养专业人才，把图书馆从普通书库建成信息分析和休闲中心，关心儿童和青少年图书馆藏书。普京国情咨文首次表明了国家发展图书馆事业的坚定态度和决心，这具有划时代意义的号召使人们对俄罗斯图书馆事业复兴充满信心和期望。

5）建设叶利钦总统图书馆网，图书馆数字化发展新时代

2007 年 6 月，普京发布“建立叶利钦总统图书馆”总统令，要求在圣彼得堡为总统图书馆选择馆址、联邦主体建立总统图书馆分馆，并组建了总统图书馆建设委员会，俄总统事务管理局局长 В. И. Кожин 任主席，成员有俄总统顾问、俄总统驻各联邦大区全权代表、联邦各部副部长、俄文化委员会主席、俄科学委员会主席、РГБ 和 РНБ 的馆长、俄科学院信息中心主任等。2008－2010 年，联邦预算为总统图书馆及分馆建设投资 50 亿卢布。高级别组委会阵容，金融危机背景下大力度拨款，反映出国家对总统图书馆的重视。2008 年国家杜马专门修订《俄罗斯图书馆事业法》和《俄罗斯文献呈缴法》，确立了总统图书馆作为国家图书馆及电子出版物呈缴本法定接收机构的地位。2008 年 10 月，普京发布政府令，成立隶属俄总统事务管理局的“总统图书馆建设”联邦财政局，管理总统图书馆建设资金。

按普京的构想，总统图书馆将成为庞大的教育和信息中心、与全球信息空间融为一体的俄最大的国家信息门户，并将加入以美国国会图书馆为基础的世界数字图书馆。总统图书馆是以电子文献为主的国家数字图书馆，收藏主题是俄罗斯从古至今的国家历史，基础馆藏是收藏于俄罗斯历史档案馆等部门的 650 多万份档案资料、珍稀文献。总统图书馆是俄罗斯足可引以为豪的、具有国际水准的“精华珍品”图书馆，欧美国家还都没有类似的数字图书馆。总统图书馆被联邦文化和电影署署长称为“俄罗斯图书馆的电子中枢”，它将图书馆、信息中心、社会机构的资源统一整合配置、系统保存与提供使用，是全俄图书馆系统重要的信息和联系环节。各地的总统图书馆分馆正在建设中，最终建成覆盖全俄的总统图书馆网，这是国家推进图书馆事业数字化、网络化发展的重要举措。

6）俄罗斯政府制定政策措施，支持图书馆事业发展

俄罗斯政府加大对图书馆的政策和财政支持，落实总统振兴图书馆事业的号召。2007 年俄罗斯文化部图书馆财政经费比 2006 年增长 23.2%。2007 年 6 月，俄罗斯政府修改了《俄罗斯文化纲要》（2006－2010 年），增加了总统图书馆建设方案，加大对 2009－2010 年图书馆计划的财政拨款，为“现代农村图书馆”计划提供 8800 万卢布，建设 220 个农村图书馆，为“国家

电子图书馆建设”计划拨款3350万卢布,使电子图书馆资源增加31万种。① 2007年6月,俄罗斯总理В. Зубков签发了“2008－2010年联邦财政资助自治地方图书馆图书采购”政府令,三年时间联邦财政为自治地方图书馆采购图书拨款19亿卢布,使大多数图书馆年新书量基本达到UNESCO的标准。② 这是十几年来俄罗斯政府首次大力度、大范围为自治地方图书馆提供经费,对常年饱受经费困扰的图书馆来说,如久旱逢甘霖,一定程度上了改善了馆藏状况差的局面。

2007年11月,在俄罗斯政府会议上,俄罗斯总理要求俄罗斯文化部、俄罗斯信息部、俄罗斯科技部、俄罗斯内务部、俄罗斯外交部、俄罗斯国防部、俄罗斯农业部、俄罗斯地方事务部、俄罗斯经济发展部、俄罗斯财政部、俄罗斯科学院等关注图书馆事业存在的问题:缺乏旨在克服图书馆衰落、改善图书馆物质基础和经费基础、将图书馆建设为教育和文化中心的有效措施,缺乏实现振兴图书馆事业目标的具体计划,图书馆活动法律基础的完善工作效率低,认真分析俄罗斯文化部长的“图书馆事业发展”报告,起草如下计划并提交政府:到2015年图书馆事业发展构想;公共图书馆建立互联网开放中心方案;提高馆员工资、奖励优秀图书馆(员)的措施办法。2008年,俄罗斯政府制定了《到2012年政府基本工作》,图书馆事业被列为优先工作,计划拟订了2009年、2010年图书馆事业发展计划,到2011年建立起能获取图书馆、档案馆馆藏的分布式信息系统,提高文化遗产保护和利用水平。2009年2月,根据俄罗斯文化部提议,普京颁布2009－2011年全俄图书馆普查政府令,收集图书馆的数量、馆藏、基础设施、资源利用等方面数据信息,联邦财政提供普查经费,俄罗斯文化部负责牵头,其他联邦部门及联邦主体参与协助。这是苏联解体后,首次进行的全俄图书馆普查,表明国家希望宏观上掌握全国图书馆事业基本状况,以便为国家制定图书馆政策提供数据资料。2011年9月,总理普京在俄罗斯图书联盟会议上宣布,2012年俄罗斯政府计划为全俄图书馆信息化和文献采购提供5亿卢布资金,要求各级政

---

① Тезисы выступления председателя Комитета Государственной Думы по культуре Г. П. Ивлиева на заседании Общественного комитета содействия развитию библиотек России "Правовая основа деятельности муниципальных библиотек: реалии и проблемы" 27января2009года[EB/OL]. http://www.duma.gov.ru/cult－tur/news/03_02_2009.htm

② Г. П. Ивлиев. Российские библиотеки в правовом поле нового законодательства[J]. Научные и технические библиотеки,2008(9):5－7.

府关注馆员地位与待遇问题,将其作为日常工作予以监督。

7)“统一俄罗斯”党的“俄罗斯图书馆事业现代化战略”

2011年,俄罗斯执政的“统一俄罗斯”党(普京任党主席)在分析俄罗斯图书馆事业现状基础上,结合俄罗斯社会民主、政治、经济、社会文化等领域的变化及其对俄罗斯图书馆发展的要求和影响,制定了“俄罗斯图书馆事业现代化战略”。[①] 从执政党角度,确定了俄罗斯图书馆事业发展的目标、任务、职能、基本的方向以及实现目标、任务的途径、方法、保障措施等,图书馆事业为俄罗斯当代人和后人获取积累的文献信息提供保障,为自然科学、技术科学、社会人文科学等重点领域的科研提供信息支持与保障,开展知识的积累和使用等方面的组织、建设与管理工作;丰富人民的文化生活,提供最好的文化艺术产品,为后人保存具有历史价值的智力和文化遗产。“俄罗斯图书馆事业现代化战略”针对俄罗斯图书馆事业面临的问题,提出了涉及法律、经费、技术、设备、人员等17个方面的解决措施。俄罗斯图书馆事业现代化的最终预期成果是:图书馆信息资源通过互联网在任何时间向用户开放,有效获取信息;俄罗斯居民能有效获取国内外图书馆馆藏及世界文化财富;图书馆服务为地方经济和社会发展提供信息保障,通过传播思想帮助人们挖掘自身潜力、提高国民智力水平,促进国家现代化发展。

上述实证表明,近些年来俄罗斯的总统、政府、联邦委员会、国家杜马等在振兴俄罗斯图书馆事业的思想认识上高度默契与共识,付诸了实际有效的行动,这意味着“国家”作为宏观管理要素重新回归俄罗斯图书馆事业中来,一种与苏联时期国家集权领导和叶利钦时代过度分权管理都不同的图书馆事业“国家-社会”管理体制逐渐形成。

(2)俄罗斯图书馆事业“国家-社会”管理模式形成的原因

一是过度的地方性分权造成国家对图书馆事业职能和责任缺失,成为俄罗斯图书馆事业发展缓慢、落后、不均衡的直接原因,并影响到了俄罗斯复兴目标的实现,为此必须重拾国家干预图书馆事业的力量。

二是政治和经济体制的改革使俄罗斯的“社会”得以复苏和生长,越来越多的权力要素流入社会,国家与社会的关系发生了根本性转变。[②] 在文化

① Стратегия модернизации библиотечного дела РоссииEB/OL]. http://er.ru/news/2011/7/11/strategiya - modernizacii - bibliotechnogo - dela - rossii/

② 冯绍雷,相蓝欣.转型中的俄罗斯社会与文化[M].上海:上海人民出版社,2005:227.

领域,俄罗斯立国后,文化与政权的关系发生根本变化,国家不再对文化提出自己的要求,文化也失去了有保障的固定订货人,过去文化生活的共同轴心——集中管理体制和统一的文化政策不复存在,确定文化发展的途径成为社会本身的事情,[①]以职业团体、社会组织、政治组织等非国家性质机构为代表的"社会"力量积极参与文化事业发展,其作用在图书馆领域表现得尤为突出、有力和有效。"国家－社会"模式与《俄罗斯宪法》《俄罗斯地方自治法》《俄罗斯图书馆事业法》等确定的图书馆事业管理原则精神相一致,即俄罗斯图书馆事业管理分为联邦中央、联邦主体、自治地方和图书馆团体四层面,其中联邦中央属于国家要素,联邦主体、自治地方属于地方要素,图书馆团体则是社会要素。[②] 图书馆事业"国家－社会"管理模式实质上也是一种分权管理模式,遵循分权管理的基本思想和原则,目的是纠偏过度地方性分权对图书馆事业的负面影响、加强"社会"要素管理图书馆事业的作用,因此,"国家－社会"管理模式不是否定或取消而是完善图书馆事业分权管理制度。

(3)俄罗斯图书馆事业"国家－社会"管理模式的评说

纵观苏俄图书馆事业发展的历史与现实,可以看出,图书馆事业国家管理体制始终是与国家权力和国家能力密切相关,国家权力和国家能力强弱演变决定性地影响着俄罗斯图书馆事业发展。俄罗斯图书馆事业宏观管理经历了苏联时期完全的"国家管理"到叶利钦时代短暂的"国家管理"失控再到普京时代适度可控的"国家管理"。我们对这种转变进行一番梳理:

苏联图书馆事业的"国家管理"与当代俄罗斯图书馆事业的"国家管理"在意义和性质上是截然不同的,这源于"国家管理"在政治制度层面上的本质区别。苏联时期所指的广义的国家管理是建立在"一切权力归苏维埃"和"议行合一"原则之上,主要目的是集权,当代俄罗斯联邦国家所指广义的国家管理是建立在依照三权分立原则横向划分权力和依照联邦制度原则纵向划分权力的基础之上,主要目的是分权。[③]

首先,苏联时期是过度的社会控制,国家和社会的权力都集中于苏共,

---

① 吴克礼.当代俄罗斯社会与文化[M].上海:上海外语教育出版社,2001:500.

② А. И. Пашин. О некоторых вопросах управления библиотечнымделом[EB/OL]. http://libconfs. narod. ru/1997/5s/5s_p11. htm

③ 刘春萍.转型期的俄罗斯联邦行政法[M].北京:法律出版社,2005:53－54.

苏共势力渗透到国家和社会生活每个角落和每个毛孔中，[①]苏共在意识形态、文化和社会科学方面采取“拧紧螺帽”政策，强化对意识形态的控制，因此谈不上社会力量真正参与文化生活更谈不上作用的发挥，图书馆事业管理是典型的“党-国家”体制。从国家权力与国家能力的组合来看，苏联全能主义国家是高度集权的，利用强大的权力实现国家特定的目标偏好，实现图书馆事业的空前繁荣和强大。在无产阶级专政的国家里，可以利用强有力的国家机器推动全国图书馆事业，使苏联图书馆事业一日千里。[②] 但同时，苏联图书馆事业发展也付出了代价，突出表现为20世纪80年代中期出现的危机。

其次，叶利钦时代的激进制度变革使得戈尔巴乔夫时代就已岌岌可危的国家政治权力资源、经济权力资源、意识形态和社会控制资源严重流失，使国家必要的制度供给与秩序治理能力遭到严重削弱，加速了国家权力解构与能力衰竭的过程，以至于俄罗斯最终退化为典型的“弱国家”，[③]“弱国家”对图书馆事业的掌控与管理显然是软弱乏力的，过度的放权也是必然，图书馆事业发展因叶利钦一句话“地方想要多少权力就给多少权力”而付出沉重代价。但此时的社会力量也还不足以完全推动俄罗斯图书馆事业的发展。

最后，普京执政后，从经济、政治、社会与思想文化等各层面采取综合措施，实现社会整合与国家秩序的和谐治理。普京实行特殊的“可控的民主”，这是相对集权政治模式的一种形态，在民主政体前提下，任何形式的集权都只能是相对的，“可控的民主”应运而生。可控的民主是一种罕见的特殊的社会管理模式，“可控的民主”模式内在的相对集权与外在的民主形式之间的矛盾，实际上源自于社会本身的矛盾，没有“可控的民主”这套统治术，就不可能实现社会管理手段与社会发展目标的统一，就无法推动强国战略。在这种“可控的民主”执政治国思想影响下，图书馆事业领域形成了普京时代的图书馆事业管理“国家-社会”模式，倡导图书馆事业管理“统一性”与“多样性”相结合。“国家-社会”模式属于国家对图书馆事业适度有限的控制，反映出俄罗斯国家宏观管理图书馆政策的进一步明朗化，既不是高度的集权也不过度的分权，而是一种可控的权力管理，国家和社会力量共同管理

① 胡键.社会分化、社会整合与俄罗斯的经济转轨[J].宁夏社会科学。2002(1):3-9.

② 杨威理.西方图书馆史[M].北京:商务印书馆,1988:333.

③ 景维民 张慧君.国家权力与国家能力:俄罗斯转型期的国家治理模式演进——兼论“梅-普”时代的国家治理前景[J].俄罗斯研究,2008(3):6-18.

俄罗斯图书馆事业,当然前提是坚持分权原则。

就“管理”本身而言,可以分为社会管理和国家管理,社会管理在国家管理之前就已存在,而只是在国家出现之后,大部分社会管理才具有了国家的性质。① 这表明社会管理是先于国家管理并与后者有密切关联的。“国家”和“社会”作为管理图书馆事业的两个要素,其各自职能、作用各不相同,“国家”作为宏观规划和调控力量,主要通过制定政策法规、财政支持等方式实现对图书馆事业的干预和参与,相对来说,“社会”力量则属于中、微观层次的各项政策措施具体施行的执行要素。“国家”和“社会”两个力量要素有机结合,相得益彰,既体现出国家治理又体现社会民主性,国家参与图书馆事业不是要回到、也不可能回到中央集权管理时代,国家作为管理要素的作用也并非是对图书馆职业活动的直接行政干预,而是政策和财政的干预,履行国家对图书馆事业的应尽义务。

国家权力与国家能力的有效配置与相互协调是决定国家治理的有效性与社会经济持续发展的关键因素,显然也是影响俄罗斯图书馆事业发展的基本要素。历史与现实表明,在特定的传统与现实约束条件下,国家权力的过度集中与过度分散都可能严重削弱国家能力的发挥,进而影响国家对图书馆事业管理的模式选择和实施力度。因此适度地将国家权力与社会力量相结合,构建图书馆事业的“国家－社会”管理体制是一种两全其美的、符合俄罗斯国情和俄罗斯图书馆事业发展要求的管理方式。

Т. Л. Манилова 指出:“尽管实行分权管理,但在社会慈善赞助还不发达的现今时期,联邦国家机关在图书馆事业发展中仍将占据主导地位,发挥主要影响作用,联邦主体和自治地方在心理上对“中央”还存有依赖,因此,各级图书馆和图书馆事业发展总体上首先与国家的作用有关”。② 这反映出“国家－社会”模式在俄罗斯处于起步和探索阶段,将随着国家各项改革和信息化建设的不断深入而完善。在“国家－社会”图书馆事业管理模式中,本章只分析并论述了“国家”要素,我们将以图书馆界为主要代表在第7章中单独论述“社会”要素。

① П. Т. 瓦西林科夫。苏维埃行政法总论[M]. 姜明安,武树臣,译。北京:北京大学出版社,1985:35.

② Т. Л. Манилова. Библиотечное дело в России на современном этапе: Несколько штрихов к портрету[J]. Информационный бюллетеньРБА,2007(45):9－12.

4 俄罗斯图书馆政策概述

20 世纪 90 年代,俄罗斯图书馆事业发展经历了史上最为剧烈的变化。俄罗斯社会制度的根本转型,彻底改变了图书馆事业的社会制度基础,苏联图书馆事业发展模式随苏维埃大厦倾覆而瓦解,必须尽快建立适应新社会环境、满足制度转型下社会需求、服务于建设民主法治国家和信息社会的图书馆事业发展新模式。与此同时,信息技术、网络技术正在世界各国图书馆领域广泛应用,传统图书馆向现代化图书馆转变,世界图书馆事业走上信息化的蓬勃发展之路。这是俄罗斯图书馆摆脱危机困境、改变落后面貌、赶上并融入世界图书馆事业的最好机遇,机不可失、不容错过。国内外形势迫切要求俄罗斯制定具有时代特点的新的图书馆政策,明确俄罗斯图书馆事业发展目标、内容,导向和规划图书馆事业发展,建立起符合俄罗斯国情和世界图书馆事业发展趋势的图书馆系统。

4.1 俄罗斯图书馆界对图书馆政策的研究

俄罗斯图书馆政策的产生可追溯至 18 世纪国家出台的有关图书馆的一系列专门法令,如彼得一世批准的成立俄罗斯科学院图书馆令、寺院历史文献转交国立学校图书馆令,叶卡捷琳娜二世的文献呈缴法令和建立皇家公共图书馆令。从历史上看,俄罗斯图书馆政策与沙俄政府的审查法律政策相关联,①,如《出版物法》(1867 年)、《暂行规定》(1884 年)和《免费国民阅览室规定及检查程序》(1890 年)对图书馆的设立及图书收藏严格规定。19 世纪末至 20 世纪初,国家权力机关、地方自治机构、社会组织、慈善组织、图

① Т. Л. Манилова. Библиотечная политика и библиотечное дело в России на современном этапе[EB/OL]. http://www.ifapcom.ru/f iles/16Manilova.doc

书馆团体等是积极的图书馆政策主体,即十月革命前俄罗斯图书馆政策是多主体的。1917 年后,图书馆政策由苏共和国家机关官方按集权管理体制制定实施,成为只是国家的、单一主体的政策。1918 年俄罗斯杰出的图书馆活动家 Л. Б. Хавкина(1871 – 1949 年)在《图书与图书馆》专著中将“图书馆政策”引入图书馆职业界,她认为:图书馆政策绝不应与国家政策相混淆,因为图书馆应建立在全人类文化基础上,国家政策的影响将会使图书馆活动带有偏见性和片面性,使国家可以用一些狭隘性、限制性、审查性的法令等束缚图书馆事业,把图书馆变成党派斗争的工具,这与公共图书馆的本质相悖。①②③

20 世纪 90 年代初,社会政治改革重新改变了图书馆政策的范式,“图书馆政策”一词重现在图书馆界职业“词典”中。对图书馆政策最有深入研究的是曾任俄罗斯文化部图书馆局局长、现任 UNESCO 全民信息计划俄罗斯委员会主席的 Е. И. Кузьмин,他在与现任图书馆局局长的 Т. Л . Манилова 合撰的《图书馆政策》一文中指出 :“图书馆政策是国家权力机关、管理部门、社会机构、个别组织根据各自目标而实施的旨在组建和促进图书馆及其图书馆事业发展的活动。”④这属于“活动”范畴的定义。按他的观点,国家图书馆政策只是全国图书馆政策的组成之一。РНБ 馆长 В. Р. Фирсов 是另一位对后苏联时期俄罗斯国家图书馆政策研究有重要贡献的专家,他认为:“图书馆政策是国家在其保障、保护和发展图书馆事业活动工作中遵守的目标、原则、规范等的总和以及国家在图书馆领域所做工作活动本身。”这属于“规范”范畴的定义。А. Н. Ванеев 教授认为:“国家图书馆政策是旨在保障公民查找、接收和传播信息宪法权利的各项措施的总和,它的主要目的是实现公民利用图书馆服务的权利。”Е. И. Кузьмин 认为,现代图书馆学缺少对

---

① С. А. Басов. Актуальное наследие. К 140 – летию Л. Б. Хавкиной [J]. Научные и технические библиотеки. 2011(11):50 – 60.

② Т. Ф. Каратыгина. Любовь Борисовна Хавкина (1871 – 1949 гг.). К 125 – летию со дня рождения, или Портрет через 47 лет. Научные и технические библиотеки [J]. Научные и технические библиотеки. 1996(11): 20 – 25.

③ К. И. Абрамов. Л. Б. Хавкина и демократические преобразования библиотечного дела в России. http://libconfs. narod. ru/1996/2s/2s_p1. html

④ Е. И. Кузьмин, Т. Л. Манилова. Библиотечная политика [J]. Научные и технические библиотеки. 2004(1):56 – 61.

图书馆政策类型的科学分类，并提出了按一些标准原则对图书馆政策的分类，如按图书馆政策实施主体分国家图书馆政策（包括联邦图书馆政策、联邦主体图书馆政策、联邦主体立法和行政机关等部门的图书馆政策）和自治地方图书馆政策、社会机构（图书馆及其他组织、社会基金会等）图书馆政策、国际组织图书馆政策等，按区域可分国际性图书馆政策、全国性图书馆政策、跨联邦主体性图书馆政策、联邦主体性图书馆政策、自治地方性（市、区）图书馆政策等，按实施图书馆政策主体活动内容分为：图书馆经济政策、图书馆财政政策、图书馆人才政策、图书馆技术政策等，还可以按形成和实施性质分（如保护政策、现代化政策、创新政策等）、按作用效果性质（如直接政策、间接引导政策）、按实施期限（现行图书馆政策、长期图书馆政策、未来图书馆政策等）。

图书馆政策最集中地表现在制定主体的正式文件（法律、命令、决议、指令、通告、计划、纲要、机构规章、宣言等）中。图书馆政策的有效性，由其资源保障程度（物质保障、信息保障、智力保障等）、社会和职业界的准备程度所决定的。当代俄罗斯图书馆政策的目的是促进建立并有效运行图书馆服务体系，保障公民最大限度快速、全面和自由获取信息。①

4.2　俄罗斯图书馆政策的目标价值取向

图书馆政策是具有特定目标取向的行动计划，一定的图书馆政策总是要在一定的历史时期实现一定的目标价值，也就是说，图书馆政策具有明确的方向性，不是无意识或偶然的行为，而是旨在规范或控制特定时期图书馆系统的运行状态和发展轨迹。1984 年的《苏联图书馆条例》是苏联图书馆政策的集大成者，它将图书馆定位为最大众化的思想教育、文化教育和科学情报机关，苏联图书馆政策的目标价值是将图书馆建设成为宣传苏共政策和马列主义思想的阵地，对公众进行思想教育和文化教育成为图书馆最基本职能。这一切都是由当时政策制定者信奉的价值观所决定的。苏维埃制度

---

① Т. Л. Манилова. Библиотечная политика и библиотечное дело в России на современном этапе[EB/OL]. http://www. ifapcom. ru/files/16Manilova. doc

垮台后,俄罗斯社会价值观剧变,指导俄罗斯图书馆事业发展的共产主义思想价值观荡然无存,取而代之的是自由、民主、人权的西方思想价值观。俄罗斯图书馆政策的目标价值取向随之根本变化,因此须首先确立图书馆政策新的目标价值,为图书馆事业发展指明目标方向,以引领俄罗斯图书馆事业发展。图书馆政策直接作用的客体对象是图书馆,促进图书馆事业发展是图书馆政策的基本目标,但却不是终极目标。也就是说,俄罗斯图书馆政策的目标价值基于但又高于图书馆事业,追求的是服务社会发展和社会利益。

当代俄罗斯图书馆政策的目标价值是:为实现宪法赋予公民的获取信息权利提供保障和创造条件,为国家复兴而保护和利用好收藏保存于图书馆的国家文化遗产。这与以往苏联时期相比,无疑是全新的。推进图书馆事业的发展是实现这两个目标的前提和途径。为实现建立公民社会、民主法治国家的国家任务目标,首先要保证公民获取信息的基本权利的实现,这是最基本的,为此,《俄罗斯宪法》赋予了公民自由获取信息和文化财富的权利。但更为重要和关键的是要建立和形成一种保障机制,将宪法条文规定落实为公民可以感知的实实在在的权利,图书馆无疑就是这样一种信息保障制度,图书馆事业发展状况决定了这种信息保障制度的运行和效用,由此体现出图书馆事业发展的重要社会意义。图书馆政策的制定和实施有助于促进图书馆服务体系的建立、健全及其社会功能的充分发挥,使图书馆有能力保障公民最大限度地快捷、充分、自由获取信息,实现自由获取属于公共财富的知识信息的人权。信息时代,文化对国家发展的作用愈加重要,俄罗斯拥有悠久灿烂的文化,保护好文化财富并为当代和后人使用,关系到国家复兴目标的实现,文化的繁荣发展、积累、保存有特殊重要的意义,图书馆正是担负文化财富积累、保存职能的最基本的社会机构,从这个角度讲,图书馆肩负非凡的历史使命。新的信息技术为图书馆有效保护和提供使用国家文化资源提供了可能,这一切的新变化要通过制定图书馆政策加以明确和促进实现。图书馆政策通过确立政策目标方向、任务内容等,改变图书馆仅是文化附属部门的社会传统认识,将图书馆建设成为国家文化、教育、信息等基础设施的基本组成要素,成为保障国家知识智能潜能发展、实现信息文化对国家政治和经济现代化的保驾护航作用、保障法制民主国家和公民社会建立、传播新思想、新知识和新信息、保障国家与全球信息社会一体化的社会机构，成为全俄统一信息和文化空间的重要环节。

客观地说，俄罗斯图书馆政策确立的目标价值是进步的，它致力于为解决重大社会问题和实现宪法赋予公民的从公共渠道自由获取信息的权利提供条件和可能，丰富了图书馆政策的内涵，重新定位了图书馆在俄罗斯社会的地位与作用，体现了图书馆在新社会环境中的存在价值，使图书馆事业秉承和发扬了保障公民信息权利、保存俄罗斯文化的新的职业精神，符合俄罗斯信息社会发展对俄罗斯图书馆事业的新要求，使俄罗斯图书馆事业发展贴近社会现实需求，树立了图书馆新的公众形象——不再是意识形态机构，而是全社会的信息中心、文化中心、思想启蒙中心。

4.3 俄罗斯图书馆政策的法律基础

强有力和完善的法律制度是图书馆政策制定与贯彻实施的基本保障。俄罗斯独立后，重新建立了国家法律制度，直接或间接地为俄罗斯图书馆政策制定和实施提供了法律基础，也成为俄罗斯图书馆政策目标价值定位的法律来源。

《俄罗斯宪法》《俄罗斯文化立法基础法》确立了文化活动遵循西方民主思想原则。《俄罗斯宪法》规定："任何人都享有以任何合法方式自由搜集、获取、转交、制造、传播信息的权利""保障每个人享有文学、艺术、科学、技术以及其他创作和教学形式的自由""每个人都享有参加文化生活、使用文化设施、获取文化珍品的权利"。《俄罗斯文化立法基础法》确立了公民在文化领域的权利与自由，为俄罗斯公民、团体自由的文化活动提供法律保障，规定："无论公民的民族、社会地位、语言、性别、政治信仰、宗教信仰、出生地、财产状况、受教育程度、职业等如何，公民的文化活动权利不可剥夺""文化活动中的个人权利优先于国家及国家机构、社会组织、政治党派、职业团体、宗教组织等"，公民有权通过利用图书馆馆藏获取文化珍品，有权在文化领域建立社会性组织团体。《俄罗斯文化立法基础法》划分了联邦国家权力机关、联邦主体国家权力机关和地方自治机构之间在文化事业管理方面的权限，明确了国家文化政策基本原则及国家在文化领域的责任——国家财政支持文化事业和调整文化领域经济活动的原则、参与国际文化交流、国家不干涉文化创作活动,第 26 条规定了图书馆馆藏属于国家文化财产和文化遗产,国家为全俄图书馆藏书的完整性、保存方法和效用的发挥提供保障。

《俄罗斯图书馆事业法》明确了图书馆的性质、任务、活动原则:“图书馆是组织、收藏文献并将其提供给法人和自然人临时使用的信息、文化和教育机构”,“图书馆事业”是信息、文化和教育活动领域,其任务是建立和发展图书馆网,建设和研究图书馆的藏书,组织图书馆读者服务的图书馆信息服务和参考图书编目服务,培养图书馆工作人员,图书馆发展的科学和研究方法保障。第 14 条“图书馆领域国家政策”规定:“为普遍获取图书馆收藏和提供使用的信息和文化珍品创造条件是图书馆事业国家政策的基础,国家是本联邦法律规定权利的保障者,国家不干预图书馆职业活动,法律另有规定除外,国家通过财政拨款,制定相应的税收、租赁和价格政策来支持图书馆事业发展,俄罗斯政府制定图书馆事业发展联邦纲要,联邦权力执行机关组织开展跨地区和跨部门图书馆服务,国家支持图书馆为社会低保阶层群体(儿童、青少年、残疾人、退休者、难民、失业者、农村地区、北极地区及周边附近居住的农民)提供服务,国家权力机关通过物质支持手段促进非国有形式的图书馆开展对公民的免费公共服务,按《俄罗斯文化立法基础法》的规定,在联邦国家计划纲要中规划图书馆事业发展。”《俄罗斯文献呈缴法》则为制定图书馆接收、保存、提供使用文献呈缴本等方面政策提供法律依据与原则。这些新法律在图书馆领域的应用,使图书馆间、图书馆与主管部门间相互关系构建在平等自愿原则基础上,这对各项图书馆政策的施行产生重要影响。

其他一些联邦法律也都从不同方面对图书馆政策的制定和实施产生了重要影响。比如《俄罗斯地方自治法》赋予了各级自治地方制定和实施地方图书馆政策的权力,也就是法定了图书馆政策的地方化,这全方位改变了俄罗斯图书馆政策制定的模式与制度,《信息、信息技术和信息保护法》为图书馆信息化政策、信息服务政策等实施给予有力保障,《俄罗斯教育法》为各级教育机构制定学校图书馆政策提供法律依据。

俄罗斯图书馆政策制定实施本身实际上是践行相关联邦法律的条文内容,有助于各项法律制度的施行。比如,《俄罗斯图书馆事业法》的原则性规定需要灵活、可操作强的图书馆政策来实现,经实践验证成功、可行、成熟的图书馆政策有可能成为法律条款;《信息、信息技术和信息保护法》中保障公民信息获取权利的规定，则通过各项具体图书馆政策的实施得以实现。

4.4 俄罗斯图书馆政策主体的多元化格局

俄罗斯图书馆政策灌注着时代精神。苏联时期，国家对图书馆事业实行绝对领导和控制，国家作为图书馆政策的唯一主体，统一和完全地确定图书馆建设的目标和任务，图书馆政策就是国家政策，不允许其他社会力量参与图书馆政策制定，图书馆政策从主体到内容形式呈现单一性，从联盟到加盟共和国，各级各类型图书馆执行统一的图书馆政策。苏联解体后，图书馆事业实行分权管理，苏共作为唯一图书馆政策主体的垄断地位不复存在，在整个社会多元化思想背景影响下，俄罗斯图书馆政策呈现出多元化特点，表现为政策主体多元化、内容形式多样化，除国家权力机关外，图书馆及其联合体、社会组织甚至个人等社会力量成为图书馆政策主体，与联邦中央相对应的是，联邦主体和自治地方都有权制定和实行地方性图书馆政策，这宣告了苏联时期“大一统”的图书馆政策模式与制度不复存在。俄罗斯图书馆百科全书对图书馆政策的定义充分反映出多元化的特点：“国家权力机关、管理部门、社会机构、个别组织为实现组织和促进图书馆和图书馆事业现代化进程的目标和方针而进行的活动。”

俄罗斯图书馆政策主体的多元化，是社会力量参与图书馆事业管理和发展的表现。俄罗斯图书馆事业近二十年的发展表明，非官方的社会力量（包括图书馆职业组织、社会组织、信息机构、出版机构、传媒、高校、科研院所等）在俄罗斯图书馆政策制定和实施中占据半壁江山，其地位与作用甚至超过国家权力机关，成为俄罗斯图书馆事业发展不容忽视、不可或缺的力量。俄罗斯图书馆事业发展愈加离不开社会力量参与。2007 年 11 月，俄罗斯文化部部长 А. С. Соколов 在《图书馆事业发展报告》中肯定了职业团体、社会各界参与图书馆事业发展构想研究和实施的必要性，认为没有促进俄罗斯图书馆发展社会委员会、РБА 及其他社会组织的支持，俄罗斯图书馆事业发展无法取得成功。[①] РБА、索罗斯基金俄罗斯“开放社会”研究所（ИОО－Россия）、开放俄罗斯基金会、普希金图书馆基金会等是积极的图书馆政策主体，参与制定国家图书馆政策，制定具有国家意义的图书馆规范、计划，并得到俄罗斯文化部等的支持，产生良好的社会效果，成为国家图书馆政策实施的重要力量，对俄罗斯图书馆事业发展发挥举足轻重的作用。

（1）俄罗斯文化部

按《俄罗斯文化立法基础法》《俄罗斯文化部章程》的规定，俄文化部是图书馆政策的官方代表，是国家图书馆政策的制定者，它确定政策的目标，设计政策的方案，提出政策措施并以权威手段监督与推动政策实施。但俄罗斯政治制度、行政制度改革，使俄罗斯文化部在管理文化事业方面不再拥有苏联时期超部门的国家权力，俄罗斯文化部制定的国家图书馆政策对各地方、各部门来说不再是必须执行的命令，而只具有建议性和推荐采用的性质，只有这些政策与其他部门和地方利益需求相符合时，才会被参照执行。正如 Е. И. Кузьмин 所指出的：如今图书馆政策的制定具有多维性，制定图书馆领域国家政策已不仅是俄罗斯文化部的任务，而是许多联邦部门共同参与，俄罗斯文化部国家图书馆政策只是所有对图书馆有影响的国家政策的一部分。[②] 比如，РГБ 和 РНБ 作为联邦机构，成为图书馆政策主体、参与研究实施联邦图书馆政策的责任与权利为俄罗斯政府批准的《РНБ 章程》《РГБ 章程》所确立。俄罗斯文化部制定的国家图书馆政策，其效力范围并非真正覆盖全俄图书馆，一定程度上失去了“国家”意义和权威效力，俄罗斯不再有全国统一的图书馆政策。图书馆政策地方化趋势有合理之处，俄罗斯疆域广阔，各地经济、文化、社会发展差距大，推行统一的图书馆政策不现实、不合理，各地制定实施符合地方特点和需要的图书馆政策是适宜和有效的。但图书馆政策地方化存在明显缺陷，各自为政的结果加剧了俄罗斯图书馆事业整体发展不均衡状况。这要求俄罗斯文化部与地方政府、地方文化部门、其他联邦部门就图书馆事业发展问题进行沟通协调，建立伙伴关系，以利国家图书馆政策的实行。2005 年俄罗斯政府修订《俄罗斯文化部章

---

① А. С. Соколов. О развитии библиотечного дела：доклад на заседании Правительства РФ 1 ноября 2007 г.［J］. Библиотековедение，2007(6)：1，8－13.

② Ж. Т. Дмитриевна. К вопросу о государственной политике в области развития шокольных библиотек［EB/OL］. http://www. gnpbu. ru/nmo/an－mat－gykova. htm

程》,为俄罗斯文化部增加了协调职能与权限,2006 年国家杜马建议成立了促进俄罗斯图书馆事业发展社会委员会,规划和协调各部门和地方图书馆事业发展。

(2)以为 РБА 代表的图书馆职业组织

РБА 作为图书馆职业力量的联合,参与制定图书馆政策是其基本职能,将在第 7 章专门论述。

(3)其他社会组织

以 ИОО – Россия、开放俄罗斯基金会、普希金图书馆基金会等为代表的社会组织为俄罗斯图书馆发展提供资金,更是提出了对俄罗斯图书馆事业发展具有创造意义的计划,如 ИОО – Россия 的“普希金图书馆计划”、开放俄罗斯基金会的“农村图书馆现代化发展计划”、普希金图书馆基金会的“农村图书馆计划”等。这些计划的内容往往是俄罗斯图书馆事业发展最迫切需要解决的问题,且制定先于俄罗斯国家机关,在一定程度上引领了俄罗斯图书馆事业的发展。

“普希金图书馆”大计划(1999 –2001 年)由图书馆藏书供应计划、图书馆电子信息计划、出版计划、图书馆自动化计划、农村图书馆计划、读书计划、独联体国家图书馆藏书补充跨国计划、学校图书馆计划、地方图书馆中心网建设计划等组成,为俄罗斯图书馆事业提供近亿美元投资,12000 多个图书馆受益。该计划虽已结束,但因其是在俄罗斯图书馆事业最艰难阶段实施的,因此对俄罗斯图书馆事业的意义和贡献更显重大。俄罗斯文化院士 С. Л. Дмитрий 高度评价该计划:“使我们的图书馆经受住文化发展严峻时代的考验,保存了下来,俄罗斯精神财富得到了繁荣。”[①]值得一提的是,ИОО – Россия 所长由全俄国立外文文献图书馆馆长 Е. Ю. Гениева 担任、РНБ 馆长为计划理事会成员。

开放俄罗斯基金是俄罗斯尤科斯石油公司 2001 年创立的,2002 年 5 月,开放俄罗斯基金会与俄罗斯文化部签订合作实施“农村图书馆现代化发展计划”的协议,2002 –2005 年,开放俄罗斯基金会提供资金百万美元,用于农村图书馆购图书、计算机等设备及馆员培训等。俄罗斯有农村图书馆

① Институт «Открытое общество» (Фонд Сороса) – Россия: Годовой отчет (1997 – 2003) [EB/OL]. http://www.osi.ru/

36159 个(2007 年 1 月统计),约占公共图书馆的 80%,为约占俄罗斯人口 1/3 的 3880 多万农村居民中的 2000 多万人提供信息服务,全俄公共图书馆读者 5500 多万,农村读者占 51.2%,[①]农村图书馆是全俄图书馆系统的基础,没有农村图书馆的发展就不可能建立全俄统一图书馆空间,农村图书馆计划实施的意义不言而喻。Е. И. Кузьмин 将该计划框架内建立的示范型农村图书馆称为知识沙漠中的绿洲。俄罗斯文化部部长 М. Е. Швыдкий 认为"计划是国家最重要的事件之一,是俄罗斯文化部近几年重要的计划之一,我们与'开放俄罗斯'共同给农村青年人提供了了解世界的机会,使他们能与大城市青年人得到同样信息,图书馆现代化发展将巩固俄罗斯人心中现代民主社会的价值观念"。

这些计划的实施实现了俄罗斯图书馆从传统向现代的转变,读者增多、馆舍环境和服务条件得到改善,图书馆拥有计算机、打印机、扫描仪、传真机、复印机等设备,连接了 Internet,馆藏得到丰富,建设和利用电子资源,图书馆工作内容得到充实,用户需求通过现代化服务得到满足,馆员感觉自己没有被抛在世界之外,有能力成为全球信息空间的"信息导航员"。计划的实施都要求参与计划受资助的图书馆所在地政府、主管部门按比例提供配套资金或政策支持,促使地方政府关注图书馆,改变地方政府对图书馆和馆员的印象——他们不是请求者,而是联邦文化计划参与者,从而主动为图书馆提供经费保障,改善图书馆基础条件,显示出计划的深层长远意义。社会机构对俄罗斯图书馆事业的资助总是有始有终的,计划期满后,其取得的成果和产生的影响是深远的,如 ИОО – Россия 提出的"俄罗斯图书馆系统联合"竞赛、"图书馆自动化计划"带动了俄罗斯图书馆联盟的建设,如今各类图书馆联盟在俄罗斯星罗棋布,成为俄罗斯图书馆事业发展的新模式和中坚力量。

(4)跨国性的欧亚图书馆大会

苏联解体后,独联体共同图书馆空间被破坏,统一的图书馆政策不复存在。保持和加强独联体国家图书馆联系成为各国共识。俄罗斯重视与独联体国家图书馆的关系,倡导建设独联体共同图书馆空间,制定实施独联体国

① Справка на коллегию Минкультуры России по вопросу "О проблемах сохранения и развития сельских библиотек"[EB/OL]. http://ns.rba.ru/or/comitet/14/3(14)/3_2.htm

家图书馆政策成为俄罗斯图书馆政策多元化格局的特殊组成。与独联体国家图书馆的交流与合作在俄罗斯图书馆对外关系中占有重要位置，是俄罗斯图书馆对外交流合作的重要组成，影响俄罗斯图书馆政策的制定实施。在 РГБ 的倡议下，1992 年 11 月，独联体国家的八个国家图书馆共同创建了欧亚图书馆大会（БАЕ），总部设在 РГБ，РГБ 的 Н. П. Игумнова 任主席。1995 年 БАЕ 成为独联体国家议会大会常设观察员。БАЕ 与 РГБ 联合制定实施了图书馆多民族服务计划、图书馆侨民服务计划、图书馆法规制订计划、图书交换与收藏一体化计划、机读目录格式计划、图书编目分类法合作计划、“国家记忆”计划、馆际互借系统计划、馆藏文献保护和修复计划、新千年儿童青少年阅读计划、独联体国家出版物充实馆藏计划、提高图书馆职业威望计划、援助受自然灾害和社会动荡破坏的图书馆计划等旨在加强独联体国家图书馆交往合作的计划。

БАЕ 在促进独联体各国图书馆与相关机构间联系，保护手稿遗产和古籍文献，保障自由获取知识信息，研究图书馆社会保障和法律保护，独联体国家图书馆立法，加强图书馆联合等方面发挥重要作用。在 БАЕ 提议下，独联体各国签订了“图书出版、图书流通和印刷领域合作协议”“文献呈缴领域统一政策”“文献呈缴本跨国交换协议”“建立馆际互借系统协议”等，РГБ 成为独联体国家出版物呈缴本跨国接收库。俄罗斯与独联体国家签订双边图书馆计划，如与哈萨克斯坦的“相遇在国界”计划、与白俄罗斯的“斯拉夫文化宝库”计划、与塔吉克斯坦的“塔吉克斯坦的俄罗斯哲学家”计划、与亚美尼亚的“古版手稿、文献宝库”计划等。独联体科技发展跨国委员会下设独联体国家馆际互借分会（秘书处设在 РГБ），作为馆际互借的协调和研究机构，2001 年和 2005 年，独联体经济委员会通过决议，批准了“馆际互借分会章程”“馆际互借和文献传递条例”，保证了参与馆际互借的图书馆有平等使用独联体国家共同信息空间的权利，为馆际互借、文献传递、独联体图书馆资源整合与利用创造条件。在 ИОО－Россия 的支持下，РГБ 从 2000 年起与俄罗斯文化部、联邦独联体事务部等每年举行独联体国家国家图书馆馆长会议，这是独联体国家图书馆界高层论坛，研讨独联体国家图书馆合作问题。2002 年 РГБ 下设的独联体国家图书馆馆际合作部研究制定了“欧亚共同图书馆空间构想”，规划了独联体共同图书馆空间的要素内容、活动措施、计划方案等，构想在 2003 年 9 月 БАЕ 会议上获得通过，成为独联体共同图书馆空间建设的纲领性文件。2003 年 10 月，独联体国家签订了欧亚经济体国家图书馆事业领域合作协议。

苏联解体后，居住在独联体国家的俄罗斯人有 2500 万，叶利钦总统在 1994 年国情咨文中称这些俄罗斯侨民的命运乃是“我们的国家事务”，在独联体国家，俄语是官方语言、国家语言、交际语言和族际语言，将俄语作为第二语言的有约 1 亿人，出于国家利益，俄罗斯有必要满足这些俄罗斯侨民及俄语居民的信息需求，保持和维护俄罗斯在后苏联空间信息空间的存在。独联体共同图书馆空间是独联体共同信息空间的重要支撑要素，正如联邦委员会主席 С. М. Миронов 所指出的：“没有现代化图书馆，就不能有独联体国家文明发展，不能建立共同的文化和信息空间”。[①] 2005 年和 2007 年俄罗斯总统国家事务俄罗斯研究院主办的两届欧亚信息和图书馆大会，赋予了图书馆在独联体国家文化繁荣和信息交往中特别重要意义。

总体上，俄罗斯图书馆政策多元化格局符合俄罗斯国情和国际图书馆事业发展趋势。不管怎样，俄罗斯文化部国家图书馆政策仍是多元化图书馆政策格局中的核心。俄罗斯图书馆事业发展实践要求各类型图书馆政策必须协调一致，形成完善的图书馆政策体系。

4.5 俄罗斯图书馆政策与文化政策、信息政策

全球信息化、国家意识形态的转变、国内地区化进程的加快，增强了俄罗斯图书馆事业在保障国家信息和文化整体性方面的作用。在国家权力分散化及传媒、出版等文化活动地方化趋势加强的情况下，图书馆具有特别的文化和信息作用，是为数不多的有能力和责任担负保障俄罗斯公众免费获取知识和文化信息的机构之一，每年约 10 亿人次的访问量，高出其他文化机构 3 倍。[②]《俄罗斯图书馆事业法》法定了图书馆的文化、信息、教育功能，图

① Евразийский информационный и библиотечный конгресс «Общество знаний: партнерство культуры, науки, образования для инновационного развития» [EB/OL]. http://eilc2005. c – bit. ru

② Е. И. Кузьмин, Э. А. Орлова. Поддержки и развития чтения – общенациональная задача Поддержка и развитие чтения в библиотечном пространстве России [C]. //В. Я. Аскарова. Сборник научно – практических работ. Составитель. М.: МЦБС, 2007: 14.

书馆因此成为文化、信息、教育领域政策的对象客体。与图书馆基本功能相一致,图书馆政策不是孤立存在的,至少是文化、信息、教育领域国家政策的组成部分,国家图书馆政策只有由文化、教育、信息、科学及建设法治国家等领域国家政策中有关图书馆内容组成时,才是强有力的和平衡的。[①] 图书馆政策属于文化政策和信息政策之间的交集部分,这决定了图书馆政策的制定实施与国家文化政策、信息政策息息相关,图书馆政策确立了图书馆在俄罗斯文化发展和信息社会建设中的地位与作用。

4.5.1 俄罗斯图书馆政策与文化政策

社会变革总是以思想文化变革为先导的,20 世纪 90 年代初激进民主派发起的变革,也始于"基础价值"的嬗变,这场思想文化变革将西方价值观和政治模式引进俄罗斯,对俄罗斯文化事业影响巨大。文化领域的理论研究和实践表明,在任何国家尤其是政治经济剧变时期,用法律政策调整社会文化生活,对促进文化事业发展具有重要作用。为此,在俄罗斯新宪法制定前,1992 年国家杜马就通过了《俄罗斯文化立法基础法》,为文化政策的制定实施提供法律基础和保障。俄罗斯政府从 1993 年开始制定实施《俄罗斯文化遗产保护和文化发展》(1993 – 1995 年)、《保护和发展俄罗斯文化艺术》(1997 – 1999 年)、《俄罗斯文化》(2000 – 2005 年)、《俄罗斯文化》(2006 – 2010 年)等文化事业发展联邦纲要,我们统称其为《俄罗斯文化纲要》。此间,叶利钦发布"国家支持文化艺术发展的补充措施"(1993 年)和"加强国家支持文化艺术发展的措施"(1997 年)两个总统令,明确了国家文化事业改革发展战略。1996 年俄罗斯总统文化艺术委员会成立,负责向总统汇报文化艺术事业发展情况,确保总统与文化艺术组织和个人的相互联系,起草并向总统提交国家文化艺术政策及实施方案。普京执政后,将文化事业的繁荣发展视为俄罗斯复兴的重要支撑,他指出,文化是国家主权的象征,长期经济危机严重影响了国家智力资源的发展和人民的文化艺术创作,俄罗斯的精神道德、文化传统几乎丧失殆尽,缺少自己的文化目标与方向,盲目追随和崇拜国外文化价值,不可避免地导致民族个性的丧失。为此,普京下

---

① Е. И. Кузьмин, Т. Л. Манилова. Библиотечная политика [J]. Научные и технические библиотеки,2004(1):56 – 61.

令将2007年定为“俄语年”，建立俄语国家基金，以促进俄罗斯文化发展及在世界的普及。

《俄罗斯文化纲要》是俄罗斯文化事业发展的一项长期国策，内容全面、措施具体，明确了国家文化政策优先方面：国家支持和保障文化创作、教育发展，有效保护和利用俄罗斯文化遗产，加强文化机构和文化活动对解决重要社会问题的作用，加强全俄统一文化空间基础建设。《俄罗斯文化纲要》基本目标是：为保护文化潜力和文化遗产创造条件，保持文化发展的继承性，支持文化生活的多样性、文化创新，建立全俄统一文化空间，为多民族国家的文化对话、各地各阶层民众平等获取文化财富和知识信息创造条件，倡导和形成有利于社会发展的个性和社会价值观，文化事业适应市场经济环境，与世界文化一体化。

《俄罗斯文化纲要》由多个分纲要组成，图书馆事业分纲要为其一。《俄罗斯文化纲要》详细规划图书馆事业发展的目标、内容等，以2000－2005年《俄罗斯文化纲要》为例，包括：①建设和发展全俄图书馆信息计算机网（Libnet），图书馆电子信息资源建设；②实施保护图书馆馆藏文献国家纲要，制定藏书保存和修复制度，成立联邦和地方馆藏文献修复中心，加强藏书保护的物质和技术基础建设，保障馆藏文献安全，建立馆藏备份制度，建立统一分布式古籍文献馆藏体系，古籍文献电子化保存；③培训和提高馆员业务技能；④盲人图书馆专用设备的购置和使用，出版盲人读物；⑤加强图书馆在为国家机关提供信息支持、促进地方自治建设和法制改革等方面的工作，开展图书馆居民服务调研和创新服务，参加国际图书馆计划与会议。2009年2月，为响应普京提出的振兴俄罗斯图书馆事业的号召，俄罗斯政府将《俄罗斯文化纲要》（2006－2010年）的实施期延至2011年，增补了总统图书馆建设、农村图书馆现代化、国家电子图书馆等内容。《俄罗斯文化纲要》确定了图书馆政策的目标、内容、实现措施等，为图书馆政策实施提供经费，是图书馆政策实施的有效手段和重要保障。

近年来，俄罗斯国内出现了较严重的“阅读危机”，表现为不读书和偶尔读书的人增多、娱乐消遣性阅读大增、图书馆高质量专业书刊和经典文艺书刊需求量下降、对俄语的掌握水平降低、学生文化素质下降、读者需求与图书馆满足能力之间矛盾加剧等。对比1991年和2005年的数据，可见危机程度之深：读书的青年人从48%降至20%，每年读一本书的居民从79%降至

63%,读报纸和杂志的人分别由61%和16%降到24%和7%,20世纪70年代,80%的家庭定期让孩子读书,如今只有7%,[①]最近15年经常阅读的俄罗斯人减少了2.5倍。[②] 曾经的阅读大国出现了“阅读危机”,引起了国家和社会的广泛关注。消除“阅读危机”、培养俄罗斯人阅读兴趣和能力、提高全社会知识水平和文化素质是俄罗斯复兴的必要条件。为此,2006年11月,联邦出版和大众交际署与俄罗斯图书联盟签订协议,实施委托跨地区图书馆合作中心(МЦБС)制定的《支持和发展阅读国家纲要》(2007－2020年),这是繁荣俄罗斯文化的一项重要举措。

《支持和发展阅读国家纲要》从图书馆和教育、图书出版和贸易、传媒和阅读宣传三方面入手实施,图书馆及其馆藏被视为实施纲要的首要资源和基础设施保障。纲要全面分析了俄罗斯图书馆事业存在的问题及其对纲要实施的影响,指出图书馆馆舍、馆藏、技术条件、馆员水平、管理组织等状况不能有效满足用户阅读需求。纲要对图书馆事业发展提出具体要求:开展吸引读者、提高读者阅读兴趣和知识水平的创新服务,馆藏现代化建设,加快图书馆信息基础设施建设,建立公共阅读中心,研究图书馆社会功能发挥的人才、信息、科学方法等保障机制,加强各级中心图书馆作为地方图书馆科学研究、教育、信息中心的作用,建立图书馆服务调查制度、咨询服务制度、出版市场调查制度、藏书选择和推荐制度,编制阅读书目,完善图书馆事业法制建设等。这些内容与俄罗斯文化部图书馆政策是一致的。

对图书馆来说,参与纲要是表现和证明自己是与学校、传媒等共同推动公众阅读的机构的机会。俄罗斯图书馆有公众阅读研究的传统和经验,也是最先意识到“阅读危机”的,1995年РНБ实施了“在图书馆阅读”计划,研究和引导公众阅读,РГБ每年都举行“鲁缅采夫阅读”国际会议,关注每个时期最现实的文化问题,如“俄罗斯电子图书馆:信息获取和社会文化交流”“图书文化长河中的俄罗斯历史:民族历史记忆”“图书馆在巩固家庭价值和解决民主问题中的作用”“图书馆在俄罗斯历史文化传统和改革创新中的教

---

① Е. И. Кузьмин. Национальная программа поддержки и развития чтения[J],Библиотека,2007(1):1－3.

② А. А. Калягина. Культура и будущее России. Новый взгляд. Доклад председателя Комиссии Общественной палаты по вопросам развития культуры[EB/OL]. www. rba. ru/or/comitet/05/od/10.2. doc

育责任”“知识和信息空间建设中的图书馆、博物馆、档案馆”“互联网时代科学交往系统中的出版社、图书馆、读者”等。但长期以来图书馆数量缩减、书刊入藏减少、基础条件差，使图书馆难以满足读者阅读需求，图书馆传统的公众阅读文化作用削弱甚至丧失。РГБ 馆长指出，苏联时期图书馆重视公众阅读研究，如今这方面工作做得很少，图书馆应重新重视阅读问题，寻求新方式，研究和解答文化事业应怎样发展等重大问题。俄罗斯文化部参加了 2007 和 2008 年“支持和发展阅读国家纲要：问题和前景”全俄大会，将纲要与图书馆政策相结合实施。图书馆参与俄语年、家庭年、青年人年、读书年、文化年等旨在弘扬俄罗斯文化、提高国民文化素质的活动。

普京总统在 2007 年国情咨文中提出了 2015 年前国家文化政策的目标是促进文化事业大发展、保障社会稳定、经济发展、国家安全，基本内容是：繁荣文化事业，作为统一的国家精神发展的基础，维护全俄统一文化和信息空间，保护各民族文化遗产，发扬优良文化传统，传播文化成就，完善文化艺术教育体系，保持精神、道德价值和传统的继承性，完善新社会经济环境下文化管理和财政制度，健全文化领域立法，为公民言论和创作自由、参与文化生活、利用文化机构、获取文化珍品创造条件，融入世界文化和信息大发展进程，树立良好的国际形象。为实现这些目标任务，俄罗斯政府对图书馆事业发展提出明确要求：改善和提高图书馆信息服务，解决藏书问题，加快藏书更新，按每年 250 册/千人的国际标准补充新书，完善藏书建设方法研究，继续建设图书馆网络联合系统，建立图书馆联合目录、信息系统和移动服务系统，为居民普遍获取有价值社会信息提供保障，完善图书馆事业法制基础。① 这些实际上指明了图书馆政策的方向与内容，表明图书馆事业发展对文化繁荣复兴的影响与作用。2008 年 10 月，在俄罗斯政府《到 2012 年政府基本工作》中，文化事业发展与经济创新发展、国家安全保障、地区平衡发展、建设高效运转的国家一起作为打造高质量社会生活的最重要组成，图书馆在其中发挥基础性作用。

---

① Основные направления государственной политики по развитию сферы культуры и массовых коммуникаций в Российской Федерации до 2015 года и план действий по их реализации [EB/OL]. http://mkrf.ru/dokumenty/581/detail.php? ID =61208&t = sb

4.5.2 俄罗斯图书馆政策与信息政策

为推进政治经济改革,维护国家统一与社会稳定,迎接全球信息化机遇,建设信息社会,俄罗斯提出了建立全俄统一信息空间的构想,信息政策是这一构想实现的指导和规范。信息政策起初研究实施的重点是传媒、通信领域及信息技术研发应用,俄罗斯文化部在制定实施图书馆信息化政策过程中,与俄罗斯总统信息政策委员会、联邦通信和信息化国家委员会密切接触,参与信息政策的研究制定,使保障公民信息权利逐渐成为信息政策的重要内容,促进了信息政策内容完善,也使作为公民信息权利保障机构的图书馆更充分融入国家信息化建设之中。

(1)图书馆馆藏是国家重要的信息资源

全俄统一信息空间由信息基础、通信基础、技术基础组成,信息基础由信息资源和生产、传播信息的信息基础设施组成,信息基础设施包括图书馆、档案馆、科技信息中心、大众信息传媒等。① 20 世纪 80 年代中期之后,俄罗斯图书馆开始在信息空间开展活动,建设并在图书馆局域网内使用电子目录和数据库,接入互联网,建立图书馆网站和电子图书馆,利用电子邮箱和 FTP 协议为远程用户提供服务,图书馆较早地成为信息空间的重要组成部分。

在俄罗斯信息政策中,国家信息资源系统被认为是全俄信息空间完整统一的保障,图书馆馆藏被列为该系统的基本资源。1995 年施行的《信息、信息化和信息保护法》明确地将图书馆馆藏和信息产品列为国家公共信息资源,这意味着俄罗斯开始在国家层面上实践国际图联(IFLA)提出的将图书馆变为综合性的知识、信息、文化中心的思想。② 1995 年制定的《全俄统一信息空间及国家信息资源建设与发展构想》明确了图书馆属于俄罗斯信息空间的组成要素:信息资源(包括数据库、国家信息资源寄存系统、图书馆、博物馆、档案馆);信息通信基础设施;大众信息传媒;信息技术、通信设

---

① О. В. Кулева Н. С. Редькина. Место библиотек в структуре электронного и информационного пространства[EB/OL]. http://conf. infosoc. ru/2007/thes/part2/Kuleva_ Redkina. pdf

② В. М. Красильщикова. Библиотеки в формировании единого информационного пространства страны[J]. Начные и технические библиотеки,1998(1):12 – 16.

备、信息化设备、信息产品和服务市场；信息安全保障；俄罗斯信息空间与世界开放网络相互关系系统；信息立法体系。1995 年的《俄罗斯自动化信息资源现状和发展趋势国家报告》，将图书馆自动化数据库资源列入其中。1997 年 7 月，俄罗斯政府批准的《国家科技信息系统条例》，没有将 РГБ、РНБ 等列为国家科技信息系统。对此，1998 年 4 月“图书馆居民服务”联邦委员会听证会建议俄罗斯政府“将图书馆及其馆藏作为国家信息资源写入国家信息和信息化计划”，以增强图书馆的科技信息服务能力。在 1999 年的《俄罗斯信息资源国家报告》中，图书馆网及其馆藏与档案文献、国家统计信息系统、国家科技信息系统并称为国家四大信息系统。2000 年俄罗斯国家通信和信息化委员会、国家杜马信息政策和通信委员会出台了“国家信息政策构想”，将包括图书馆馆藏建设与利用在内的国家信息资源建设作为信息社会建设首要解决的问题。

(2)图书馆的社会信息功能

1997 年 9 月，俄罗斯总统办公厅、俄罗斯政府向联邦主体发函，要求自治地方图书馆收藏保存并提供使用地方自治机构制定的法规、条例、决议等文件，地方自治机构对此提供帮助，把图书馆变为地方自治机构和居民的信息保障中心，担负居民与地方自治机构之间信息沟通桥梁作用和职能。[①] 摩尔曼斯克州、斯塔夫罗波尔边疆区等制定了地方性政府信息保障法，规定了联邦主体图书馆保存并提供使用官方信息的职能。1998 年 6 月，俄罗斯国家信息化委员会举行“图书馆信息活动对国家机关工作的支持现状”大会，通过了“图书馆信息化是国家信息化优先发展方向”的决议，支持俄罗斯文化部的图书馆信息化计划，强调公共图书馆是国家机关信息保障体系中不可分割的部分，图书馆事业是国家信息化的先行者和重要组成。2009 年 1 月，《政府信息获取保障法》施行，图书馆被赋予了保存和提供政府信息的职能。

俄罗斯地域辽阔，各地之间地理条件差异大、历史文化传统不同、经济发展不均衡，存在严重的信息鸿沟。2002 年 6 月，Е. И. Кузьмин 在“政府与社会：俄罗斯政府信息公共获取问题”全俄会议上指出：“俄罗斯信息社会发

---

① И. Б. Михнова. Муниципальная библиотека – информационный мост между населением и местной властью[EB/OL]. http://www.gpntb.ru/win/inter-events/crimea99/doc2/Doc113.html

展不平衡，新西伯利亚、圣彼得堡、斯摩棱斯克、彼尔姆等大城市正步入信息社会，一些小城市发展处于19世纪，农村地区则还是18世纪，这里的人们很难获取信息。"[①]消除信息鸿沟、实现信息公平是信息政策也是图书馆政策的基本目标。

（3）图书馆政策与UNESCO"全民信息计划"（IFAP）

1992年俄罗斯文化部开始参与联合国教科文组织（UNESCO）的活动，实施"世界记忆"计划，1996－1998年，俄罗斯Libnet计划获UNESCO资助。受俄罗斯外交部委托，2000年俄罗斯文化部成立了UNESCO"全民信息计划"（IFAP）俄罗斯委员会，成立时间比IFAP正式通过（2001年10月）早近一年，俄罗斯成为世界上第一个为实施IFAP而成立专门国家机构的国家，足见俄罗斯对IFAP的重视，2001年10月，俄罗斯政府副总理В. И. Матвиенко在UNESCO会议上表示，俄罗斯将全力支持并创新发展IFAP。IFAP是一项国际信息政策，分五部分：制定国际、国家、地区性信息政策；信息时代人力资源及其技能、素质培养；加强信息获取保障制度的作用；研究信息处理和管理工具、方法和系统；教科文和通信领域的信息技术方法。IFAP成为俄罗斯制定信息政策，建设信息社会和公民社会的参考指南。

按"人类智力和道德协同发展"目标，IFAP倡导建设的信息社会，核心是社会信息化，保障信息传播和公众的信息获取，中心内容是支持从事信息传播、利用的社会机构——首先是图书馆和档案馆的发展，这与俄罗斯文化部图书馆政策相吻合。俄罗斯文化部任命图书馆局局长Е. И. Кузьмин为UNESCO IFAP俄罗斯委员会主席，把IFAP的思想、原则、内容作为制定图书馆政策的参照，将实施IFAP作为图书馆政策内容，[②]从《俄罗斯文化纲要》（2000－2005年）中为图书馆实施IFAP提供375万卢布，[③]1995年成立的

---

① Е. И. Кузьмин. Роль Программы ЮНЕСКО«Информация для всех» в развитии стратегии, методов и инструментария для формирования правового и информационного общества в России [EB/OL]. http://www. pcpi. ru/manage/printdoc? nd = 749550726&nh = 0&ssect

② Е. И. Кузьмин. Современное состояние библиотек России[EB/OL]. http://www. budgetrf. ru/ ublications/Magazine/VestnikSF/2002/vestniksf188 – 32/ vestniksf188 – 32030. htmJHJp5

③ Т. Л. Манилова М. Н. Усачев В. М. Красильщикова. Реализация в России Программы ЮНЕСКО «Информация для всех» как проект Министерства культуры Российской Федерации (2000 – 2004 г. г.) и Федеральногоагентства по культуре и кинематографии[EB/OL]http: //www. ifapcom. ru/359/history_roscom/

МЦБС成为IFAP俄罗斯委员会的业务机构。图书馆局与UNESCO IFAP俄罗斯委员会密切合作,开展IFAP宣传和实施活动,如俄罗斯-哈萨克斯坦“相遇在边界”计划、“从图书馆走向未来”国际会议、“政府与社会:俄罗斯官方信息的公共获取”全俄会议、“IFAP:国家和国际信息政策发展”会议等。这些活动将图书馆事业发展与俄罗斯信息社会建设紧密相连。

2008年2月,普京总统批准了《俄罗斯信息社会发展战略》,提出利用信息技术建设图书馆藏书系统,建设叶利钦总统图书馆,保护俄罗斯多民族文化。2010年10月,俄罗斯政府批准实施的《俄罗斯信息社会国家纲要》(2011-2020年)中第六分纲要“数字化内容与文化遗产”,提出了在РГБ、РНБ、叶利钦总统图书馆三个国家图书馆基础上建立基于网络的数字化“国家图书馆信息资源”的任务,确定了每年度全俄图书馆数字资源增长量及在世界的排名。

俄罗斯图书馆事业对国家信息政策目标任务实现所发挥的推动作用,逐渐成为国家机关、社会各界的共识。实际上,“国家信息政策构想”所确立的信息基础设施现代化建设、信息技术和网络技术研发应用、国家信息资源建设开发利用、保障信息资源普遍自由获取、保障公民获取有价值社会信息、培养公民信息能力、完善信息社会法制建设基础等基本任务,①俄罗斯图书馆界已率先讨论并付诸实施多年,与Libnet计划、《保护图书馆馆藏文献国家纲要》、公共图书馆法律信息中心计划等图书馆政策的任务相同或相近。尤其是俄罗斯图书馆信息化政策本身就是国家信息政策的组成内容,它的目标之一就是为公民通过互联网获取信息创造条件,俄罗斯图书馆信息化水平在社会各行业中处于领先地位,为信息领域的其他职业、行业研究信息化政策积累经验,提供借鉴与参考,研究实施国家信息政策重要任务之一是建立国家科技信息系统和图书馆信息基础设施。

---

① Концепция государственной информационной политики [J]. Научные и технические библиотеки,2000(6):6-45.

4.6 俄罗斯图书馆政策的基本内容

4.6.1 俄罗斯图书馆政策的目标与任务

2005 年 3 月,俄罗斯文化部召开部务会,首次全面分析了俄罗斯图书馆事业发展现状及存在问题,系统阐释了图书馆事业发展的国家政策。为贯彻 2007 年普京振兴俄罗斯图书馆事业的号召,2007 年 11 月,俄罗斯政府召开会议,就图书馆事业发展问题向联邦权力机关提出解决馆员工资和社会待遇问题、奖励优秀图书馆、图书馆建立互联网中心、制定国立和地方自治图书馆财政计划、制定到 2015 年图书馆事业发展构想、全俄图书馆普查等建议,建议联邦主体制定地方图书馆事业发展计划,为图书馆购书拨款,加强和改善图书馆物质基础,培养和提高馆员技能,奖励优秀馆员。2008 年俄罗斯文化部委托 PБA 制定了《到 2015 年俄罗斯图书馆事业发展构想》,这是全面规划俄罗斯图书馆事业发展与复兴的纲领性文件。2008 年 10 月,俄罗斯政府在《到 2012 年政府基本工作》中进一步明确了 2009 年和 2010 年"发展图书馆事业"的全套措施。

俄罗斯国家图书馆政策确定图书馆事业发展战略目标是:建设图书馆信息服务体系,保障公民自由获取信息的宪法权利,实现对国内外文化珍品和知识信息的获取,保护图书馆馆藏的国家文化遗产。俄罗斯图书馆事业发展的基本原则:①图书馆事业改革和信息化发展与社会政治、经济等领域的改革协调一致原则;②促进图书馆参与解决有社会意义问题的社会责任性原则;③跨部门行动、克服狭隘行业利益的全局性原则;④各类图书馆发展符合行业和地方特点的多样性原则;⑤图书馆事业发展计划、决议制定的开放性、透明性原则;⑥科学分析和评价外部环境的客观型原则;⑦系统性、可持续性、自我发展性原则;⑧图书馆事业发展计划对国家安全负责任原则;⑨确定图书馆事业优先发展方面的科学性和适宜性原则。俄罗斯图书馆政策重点解决的任务:①顺应世界图书馆发展趋势,加快图书馆事业改革;②完善图书馆活动的法律基础,保障居民利用图书馆服务,使图书馆发展与相关法律要求相适应;③加强图书馆物质基础建设,修缮和新建馆舍,为图书馆配置新设备;⑤采用网络信息技术,建设图书馆共建共享系统;⑥保障作为国家和世界文化遗产的图书馆及其馆藏安全;⑦提高全社会信息素质,培养公众读书兴趣及对俄语、国家历史和文化的热爱;⑧提高馆员业务技能。

4.6.2 俄罗斯图书馆政策的优先方面

针对俄罗斯图书馆事业发展存在的法律、法规基础不完善、信息化发展缓慢、馆藏文献状况差、物质基础条件薄弱、发展不均衡、馆员工资低、缺乏国家统一管理、图书馆基本数据信息欠缺等问题,俄罗斯文化部确定了国家图书馆政策的优先方面。①②

(1)完善图书馆事业发展的法制基础,确保图书馆为居民提供信息服务,保障图书馆适应现代法律环境

根据图书馆信息化发展实践变化和新制定的联邦法律(如《信息、信息技术和信息保护法》《俄罗斯地方自治法》),修订和完善《俄罗斯图书馆事业法》和《俄罗斯文献呈缴法》,修改《俄罗斯民法典》(IV 知识产权)、《俄罗斯税法典》《国家和自治地方机构公务用商品采购、劳务、服务招标法》等法律中影响图书馆事业发展的有关条款,制定和完善旨在提高图书馆活动和服务质量的职业标准和规章制度,保证国内外标准和统计的一致性。

(2)图书馆事业信息化建设

利用现代网络信息技术建设和发展全俄图书馆信息计算机网(Libnet),采用国际标准和机读目录格式,一体化整合图书馆信息资源,提高图书馆信息服务质量,建立图书馆联合电子目录,数字化图书馆馆藏资源,建设国家电子图书馆,研发采用图书馆合作信息技术,实现资源共建共享,图书馆接入互联网,建设图书馆网站,建立图书馆在线服务中心,实现图书馆网络远程服务,开展与国外图书馆的信息交流,利用全球计算机网发展信息交流系统。

---

① А. С. Соколов. «О государственной политике развития библиотечного дела в Российской Федерации» (Справка):К заседанию Коллегии Министерства культуры и массовых коммуникаций Российской Федерации 28 марта 2005года[J]. Библиотековедение,2005(5): 9 – 19.

② О государственной политике развития библиотечного дела в Российской Федерации: Решение Коллегии Министерства культуры и массовых коммуникаций Российской Федерации[J]. Библиотековедение. 2005(5): 8 – 9.

(3)图书馆文献资源建设与保护

联邦和地方财政为图书馆提供文献采购经费,保证图书馆定期购进文献,补充更新馆藏,达到IFLA的250册/千人的新书入藏标准,满足居民基本信息需求。建立供图书馆使用的图书出版信息系统,服务同类用户的各类图书馆馆藏资源建设时沟通协调,实现图书馆文献宏观规划布局、馆藏文献寄存与重新分配。实施保护图书馆馆藏国家纲要:制定馆藏文献保护、修复、使用制度,建立联邦和地方文献修复中心,加强对馆藏文献的技术保护,研究和采用文献修复新技术方法,制定文献保护和安全应急预案,建立馆藏文献备份,编制缩微文献目录,编制全俄古籍文献目录和国家登记系统,古籍文献数字化,建立和完善统一的馆藏文献统计系统,研究新的统计方法和科学统计指标体系,制定图书馆及馆藏安全法规制度,加强馆藏文献保护的物质基础建设,配备现代化安保系统,跟踪调研馆藏文献状况及其保存条件,确保各项保护制度的落实。

(4)图书馆创新型信息服务

图书馆建立提供法律、商业、生态、地方自治、消费等方面的公共信息中心,开展创新型信息服务,保障居民获取有社会意义的公共信息,消除各地各阶层公民获取信息的不平等,扩大社会交往联系,参与社会重大现实问题的解决。

(5)图书馆人才培养、技能培训、职业教育

加强馆员职业教育和业务技能培训,适应信息社会发展需要:建立图书馆员技能提高和再培训的国家制度,建设和发展跨地区图书馆不间断教育中心,调研图书馆人才教育、培养和配备状况,研究职业再教育的科学方法。提高馆员工资水平,确保馆员工资正常发放,工资水平不低于地方平均水平,研究编制馆员业务技能规范,保障不间断的图书馆教育制度,定期培训、更新馆员知识内容,提高技能水平。优化馆员结构,树立杰出的职业代表人物,采取措施吸引年轻人才,为其在图书馆安心工作提供条件。

(6)图书馆事业基础设施建设

改善、加强图书馆和图书馆事业的物质技术基础:划拨专款新扩建馆舍、修缮危旧馆舍,确保图书馆有与藏书、读者服务、图书馆功能发挥相适应的馆舍面积,为用户使用图书馆服务提供舒适环境。为图书馆配备现代化设备,保护图书文献,发挥其基本功能。研发采用资源共建共享技术,加强

图书馆职业交往、创办和出版职业刊物，拓宽图书馆社会合作伙伴，参与社会生活，完善图书馆管理方法和制度，建立全俄统一的国家管理图书馆制度，建立由国家机关、图书馆、职业团体、读者等各方代表组成的跨部门图书馆协调委员会，全俄图书馆普查；加强图书馆与博物馆、档案馆、教育机构、科研机构的伙伴关系，按图书馆社会职能履行和工作完成情况，为图书馆提供必要经费。

(7)图书馆国际交流与合作

加强俄罗斯图书馆在世界信息空间的存在：开展双边和多边国际图书馆合作，参加国际性的图书馆、文化、信息计划，参与 IFLA、UNESCO、欧洲委员会、欧盟等国际组织的活动，主办和参加国际会议、图书博览会，树立俄罗斯积极良好的国际形象。

(8)制定、实施旨在支持居民阅读、培养个人信息能力的社会计划

(9)保障儿童、青年、残疾人及其他无社会保障阶层居民获取图书馆信息服务的权利

正如 Е. И. Кузьмин 所指出的：苏联解体后，俄罗斯图书馆面临着比封闭集权时代更多更复杂的社会任务。[①] 俄罗斯图书馆政策制定实施主要是由国内外因素决定的，俄罗斯国内社会政治经济改革和信息社会建设是俄罗斯图书馆事业发展的大背景和机遇，为俄罗斯图书馆事业发展提出新要求和目标，即为实现国家任务提供社会服务和资源保障，全球信息化浪潮使世界图书馆事业实现飞跃式发展，新思想、新方法、新技术不断应用于图书馆领域，使图书馆的服务理念、服务方式、服务手段不断更新，俄罗斯图书馆没有理由也绝不可能置身于世界图书馆事业之外，而是要与世界图书馆事业同步发展，甚至在其中发挥重要作用，使俄罗斯图书馆事业重返苏联时期在世界上的地位。诸多因素确定了俄罗斯图书馆政策的基本任务是加快俄罗斯图书馆事业整体的现代化进程，加强和完善图书馆事业的信息基础设施建设，在世界图书馆发展趋势和民主社会价值体系中增强职业意识，开展国内外职业交流，最终为公民提供多种形式的信息资源和信息服务。

---

① Е. И. Кузьмин. Государственная библиотечная политика России: общие понятия, контуры, детали [EB/OL]. http: // www. kemrsl. ru/documents/izdania/fulltext/bgk/2001/1/htm-lJHJ01

5 俄罗斯图书馆政策的重点领域

俄罗斯文化部图书馆政策的两个基本方面是保障公民自由获取属于社会公共财富的知识信息和保护图书馆积累保存的国家文化遗产，[①]建立全俄图书馆信息计算机网(Libnet)、保护图书馆馆藏文献和为公民提供有社会意义的信息成为俄罗斯文化部图书馆政策的优先内容，[②]以此形成了俄罗斯图书馆政策的三个重点领域。

5.1 俄罗斯图书馆信息化政策

俄罗斯文化部是俄罗斯图书馆事业信息化的主要规划组织者和协调者，1986 年着手图书馆计算机化建设，[③]1991 年制定了“俄罗斯文化事业信息化”计划，当时对图书馆自动化的认识是实用主义的，即减轻馆员重复手工劳动，未涉及接入通信网络及网络互联合作、信息资源描述语言、数据格式标准及图书馆信息化的文化价值与社会意义等问题。1992 年 6 月，俄罗斯文化部举行“图书馆事业新的国家政策”部务会，决定成立图书馆信息化跨部门专家组，研究制定图书馆信息化政策。1992 年 8 月，发布“制定图书馆事业国家政策”部长令，提出确定图书馆事业信息化任务、研究建立全俄

---

① Е. И. Кузьмин. Реализация государственной библиотечной политики Министерством культуры Российской Федерации в 2002 – начале 2003 г. [EB/OL]. http://www.minervaplus.ru/publish/P2002 – 03. htm

② Е. И. Кузьмин Л. А. Куйбышев, Н. В. Браккер. Оцифровка культурного и научного наследия России. Состояние дел, проблемы, перспективы[EB/OL]. http://www.minervaplus.ru/m_in_ru/b3p6 – 2. doc

③ Е. И. Кузьмин. Политика Министерства культуры Российской Федерации в области создания и интеграции информационных ресурсов российских библиотек [EB/OL]. http://www.evarussia.ru/eva99/rus/ Zas1 – R/ dR1 – 1. doc

图书馆信息计算机网计划等问题，拉开了制定俄罗斯新图书馆现代化政策的序幕。[①] 1993 年 11 月，俄罗斯文化部组织召开了"建立信息图书馆网：通向信息社会之路"全俄大会，来自 52 个联邦主体文化部的负责人与图书馆界首次探讨图书馆信息化问题，俄罗斯文化部部长 E. Сидоров 向联邦主体行政长官发函，阐述图书馆信息化的重要社会意义，建议地方政府给予支持。这次会议成为俄罗斯图书馆信息化建设全面启动的标志。

5.1.1 俄罗斯图书馆信息化政策的制定及内容

(1) Libnet 计划的制定

1993 年春，以图书馆、信息中心、信息技术研发机构的专家为成员的图书馆信息化跨部门专家组成立。为引起国家对图书馆信息化的重视，专家组联合 15 个联邦图书馆馆长向时任俄罗斯总理盖达尔递交联名信，指出国家改革发展离不开社会信息化，图书馆对社会信息化建设具有基础作用，要用现代化的信息技术装备图书馆，建立统一的图书馆计算机网，发展图书馆事业信息化，保障公民普遍获取图书馆信息资源，建议政府在"俄罗斯信息化"纲要中设立图书馆计算机化国家专项基金，为图书馆信息化投资。1994 – 1995 年，位于莫斯科的俄国立公共历史图书馆、俄国立公共科技图书馆、俄国立科学医学图书馆、俄科学院自然科学图书馆、国立莫斯科大学图书馆、俄农科院图书馆用电话线连成计算机网络，这次试验成为 Libnet 的雏形。1995 年俄罗斯专家组借鉴国外经验，拟制了全俄图书馆信息计算机网建设构想，提出了图书馆信息网结构、网络建设技术、分布式信息资源建设与利用、网络成员间相互关系、网络发展的法律和经济基础等方面的设计实施方案，组织开展了"Libnet 建设与发展的基础框架构想""图书机读目录格式国家标准""建立联合编目中心""图书馆接入互联网""建立在版图书电子书目系统"等计划研究，为全面实施 Libnet 计划奠定了基础。[②] 1996 年 2 月，俄罗斯文化部批准了专家组按《发展和保护俄罗斯文化艺术联邦纲要》(1997 – 1999 年) 制定的"建立全俄图书馆信息计算机网 (Libnet) 计划" (简

---

① Т. Л. Манилова. Библиотечная политика и библиотечное дело в России на современном этапе [EB/OL]. http://www.ifapcom.ru/files/16Manilova.doc

② Е. И. Кузьмин, Б. Р. Логинов. Программа ЛИБНЕТ: современное состояние и перспективы [J]. Научные и технические библиотеки, 1997(8): 15 – 19.

称 Libnet 计划）。Libnet 计划得到了俄罗斯国家通信和信息化委员会、俄罗斯科技部、UNESCO、索罗斯基金及 ДИТ－М、ГлобалОдин、Прософт 等公司的支持，认为这对建立全俄统一信息空间意义重大。UNESCO 将 Libnet 计划作为 1996－1997 年优先支持计划。1997 年 10 月，俄罗斯文化部发布部长令，全面实施 Libnet 计划。1998 年 4 月，联邦委员会举行的"图书馆为居民服务"听证会建议俄罗斯政府给予 Libnet 计划专项经费支持，2000 年 12 月，俄罗斯政府将 Libnet 计划列入《俄罗斯文化纲要》（2001－2005 年），联邦中央和地方投入预算资金 6.5 亿卢布。

（2）Libnet 计划的主要内容

实施 Libnet 计划主要解决图书馆信息资源共建共享的网络保障、统一协调全俄出版物编目、居民利用图书馆网络获取国内外信息资源、网络环境下图书馆信息资源建设与服务、向全球互联网用户提供俄罗斯图书馆信息资源等问题，最终实现俄罗斯图书馆事业信息化，建立可供公民方便、快捷获取国内外图书馆信息的资源保障体系。Libnet 计划是俄罗斯文化部图书馆信息化政策全面集中的体现，是一项长期、规模宏大、内容广泛的系统工程。Libnet 计划实施经历四个阶段：1998－2001 年、2002－2005 年、2007－2010 年、2011－2020 年。

Libnet 计划在实施之初确定了如下主要内容：[①②]①图书馆业务和服务自动化：研制具有竞争力的俄罗斯国产图书馆自动化系统，图书馆利用自动化技术开展信息资源建设，传统卡片目录回溯加工为电子目录，研究开发全俄图书馆信息资源共建技术，制定俄罗斯版的 UNIMARC/Authoritie，建立电子书目；②研究用户远程获取国内外图书馆电子目录及馆藏的技术方法：图书馆接入互联网及其他数据传输交换网，图书馆开设供用户使用的互联网阅览室，图书馆成立国内外信息资源在线获取中心，图书馆使用 CD－ROM 开展业务与服务；③利用现代信息通信技术，研究并采用文献传递新方法：完善馆际互借系统，文献复制本预定与电子传递，建设全文电子数据库；④建立国家图书馆信息资源系统：建立类似于 OCLC、RLIN、WLN、ABES、

① Н. Дементьева. Программа ЛИБНЕТ и библиотеки[J]. Библиотека, 1997(12): 21, Спец. Вкладка

② Программа ЛИБНЕТ1998 － 2001 "Создание общероссийской информационно － библиотечной компьютерной сети"[J]. Библиотека, 1997(12): 12 － 20, Спец. Вкладка

CURL、PICA 等的图书馆联合目录中心,国家书目回溯,建立互联网信息资源目录,成立“俄罗斯图书馆”网站,图书馆信息资源光盘化,研发电子图书馆技术,建立和完善信息、信息产品和信息服务市场;⑤制定和完善图书馆业务标准规范及图书馆信息化规章制度,研制俄罗斯文献机读目录格式和数据传输格式(RUSMARC),制定符合国际标准的俄罗斯文献著录规则;⑥馆员业务技能的教育与培训,图书馆信息化领域国际交流合作:举办图书馆技术与方法研讨会,参加国际图书馆信息化会议,到国内外图书馆培训实习。

5.1.2 俄罗斯图书馆信息化政策的实施

Libnet 计划确定了俄罗斯图书馆信息化的目标、任务、内容等,勾画了俄罗斯图书馆信息化发展的全景蓝图。

(1)图书馆自动化系统的研发

20 世纪 80 年代末,俄罗斯研发了多个图书馆自动化系统,如Информ - система 公司的“МАРК”、俄罗斯国立公共科学技术图书馆(ГПНТБ России)的“ИРБИС”、俄罗斯文化部的“图书馆”、国立莫斯科大学图书馆与БКС 公司的“图书馆 4.0”、ДИТ - М 公司的“ДИТ - ИБИС”、俄罗斯科学院自然科学图书馆的“科学”、开发图书馆系统公司的“РУСЛАН”等,形成了与国外图书馆自动化系统竞争共存的局面。俄罗斯国产图书馆自动化系统可靠性、兼容性、资源整合、用户端口数等指标虽逊色于国外同类产品,但价格便宜、更新成本低、与俄罗斯图书馆传统技术相适应,为多数俄罗斯图书馆使用。90 年代后期,俄国产图书馆自动化系统开始与互联网技术兼容,1999年起,支持 Z39.50 协议服务方式。

(2)RUSMARC 格式的编制与应用

1992 年 ГПНТБ России、РГБ 将 UNIMARC 格式内容译成俄文,出版了 7 部相关图书,宣传采用 UNIMARC 格式。1995 - 1998 年,以 UNIMARC 为基础标准,РНБ 等 17 个图书馆的专家研究制定了《俄罗斯书目记录提交格式:图书和连续出版物》和《UNIMARC/Authorities(俄罗斯版)》,得到国际图联 UNIMARC 委员会的认可,被命名为 RUSMARC。RUSMARC 在 Z39.50 协议委员会注册,RUSMARC 格式数据可按 Z39.50 协议网络传输使用。1999 - 2002 年,РГБ、РНБ、俄罗斯图书局按 RUSMARC 格式编制了《俄图书著录规则》,之后陆续制定了技术标准、专利文献、地图、古本文献、乐谱等类型文献的著录规则。为推广和指导 RUSMARC 在全俄图书馆的研究、使用，俄罗斯文化部成立了 RUSMARC 格式使用服务部，2000 年 2 月发布了“采用 RUSMARC 格式”的部长令，向全俄图书馆分发 RUSMARC 使用手册，要求系统学习、研究并使用 RUSMARC。一些文化大学的图书馆学专业开设讲授 RUSMARC 的课程。

（3）馆藏文献电子目录建设

1995 年秋，俄罗斯文化部委托 ГПНТБ России 筹建“俄罗斯联合编目中心”，目标是建设俄罗斯的 OCLC。1996 年俄罗斯图书馆开始与 OCLC 合作，ГПНТБ России 是第一个在线使用 OCLC 数据进行图书编目和书目回溯的俄罗斯图书馆，1997 年 10－11 月，РНБ、沃洛格达州科学图书馆等 25 个图书馆参加了在线免费使用 OCLC FirstSearch 服务的试验，促进了俄罗斯图书馆馆藏文献电子目录建设。① 俄罗斯文化部按 OCLC 的建议将图书馆联合，优惠使用 OCLC 资源。РНБ 在回溯编目方面发挥了重要作用，每天加工回溯书目 1 万—1.2 万条，1999 年年底回溯工作基本完成，РНБ 将回溯的国家书目制成 CD－ROM 或在线供其他图书馆使用。一些图书馆与 Прософт 公司等合作回溯编目，数据达 350 多万条。1998 年 4 月，在“国家图书馆文献回溯编目”全俄大会上，针对缺乏组织协调、系统研究和长远规划而出现的重复编目、质量不统一、人财物浪费等问题，俄罗斯文化部确定了以 РГБ、РНБ 为核心的回溯编目计划。

2001 年 3 月，在俄罗斯文化部支持下，РГБ、РНБ 按 OCLC 模式成立了“Libnet 国家信息图书馆中心”（http://nilc.ru），开展全俄出版物联合编目，建立供远程检索和查询的联合目录，120 个图书馆基于 OPAC－Global 技术实现了远程联合编目，年数据量 35 万条，供全俄图书馆套录。中心有书目数据 570 多万条，每月都有 2000 多条数据被图书馆使用。2002 年开始，俄罗斯文化部、РГБ、РНБ 每年举办一次“Libnet 中心成员与用户”全俄大会，总结 Libnet 中心工作，推进联合编目的理论研究与实践。Libnet 中心制定实施了“КОМПЛЕКТОВАНИЕ. RU”计划，作为俄罗斯联合目录（СКБР）的补充，该计划将出版社、图书发行商与图书馆联在一起，图书馆可在网站（www.

---

① Е. И. Кузьмин. К новой России с новыми библиотеками: проблемы интеграции и доступности информационных ресурсов российских библиотек [J]. Научные и технические библиотеки, 1999, (1): 35－46.

komplektovanie. ru)查询图书出版和销售信息,开展采购业务,很大程度上解决了图书馆获取出版信息难、信息不全、信息不及时等影响藏书补充的问题。

(4)图书馆网站建设

1996－1998 年,俄罗斯图书馆开始建设网站,2001 年公共图书馆网站约有 320 个。为加快网站建设,2001 年 7 月,俄罗斯文化部致函俄罗斯通信和信息化部,协商图书馆接入互联网事宜,解决图书馆网站和互联网阅览室建设的技术问题。俄罗斯文化部、РБА 等在 2003－2008 年联合举办了三届"全俄公共图书馆网站评比大赛"。评比内容:①信息内容:图书馆的历史、机构、资源、服务、联系方式等,是否有地方信息、信息公告栏、电子目录、联合目录链接、文献电子传递等服务、信息定期更新等;②设计和效果:信息使用的视觉舒适性、网站风格统一性、艺术设计和表现力、导航系统便捷性和统一性;③技术设计:用户交互系统、多媒体使用、网站资源访问速度等;④网站访问量。获胜馆网站得到"优胜者"标志和奖励。大赛吸引了图书馆和用户的参与,提高了图书馆网站的社会关注度和知名度,2006 年公共图书馆网站访问量 2250 万人次。图书馆相互学习,提高网站建设与服务水平,激发更多图书馆建网站的积极性,网站增至 900 多个,但这仅占公共图书馆总数的 2%。为此,俄罗斯文化部在 2009－2010 年举办第四届大赛,重点推进农村图书馆网站建设。

(5)电子图书馆研究与建设

20 世纪 90 年代中期,俄罗斯开始建设电子图书馆,[①]最早是爱好者的个人行为,如 1994 年成立的 М. Мошков 电子图书馆(http://lib. ru)。1998 年俄罗斯基础研究基金会(РФФИ)与俄罗斯技术发展基金会(РФТР)实施了"俄罗斯电子图书馆"实验计划,[②]资助 150 多个电子图书馆研究和建设项目。1999 年 6 月,俄罗斯文化部、俄罗斯科技部、俄罗斯教育部、俄罗斯国家出版委员会、俄罗斯科学院、联邦档案局、国家通信委员会、РФФИ 等联合举行"俄罗斯电子图书馆(ЭБР)"跨部门计划会议,成立了由 ГПНТБ России

---

① А. Б. Антопольский, Е. А. Данилина, Т. С. Маркарова. Правовые и технологические проблемы создания и функционирования электронных библиотек[М]. Москва: ПАТЕНТ. 2008:4.

② О. В. Сюнтюренко. Программы РФФИ в области развития информационной инфраструктуры науки и образования[J]. Научные и технические библиотеки,2000(1):53－59.

副馆长 Я. Л. Шрайберг 任负责的跨部门专家组，制定 ЭБР 计划。① ЭБР 计划的主要内容：①ЭБР 建设与运行的法律保障；②ЭБР 组织管理平台与经费使用管理；③ЭБР 信息资源建设；④ЭБР 技术保障；⑤培训 ЭБР 信息产品和服务的生产者、提供者、使用者。ЭБР 计划得到了俄罗斯政府支持，2000 年被批准为联邦专项计划。ЭБР 计划推动了全俄电子图书馆的建设和研究。

1999 年和 2001 年，РГБ、РНБ 开始电子图书馆建设，实施了"俄罗斯记忆""19 世纪、20 世纪俄罗斯历史与文化""俄罗斯图书馆事业""相遇在国界"等数字化计划。1999 年 11 – 12 月，РГБ、РНБ 与美国国会图书馆签订协议，共建俄英双语的"相遇在国界（meeting of frontiers）"电子图书馆，美方提供反映美国西部开发历史的文献，俄罗斯方提供有关西伯利亚、远东、阿拉斯加等地区开垦历史以及俄美两国人民在阿拉斯加和美国西北部交往的地图、图册、乐谱、图片、石印画及珍稀图书文献，共有各类资料 3000 多种、历史图片 7 万多张，此举促进了俄罗斯电子图书馆建设。2003 年 4 月，俄罗斯文化部批准了 РГБ 的建议，以 РГБ、РНБ、ГПНТБ России 的馆藏为基础建立国家电子图书馆（НЭБ），年底，НЭБ 网站（www. rusneb. ru）开通，为公众提供书目查询服务和全文资源。2004 年 РГБ、РНБ 研究制定了"国家电子图书馆构想"，明确了 НЭБ 建设的法律基础、НЭБ 成员权利义务及相互关系原则、НЭБ 体系结构、资源建设与利用、电子目录和咨询检索系统建设、НЭБ 发展战略与实施阶段等问题。

为使全俄电子图书馆建设有序化、高效化，2005 年 2 月，РГБ 牵头成立了俄罗斯电子图书馆协会，В. В. Федоров 任会长，成员由最初的 8 个增至目前的 50 个（其中 35 个法人机构、15 个个人机构），协会基本工作是：统一对电子图书馆建设目标、原则、方法的思想认识，开发电子信息资源，研究电子图书馆的法律问题，参与研究制定国家信息法律政策，与政府部门、社会机构、职业团体建立联系，协调组织成员间活动，科学研究与宣传电子图书馆，人员培训，吸引社会资金参与电子图书馆建设。协会制定了《电子图书馆创建者与拥有者法律建议书》《电子图书馆建设的商业计划方案建议》《制定"图书馆馆藏电子文献条例"建议书》《图书馆馆藏电子文献建设》《电子图

---

① Межведомственная программа " Электронные библиотеки России " [J]. Научные и технические библиотеки, 1999(7): 1 – 8.

书馆建设的一般性建议》。

从 1999 年开始,РФФИ、РАН、美国 ACM SIGMOD 莫斯科分会、俄罗斯文化部等每年联合举行“电子图书馆”全俄大会,讨论电子图书馆建设与运行的技术层面问题,这是对俄罗斯电子图书馆发展有重要作用和意义的盛会。2009 年 5 月,被誉为俄罗斯国家电子图书馆的叶利钦总统图书馆建成开馆,该馆是俄罗斯图书馆系统网的重要信息环节,各联邦主体建立分馆,标志着俄罗斯电子图书馆建设迈向新阶段。

(6)图书馆虚拟咨询服务

2000 年 10 月,莫斯科“Киевская”集中图书馆系统在全俄率先开通了图书馆“虚拟咨询”服务。2003 年“Киевская”按俄罗斯文化部建议将“虚拟咨询”服务转至俄罗斯文化部支持建立的信息咨询网站(library. ru),并与跨地区商业图书馆协会(МАДБ)牵头,联合各地图书馆建立了全俄合作性“公共图书馆虚拟咨询服务”,有包括乌克兰、哈萨克斯坦等独联体国家的 24 个成员近百个图书馆参与。2003 年 МАДБ 制定了“全俄图书馆虚拟咨询服务发展计划”。2003 – 2005 年,俄罗斯文化部提供经费,МАДБ、“Киевская”主办了三期“合作虚拟咨询服务”培训,实行咨询员资格制度。2005 年 4 月,在“开放俄罗斯”基金资助下,МАДБ 制定了“农村图书馆虚拟咨询服务计划”,提高农村图书馆咨询服务水平。2004 年和 2006 年,РНБ、РГБ 相继推出虚拟咨询服务。虚拟咨询服务在俄罗斯图书馆发展迅速,成为俄罗斯多数图书馆的基本服务,1/3 以上的联邦主体图书馆开设虚拟咨询服务,采用 E – mail、Web – form、Chat 等服务方式。

(7)建立图书馆联盟

20 世纪 90 年代末,基于互联网的各种图书馆联盟开始出现。2002 年 5 月,ИОО – Россия 资助成立了地方图书馆联盟协会(АРБИКОН),АРБИКОН 由 13 个地方图书馆联盟组成,包括来自 57 个联邦主体的公共图书馆、高校图书馆、俄罗斯科学院图书馆等共 200 多个成员,按 Z39. 50 协议对成员馆联合目录一站式检索,可利用书目数据 4000 多万条、全文数据 50 万多条,资源总量超过国家图书馆和联邦图书馆。[①] 全俄图书馆信息资源整

① А. Племнек. Проекты АРБИКОН доказали свою устойчивость и стабильность [J]. Библотека,2007(3):24 – 27.

合依靠的是采用 Web 技术的 Libnet 信息中心和采用 Z39. 50 协议的 АРБИКОН,АРБИКОН 因此成为俄罗斯图书馆信息化建设的中坚力量。2003 年 9 月,按欧洲委员会"新千年俄罗斯图书馆"计划,РГБ、РНБ、全俄国立外文文献图书馆、议会图书馆、国立莫斯科大学图书馆联合建立了俄信息图书馆联盟,五个图书馆建立了电子资源联合目录,将俄罗斯图书馆电子资源与欧洲图书馆网一体化,苏格兰、德国、意大利的国家图书馆参与该计划,这促进了俄罗斯与欧洲国家、独联体国家图书馆界在电子图书馆和联合目录方面的合作。在俄罗斯图书馆政策的重点领域文化部支持下,2002 年 12 月,РГБ、РНБ、俄罗斯国立外文文献图书馆、科学信息保障基金会、普希金图书馆基金会创办了国家电子信息联盟(НЭИКОН),并加入 eIFL 计划国际联盟,为俄罗斯的图书馆、大学、研究所提供电子学术期刊,300 多个成员联合采购使用 Elsevier(Science Direct)、Science(AAAS)、EBSCO、INSPEC、Questel Patent 等国外重要电子资源。①

Libnet 计划的实施促进了图书馆信息化建设,联邦主体图书馆平均拥有计算机由 1993 的 2 台增至 1997 年的 24 台,②图书馆计算机拥有量由 1997 年不到 5000 台增到 2005 年的 3.2 多万台,6361 个图书馆实现了计算机化,2302 个图书馆接入互联网,大型图书馆一般都建立了有 50 – 100 台计算机的局域网,2000 年 1178 个图书馆建立了电子目录,数据总量达 3200 多万条,РГБ、РНБ、ГПНТБ России 等的电子书目都在 100 万 – 200 万条以上。③但俄罗斯图书馆信息化整体发展水平低、不均衡、缓慢,实现计算机化、接入互联网的图书馆仅占总数的 13% 和 5%,图书馆平均拥有计算机不到 1 台。联邦和联邦主体图书馆信息化发展较好,接近世界水平,绝大多数自治地方图书馆信息化进程十分缓慢,只有 2% 和 0.6% 的农村图书馆拥有计算机和接入互联网。2004 年 1 月,拥有电话、复印机、传真机、电子邮箱的图书馆分

---

① Про НЭИКОН: история. http://www.neicon.ru/history

② Е. И. КузьминК новой России с новыми библиотеками: проблемы интеграции и доступности информацинных ресурсов российс – ких библиотек[J]. Научные и технические библиотеки, 1999(1):35 – 46.

③ Т. Л. Манилова. Библиотечное дело в России на современном этапе: Несколько штрихов к портрету[J]. Информационный бюллете – нь РБА, 2007(45):9 – 12.

别为13220个、4209个、724个、1248个。[1] 俄罗斯图书馆信息化水平难以适应信息社会发展需要，难以满足公众信息需求，落后于世界水平，阻碍了俄罗斯加入全球信息化的进程，降低了俄罗斯的国际竞争力，引发了信息文化发展和获取不平等问题，助长了社会消极发展趋势。2005年3月，俄罗斯文化部通过"图书馆事业发展国家政策"决议，确定了到2010年图书馆政策的基本方向：采用信息网络技术、建设和整合图书馆信息资源、提高图书馆信息服务质量、继续施行Libnet计划。2005年7月，俄罗斯文化部重组图书馆信息化跨部门专家委员会，研究图书馆信息化优先内容、国家图书馆政策实施机制，评定国家、地区和跨地区信息化计划，提供支持和指导。

2007年5月，联邦文化和电影署颁布了《2007－2010年Libne计划发展的基本方向》，明确了新一阶段Libnet计划的主要内容：[2]1）制定完善图书馆信息技术国家标准规范：完善RUSMARC机读目录格式，修订UNIMARC/Authorities（第二版），制定基于XML的RUSMARC数据描述技术，研究RUSMARC数据到XML文档的转换、UNICODE字符编码转换系统在RUSMARC格式下的兼容适用、按新RUSMARC格式设计和改进图书馆自动化系统等。修订图书馆机读目录和质量标准规范，包括图书编目国家标准、图书分类法、全文电子图书和期刊数据提交标准等。2）图书馆电子资源建设：①基于RUSMARC格式的图书馆联合目录建设：吸引接收电子出版物呈缴本的Информрегистр科技信息中心、图书馆局等参与联合编目，确保每年联合编目增加12－15万条，到2010年参加联合编目的图书馆达1000所以上，每年可获联合编目数据60万条，提高联合编目效率和数据传输质量；②国家电子图书馆建设：国家电子文献建设、收集、长期保存，研发国家电子图书馆咨询与检索服务系统，保障现有法律制度下用户获取电子文献，建设国家电子图书馆资源、服务、使用规则等信息通告系统，国家电子图书馆资源使用与著作权问题，到2010年国家电子图书馆（НЭБ）电子文献达到40万—45万篇，成员馆至少增至五个，使用НЭБ资源的图书馆超过500个；③国家书目回溯：对俄罗斯国家发展历史的文献继续进行书目回溯，编制有特别价值古籍

① А. С. Соколов. О развитии библиотечного дела: доклад на заседании Правительства РФ 1 ноября 2007 г. [J]. Библиотековедение, 2007(6):1, 8－13.

② Основные направления развития Общероссийской информационно－библиотечной компьютерной сети ЛИБНЕТ на 2007－2010 годы [EB/OL]. http://www.nilc.ru/nilc/libnet.doc

文献的联合书目,提供在线获取和使用;④图书馆网站建设:整合图书馆网站资源、应用联合合作技术、网络资源建设与服务、多功能模块设计开发,加强图书馆对丰富俄罗斯互联网及互联网俄语资源的作用。3)图书馆信息技术方法研究与应用:图书馆信息资源共建共享技术、图书馆资源一体化整合的 Web 技术、图书馆网络通信技术、图书馆应用卫星通信技术、图书馆虚拟咨询服务网建设、电子图书馆资源信息安全保障、电子图书馆信息资源备份国家制度、馆藏电子文献保存等。

为确保 Libnet 计划第二阶段的实施,俄罗斯文化部提出了具体保障措施:①计划和技术保障:各级管理部门制定图书馆信息化计划并提供经费,首先为自治地方图书馆和农村图书馆购置计算机等设备;②法律、法规保障:修订完善联邦法律法规、图书馆职业规范,使其及时准确反映 Libnet 计划给图书馆工作带来的变化,制定与 Libnet 计划相适应的法规文件;③人力资源保障:按 Libnet 计划基本内容制定中高等职业教育国家标准,建立教育中心,中等高等学校培养图书馆网络技术人才;④图书馆信息技术管理:研究图书馆信息活动国家计划和合作计划的管理系统、分析当今国内外图书馆信息资源和服务市场,跟踪调查国内图书馆信息资源,推进图书馆采用电子付款系统;⑤用户研究与培训:分析用户信息素质水平,编制专门教材,培养用户信息能力;⑥图书馆合作:开展国内外多层次的图书馆合作,作为实现计划的必要条件。

5.1.3 俄罗斯图书馆信息化政策的前景

2008 年俄罗斯文化部委托 РБА 制定的《到 2015 年俄罗斯图书馆事业发展构想》提出图书馆信息化发展的目标是:建立图书馆特色电子信息资源,建立、健全包括联合目录的各类电子目录,利用图书馆馆藏电子资源丰富互联网上俄语资源,图书馆按国家和国际标准进行信息资源共建共享,其中继续实行 Libnet 计划的重点是:①开发建设国家图书馆电子资源:建立俄罗斯图书馆联合目录、期刊联合目录,建设图书馆网站、国家电子图书馆、国家回溯书目;②完善 RUSMARC 国家标准;③研发基于图书馆网络的信息搜索工具和系统;④研发国际水平的图书馆信息资源共建共享技术,采用卫星通信技术;⑤建立电子图书馆资源国家备份和保护制度,保障图书馆电子信息安全;⑥建立国家和地方图书馆网络资源整合系统。

2011 年 11 月，俄罗斯文化部通过了《2011—2020 年全俄图书馆信息计算机网（Libnet）发展的基本方向》，[①]在总结过去十年 Libnet 计划取得成绩的基础上，确立了图书馆在俄罗斯信息社会建设发展中的作用和地位，指出俄罗斯图书馆是当今和未来俄罗斯信息社会建设的基本保障，图书馆信息化在信息社会被赋予了重要意义，明确了未来十年 Libnet 网建设发展的目标、任务、运行机制、基础设施建设、实施措施保障、预期目标等，为俄罗斯图书馆信息化指明方向和目标，成为未来十年俄罗斯图书馆信息化发展的重要政策。

（1）Libnet 网建设与发展的目标

在俄罗斯联合目录（СКБР）基础上，建立服务于居民的统一的图书馆计算机信息网和分布式图书馆馆藏文献统一导航系统，使每个在 Libnet 网注册的用户都可借此合法免费获取俄罗斯任何图书馆的馆藏文献，实现《俄罗斯信息社会发展战略》和《俄罗斯信息社会国家纲要》（2011 – 2020 年）中确定的图书馆信息化发展目标和具体指标。

（2）Libnet 网建设与发展的任务

①在现有 СКБР 基础上，发展完善统一的联合编目体系，节省编目费用，提高编目质量，继续图书馆电子目录建设；②建设地方图书馆和其他部门图书馆的联合目录；③各类型图书馆电子目录与 СКБР 一体化，提供免费获取使用；④依据 СКБР 建立多层级的俄罗斯图书馆分布式资源导航系统；⑤图书馆研发和采用电子资源保护技术，保障资源权利方权益；⑥研发并在 Libnet 网采用统一的数字资源获取定制服务系统；⑦教育系统等其他部门图书馆电子目录与 СКБР 整合；⑧建设用以保障著作权权利人权利的连续出版物在线电子图书馆；⑨个别图书馆电子资源加入 Libnet 网；⑩在 Libnet 网基础上建立供用户使用图书馆开放资源的社会网络；⑪研发和采用合法的电子资源使用统计系统；⑫采取最经济、有效的信息网络技术建设 Libnet 网；⑬到 2015 年和 2020 年使用 Libnet 网资源的图书馆等机构增至 5000 家和 10000 家，确保用户能获取更多图书馆的馆藏文献。

（3）Libnet 网发展目标与任务实现的保障措施

---

① Основные направления развития Общероссийской информационно – библиотечной компьютерной сети ЛИБНЕТ на 2011 – 2020 годы［J］. Информационный бюллетень РБА，2012（62）：113 – 128.

①加强法律规范和标准制度建设;②完善联邦和联邦主体层面的立法,确保俄罗斯图书馆作为统一的信息系统发挥其功能;③俄罗斯所有图书馆联入宽带互联网,加强信息网络技术的全面现代化,以便用户搜索以及图书馆等机构建设和利用电子文献;④联邦主体和各部门研究制定与 Libnet 网发展基本方向和内容保持一致的图书馆计算机化计划;⑤通过制定国家计划,保证联邦主体和部门图书馆计算机化计划的经费数额;⑥管理和统一协调各联邦主体和各部门的图书馆加入 Libnet 网的相关计划的实施;⑦加强馆员信息技术水平和业务技能的培训与提高,保证图书馆信息化服务的开展;⑧СКБР 与社会其他网络相整合,扩大 Libnet 网的用户群体;⑨加强 Libnet 网与国外大型图书馆网络的相互联系与合作。

(4)Libnet 网建设与发展的预期指标(如表 5 – 1)

表 5 – 1　Libnet 网建设与发展的预期指标

<table>
<tr><th rowspan="2">序号</th><th rowspan="2" colspan="2">指标项目</th><th colspan="2">预期指标</th></tr>
<tr><th>2015 年</th><th>2020 年</th></tr>
<tr><td>1</td><td colspan="2">图书馆馆藏文献目录电子化</td><td>100%</td><td>–</td></tr>
<tr><td>2</td><td colspan="2">公共图书馆向用户提供文献总量中电子形式的馆藏文献所占比例</td><td>不低于 50%</td><td>不低于 75%</td></tr>
<tr><td>3</td><td colspan="2">СКБР 中可供检索的书目记录数量</td><td>不少于 1000 万条</td><td>不少于 1500 万条</td></tr>
<tr><td>4</td><td colspan="2">СКБР 的参与成员馆数量</td><td>不少于 1000 个</td><td>不少于 3000 个</td></tr>
<tr><td>5</td><td colspan="2">Libnet 网提供的全文文献数量</td><td>不少于 200 万</td><td>不少于 500 万</td></tr>
<tr><td>6</td><td colspan="2">每年 Libnet 网的注册用户数量</td><td>不少于 50 万人</td><td>不少于 100 万人</td></tr>
<tr><td rowspan="3">7</td><td rowspan="3">Libnet 网的服务</td><td>书目记录使用条数</td><td>不少于 530 万条</td><td>不少于 850 万条</td></tr>
<tr><td>СКБР 年检索量</td><td>不低于 350 万条</td><td>不低于 1000 万条</td></tr>
<tr><td>СКБР 全文文献年浏览量</td><td>不低于 300 万条</td><td>不低于 700 万条</td></tr>
</table>

图书馆信息化政策具有重要的职业意义和社会意义:Libnet 是全俄第一个系统有序的公共信息网,利用信息网络技术将图书馆信息资源统一整合与利用,实现了俄罗斯图书馆从传统向现代化的迈进,并融入世界图书馆信

息化进程，保证了俄罗斯国内外用户对俄罗斯信息资源的普遍获取，最大限度地利用图书馆馆藏资源进行科学研究和社会建设，使图书馆成为俄罗斯国家重要的信息基础设施。Libnet 计划对俄罗斯科技部、俄罗斯教育部、俄罗斯总统政府通信和信息联邦通讯社（ФАПСИ）、俄罗斯国家出版物委员会等制定各自信息化计划，对地方图书馆信息化政策制定都有重要影响和带动作用。Libnet 计划体现了“全球信息社会冲绳宪章”（2000 年）倡导的全球信息化发展目标——消除国家内部和国家间的信息鸿沟、保障公民通过开放机构获取网络信息、促进教科文发展、广泛和有效利用信息技术。在俄罗斯建设信息社会和国家改革的年代，保障居民平等获取信息宪法权利，是维护国家稳定、经济发展的重要条件之一，图书馆信息化建设为居民平等获取信息宪法权利的实现创造了条件，居民依靠现代化图书馆实现信息需求。在俄罗斯国家权力由中央向地方分散、地方化趋势加强的情况下，保持和加强中央与地方间、各地方间的信息联系有特殊重要的政治意义，拥有一定信息化水平的全俄图书馆网为这种信息联系提供基础。因此，俄罗斯图书馆事业信息化对建立全俄统一信息文化空间、消除信息不平等、推动俄罗斯信息社会建设与发展、俄罗斯融入全球信息网具有重要意义。

经费不足是影响图书馆信息化发展的最大问题。2007 年，俄罗斯文化部长 А. С. Соколов 在政府会议上指出，按现在的建设和发展速度，全俄图书馆完全实现计算机化至少需要 20 年。① 这表明俄罗斯图书馆事业信息化建设的道路是漫长和曲折的。从近几年看，随着俄罗斯国力逐步增强及国家对文化发展和信息社会建设的重视，在《俄罗斯文化纲要》《俄罗斯信息社会战略》和《俄罗斯信息社会国家纲要》（2011—2020 年）实施的框架下，俄罗斯图书馆事业信息化的经费在一定程度上得到了有效、稳定的保障，确保了图书馆信息化进程稳步、快速、高质量推进。

5.2 俄罗斯图书馆馆藏文献保护政策

俄罗斯图书馆馆藏文献丰富，历史文化价值高，全俄 13 万个图书馆藏有

① А. С. Соколов. О развитии библиотечного дела: доклад на заседании Правительства РФ 1 ноября 2007 г. [J]. Библиотековедение, 2007(6):1, 8－13.

20多亿份文献,2000年俄罗斯文化部系统公共图书馆藏书9.653亿册,其中珍稀文献1150万册(件)、5－10世纪的手稿150万册(件)、15－19世纪的古籍文献50万卷(套)。这些馆藏文献是俄罗斯人民的文化财富,是俄罗斯精神生活和经济发展的根本,也是世界宝贵文化遗产,是人类历史记忆的组成,必须采取有效措施予以保护。

5.2.1 俄罗斯图书馆馆藏文献保护形势严峻①

保护图书馆馆藏文献是全球性问题。据专家估算,在美国3.2亿份文献中有20%的文献遭不同程度破坏,美国国会图书馆有25%的馆藏文献(约1300万份)处于需要保护的危机状态,德国图书馆研究所的统计显示,德国约有25%的图书馆馆藏文献面临危机。发达国家尚且如此,俄罗斯图书馆馆藏文献的保护和安全状况由于社会动荡、经济萧条而显得更为严峻。

(1)馆舍条件差

多数图书馆馆舍年久失修,破损不堪成为危舍,屋顶漏水、墙壁脱落等事故经常发生,对馆藏文献的保护与安全构成威胁,1995—2000年,PHБ发生事故12次,6万多册图书受损,РГБ、俄罗斯国立艺术图书馆、国立公共历史图书馆各有20多次、4次、2次事故,许多文献遭破坏。②2005年3月的俄罗斯文化部"图书馆事业发展国家政策"决议指出,全俄有6000多个图书馆馆舍属于危房,急需维修。老旧馆舍无法满足馆藏文献增加的需要,书库图书过满,20世纪70年代实行的旨在解决馆藏过载问题的藏书寄存制度到90年代初已不被采用,致使一些大型图书馆陷入严重的"书库危机",如РГБ能容纳1000万册图书的书库存放了2000万册图书。许多图书馆不得不将图书放置在不具备存放条件的地方,图书堆垛现象普遍,导致不少文献受损、无法流通。图书馆普遍缺少通风装置,书库空气的温度、湿度等严重超标,РГБ书库灰尘浓度、二氧化硫、氮氧化物分别超标2.5倍、4倍、22倍,空气温度超标6度、相对湿度达90%(标准为55%),由于保存条件不适宜,纸张酸

---

① 除特别标注外,本章数据均来源于《保护图书馆馆藏文献国家纲要》(Национальная программа сохранения библиотечных фондов)[EB/OL].http://www.rba.ru/ programm/fond.html

② Ю. А. Гриханов. Программа создания системы репозитарных хранилищ малоиспользуемых библиотечных фондов[J]. Научные и технические библиотеки,2005(3):21－23.

性强的19世纪中后期至20世纪初期的文献，多数已无法利用，全俄约150万种有重要科学、文化、历史价值的文献由于纸张生态化学反应而对馆员和读者健康构成威胁。

(2)图书馆安保设施缺乏

许多图书馆缺少报警、防火、防盗等安全保护设施，盗窃、火灾事故频繁，馆藏文献安全得不到保障。РНБ常遭遇窃贼，1994年价值高达3亿美元的47幅欧洲中世纪和45幅古代中国、蒙古、西藏及希伯来的珍贵手稿被盗，1995年珍稀版的价值400万美元的约翰·詹姆斯·奥布本的《美国的鸟》失窃。2002年РГБ珍藏的近代科学史上最重要的著作之一——牛顿著的《自然哲学的数学原理》(1687年第一版)被窃，该版书目前世界上尚存约200本，具有很高的历史和文化价值，①造成无法挽回的巨大损失。

(3)文献保护和修复人员严重不足

俄罗斯只有1/8的联邦主体科学图书馆有专业的文献保修员，过低的工资与馆员担负的保护文化遗产的责任和艰苦工作条件不相符合，年轻人不愿在图书馆工作，引发馆员流失和老化，人员过度流动破坏了图书馆职业继承性和连续性，文献保修专业培训缺乏，许多珍贵文献由于缺少专业人员及时修复而永远消失。低工资导致管理人员短缺，给盗窃提供了机会，也使一些馆员监守自盗或与盗贼串通。对此，Е. И. Кузьмин指出："如不从根本上解决工资问题，我们在保护图书馆馆藏方面所做的一切都是徒劳的。"

(4)图书馆技术设备落后

缺少保护和修复文献所必需的现代化设备、工具、材料等，修复人员手工劳动效率低，破损文献修复速度慢、效果差。图书馆收藏多为纸质文献，在每年6000多万使用人数、10.4亿借阅人次的流通使用过程中不断磨损，却得不到有效及时修复。技术设备、人员、资金等条件较好的РНБ、РГБ尚分别有20%和30%的馆藏文献急需采取保护措施，②地方图书馆馆藏文献保护形式更为严峻。资金欠缺、配套条件不完善，使РНБ、РГБ、俄罗斯科学院图书馆研发的文献保存修复新技术方法难以在图书馆推广应用。全俄有

---

① 俄罗斯国立图书馆珍藏的牛顿著作被盗[EB/OL]. http://news.xinhuanet.com/newscenter/2002-11/15/content_630811.htm

② А. С. Соколов. О развитии библиотечного дела: доклад на заседании Правительства РФ 1 ноября 2007 г. [J]. Библиотековедение, 2007(6):1, 8-13.

60%的珍贵文献需要修复,300万份文献需要采取紧急保护措施,其中50万处于濒危状态,需要修复的不仅是古籍文献,还有19-20世纪的档案文献和出版物。[①]

5.2.2 俄罗斯图书馆馆藏文献保护政策的制定及内容

1994年俄罗斯文化部着手图书馆馆藏文献保护工作,成立了跨部门专家委员会,联合各界力量研究保护图书馆馆藏国家政策。1998年5月,俄罗斯文化部"保护作为国家文化遗产和信息资源组成的图书馆馆藏文献的国家政策"指出,尽管近几年做了努力,但长期经费不足使图书馆馆藏保护和安全问题依然严峻,因此,须加大对图书馆拨款力度,采取全面系统的措施,制定保护图书馆馆藏国家纲要。1998年5月,俄罗斯文化部批准在РНБ成立了联邦图书馆馆藏文献保存中心(ФЦКБФ),配备技术设备、专业人员、《图书保护理论与实践》等书籍,11月下发了"盘点图书馆馆藏文献"函,要求图书馆定期盘点馆藏文献,盘点时间和次数为:最珍稀文献每年一次、绝版珍品文献三年一次、珍贵文献五年一次,馆藏10万册以下、10-20万册、20-100万册的图书馆,盘点一次的时间分别为五年、七年、十年。1998年12月,俄罗斯文化部颁布"图书馆馆藏文献统计细则"(2007年修订)。1998年11月,在РНБ举行了"图书馆及馆藏文献安全问题"全俄会议,讨论图书馆安全、文献免受意外事故、文献防生物侵害及其状况监视、书库空气状况对文献影响、馆藏文献统计及优化、文献安全检查措施等议题,В. Н. Зайцев指出,缺少修复文献和实现图书馆自动化的资金和计划,加上社会刑事犯罪增多,使馆藏安全成为图书馆面临的最严重问题之一。理论研究和实践表明,在经济、社会文化环境越来越复杂多变、国家投入不足的情况下,解决图书馆馆藏保护问题,靠单个图书馆"分散式"行动是远不够的,须采取整套措施,制定战略性、系统性、长期性计划,即在统一的国家纲要框架内的长远规划。为此,2000年9月,俄罗斯文化部通过了专家委员会研究制定的《保护图书馆馆藏文献国家纲要》(以下简称《纲要》)。

2002年7月,俄罗斯文化部将《纲要》命名为"俄罗斯记忆"。首先,《纲

---

① Е. И. Кузьмин. Библиотеки на службе общественному прогрессу. Модернизация и сотрудничество библиотек. Приоритеты государственной политики Министерства культуры России [J]. Научные и технические библиотеки, 1997(10):12-17.

要》的制定遵循了IFLA保存与保护计划(PAC – Preservation and Conservation)框架内提出的图书馆馆藏文献保护原则:保护图书馆馆藏文献作为国家和世界文化科学复兴与发展的前提、国家间和国际间协调保护图书馆馆藏文献、每个国家负责保护作为世界精神遗产的本国文献资源,这些也是UNESCO“世界记忆”计划的初衷原则;其次,俄罗斯从20世纪90年代初开始参与“世界记忆”计划,俄罗斯文化部组织专家对1993 – 1996年全俄古籍文献保护情况分析后认为,俄罗斯必须根据国情实施“世界记忆”计划,将知识信息及其依附载体统一保护,这才是俄罗斯的国家记忆,保护收藏于图书馆的珍贵文献不可能脱离对馆藏实体保护,而这正是《纲要》担负的使命,在俄罗斯尚没有但却需要一个与“世界记忆”相对接的计划,除《纲要》外,其他任何计划都没有能力被冠以“俄罗斯记忆”;最后,《纲要》成为“俄罗斯记忆”后,其社会影响力和关注度扩大,有利于获得更多的支持和资助。《纲要》作为“世界记忆”计划的组成,其实施已具有国际意义,也意味着其对世界文化遗产的保护。

《纲要》是在《俄罗斯文化立法基础法》《俄罗斯图书馆事业法》《信息、信息化和信息保护法》及UNESCO的《保护图书馆馆藏国际协作指示》(1986年)和“世界记忆”计划(1992年)、IFLA保存与保护计划(PAC)(1986年)等的原则基础上制定的。

(1)《纲要》的目的:为俄罗斯当代人和后人保存作为俄罗斯国家最重要的精神和物质财富以及文化和信息潜能的组成部分之一的俄罗斯图书馆馆藏文献。

(2)《纲要》的任务:①为图书馆馆藏文献保存创造合乎规范的保障条件;②建立系统性的俄罗斯图书馆馆藏文献安全保障制度;③建立联邦和跨联邦主体的图书馆馆藏文献保护中心体系;④制定图书馆馆藏文献使用中的保护政策;⑤建立全俄统一的图书馆馆藏文献统计制度;⑥建立图书文物的全俄统一分布体系,开展图书文物的国家登记;⑦保存信息,建立俄罗斯图书馆馆藏文献备份本;⑧开展保护图书馆馆藏文献标准规范和操作方法研究;⑨为图书馆馆藏文献保护工作提供标准规范和技术方法保障;⑩在中高等学校建立旨在培养和提高馆员、文献保护者和修复者技能的专业教育制度,建立图书馆馆藏文献保护的专业人才保障制度;⑪促进保护图书馆馆藏文献的社会观念的形成。

（3）《纲要》的基本使命：①从国家层面上开展对图书馆、档案馆、博物馆等机构收藏文献保护问题的研究，吸引国家机关关注和参与图书馆馆藏文献保护问题的解决，研究制定相关的国家政策；②促进政府各部门甚至个人在图书馆馆藏文献采集、统计、保护、利用等方面的联合协作；③集中人力、财力、物力，实施最有效的图书馆馆藏文献保护措施，为文献保护提供一切必要条件；④促进国家科技力量参与解决国家文化和信息遗产保护问题。

（4）《纲要》的七个分纲要：《纲要》是一项实施期为十年（2001－2010年）的长期国策，其内容丰富、涉及面广，分为七个分纲要，每个分纲要都有明确的目标、任务内容、实施手段和若干个计划，每个计划的完成时限、实施机构、预期成果、资金分配等都有详尽规定。限于篇幅，下面只列出各分纲要的主要内容。

①《图书馆馆藏文献保存分纲要》：目的是为文献保存与修复提供方法指导，对研究和实施各类文献的保护与修复方法形成统一认识。任务内容：成立地区和跨地区文献保存中心，制定中心规章制度、管理办法等，研究文献的保存修复技术及保存标准规范，文献缩微、复制、扫描及原本使用技术与规则，文献保存修复工作的资金使用管理。

②《建立图书馆馆藏文献备份本分纲要》：目的是立足于保护馆藏文献，向用户提供使用。任务内容：建立馆藏文献备份本，制定备份制度的规范性和方法性文件，研究文献影印本使用和文献复制的法律问题，研制和使用馆藏文献拍录技术与设备，建立文献备份缩微目录，有效使用图书馆缩微文献建设资金，节省文献保存空间研究等。

③《图书文物分纲要》：目的是研究实施统一的图书文物保护修复政策，确保图书文物永久保存与合理使用，与其他历史文化遗产一起进行国家性保存和法律保护。任务内容：建立全俄统一的图书文物馆藏，编制图书文物目录，制定图书文物国家登记制度。

④《图书馆馆藏文献安全分纲要》：目的是利用现代技术方法保证图书馆及馆藏安全。任务内容：研究行业标准、建议性文件，保证和指导图书馆及馆藏安全系统建设，研究对现有法规修订补充建议，建立实施分纲要的信息基础设施，选择保障图书馆安全的计划措施，研制应对突发情况的技术方案，建设符合现代图书馆藏书要求的书库，配备现代安保技术设备，采用新技术、新方法，开展安全工作研究，建立图书馆及馆藏安全状况数据库。

⑤《文献保护的专业人员保障分纲要》的任务内容：建立多级的文献保护和修复教育体系，形成不间断的图书馆中高等专业教育和在职继续教育，培养文献保护和修复专业人员，制定再培训和继续教育计划，实现各级文献保护专业人员教育水平统一化和标准化，并列入图书馆事业国家标准；制定专业人员培养规章制度，制定馆藏文献保护和修复岗位职责，调研文献保护和修复专业人员配备状况，进行需求分析，开展馆藏文献保护职业教育科学研究。

⑥《图书馆馆藏文献使用过程中的保护分纲要》：目的是采取有效措施最大限度地减少文献使用过程中的受损程度。任务内容：从技术、法律、管理、使用规定等方面对提取书库文献给用户以及用户使用、文献复制、文献展览等环节给予规定与保障。

⑦《图书馆馆藏文献统计分纲要》：目的是做好全俄各类型图书馆馆藏文献统计工作。任务内容：完善统计工作规范标准制度，确定各级统一统计工作原则，建立符合国内和国际标准（统一统计数量单位、测度标准和描述规则）的统计系统，研制适合于各类型图书馆的国家统计指标体系，开展国内外图书馆馆藏文献统计工作研究和馆藏文献统计自动化研究。

5.2.3 俄罗斯图书馆馆藏文献保护政策的实施

（1）《纲要》的实施机制

1）分纲要分别由相应机构负责，分头同步实施

俄罗斯文化部将7个分纲要交由ФЦКБФ、РГБ珍稀文献科学研究部、全俄国立外文文献图书馆文献保存修复部、国立公共历史图书馆文献保护部、俄罗斯博物馆馆藏管理处文化珍品安全中心和艺术、文化、旅游工作者教育进修研究院（АПРИКТ）6个机构负责实施。这些机构作为实施《纲要》的跨地区、跨部门的联邦科学研究和协调中心，负责制定实施分纲要的具体项目计划、规章制度，为全俄各级图书馆提供方法指导与技术方案，培训馆员业务技能，与有关部门和组织沟通联系等。这些机构与俄罗斯国立人文大学科学图书馆高校图书馆文献保存修复中心、俄罗斯科学院图书馆文献保存和修复科研中心、“Раритет”图书和手稿修复学校及博物馆、档案馆等密切合作，制定馆藏文献修复保护、馆藏安全、人员培训、古籍文献整理、馆藏备份等方面的规范性文件、国家标准、实施细则、章程条例等，编制出版方法性

研究出版物。

2)政府部门和各联邦主体配合实施《纲要》

为全面实施《纲要》,俄罗斯副总理 В. И. Матвиенко 下令要求各联邦机构和地方政府认真研究俄罗斯文化部提出的图书馆馆藏文献保护建议,采取必要的配合和支持措施。各联邦机构和地方政府开始重视图书馆馆藏文献保护,如俄罗斯农业部与全俄农业科学院联合发布命令,制定本系统类似《纲要》的计划,为图书馆馆藏保护提供资金;俄罗斯教育部、俄罗斯科学院等的图书馆也都制订计划,采取措施参与《纲要》实施。一些联邦主体在《纲要》的基础上制定本地区的图书馆馆藏文献保护计划,布里亚特共和国、卡累利阿共和国等建立了地方和跨地区图书馆馆藏文献保护修复中心,乌德穆尔特共和国、阿尔泰边疆区、莫斯科州等地的图书馆建立了地方和跨地区的古籍文献保护中心,叶卡捷琳堡、顿河畔罗斯托夫等地的图书馆建立了馆藏安全保护中心。一些职业团体、社会组织也参与了《纲要》的实施。

3)联邦和联邦主体为《纲要》提供经费保障

俄罗斯文化部从《俄罗斯文化纲要》中为《纲要》实施划拨经费,2001－2005 年,提供 3.97 亿卢布,优先资助具有全俄意义的基础项目建设、研究制定规章制度、馆际间基础设施建设及有联邦和联邦主体意义的图书馆计划项目。2003 年 10 月,时任俄罗斯文化部图书馆局局长的 Е. И. Кузьмин 在总结《纲要》实施三年情况时指出,尽管《纲要》实施取得初步成果,但未能从根本上改变全俄图书馆馆藏保护危机状况,资金不足严重制约《纲要》的实施,微薄的经费投入将使这项工作持续十几年甚至几十年,许多珍贵文献在此期间由于得不到及时保护和修复而“永远牺牲”了,目前还没有一座图书馆能够完全做到:维修和新建馆舍、按馆藏文献增长规模设计和建设馆舍、扩大书库面积、配备现代化安保设备并不断更新、不断改善加强图书馆物质技术基础、足够数量和能力的专业文献保护修复人员、建立统一的文献备份本、建立有效的馆藏文献保护安全制度。按专家估算,按现有条件、水平和进度,完全修复 РНБ 和 РГБ 的馆藏文献需要 400 年和 500 年,在资金投入没有根本性增加的情况下，图书馆馆藏文献的下一步保护修复工作将无法进行。[①] 2005年3月，俄罗斯文化部在国家图书馆政策报告中指出，馆藏文献保护问题刻不容缓，今天馆藏文献保护资金投入的不足将导致未来十几倍的资金投入和社会价值都损失。为此，俄罗斯政府在《俄罗斯文化纲要》(2006－2010年)中提供资金8700万卢布，力争五年时间里修复2000种特别珍贵古籍文献，但年均修复量仅占需要修复的文献的0.1%。这足以表明图书馆馆藏文献保护工作的长期性和艰巨性，资金的支持将决定图书馆馆藏文献保护工作的最终效果。

(2)《纲要》实施取得的阶段性成果[②]

2001—2010年《纲要》实施的十年时间里，各项分纲要的实施齐头并进，取得了阶段性成果，为俄罗斯图书馆馆藏文献保护工作进一步开展及后续政策措施的制定奠定了坚实基础。总体上讲，《纲要》确定的目标和任务阶段性地基本实现：①图书馆馆藏文献保护计划及其实施首次得到联邦财政和联邦主体财政的支持(见图5－1)，《纲要》各项目顺利实施；②建立起联邦、联邦主体和自治地方三级的图书馆馆藏文献保护与研究制度；③图书馆界和地方行政当局对图书馆馆藏文献保护工作有了重新认识，重视程度增强；④全面跟踪调查全俄图书馆馆藏文献保护状况，掌握第一手基本数据资料，为制定馆藏文献保护措施和相关工作的开展提供决策依据；⑤从事图书馆馆藏文献保护工作的人员技能得到专门培训和提高，逐步建立起一支专业化的馆藏文献保护人才队伍；⑥半数以上的联邦主体的图书馆馆藏文献保护状况得到根本改善，图书馆馆藏文献保护工作发展势头良好；⑦研发并在全俄图书馆广泛采用馆藏文献保护新技术和方法，提高了馆藏文献保护水平和效率；⑧图书馆馆藏文献工作的物质技术基础得到夯实，技术和设备的现代化程度稳步提高。

---

① Е. И. Кузьмин，Н. А. Щербачёва. Первые итоги реализации национальной программы[J]. Библиотека，2003(11)：6－9.

② 本部分图、数据来源：Итоги реализации национальной программы сохранения библиотечных фондове Российской Федерации (Првый этап：2001 － 2010гг.) [J]. Информационный бюллетень РБА，2011 (59)：24 － 48 和 Основные направления развитияОбщероссийской информационно－библиотечной компьютерной сети ЛИБНЕТ на 2011 － 2020годы[J]. Информационный бюллетень РБА，2012(62)：113－128.

图 5-1　2001-2010 年，《俄罗斯文化纲要》为《纲要》提供的经费
（单位：百万卢布）

具体来说，各分纲要的实施都取得了一定进展，在此展示一些重要成果加以展示。

①《图书馆馆藏文献保存分纲要》

图书馆馆藏文献保存修复工作在全俄范围内有计划、有组织、有层次地全面铺开。PHБ 的联邦图书馆馆藏文献保存中心（ФЦКБФ）作为该分纲要的研究和协调管理与组织实施中心，建立了专门网站（http://www. nlr. ru/fdcc/），配置了最先进的技术设备和人员，制定相关的标准规范、规章制度和科学操作方法，开发编制评价古籍文献保护状况的软件，供联邦主体图书馆免费使用。PHБ、PГБ、俄罗斯国立人文大学重新修订了 20 世纪 80 年代至 90 年代制定的文献保存国家标准——“文献保存：术语与定义”（ГОСТ7. 48-90）、“文献保存：基本要求”（ГОСТ7. 50-90）、“光盘载体文献的保存：基本术语”（ГОСТ7. 0. 2-2006）。

2000 年只有俄罗斯文化部所属的 7 个图书馆有专门的文献保存修复部门（其中 3 个为联邦图书馆、4 个为联邦主体图书馆），只有 6 个联邦主体图书馆有专门的文献保存修复专业人员，如今情况大有改观，有 21 个联邦主体建立了地方性图书馆馆藏文献保存中心，负责地方图书馆馆藏文献保护的研究指导和组织管理工作，并投入大量工作经费，40 多个联邦主体有文献保存修复的专业馆员，一些图书馆成立了馆藏文献保护委员会，其成员到 РНБ、РГБ、全俄国立外文文献图书馆（ВГБИЛ）等参加学习培训班和研讨会，这一切使地方图书馆馆藏文献保护工作面貌焕然一新。

ФЦКБФ 编制出版了图书馆馆藏文献保存工作指导读物，如《图书馆危急状况行动指南》《联邦主体图书馆文献保存中心管理：技术规范》《文献修复的基本技术程序》《馆员应知的文献保存修复知识》《文献预防生物侵害》等。ФЦКБФ 研制生产了用于修复文献的防生物侵害纸张、机械化修复文献的纸浆半成品、文献纸张光学特性测试仪等。ФЦКБФ 举办了 23 次馆员文献保护技能培训会，在全俄各地组织了 55 次培训活动，110 多名来自图书馆、档案馆、博物馆的馆员得到培训。ФЦКБФ 全面调查 64 个联邦主体的 107 个图书馆、档案馆、博物馆的馆藏状况，指导帮助联邦主体图书馆馆藏文献保存中心的工作，并与它们建立了广泛全面的联系。伊尔库茨克州、阿尔泰边疆区等联邦主体内的地方自治图书馆建立起了第三级的图书馆馆藏文献保存中心，最终形成联邦、联邦主体、地方自治三级的馆藏文献保护体系。（图 5－2、5－3、5－4）。

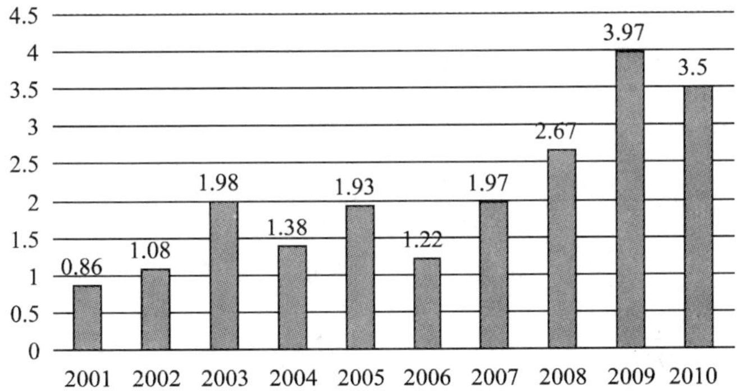

图 5－2　2001－2010 年俄罗斯联邦主体图书馆馆藏文献保存中心的经费
（单位：百万卢布）

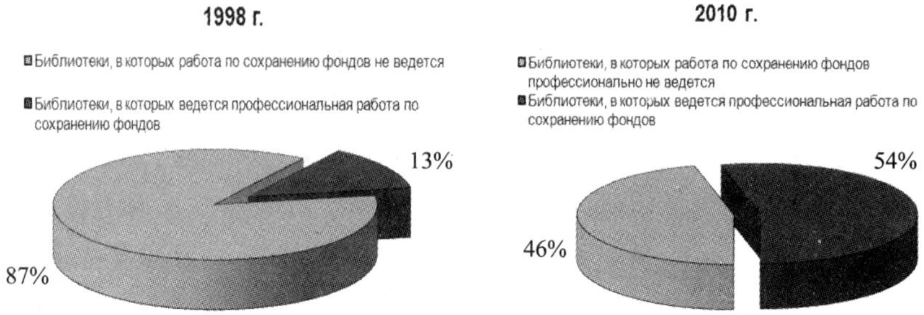

图 5－3　1998 年及 2010 年开展馆藏文献保护工作的图书馆的比例增大情况

图 5－4　ФЦКБФ 与俄罗斯各地图书馆的相互联系

②《图书文物分纲要》

РГБ 的珍贵图书科学研究部是该分纲要的研究和协调实施中心。2001 年前只有少数几个联邦和联邦主体机构从事国内特珍贵出版物描述加工和统计工作，且没有准确可靠、完整统一的全俄珍贵出版物馆藏信息，据推测全俄有 200 万份符合图书文物标准的文献。《纲要》实施过程中，专家经调研、统计、鉴别，确定了全俄有约 500 万份手稿和印刷物属于图书文物，最保守估价超过 500 亿卢布，其历史文化价值及意义是无法估量的，加强国家层面对图书文物的登记与保护极为重要。2009 年 6 月，国家杜马对《俄罗斯图书馆事业法》进行专门修改，界定了“图书文物”的法律概念，10 多个联邦主体的图书馆立法也增添了有关“图书文物”的法律规定，全俄图书文物保护工作有了坚实的法律基础与保障。

РГБ在图书文物保护和研究方面做了大量工作，研制了《俄罗斯图书文物条例》、“图书文物”国家标准（ГОСТ7.87－2003），将“图书文物”作为单独一章列入《独联体国家图书馆示范法典》之中，以明确独联体国家对图书文物的统一认识与行动。РГБ调查了77个联邦主体的481个机构，收集各地图书馆等机构的图书文物馆藏信息（包括收藏地、数量、年代、主题、类型、语言、保存状况等），著录描述全俄1.2万多种具有图书文物特征的文献。2002—2010年，图书文物保护工作最重要的工作之一就是编制了《全俄图书文物目录》，为统一全俄图书文物统计工作打下基础，提供2000—2011年全俄收藏有图书文物的542个机构（其中204个图书馆、148个博物馆、69个档案馆、27个科研机构、94所院校）的图书文物信息及519种图书文物（图5－5）。РГБ专门建立了“俄罗斯图书文物”网站（http://kp.rsl.ru/），作为全俄图书文物工作和用户获取图书文物信息的平台。2005年开始，联邦主体地方性图书文物保护工作逐步展开，到2010年，有31个联邦主体的中心图书馆担当起地方图书文物工作中心的职能，编制地方图书文物汇编，建立专门图书文物网站（页）。РГБ联邦中心与地方中心保持密切联系，共同开展图书文物的挖掘、鉴定、登记、描述工作。2010和2011年，РГБ组织召开全俄图书文物工作会议，商讨图书文物研究与利用、图书文物工作法律问题、作为史料的图书文物、图书文物国家登记、地方图书文物汇编、图书文物数据库建设、专门人才培养、图书文物保护技术方法等问题。2011年5月，俄罗斯文化部发布部长令，批准《图书文物认定程序》《图书文物登记程序》《图书文物目录清单编制规程》，以统一规范全俄图书文物保护工作。在《俄罗斯文化纲要》框架下，联邦财政为35个联邦主体的图书文物工作提供经费，出版地方图书文物书目，开展理论研究。2007－2010年，РГБ举办各类型全俄图书文物保护技能培训班，图书馆、博物馆、大学及俄罗斯文化部、联邦文化和电影署等的相关人员350多人参加。

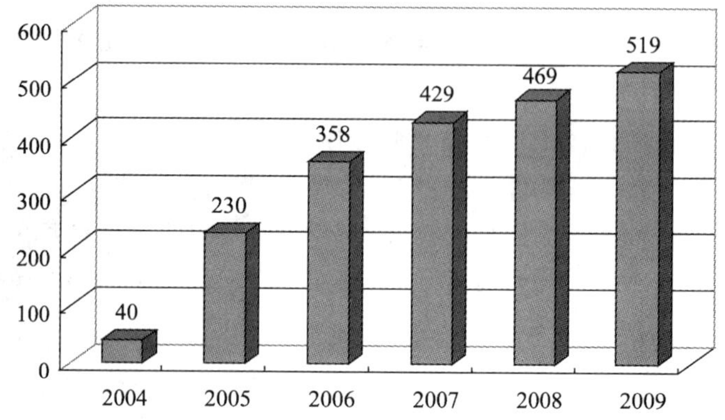

图 5－5　2004－2009 年全俄图书文物联合目录(ОСКП)中图书文物藏品数量

③《建立图书馆馆藏文献备份本分纲要》

该分纲要主要是将图书馆馆藏文献进行载体转换,制成缩微文献以备份保存,避免因人为或自然原因导致馆藏文献的永久消失。建立俄罗斯图书馆馆藏文献备份库(РСФДБ)是该分纲要的基本任务。РГБ 作为该分纲要实施的联邦中心,带领联邦主体地方图书馆,在联邦和联邦主体财政的大力支持下(图 5－6),严格按照俄罗斯国家标准规范建设 РСФДБ。目前,所有联邦主体都参与到 РСФДБ 建设之中,2000 年前却只有不足 10 个联邦主体。РСФДБ 数据量逐年增加(图 5－7),已成为俄罗斯文献统一备份库(ЕРСФД)的重要组成。

图 5－6　2000－2010 年联邦和联邦主体财政经费支持 РСФДБ 建设情况图(单位:卢布)

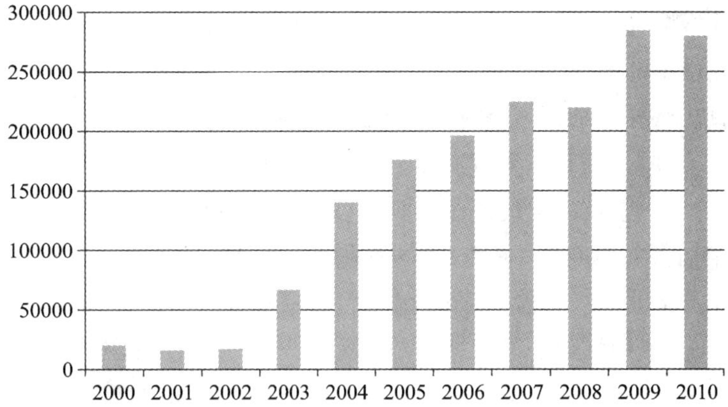

图 5－7 2000－2010 年俄罗斯图书馆馆藏文献备份库（РСФДБ）缩微文献数量（单位：单幅）

РГБ、РНБ、ВГБИЛ 等研究制定了文献缩微备份本加工技术方法、与 ЕРСФД 一致的文献缩微技术操作暂行规程、俄罗斯图书馆文献缩微实验室认证制度，确保文献缩微制品的质量，РНБ、РГБ、ВГБИЛ 的文献缩微实验室获得了资格认证，研发生产用于图书馆馆藏文献缩微化的 35mm 缩微胶片；俄罗斯图书馆界与俄罗斯联邦档案署等联合研究制定了国家标准"作为国家文化历史遗产的文献备份本加工规程"（ГОСТ33.505－2003），与俄罗斯经济发展部协商，确定了文献缩微备份本的专门收藏机构——联邦技术实验室（ФТЛ）；为避免文献重复缩微，ВГБИЛ 在其网站（http://www.libfl.ru/）建立了俄罗斯图书馆文献缩微目录（РРСМ）。

РГБ 建立了俄罗斯图书馆文献备份库网站（http://ifund.rsl.ru/），作为图书馆文献缩微工作平台和服务查询平台。РГБ 和 ВГБИЛ 对馆藏的《真理报》《消息报》《共青团真理报》《文化报》《图书评论报》《莫斯科消息报》《苏维埃体育报》《劳动报》等报纸进行回溯性缩微化保存，РГБ 还将手稿和战争年代的报纸、国外的俄语报纸以及属于图书文物的期刊等缩微化。截至 2010 年 1 月，РГБ 等加工缩微文献 7200 多盘，并送至 ФТЛ 保存。РГБ、РНБ、ВГБИЛ 编制系列业务丛书，用以培训和指导馆员进行馆藏文献备份。

其他分纲要的实施也取得了不同程度进展，如"图书馆馆藏文献统计分纲要"，在建立全俄统一图书馆馆藏统计系统目标指导下，主要开展如下工作：健全图书馆馆藏文献统计的法规制度、制定统一统计标准、图书馆馆藏文献统计指标与国家统计指标一致性、图书馆馆藏文献统计在国家物质资产分类统计中的地位、图书馆馆藏文献统计自动化建设等，研究制定了《图书馆馆藏文献统计细则》《图书馆馆藏文献剔除、出售条例》、"图书馆统计"国家标准(ГОСТ 7.20－2000)等。"文献保护的专业人员保障分纲要"方面，俄罗斯一些文化大学的图书馆学专业增设"文献保护与修复"课程，培养《纲要》中需要的具有跨学科知识的专业人员。АПРИКТ 的 Т. Я. Кузнецова 教授设计了文献保护修复专业多级教育体系，[①]第一级：中等普及教育学校教授学生图书修复技能，劳动课教授装订技术；第二级：职业技术教育，按"文献装订与修复"专业教授专业知识和技能；第三级：中等图书馆教育，在"图书馆事业"专业目录中设"文献修复技术"方向，培养文献修复人员；第四级：高等图书馆职业教育，在国家普通教育专业目录"图书馆学和目录学"中设立文献修复和文献技术保护两个方向；第五级：图书馆职业继续教育，开展业务培训、实习。10 年间有千余名各地馆员参加了 АПРИКТ 组织的各类培训教育活动。

5.2.4 俄罗斯图书馆馆藏文献保护政策的前景

在总结 2001－2010 年《纲要》实施取得成绩和存在不足的基础上，结合当前俄罗斯文化事业和信息社会建设的国家任务，俄罗斯文化部认为有必要继续实施《纲要》。2011 年 11 月，俄罗斯文化部通过了《2011－2020 年保护图书馆馆藏文献国家纲要的基本内容》，实施第二阶段的《纲要》，由此明确了未来十年俄罗斯图书馆馆藏文献保护的国家政策。

2011－2020 年俄罗斯图书馆馆藏文献保护的重点工作是：开展全俄系统性的图书馆馆藏文献保护工作；对图书馆馆藏文献保护问题采取系统性的观点和措施；联邦和联邦主体财政对《纲要》给予稳定持久的经费支持；目标定位于研发与应用图书馆馆藏文献保护的新技术与新方法；完善图书馆馆藏文献保护的管理制度建设。

2011－2020 年俄罗斯图书馆馆藏文献保护工作基本任务是：实现全俄图书馆馆藏文献保护工作的整体系统化(即全俄一盘棋)；完善图书馆馆藏

---

① Т. Я. Кузнецова. Научно－организационные основы подготовки специалистов по сохранению библиотечных фондов[J]. Научные и технические библиотеки,2002(3):73－79.

文献保护工作的法律、法规、标准规范及业务指导文件的制定与实施；建立并健全联邦、联邦主体、跨联邦主体的三级文献保护中心，作为实现《纲要》的基础；建立并保持合乎规范要求的图书馆馆藏文献保存条件；研究图书馆文献保护新技术，使文献损坏和老化程度降至最低；对图书馆、博物馆等收藏的图书文物进行全面挖掘、归类、描述、整理；在全俄图书文物数据库和图书文物登记目录的基础上，建立特别珍贵文献的全俄统一统计和登记系统；制定完善图书文物使用过程中的保护政策制度；研究和应用馆藏文献使用中新的保护技术、方法；建立图书馆馆藏文献保护专业人才教育培养和再培训制度；巩固全社会对图书馆馆藏文献保护重要性的认识；加强图书馆馆藏文献保护的物质技术基础建设。

为此，《纲要》在第二阶段将分纲要数量由 7 个精简为 5 个，重新分配了相应的负责机构：ФЦКБФ 负责《图书馆馆藏文献保存分纲要》、РГБ 负责《图书文物分纲要》和《建立图书馆馆藏文献备份本和信息保存分纲要》、俄罗斯国立公共历史图书馆负责《图书馆馆藏文献使用中的保护分纲要》、АПРИКТ 负责《文献保护的专业人员保障分纲要》。每个分纲要都明确了各自具体的基本目标、基本任务、预期成果、社会意义等，比如在 25 个联邦主体建立新的图书文物工作中心、培养百余名能胜任图书文物工作的专门人才、到 2020 年在 30 个联邦主体建立文献保存修复中心、培养 70 – 90 名具有文献保存修复知识技能的专门人才、РСФДБ 资源达 450 万盘(约 22500 种出版物)、加强俄罗斯图书馆馆藏文献备份工作的组织、协调、统一等等。

总之，随着图书馆馆藏文献保护工作的相关法律制度和管理机制的不断完善，加上国家和地方财政持续稳定、足额的资金支持，社会各方愈加关注和重视，图书馆界不懈努力，俄罗斯图书馆馆藏文献保护工作的前景将是光明的，成果也是可期待的，相信经过《纲要》第二个十年的实施，会使俄罗斯图书馆事业的发展更上一个新台阶。

5.3 俄罗斯图书馆信息服务政策

20 世纪 90 年代，根据国情变化和社会发展的需要，俄罗斯图书馆开展了创新型信息服务，向居民提供有社会意义的信息。所谓有社会意义的信息是指属于社会公共的，与俄罗斯政治经济改革、社会发展和居民生活密切相关的，居民有权知晓和迫切需要的社会性信息，包括法律信息、生态信息、商业信息、官方信息、生活信息等。法律和生态信息服务是俄罗斯图书馆开展得最早而且最成功、最具社会影响力和社会意义的新型服务，具有形式多样、内容丰富、覆盖面广、辐射力强、影响力大、社会效果好等特点，逐渐成为俄罗斯国家法制建设和生态教育的重要组成部分。

5.3.1 俄罗斯图书馆法律信息服务政策

苏联解体后，为维护国家稳定和社会发展，俄罗斯确立了建设法治国家和公民社会的目标，而实现这一目标的基础性问题是建立公民自由获取法律信息的保障制度，传播法律信息，提高公民法律素养。为此，叶利钦颁布了“加快法律信息中心建设的措施”(1993 年)、“俄罗斯国家机关法律信息化总统计划”(1995 年)等总统令，批准了“俄罗斯法律信息化构想”(1993 年)、“研究俄罗斯法律改革构想”(1995 年)、“法律信息法(草案)”“公民信息权利法(草案)、“官方发布法令的国家政策构想”。俄罗斯政府出台了“为实施俄罗斯法律信息化计划创造条件”(1995 年)等政令，于 1996 年批准成立了俄罗斯法律改革基金会(РФПР)，负责实施“俄罗斯法律改革”计划。1997 年俄罗斯总统政府通信和信息联邦通讯社(ФАПСИ)负责建立了法律信息收集、加工、保存国家系统，最初只是联邦和地方各级政府机构使用，ФАПСИ 在发现商业者、非商业机构和社会组织对法律信息有日益强烈的需求后，意识到应建立面向所有居民的法律信息公共免费获取点，公共图书馆被首选为获取法律信息的最佳场所。

在外界看来，选择图书馆是合情合理的：①俄罗斯图书馆系统广阔庞大，遍布联邦大城市和农村居民点的各个角落，并较早、较好地实现了信息化，是最具结构性和现实性的网络之一，具有实现“俄罗斯法律信息化构想”提出的法律信息化主要目标(即优先利用信息技术建立覆盖所有联邦主体、国家机关、自治地方机构的全俄法律信息系统)的先天条件；②大型联邦级图书馆(如俄罗斯文化部所属联邦图书馆，俄罗斯科学院系统图书馆、议会图书馆、总统办公厅图书馆等)、联邦主体图书馆和自治地方公共图书馆本就收藏有丰富的官方法律文献，这些信息应向居民开放使用；居民可通过多渠道获取法律信息服务，但去行政办公机构不便利，大众传媒难以随时提供个人所需的有针对性法律信息，法律事务所等咨询机构费用较高，国家法律信息收录在数据库之中，而这些数据库大多数图书馆都有，[①]图书馆始终是唯一面向所有群体提供免费基本服务的公共机构，居民也信任图书馆藏存的官方信息；③将保障全俄所有居民都能自由免费获取法律信息的法律信息传播系统建在图书馆无疑是稳定可靠的，因为图书馆过去、现在、未来都永远存在，图书馆的本质是民主，有技术设备的，而且对用户来说是方便舒适的；④图书馆员对待图书馆事业的态度认真执著，尽管国家经历了复杂年代，但为居民提供信息仍是其传统；⑤图书馆履行使命取决于现实的政治制度和经济形势，苏联解体初期的俄罗斯比任何时候都需要准确、全面、及时的法律信息，原因除了加强国家法律和民主基础建设外，还有公民法律意识的增强和法律素质的提高，[②]公民基于参与国家政治、个人生活与发展、维护自身权益而需求法律信息，按《俄罗斯图书馆事业法》规定，图书馆作为信息机构，满足公民信息需求是其最基本的目标、任务和职能；⑥图书馆有经验知道如何和在哪里收集信息，并能系统整理、保存和提供使用这些信息，将法律信息数据库放置图书馆是最有效的，这结合了国家和社会的利益。

综上，在俄罗斯，公共图书馆作为人们自由获取包括官方文件、法律信息在内的国内外信息资源的普遍和有效的社会公共机构，有能力更有责任开展面法律信息服务。基于此，根据国家政令和社会发展现实需求，在利用现代技术对信息资源有效组织和使用的基础上，为公民获取法律信息创造条件成为俄罗斯文化部图书馆政策的重要内容。

(1)公共法律信息中心计划(ПЦПИ 计划)的制定

20 世纪 90 年代初，俄罗斯图书馆开始设立以收藏法律文献信息为任务的部门，称为商业信息中心，1993 年 ГПНТБ России 成立了第一个正式的商业信息中心，提供法律信息服务。1998 年 6 月，斯摩棱斯克州图书馆在州政府、ФАПСИ、[③]РФПР 的支持下，建立了俄罗斯第一个公共法律信息中心

---

① Н. З. Стародубова. Публичные центры правовой информации: история вопроса и настоящее их состояние[J]. Библиотека,2005(4):54 – 56.

② М. Усачев. Создание общероссийской сети публичных центров правовой информации на базе общедоступных библиотек[EB/ OL]. http://www. dzyalosh. ru/02 – dostup/books/opit/usashev. html

③ 2003 年俄总统令将 ФАПСИ 改组为俄联邦安全局特殊信息通信服务部(Спецсвязь ФСО России – Служба специальной связии информации Федеральной службы охраны России)，负责俄法律信息化国家政策的实施及协调工作。

(ПЦПИ)。俄罗斯文化部对公共图书馆建立 ПЦПИ 的创举极为重视，决定在全俄公共图书馆推广，1998 年和 1999 年 8 月分别与 ФАПСИ、РФПР 签署"法律信息领域相互关系协议""居民法律教育合作协议"，[1]确立了在公共图书馆建立和发展 ПЦПИ 网的机制。1998 年年底，在俄罗斯总统国家法律总局和国家杜马法律局支持下，俄罗斯文化部与 ФАПСИ、РФПР 联袂制定了"在公共图书馆建立全俄公共法律信息中心(ПЦПИ)网"跨部门计划(简称 ПЦПИ 计划)，向联邦主体文化部门发函，建议利用 ФАПСИ 法律数据库在联邦主体综合科学图书馆建立 ПЦПИ。ПЦПИ 计划的目的是在图书馆网基础上构建全俄统一法律信息空间、提高全社会的法律意识、维护公民和社会组织获取法律信息的权利、为公民提供法律信息和法律咨询。[2] 俄罗斯文化部负责沟通协调联邦主体文化部门、图书馆与 ФАПСИ 地方分中心之间的关系，ПЦПИ 建设方案的调查、研究、组织与方法指导、协调和实施，与联邦主体文化部门联合制定 ПЦПИ 网发展计划，提供软件技术、设备；ФАПСИ 负责免费提供法律数据库；РФПР 提供资金，购买技术设备、举办会议、出版法律资料，组织图书馆订购法律出版物。

(2)ПЦПИ 计划的实施进程

2004 – 2005 年，俄罗斯文化部图书馆局局长 Е. И. Кузьмин、副局长 М. Н. Усачев、UNESCO IFAP 俄罗斯委员会副主席 А. А. Демидов 联手撰文，总结了 ПЦПИ 计划实施的三个阶段。[3] 第一阶段(1998 – 2000 年)：计划在 РГБ、РНБ 和 12 个联邦主体综合科学图书馆建 14 个 ПЦПИ，俄罗斯文化部、РФПР、ФАПСИ 投入 35 万美元，俄罗斯文化部为 58 个图书馆提供计算机设备，向 40 个图书馆提供法律出版物。媒体刊载 2200 多篇介绍 ПЦПИ 的文章，传播交流先进经验，国际性、全俄性、地方性会议带动更多图书馆参与

---

① Е. И. Кузьмин. Ориентиры культурной политики: Вопросы создания общероссийской сети публичных центров правовой информации на базе общедоступных библиотек[EB/OL]. http://www.ifap.ru/pcpi/library/pcpi0011.pdf

② А. А. Демидов М. Н. Усачев. Формирование системы доступа граждан Российской Федерации к правовой информации: итоги и перспективы[EB/OL]. http://www.ifap.ru/library/book003.pdf

③ Е. И. Кузьмин А. А. Демидов М. Н. Усачев. Формирование системы доступа граждан Российской Федерации к правовой информа – ции: итоги и перспективы[J]. Библиотековедение, 2005(6):8 – 16.

ПЦПИ 计划,公众开始关注 ПЦПИ,事实证明,建 ПЦПИ 不仅是现实所需,甚至成为潮流。社会反响和需求强烈,最终超额完成预期目标,建立了 200 多个 ПЦПИ。第二阶段(2001 - 2003 年):所有联邦主体开始参与 ПЦПИ 计划,ПЦПИ 计划向自治地方纵向深入。РФПР 原定为 54 个 ПЦПИ 提供资金购置设备,但有限的 28 万美元资金只资助了 18 个 ПЦПИ,俄罗斯文化部成为主要资助者。ПЦПИ 迅猛发展——600 多个(2001 年)、800 多个(2002 年)、1500 多个(2003 年)。ФАПСИ、Консультант Плюс、Гарант、Кодекс 等为 ПЦПИ 提供免费信息资源。互联网在 ПЦПИ 工作中开始发挥重要作用,590 个 ПЦПИ 接入互联网,利用法律网站、律师网站、法学网站资源。2000 - 2002 年,ПЦПИ 接待 150 多万人,解答问题 170 多万个,使用法律数据库资源 2129 份、图书 57 万多册、期刊 7000 多本、报纸 2000 多份。ПЦПИ 计划为俄罗斯教育部、俄罗斯国防部、俄罗斯外交部、俄罗斯司法部等政府部门所接受,学校率先建立了 130 多个 ПЦПИ。UNESCO IFAP 俄罗斯委员会、索罗斯"开放社会研究所"等参与 ПЦПИ 计划。2002 年宣传 ПЦПИ 计划的电视片《有权知道》在所有联邦主体地方电视台播放,[①]扩大了 ПЦПИ 的社会认知度。据估算,建立全俄 ПЦПИ 网总费用将超 500 万美元,1998 - 2003 年投入 120 多万美元。ПЦПИ 第一阶段工作表明,ПЦПИ 的成功有赖于不断的沟通、交流信息资源与经验、分析成果、协调行动,一句话,法律信息化的发展需要建立一个将所有参与者联合在一起的计算机信息网络,为此,俄罗斯文化部着手建全俄 ПЦПИ 网站和 ПЦПИ 联合组织。第三阶段(2004 - 2006 年):俄罗斯文化部、ФАПСИ、UNESCO IFAP 俄罗斯委员会确立如下目标——ПЦПИ 网覆盖全俄所有联邦主体,在俄罗斯驻外(首先是独联体国家)外交、贸易等机构设立 ПЦПИ,将 ПЦПИ 计划扩展为"社会信息中心计划",提供法律、商业、环保、文化、消费、地方自治等多方面信息。2006 年 7 月,俄罗斯政府令为实施《"电子俄罗斯"联邦纲要(2002 - 2010 年)》而批准的《到 2010 年地方信息化构想》,指出地方要建立官方信息获取系统,联邦中央给予资金支持,ПЦПИ 计划获得了各级政府部门的支持。在社会各界鼎力支持和图书馆自身努力下,ПЦПИ 计划顺利实施,到 2006 年,77 个联邦主体

① В. Г. Юдин. Программа создания сети публичных центров правовой информации в России [EB/OL]. http://www.ifapcom.ru/files/News/Images/2009/a/yudin_2009.doc

共建 1372 个 ПЦПИ,拥有计算机 4058 台。

2007 年普京总统在国情咨文中振兴图书馆事业的号召使 ПЦПИ 发展迎来新阶段,可称之为第四阶段(2007 – 2009 年)。2007 年 10 月,俄罗斯文化部根据“建立叶利钦总统图书馆”总统令,提出在 ПЦПИ 基础上建立总统图书馆地方分馆的设想,使 ПЦПИ 兼有总统图书馆的职能与作用。2007 年 10 月,联邦文化和电影署署长 М. Е. Швыдкой 向联邦主体行政长官发出“在公共图书馆建设 ПЦПИ”建议信,强调指出:“公共图书馆建设发展 ПЦПИ 网,对提高居民法律素养水平、传播法律知识信息的作用巨大,居民也有这方面需求,但远不是所有图书馆尤其是农村图书馆都有法律数据库,几百万居民仍难获取生活所需重要信息。信息社会和法治国家建设需要不断发展和完善 ПЦПИ 网,联邦主体政府和自治地方机构应支持 ПЦПИ 的建设与发展。”[①]2007 年 11 月,俄罗斯文化部部长 А. С. Соколов 在俄罗斯政府会议上作的《图书馆事业发展报告》明确了 ПЦПИ 的服务方向是为居民提供更多的社会信息。[②] 2008 年俄罗斯总统办公厅、国家杜马、俄罗斯政府的官员出席 ПЦПИ 计划实施十周年大会,对 ПЦПИ 计划的未来寄予厚望,跨地区公共法律信息中心联合会(МОПЦПИ)主席 Э. А. Восканян 致信:“РФПР、俄罗斯文化部、ФАПСИ 是 ПЦПИ 计划实施的发动机、火车头,没有 РФПР、ФАПСИ 就没有计划在全俄的知名度和覆盖面,没有图书馆就没有计划现实的基础和实际效果,没有法律数据库就没有信息基础,十年间我们取得了很大成绩,也有未解决的问题,但我们坚信能克服,ПЦПИ 计划将继续施行,造福国家和人民”。[③] ПЦПИ 在国家政策层面得到关注,2008 年 2 月,普京总统令批准的《俄罗斯信息社会发展战略》的主要活动之一就是法律信息化和建设与发展政府信息公共获取中心。俄罗斯政府批准的《到 2012 年政府基本工作》《到 2020 年俄罗斯社会经济发展构想》(2008 年 11 月)及《到 2010 年电子政府建设构想》(2009 年 2 月)、《公民和组织利用互联网与政府机关联系的统一信息咨询服务系统》(2009 年 6 月),将发展 ПЦПИ 网列为政府

---

① О развитии сети ПЦПИ в общедоступных библиотеках[EB/OL]. http://www. mcbs. ru/files/ documents/Documents/shvydkoj_pcpi_1. jpg

② А. С. Соколов. О развитии библиотечного дела: доклад на заседании Правительства РФ 1 ноября 2007 г. [J]. Библиотековедение. 2007(6):1, 8 – 13.

③ Межрегиональное объединение публичных центров правовой информации[EB/OL]. http://www. ifap. ru/pcpi/10let/cong02. pdf

优先工作和电子政府战略的组成部分，[①][②]明确 ПЦПИ 为公民和组织获取政府信息的渠道。《信息、信息技术与信息保护法》(2006 年)、《俄罗斯法院工作活动信息获取保障法》(2008 年)、《政府信息获取保障法》(2009 年)则从法律角度明确了图书馆提供政府信息的地位与任务。由此，ПЦПИ 迈进深入、全面、快速发展的新阶段。

(3) ПЦПИ 计划实施的保障措施

①国家图书馆成立联邦级的 ПЦПИ

在俄罗斯文化部、ФАПСИ、РФПР 的建议和支持下，1998 年 10 月和 1999 年 10 月，РГБ、РНБ 分别成立了 ПЦПИ，负责 ПЦПИ 建设的科学研究、业务方法指导及人员培训等。[③]

РГБ 的 ПЦПИ 成立初即承担起全俄 ПЦПИ 网建设领导者责任，建成的 4 个月内接待读者 4165 人、解答咨询 7170 个，每月借阅文献 2000 多册，与欧洲委员会人权信息文献中心、Кодекс 公司保持合作关系，成为1998 - 2000 年 РФПР 法律信息化计划的协办参与者，设立"法律信息公司(КонсультантПлюс、Гарант、Кодекс)日"，使馆员和居民充分了解和使用这些公司的法律信息系统，РГБ 研究的 ПЦПИ 模式成为 ПЦПИ 计划的雏形。2006 年俄罗斯总统令颁布"鼓励海外俄罗斯胞自愿移民回国定居的措施"国家计划，РГБ 认为该计划实施缓慢的最实质原因之一是信息的缺乏与不畅，在 2008 年提出"俄罗斯图书馆——为俄罗斯侨胞"计划，利用 ПЦПИ 的人力、资源和经验为国家计划提供信息支持，得到联邦移民局的支持。

2001 年 РНБ 开设 ПЦПИ 网站(http://www.nlr.ru/lawcenter/)，2007 年在新楼成立 ПЦПИ 分中心——经济 - 法律信息中心，2008 年起参与每年"最佳律师"评选活动，与圣彼得堡和列宁格勒州"国家法律信息系统"、Кодекс 、Техэксперт、圣彼得堡律师公会等三十多个国内外机构、网站建立伙伴关系，2011 年数据显示，中心接待读者 3138 人、远程用户 644259 人、法律咨询 129 人次、使用计算机查询 38179 次、数据库检索 1188 次、举办会议

① Концепции долгосрочного социально - экономического развития Российской Федерации на период до 2020 года[EB/OL]. http://www.ifap.ru/ofdocs/rus/rus006.pdf

② Основные направления деятельности Правительства Российской Федерации на период до 2012 года[EB/OL]. http://www.ifap.ru/pr/2008/n081126a.pdf

③ Э. А. Восканян, Т. П. Ярцанкина, Т. Ю. Верхоланцева. Центр правовой информациинововое подразделение РГБ[J]. Библиотековедение, 2000(2):38 - 40.

14 次，①为广泛的国内外用户提供法律信息服务（见图 5 – 8、图 5 – 9），体现出国家图书馆在 ПЦПИ 计划实施中的重要作用。

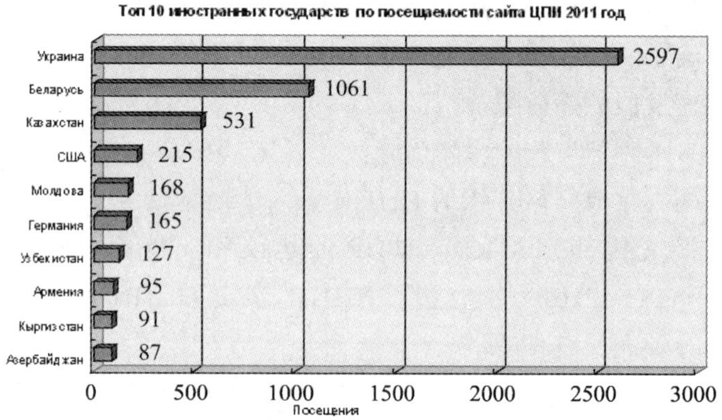

图 5 – 8　使用 РНБ 的 ПЦПИ 网站用户最多的十个国家②

注：按用户人次数自上而下依次为：乌克兰、白俄罗斯、哈萨克斯坦、美国、摩尔多瓦、德国、乌兹别克斯坦、亚美尼亚、吉尔吉斯斯坦、阿塞拜疆。

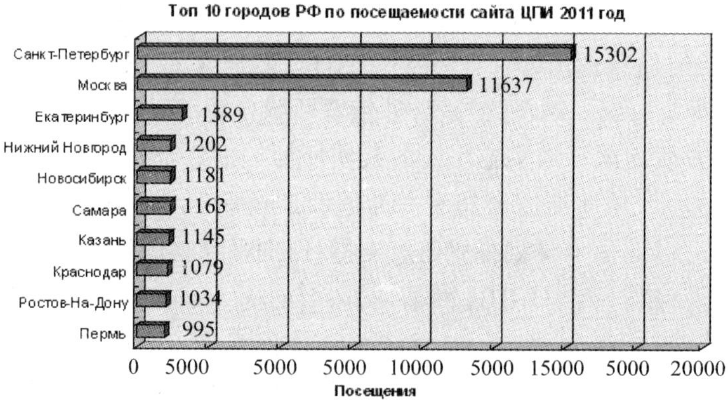

图 5 – 9　使用 РНБ 的 ПЦПИ 网站用户最多的俄罗斯十个城市③

注：按用户人次数自上而下依次为：圣彼得堡、莫斯科、叶卡捷琳堡、下诺沃哥罗德、新西伯利亚、萨马拉、喀山、克拉斯诺达尔、顿河畔罗斯托夫、彼尔姆。

---

① Статистика за 2011 год[EB/OL]. http://www.nlr.ru/lawcenter/prof/ftat.htm

② Статистика по данным Google Analytics[EB/OL]. http://www.nlr.ru/lawcenter/prof/stat_google2.htm

③ Статистика по данным Google Analytics[EB/OL]. http://www.nlr.ru/lawcenter/prof/stat_google.htm

②建立"跨地区公共法律信息中心联合会"(МОПЦПИ)

ПЦПИ 在国家法律信息系统中的作用,一是收集和保存各级地方各类形式和时代的官方文件和法律出版物,二是保证任何公民或组织对此的自由获取,靠图书馆一己之力显然无法实现,图书馆只有联合努力才能真正参与到全俄统一法律信息空间建设之中。2000 年 ПЦПИ 负责人第一次会议提出了建立 ПЦПИ 协会的想法,俄罗斯文化部部务会进行了专门研究。① 在俄罗斯文化部和 РФПР 的支持下,2002 年 РГБ、РНБ 与俄罗斯科学院国家和法律研究所联合发起成立了 МОПЦПИ,目的是构建统一的俄罗斯法律信息空间,提高全社会法律素养,协助公民和法人获取法律信息,提供咨询帮助,保障公民法律信息获取权,主要工作是协调成员间活动,保护和发展 ПЦПИ 和法律图书馆,促进其工作人员的社会保障与法律保护,研究实施旨在推进社会法制信息化进程的计划,为成员交流经验及法律信息资源保存和系统化建设创造条件,举办会议、展览会、竞赛等活动,培训和提高工作人员技能,开展法律信息领域科研活动,促进国内外法学成果的宣传与应用。МОПЦПИ 得到了 ФАПСИ、法律信息产品商、全俄消费者权益保护联盟、残疾人权利保护联盟、法律和比较法学科学研究所、联合国驻莫斯科信息中心图书馆、国际劳工组织莫斯科分部等的支持,是目前唯一的联邦级 ПЦПИ 实践工作组织,每年举行全俄性科学实践大会,研制 ПЦПИ 工作建议。

③成立全俄 ПЦПИ 网站(http://www.pcpi.ru)

2004 年 1 月,Кодекс 公司与俄罗斯文化部签订协议,成立了内容丰富、功能多样的综合性法律信息网站,提供全俄各地 ПЦПИ 的信息、活动动态,为 ПЦПИ 提供交流平台,为用户提供法律法规、ПЦПИ 资源、法律咨询服务。网站有法律数据库 2000 多个、图书近 60 万种、期刊 7000 多种、报纸 2000 多种,成为居民进入法制信息世界的门户,为居民平等获取法律信息和享受法律信息服务提供保障。网站的成立是 ПЦПИ 网从量到质的发展新阶段,至少从技术层面解决了通过一个网站获取所有图书馆居民法律信息服务活动情况、一体化整合 ПЦПИ 网资源、提高 ПЦПИ 之间及其与公民之间联系的有效性、不间断培训教育并提高 ПЦПИ 工作人员技能、统一获取联合

① Э. А. Восканян. Ассоциация центров правовой информации, о необходимости которой так долго говорили, — создана! [EB/OL].

http://www.gpntb.ru/win/inter-events/crimea2003/trud/tom2/222/Doc35.HTML

的信息资源等众多问题。[①] 网站主页显示,有 1424 个 ПЦПИ 在网站登记。[②]

④吸引联邦和地方政府机构、社会组织、个人的参与支持

ПЦПИ 建设的最重要问题之一是稳定性。这很大程度上是由国家机关、自治地方机构、图书馆、大众传媒等在商业机构和社会组织支持下能否有效合作及其相互关系决定的,ПЦПИ 作为国家机关(如 ФСО России)、非国家机关(如图书馆、学校、科研机构等)及商业机构(如 КонсультантПлюс、Кодекс、Гарант 等)合作的成果与典范,[③]实践证明,广泛动员和吸引各方参与是 ПЦПИ 计划成功的关键。

俄罗斯文化部的呼吁和 ПЦПИ 现实作用的显现,使联邦主体政府逐渐意识到 ПЦПИ 的社会意义,纷纷出台政策将 ПЦПИ 作为地方法律改革和信息化的重要内容予以支持,如萨哈(雅库特)共和国的"国立图书馆网建立 ПЦПИ"政府令(1999 年)、圣彼得堡州的"法律信息中心"州长令(2000 年)、印古什共和国的"实施 ПЦПИ 计划的措施"总统令(2002 年)、彼尔姆边疆区的"2007 – 2011 年居民政治文化和公民教育发展专项计划"(2006 年)、布良斯克州的"州科学图书馆开设 ПЦПИ"政府令(1999 年)、沃罗涅日州的"州自治地方图书馆建立 ПЦПИ 的财政补贴分配"政府决议(2009 年)、卡卢加州的"保障和尊重人和公民权利与自由的措施"政府令(2007 年)、奥廖尔州的"建立州公务接待处"州长令(2007 年)等,为 ПЦПИ 划拨专项资金,补贴工作人员和购买设备等。地方的文化政策法、图书馆法、文献呈缴法、政府信息获取法等以及地方信息政策、社会经济发展政策、公民社会建设政策、法制信息化及法律素养政策、文化事业保护和发展政策等为 ПЦПИ 的建设与发展提供坚实的政策法律基础。如今,所有联邦主体和自治地方的主要图书馆都建立了各种形式的 ПЦПИ。

俄罗斯文化部与 КонсультантПлюс、Гарант、Кодекс 等公司签订免费和优惠使用法律产品协议,后者的法律数据库成为 ПЦПИ 最基本和重要的信息源。2001 – 2003 年,分别有 81%、25%、14% 的 ПЦПИ 使用上述公司的法

---

① И. И. Миронова. Связанные одной сетью (открылся портал общероссийской сети публичных центров правовой информации)

[EB/OL]. http://www.gpntb.ru/win/inter – events/crimea2004/264.pdf

② На сайте зарегистрировано 1424 ПЦПИ[EB/OL]. http://www.pcpi.ru/manage/page/

③ О развитии сети ПЦПИ в общедоступных библиотеках[EB/OL]. http://www.mcbs.ru/files/documents/Documents/shvydkoj_pcpi_1.jpg

律数据库,2002－2011 年 РНБ 的 ПЦПИ 使用法律数据库情况,具有一定代表性(见图 5－10)。1998 年 10 月,Кодекс 公司提出“图书馆和公民法律素质计划”“从 ПЦПИ 到法律电子图书馆”计划,向图书馆提供“专家:图书馆”法律咨询系统、“法律中心:文献资料”“法律通报”等产品,2000 年 9 月,在 Кодекс 公司支持下,圣彼得堡城市儿童图书馆成立了 ПЦПИ,成为全俄青少年法律道德教育研究中心。1999 年 КонсультантПлюс 公司实施“俄罗斯图书馆信息支持计划”,2001 年与俄罗斯文化部签订计划实施协议,到 2003 年,1150 个图书馆参与计划并受益。① 按照 РФПР 的“学校法制教育计划”,克拉斯诺达尔等地的儿童青少年图书馆建立了 ПЦПИ,РФПР 提供法律读物。商业技术研究通讯社、法律文献出版社、律师出版社等向 ПЦПИ 免费或优惠提供法律书籍、光盘等出版物。

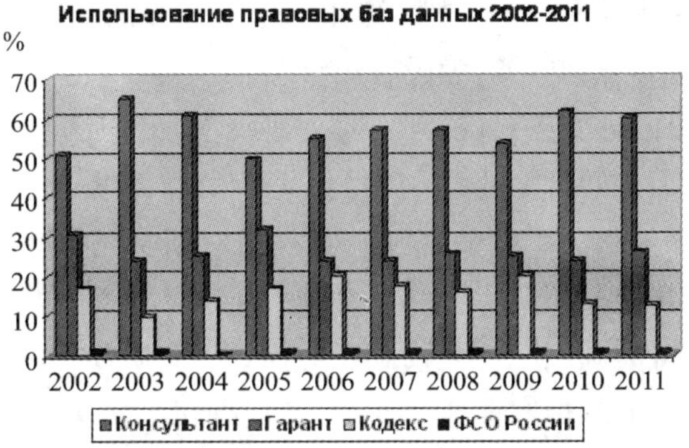

图 5－10　2002－2011 年 РНБ 的 ПЦПИ 使用各类法律数据库的情况②

2000 年初,索罗斯基金俄罗斯“开放社会研究所”开始参与 ПЦПИ 建设,支持 ВГБИЛ 成立了比较法学科学研究中心,两年多时间遴选资助建立了 40 多个 ПЦПИ。鉴于 ПЦПИ 计划与 UNESCO 的建设信息社会保障公民普遍获取社会信息计划的高度一致性,2002 年 UNESCO IFAP 俄罗斯委员会开始参与 ПЦПИ 计划,担负 ПЦПИ 计划在独联体国家实施的组织者,将

---

① В. И. Кучеров. Программа информационной поддержки российских библиотек компании “Консультант Плюс”: итоги, проблемы, факты[EB/OL]. http://www. gpntb. ru/win/inter－events/crimea2003/trud/tom2/222/Doc44. HTML

② Статистика использования СПС[EB/OL]. http://www. nlr. ru/lawcenter/prof/stat. htm

ПЦПИ 计划作为俄罗斯实施全民信息计划(IFAP)的最好实例给予支持并在国际上宣传,扩大了 ПЦПИ 计划的国际影响。2002 年"支持 UNESCO IFAP 跨地区社会组织"加入到 ПЦПИ 计划的实施中,并将 ПЦПИ 计划扩展为"建立提供有社会意义信息中心计划",如今成为 ПЦПИ 计划主要的协调组织者,①组织各类会议活动,出版《俄罗斯法律、商业和自治地方信息公共中心》(2004 年)、《ПЦПИ 计划十周年:成绩与前景》论文集(2009 年)等研究型和实践性资料。

法律学者、律师、法律专业大学生被邀请参与 ПЦПИ 工作,自愿为居民提供免费咨询服务。比如,РГБ 的 ПЦПИ 邀请俄罗斯青年律师联盟、地方法律保护研究所的专家,协助图书馆解答居民咨询的较复杂法律问题,提供更专业服务。斯摩棱斯克州科学图书馆 ПЦПИ 三年时间里解答法律咨询从 3500 个增至 1.4 万个,其中一半由法律工作者解答的。ПЦПИ 从只提供法律信息扩展到法律咨询服务,为民答疑解惑。

⑤组织法律信息服务会议

1998 年 10 月,РФПР、国立圣彼得堡大学法律系联合举办"图书馆参与居民法律素质培养和法律教育"国际会议,俄罗斯文化部、ФАПСИ、РНБ、议会图书馆、法律高校跨地区协会、美国律师协会、不列颠委员会、德国国际法律合作基金会、意大利国际个人权利研究所、英国 HOW - HOW 基金会等的代表及芬兰、美国的驻俄罗斯使节参会,首次探讨了图书馆参与保障居民获取法律信息问题。1999 年 3 月,俄罗斯文化部、ФАПСИ、РФПР、斯摩棱斯克州政府、斯摩棱斯克州科学图书馆联合举办了"ПЦПИ 的现状、问题、前景及与地方大众媒体关系"全俄大会。1999 年 4 月,РФПР、РГБ、РНБ 联合举行"建立全俄 ПЦПИ 网"圆桌会。2000 年 2 月和 2002 年 4 月,俄罗斯文化部举行"ПЦПИ 计划实施成果与前景"部务会总结、部署 ПЦПИ 建设工作。按俄罗斯文化部要求,ПЦПИ 负责人会议每年都举行,详细通告各地 ПЦПИ 工作情况。ПЦПИ 建设问题经常是每年国际图联克里木国际会议和俄罗斯图书馆协会年会等大型综合性会议的议题。2011 年 4 月,叶利钦总统图书馆和 ФСО России 联合举办了"电子法律:电子空间法律信息的获取"第一

---

① А. А. Демидов. Российской системе доступа к социально - значимой информации 12 лет: история и перспективы[EB/OL]. http://www.ifap.ru/library/book148.pdf

届科学实践会议，来自俄罗斯各地及白俄罗斯、德国的300多人参会，联邦委员会主席 С. М. Миронов 和俄罗斯总统助理、俄罗斯总统国家法律管理局局长 Л. И. Брычева 向会议发贺电。大会分两个分会：电子空间法律信息获取的组织管理与法律问题、电子法律信息获取的技术方法完善。此次会议进一步巩固了图书馆在 ПЦПИ 计划施行中的重要地位与作用。各类会议为交流研究成果和实践经验提供了广阔舞台，使 ПЦПИ 的建设和研究持续不断。

⑥研究、编制有关规范及指导性出版物

2004 年俄罗斯文化部、ФАПСИ、UNESCO IFAP 俄罗斯委员会联合出版了《全俄 ПЦПИ 网：研究成果》一书，展示 ПЦПИ 的建设研究成果，传播先进经验和做法。俄罗斯文化部编制了《ПЦПИ 藏书示范条例》，[①]指导和规范 ПЦПИ 入藏如下纸质和电子型法律文献：国内外法律法规、法学著作、法律教科书、法律案例、法律知识普及读物、官方法律文件、司法解释、法律参考工具书、法律文献书目等。2006 年 РГБ 与 МОПЦПИ 出版了《ПЦПИ：示范性、方法性和指导性文件汇编》，在总结 ПЦПИ 工作经验基础上，汇集了对建设 ПЦПИ 具有实用性的条例章程、方法性文件、操作规程等，包括资源建设（ПЦПИ 藏书示范条例、ПЦПИ 藏书建设、ПЦПИ 收藏书刊类型示范）、用户服务（ПЦПИ 咨询服务方法、检索系统使用、优先服务等）、ПЦПИ 工作统计及报告撰写方法等。2011 年俄罗斯文化部支持 МЦБС 出版了《在俄罗斯图书馆获取法律和社会信息：公民法律素质的培养》，全面展现了全俄 ПЦПИ 发展状况，分析和谋划 ПЦПИ 的未来发展。

（4）ПЦПИ 计划的影响

2003 年 11 月和 2004 年 6 月，俄罗斯总统普京先后参观了 РГБ 和楚瓦什共和国谢穆尔申斯克农村示范图书馆的 ПЦПИ，对其工作和社会意义给予褒奖。2005 年 12 月，俄罗斯总理 М. Фрадков 颁布政府令，授予 ПЦПИ 计划政府文化奖，Е. И. Кузьмин、Г. И. Артамоновая、А. А. Демидов 、М. Н. Усачев 获个人贡献奖。

在 ПЦПИ 计划的带动下，俄罗斯教育部、俄罗斯国防部、俄罗斯外交部、

---

① Типовое положение о фонде Центра правовой информации на базе общедоступной библиотеки[J]. Библиотековедение，2004(4)：56－64.

俄罗斯司法部、俄罗斯邮政部等纷纷建立 ПЦПИ。2007 年 ФСО России 与俄罗斯外交部国际科学与文化合作俄罗斯中心(现独联体国家和海外俄罗斯胞事务、国际人文合作联邦署,简称俄罗斯合作署)签订在海外建立俄罗斯 ПЦПИ 的协议,旨在维护和保障海外俄罗斯胞及外国公民获取俄罗斯法律信息的权益。截至 2010 年,在德国、意大利、法国等 20 多个国家的俄罗斯文化中心建立了 120 多个 ПЦПИ。[①] 国家法律信息系统“法律信息官网”显示,目前在欧洲、非洲、亚洲、北美洲的 33 个国家的俄罗斯驻外机构及独联体国家图书馆建立了 ПЦПИ。[②] 海外的 ПЦПИ 为所在国居民及生活在当地的俄罗斯侨民提供俄罗斯法律信息等,让海外俄罗斯同胞“不忘自己的根”。ПЦПИ 计划为独联体国家所效仿和采用,1998 年 10 月,在斯摩棱斯克举行的“ПЦПИ:俄罗斯与外国政府和非政府组织合作的可能性”国际研讨会上,РФПР、ФАПСИ、斯摩棱斯克州政府与白俄罗斯国家法律信息中心签订了 ПЦПИ 计划框架内伙伴关系协议。2000 年白俄罗斯文化部公共图书馆开始建立 ПЦПИ,已建成 500 多个,[③④]乌兹别克斯坦建立了 16 个 ПЦПИ。

2002 年夏,UNESCO IFAP 俄罗斯委员会与俄罗斯文化部、РФПР、РГБ 共同举行“政府与社会:官方信息公共获取问题”全俄大会,指出 ПЦПИ 为法治国家和公民社会建设提供信息保障,是实现国家保障全俄居民获取官方信息政策的有效机制,应将其作为俄罗斯建设法治社会和信息自由社会的先进事例在 UNESCO 宣传。2003 年和 2004 年,ПЦПИ 计划在 IFAP 国际会议上展示,赢得 UNESCO 的高度好评,IFAP 秘书处负责人 Филипп. Кео 指出,ПЦПИ 计划可打满分,应加强宣传和推广其取得的成果,[⑤]与会者的德国、丹麦、芬兰、新西兰等国代表认为,俄罗斯找到了利用现代信息技术和信息基础设施保障居民获取法律信息的途径,其他国家包括发达国家可借鉴。

---

① Научно – практический семинар «Государственность и закон: от Руси до Российской Федерации. Актуальные проекты правового просвещения на площадках библиотек». Анонс[EB/OL]. http://www. rsl. ru/ru/s7/s409/2012/20127299

② За рубежом публичные центры правовой информации[EB/OL]. http://pravo. msk. rsnet. ru/pcpi/g1001/

③ В. Н. Шевелев. Создание и развитие системы центров доступа к правовой информации в РеспубликеБеларусь[EB/OL]. http://www. pravo. by/conf2010/reports/Sheveliov. doc

④ Публичные центры правовой информации. Общие сведения[EB/OL]. http://ncpi. gov. by/ncpi. asp? idf = 12

⑤ Центры правовой информации[EB/OL]. http://pravo. fso. gov. ru/pcpi/

2006 年 EuroNews 电视频道拍摄了 ПЦПИ 计划专题片,在欧洲及 UNESCO 网站上用七种语言播放了一周时间。[①] 2006 年在韩国汉城举行的 IFLA 大会上,《政府信息和俄罗斯商业、法律信息中心》报告入选 IFLA Journal 和 IFLA 政府信息分会编制的"最佳实践"(Best Practices)文集,引起图书馆界的兴趣和关注,并跻身最多下载次数前十名,[②]IFLA 盛赞 ПЦПИ 计划是实现信息社会世界峰会(WSIS)提出的保障社会信息获取计划的成功之举。[③]

(5)ПЦПИ 计划存在的问题及未来发展

ПЦПИ 计划是俄罗斯最为成功的法律改革成果之一,[④]经过十几年的发展,覆盖全俄的 ПЦПИ 网基本建成,正如 ФСО России 法律信息化管理局副局长 В. Г. Юдин 所言:"成功运行、稳定发展",ПЦПИ 的数量。俄罗斯文化部 2009 年调查数据为 5326 个,[⑤]2012 年 РГБ 网站的数据为 2.85 万个,4000 多个建在图书馆,[⑥]ФСО России 的统计数据为 1.5 万个,7000 多个建在图书馆。统计数量的差异不影响对 ПЦПИ 给出发展快、数量多的定性结论。每年 100 多万公民来 ПЦПИ 查阅资料和咨询问题,充分反映出图书馆开展法律信息服务的积极性和公民法律信息的需求性及社会各界对 ПЦПИ 工作和作用的认可。2010 - 2012 年,俄罗斯文化部组织的调研活动及两次会议,在总结 ПЦПИ 计划成果和存在问题的基础,全面展望了 ПЦПИ 计划发展前途。

2010 年 5 - 12 月,俄罗斯文化部委托 МЦБС、UNESCO IFAP 俄罗斯委员会进行了"图书馆法律及其他社会信息获取中心网建设与完善的整套措施"

---

① Программа ПЦПИ - создание общероссийской сети центров публичного доступа к социально значимой информации[EB/OL]. http://www.ifap.ru/pcpi/index.htm

② Э. А. Восканян. История библиотечных центров правовой информации в России[J]. Научные и технические библиотеки. 2010(9):23 - 33

③ Э. Восканян, Т. Верхоланцева, Т. Оноприенко. Первые" Десять лет" Программе ПЦПЦ [EB/OL]. http://www.gpntb.ru/win/ inter - events/crimea2008/disk/109.pdf

④ И. И. Миронова. Портал общероссийской сети публичных центров правовой информации (ПЦПИ) —технология корпоративной работы[EB/OL]. http://www.gpntb.ru/win/inter - events/crimea2003/trud/tom2/222/Doc34.HTML

⑤ В. Г. Юдин. Программа создания сети публичных центров правовой информации в России [EB/OL]. http://www.ifapcom.ru/files/News/Images/2009/a/yudin_2009.doc

⑥ Научно - практический семинар «Государственность и закон: от Руси до Российской Федерации. Актуальные проекты правового просвещения на площадках библиотек» [EB/OL]. Анонс http://www.rsl.ru/ru/s7/s409/2012/20127299

的调研。对象为所有 83 个联邦主体的综合科学图书馆及 3 个联邦主体(彼尔姆边疆区、图拉州、摩尔曼斯克州)的 4 个自治地方图书馆。[①] 调研内容包括 ПЦПИ 的数量和特点、资料来源与利用、技术装备、人员配置与水平、工作活动(形式、方法、规模)、在图书馆和地方社会中的作用与地位、财政经费状况(数量、来源、形式)、网络交往、社会伙伴与商业伙伴、存在的问题与困难、前景趋势等。调研得到 ФСО России 的支持及 РБА 公共图书馆分会的积极参与。2010 年 12 月,俄罗斯文化部支持 МЦБС、UNESCO IFAP 俄罗斯委员会在莫斯科的总统宾馆举行了“图书馆和俄罗斯的现代化:获取法律信息和其他社会信息”全俄会议,参会的有俄罗斯外交部、ФСО России、俄罗斯文化部、联邦档案署、联邦出版与大众传媒署、俄罗斯政府办公厅、俄罗斯总统办公厅及联邦主体政府的代表,国家图书馆、联邦图书馆和联邦主体图书馆的馆长,大学、科研机构、档案馆、法律数据库生产商、大众传媒、出版社、图书贸易机构等的百余名负责人,会上发布了此次调研报告。[②]

1)ПЦПИ 服务内容进一步充实,ПЦПИ 计划扩展为社会信息中心计划

在 ПЦПИ 计划框架内,图书馆建立了各类型 ПЦПИ,服务内容从提供法律信息扩展到有现实需求的各类社会信息。截至 2009 年 4 月,全俄建有 5176 个 ПЦПИ,包括 340 多个商业信息中心、78 个消费信息中心、380 多个生态信息中心、195 个家庭和青年人信息中心。[③] 调研显示,[④]83 个联邦主体图书馆的 ПЦПИ 都提供法律信息,但只有 8%(占被调查图书馆的比例,下同)仅提供法律信息,多数还提供生态环境信息(79.5%)、商业信息(76%)、教育信息(75%)、生活健康信息(69%)、消费信息(67.5%)、地方自治信息(66%)、旅游信息(64%)及专利技术和技术标准信息、地方志信息、经济信息、科技信息、文化信息等,22% 的图书馆提供上述各类社会信息。ПЦПИ

---

① 苏联解体后,俄罗斯成为主权国家,由 89 个联邦主体组成,之后经过多次改革,如今联邦主体为 83 个。

② Публичные центры правовой информации: вектор развития. Правовая тема Президентотеля[J]. Современная библиотека,2011(3):8 – 9

③ Т. Л. Манилова. Основные направления государственной политики в области библиотечного дела на современном этапе[EB/OL]. www. rba. ru/conference/vologda/prez/manilova. ppt

④ Е. И. Кузьмин Т. А. Мурована. Доступ к правовой и иной социально значимой информации в библиотеках России. Развитие правовой культуры граждан. Аналитический доклад[M]. М.:МЦБС. 2011:22 – 23.

工作人员最多的有 14 人,一般为 2 – 5 人。

目前,基于图书馆对 ПЦПИ 目标和任务的理解及现实需求的不同,ПЦПИ 分为三种类型:①只是社会信息获取点(约占被调查图书馆的 1/3,下同);②社会信息咨询中心(1/2);③政府、公民社会和居民在信息社会建设与信息使用方面关系的协调中心(1/6)。集咨询中心、协调中心、知识中心为一体的混合型 ПЦПИ 是图书馆最具需求潜力的。一些 ПЦПИ 成立社会接待处,成为居民参与联邦和地方法律法规创制和修补的场所,ПЦПИ 将居民对法律法规的意见建议集中整理后转交至地方政府,在居民与政府之间扮演着信息沟通与传递者的角色,实现了居民参政议政的愿望,①为自治地方机构工作活动提供信息支持。服务功能多样化是 ПЦПИ 的发展趋势,但仍沿用"ПЦПИ 计划"这个名称,强调了其"本质"和"本体论意义",也表明 ПЦПИ 已深入人心,成为有价值的服务品牌。

2)ПЦПИ 计划需要政府的重视和大力支持,相关部门通力协作

在俄罗斯图书馆界看来,政府部门对 ПЦПИ 计划取得的成绩及其在法制国家和公民社会中的作用和巨大潜力的明显低估,导致了 ПЦПИ 发展面临一系列问题:①联邦主体 ПЦПИ 的发展彼此间缺乏联系;②ПЦПИ 之间的职业联系制度未建立,先进经验不能被及时挖掘与交流推广;③政府部门尚未建立起对 ПЦПИ 的管理和支持机制;④缺少对 ПЦПИ 网的统一管理,各地 ПЦПИ 活动遵循各自标准、规章和方法,缺乏协同性;⑤未建立 ПЦПИ 工作分析与评估方法、模型;未建立 ПЦПИ 中心负责人技能培训制度,没有研制相应的教学计划;⑥只确定了图书馆法律信息的来源和获取机制,研制了必要的规章,而其他社会信息的来源、获取机制及规范规章尚属空白;⑦ ПЦПИ 缺少最低标准的财政支持。这些关乎 ПЦПИ 未来发展问题的解决,需政府部门增大对 ПЦПИ 的关注与支持力度,在联邦层面研究制定短期(1 – 2 年)和中期(3 – 5 年)的 ПЦПИ 发展计划,联合俄罗斯文化部、俄罗斯大众通信部、俄罗斯经济发展部、俄罗斯地方发展部、俄罗斯司法部、俄罗斯健康保护和社会发展部、俄罗斯自然资源和生态部、俄罗斯财政部、ФСО России 等部门的力量,实现系统性规划和实施。

---

① В. Г. Юдин. Состояние и проблемы развития сети публичного доступа к правовой информации[EB/OL]. http://www.ifapcom.ru/files/News/Yudin_PCPI.doc

3)在俄罗斯国内外继续发展、宣传和实施 ПЦПИ 计划

调研表明:大多数联邦主体综合科学图书馆 ПЦПИ 能开展丰富多样的活动——会议、讨论、迷你公投、展览、讲座等,充分认识自身工作的现实意义,并力争提高工作质量,ПЦПИ 资源基本能满足需求,但各地 ПЦПИ 在人力资源、技术设备、工作活动规模与形式、特点以及在图书馆和地方的作用与地位等方面的差异巨大,经费相差百倍,技术装备总体水平不高,多数 ПЦПИ 的面积不足,缺少独立房间,培训制度不健全,工作人员技能有待提高。缺乏稳定性、社会需求与 ПЦПИ 能力间的稳固关联性、社会效果评价制度、方法支持、整体协调性、各层级 ПЦПИ 之间的网络联系、职业联系等问题的存在,阻碍了 ПЦПИ 有效和充分地发展。正如 Е. И. Кузьмин 等所言,尽管 ПЦПИ 未来发展存在着严重的需要解决的问题,但 ПЦПИ 在全俄建立并运行的事实本身就是俄罗斯保障居民获取社会信息取得的重大成就,应在国内外包括国际组织(UNESCO、欧盟、IFLA)宣传和普及。调查显示,大学生是最大的用户群(约占 30% -50%),其次是各领域的专家学者、企业家、国家机关和地方自治机构工作人员(约占 20% -50%),退休者、残疾人、移民、失业者则是传统用户(约占 10% -30%),[①]可以说,社会各阶层群体对 ПЦПИ 的广泛需求,成为 ПЦПИ 未来必须继续发展的需求牵引力,ПЦПИ 计划将在克服和解决困难的过程中继续前行。

4)提高 ПЦПИ 负责人和工作人员的技能水平,提高服务质量

完善健全各方面培训制度,研究各类型 ПЦПИ 统一认证制度,按照信息的类型,针对不同类型图书馆,建立不同类型的 ПЦПИ 发展模式,培育和树立 ПЦПИ 典范,不断地全面提高 ПЦПИ 的服务质量。

2012 年 10 月 26 日是俄罗斯国家建立 1150 周年纪念日,俄罗斯文化部、РГБ、МОПЦПИ 选择这一天,在 РГБ 联合举办了“国家与法律:从罗斯到俄罗斯——图书馆领域现实的法律教育项目”全俄会议,寻求国家机关、非国家机关和图书馆界在法律信息传播和法律素养教育方面建立新型关系,确定图书馆在法律素养教育中的未来发展。联邦委员会、俄罗斯文化部、ФСО России、科研学术机构等的代表及 ПЦПИ 负责人参会。会议议题:①

---

① В. Г. Юдин. Программа создания сети публичных центров правовой информации в России [EB/OL]. http://www. ifapcom. ru/files/News/Images/2009/a/yudin_2009. doc

国家的法律性质、俄罗斯国家的起源、图书馆在宣传和保障公民获取俄罗斯法律古籍中的作用;②法律制度——现代国家的重要组成部分、图书馆在俄罗斯统一法律信息空间中的作用、国家改革的法律信息保障、图书馆保障公民获取官方信息工作经验;③地方自治在国家发展中的作用、图书馆对地方自治管理法律信息化进程的贡献、图书馆保障公民和法人获取自治地方机构规章文件;④公民法律素养与国家理念、图书馆对实现公民法律素养和法律教育领域国家政策的作用、ПЦПИ 信息教育活动的社会意义、ПЦПИ 改组为公民法律活动和民事活动中心研究;⑤图书馆与为公民社会建设提供信息保障过程中的社会伙伴、图书馆与国家机关和公民组织之间的关系、图书馆与法律信息数据库商之间新型关系、俄罗斯互联网法律信息系统、互联网上的政府信息、ПЦПИ 志愿服务工作经验、法律信息国际交流问题与前景。此次会议意在将图书馆与法律信息传播和法律素养教育融为一体,使图书馆深深融入到国家法制建设之中。

《俄罗斯宪法》第 48 条第 1 款规定:“保障每个人获得专业的法律援助权利,在法律规定的情况下,法律援助是免费的”,实现这个规定的机制之一就是建立公共法律信息咨询点,建立 ПЦПИ 网是实现公民获取信息的有效机制,同时也是图书馆积极参与国家重要政治和社会任务的体现,[①]不仅改变了图书馆的居民法律信息服务,而且促进图书馆重新设置机构和整合各类资源,推进图书馆科研和实践探索。[②] ПЦПИ 工作活动促进了各级各类权力机关、图书馆、教育机构、科研机构、私营组织、公民社会机构之间形成全新的社会关系形式,使图书馆拥有了与各类组织机构建立伙伴关系的更多机会与可能,为图书馆发展营造良好的社会环境。ПЦПИ 的建设工作是国家法律信息化的重要组成部分,利用信息技术和网络平台,建立全面而有效的俄罗斯居民自由获取官方信息、社会信息的保障系统是近些年乃至未来若干年俄罗斯最重要的国家任务之一,俄罗斯政府为此做出了极大努力。ПЦПИ 计划作为国家力量和包括图书馆在内的社会力量联合的最大成就,对建立法律信息保障系统、统一法律空间、提高公民法律素养做出的贡献有

---

① Э. А. Восканян. История библиотечных центров правовой информации в России[J]. Научные и технические библиотеки,2010,(9):23 – 33

② Тихонова Е. В. Центр правовой информации РНБ в обеспечении правовых запросов библиотеки[EB/OL]. http://www. gpntb. ru/win/inter – events/crimea2001/tom/sem2/Doc47. HTML

目共睹。俄罗斯政府2010年10月批准的《俄罗斯信息社会国家纲要》(2011－2020年)的活动措施之一是发展国家法律信息系统,使图书馆界看到未来十年ПЦПИ施行的前景空间和现实需求,,ПЦПИ大有可为。

5.3.2 俄罗斯图书馆生态教育政策

俄罗斯地域辽阔、自然资源丰富,但与世界其他国家一样,也面临着环境问题。据俄罗斯国家生态委员会统计,全俄10%以上城市的土壤、空气、水等受到污染,莫斯科、圣彼得堡等大城市的生态不舒适度为"最高"和"很高",60%居民生活的城市的环境状况严峻[①],16%的居住区不符合环境要求[②]。人类活动是环境问题产生的根源,提高公众生态意识、加强生态文明建设是解决环境问题的根本,而这离不开对公众的生态教育。1991年制定的《俄罗斯自然环境保护法》确定了大众媒体、社会机构、文化部门参与的普遍不间断的生态教育制度。[③] 俄罗斯政府通过的"改善居民生态教育的措施"决议(1994年)和《俄罗斯生态学说》(2002年)及俄罗斯总统令颁布的《俄罗斯可持续发展构想》(1996年)都肯定了生态教育对解决环境问题的作用,宏观上规划部署了居民的生态教育活动。

居民生态教育属于社会性教育活动,具有多样性、长期性、普遍性等特点,需全社会共同参与。图书馆作为社会公益机构,有责任和能力参与生态教育:①按《俄罗斯图书馆事业法》规定,图书馆属于信息、文化、教育机构,应成为提供生态信息、开展生态教育、建设生态文化的基地之一;②俄罗斯图书馆数量众多、遍布各地,形成的庞大稳定而分布广泛的图书馆网络,是生态信息传播和生态教育的最佳场所;③图书馆是开放的民主机构,向所有阶层居民平等免费提供生态信息服务,馆藏文献内容具有民主性,客观展现

---

① А. Ф. Порядин. Экологическая безопасность—неотъемлемое условие устойчивого развития в XXIвеке[EB/ OL]. http://www. gpntb. ru/win/ntb/ntb2001/ntb1_2001/f01_03. htm

② А. А. Крушанов. Устойчивое развитие: что это такое и почему это важно? [EB/OL]. http://www. ecoculture. ru/ ecoeducation/develop - ment/material_03. php

③ Н. Ф. Церцек. Библиотеки России в системе непрерывного всеобщего экологического образования. Новые формы взаимодействия [J]. Научные и технические библиотеки, 2001(3): 78 - 83.

生态问题的所有观点;[1]④图书馆有其他机构难以比拟的生态信息,得天独厚的资源优势无可替代,即使是只有几百册图书的最小的农村图书馆、学校图书馆,也藏有人与自然关系方面的读物,在 Н. Ф. Церцек 看来,俄罗斯生态教育虽积累有丰富经验,但仍存在很大问题的原因是作为生态教育重要环节的生态知识传播的欠缺,图书馆独具居民所需的生态信息,应在生态教育中占有首要地位;[2]⑤馆员有从事信息服务和居民教育工作的传统和经验,有能力吸引居民关注生态问题;⑥参与国家任务、社会活动是俄罗斯图书馆树立的新社会责任观,面对社会对生态问题关注度的增强及对生态信息需求的增大,图书馆不能袖手旁观。

实践证明,俄罗斯图书馆不仅是生态教育的有力助手,更能成为独立的生态教育机构,生态教育在图书馆工作中占据重要位置,图书馆开展生态教育成为建设生态文明的手段之一,是普遍不间断居民生态教育系统的重要环节。

(1)制定联邦图书馆居民生态教育系统建设计划

俄罗斯图书馆关注生态问题的历史可追溯至苏联时期。图书馆员是最早意识到生态问题的迫切性并参与环保活动的群体,从二十世纪七八十年代开始,生态主题文献的建设与服务工作就已经开始了。[3] 面对国内生态问题,为提高居民尤其是青年人的生态意识,在俄罗斯文化部支持下,1981 年俄罗斯国立青少年图书馆(РГЮБ)[4] 成立了生态文化部,这是俄罗斯图书馆创立的第一个专门的生态信息机构。1984 年 9 月,在伊万诺沃举行的第二届全苏生态教育会议上,图书馆员发出了图书馆在生态教育中应有作为的呼声。受 РГЮБ 的启发与带动,俄罗斯许多图书馆开始参与生态教育活动,到 20 世纪 90 年代中期,生态话题成为图书馆工作中令人关注的焦点,这

① О. В. Покровская. Библиотечный мониторинг экологической культуры: размышления по поводу…[J]. Библиотековедение,2002(3): 18 –21

② Н. Ф. Церцек. Библиотеки России в системе непрерывного всеобщего экологического образования. Новые формы взаимодействия [J]. Научные и технические библиотеки,2001(3): 78 –83.

③ Н. А. Егорова. Развитие эколого – просветительской деятельности библиотек: состояние и Перспективы[J]. Библиотековедение,2008, (4):37 –40.

④ 2009 年俄文化部颁令将 РГЮБ 改为俄国立青年图书馆(РГБМ – Российская государственная библиотека для молодёжи)。

引起了俄罗斯文化部的高度重视。为推进全俄图书馆生态教育活动，俄罗斯文化部从1995年开始组织全俄图书馆居民生态教育观摩竞赛，2002年通过了建立旨在培养居民生态素养、建设生态文化的联邦图书馆生态教育系统的决议，[①]采取综合措施推进图书馆生态教育活动：图书馆参与《俄罗斯自然环境保护法》的宣传与实施，从《俄罗斯文化纲要》预算中为艺术、文化、旅游工作者教育进修研究院（АПРИКТ）的馆员培训计划提供经费，与文化大学联合培训馆员，与РБА定期讨论生态教育工作，与俄罗斯出版、电视和大众传媒部联合出版面向图书馆的生态主题文献等等。[②] 建立完善的图书馆生态教育体系是建设生态文明、吸引居民关注生态的途径之一，为此，俄罗斯文化部将生态教育作为图书馆政策的优先内容，在联邦层面上研究规划。如今多数俄罗斯图书馆不论其部门属性如何，都有针对性地成功开展了居民生态教育活动。[③]

（2）成立全俄图书馆生态文化科学方法研究中心

鉴于РГЮБ有近二十年的生态教育经验，2002年2月，俄罗斯文化部部务会通过决议，在РГЮБ生态文化部基础上成立全俄图书馆生态文化科学方法研究中心（ВЦЭК），作为俄罗斯文化部图书馆生态教育政策的参研者和执行者。ВЦЭК将建立旨在培养居民生态素养的统一的联邦图书馆生态教育系统作为基本目标和重要任务，开展如下工作：①科学研究、指导、协调全俄图书馆生态教育工作；②参与制定联邦及联邦主体生态教育计划和文件，加强图书馆生态教育工作交流；③推进地方图书馆生态信息中心和实验基地建设；④分析研究居民生态信息需求，确定生态主题核心文献，制定采购建议，建立"生态与现代化"信息库；⑤收集、整理、分析全俄图书馆生态教育竞赛材料，研制发展规划，推广先进经验；⑥与АПРИКТ举办培训、研讨会，提高馆员业务水平；⑦与俄罗斯教育部联手支持学校生态教育活动；⑧对外发布生态信息，与出版社合作出版生态出版物；⑨与传媒保持联系，宣传图

---

① О. В. Покровская. Перспективные направления в развитии экологического просвещения в библиотеках России[EB/OL]. http://www. gpntb. ru/win/inter - events/crimea2003/trud/tom2/111/Doc43. HTML

② Л. П. Мельникова. Роль библиотек в экологическом просвещении населения Российской Федерации[EB/OL]. http://www. gpntb. ru/win/inter - events/crimea2002/trud/sec910/Doc2. HTML

③ Н. Ф. Церцек. Библиотеки - центры экологической информации и культуры в регионах России[EB/OL]. http://www. ecopolicy. ru/upload/File/bull_38ru. pdf

书馆生态教育；⑩开展环保领域国际合作，参与国际环保计划和会议。ВЦЭК 与联邦文化和电影署、国家杜马生态委员会、俄罗斯教育部、联合国环境规划署莫斯科代表处、联合国驻莫斯科信息中心、俄罗斯科学院、俄罗斯教育科学院、俄罗斯生态政策中心等建立广泛密切的合作关系，①为图书馆生态教育活动赢得社会各方认可与支持。

ВЦЭК 分析历届全俄图书馆生态教育竞赛参赛材料，编制了《图书馆生态教育工作基本内容》，为图书馆生态教育提供建议参考。2003 年 2 月，ВЦЭК 与 UNESCO IFAP 俄罗斯委员会签订协议，成立了“生态文化”网站。ВЦЭК 的建立与运行表明，俄罗斯文化部意在联邦层面上组织规划和协调推进图书馆的生态教育活动，建立统一的联邦图书馆生态教育系统，带动地方建立类似中心。ВЦЭК 作为图书馆生态教育的组织者和研究者，巩固了图书馆之间及与其他机构的联系，极大地促进了图书馆生态教育的开展。

（3）培训图书馆员的生态知识和生态教育能力

俄罗斯图书馆生态教育专家 О. В. Покровская 曾指出，作为生态知识载体的馆员，在关注人类自然环境的群体中占据重要地位。② 这表明，馆员生态知识水平和服务技能对生态教育质量的保障作用。为此，俄罗斯文化部确立了馆员培训制度，支持 ВЦЭК 与 АПРИКТ 从 1999 年开始联合实施“建立全俄‘图书馆——生态信息和文化中心’培训学校”计划，③举办为期两周 104 学时的培训班。ВЦЭК 编制了“图书馆——生态信息和文化中心”教学大纲，俄罗斯国家教育目录中“图书馆信息活动”专业增添图书馆 - 生态员知识与技能，国立莫斯科文化艺术大学将生态知识列入“图书馆服务”教学大纲，АПРИКТ 编制了“图书馆信息活动 · 生态信息和文化的管理”（第二学历）职业继续教育大纲，提出培养“图书馆员 - 生态专家”新职业的观点，编制专门的教学计划大纲，培养拥有生态教育领域理论方法、组织管理和技术知识及生态文献收集和信息搜索导航能力的高水平专业人员。培训内容包括生态政策法规、可持续发展理论、生态保护的经济视角、世界生态文化

① В. Р. Островская. Библиотеки России и формирование экологической культуры современного общества[EB/OL]. www. gpntb. ru/general/americadoc/2005/ostrovs. rtf

② О. В. Покровская. Экологические дыры в экологической информации[EB/OL]. http://www. ecoculture. ru/ecolibrary/art_2. php

③ О. В. Покровская. Библиотека. Экология. Актуальные проблемы [J]. Научные и технические библиотеки,2001(3):74 - 78.

和教育、社会生态学、环保运动、国际环保合作计划等，使馆员系统掌握生态知识和教育方法。培训期间举行业务竞赛、模拟游戏、专题辩论、经验交流会、项目展示会、圆桌研讨会等活动，使馆员了解生态信息产品、生态计划项目、探讨生态教育方法、实践动手制作环保宣传品，参观国际独立生态政策大学生态中心、莫斯科农业科学院图书馆等生态教育权威部门和先进单位，了解联合国驻莫斯科信息中心工作及国际环保计划。培训活动得到俄罗斯自然环境保护委员会、国家杜马生态委员会等的支持，环保专家、社会学家、哲学家、地理学家、图书馆学家及俄罗斯自然资源部和俄罗斯文化部负责人参与培训讲授。培训班首期有 14 个联邦主体的馆员参加，①14 期的培训班培训了 52 多个联邦主体的 120 多名馆员，②及乌克兰、白俄罗斯、阿塞拜疆等独联体国家的馆员。2002 年 ВЦЭК、АПРИКТ 在沃洛格达州图书馆和布里亚特共和国儿童图书馆联合建立了学习咨询中心，使更多馆员得到培训。布良斯克、沃洛格达、奥廖尔等城市的图书馆开设互联网学校，成为馆员培训的领先地区。2005 年 9 月，俄罗斯 30 个联邦主体及乌克兰的馆员参加了联邦文化和电影署、UNESCO IFAP 俄罗斯委员会、АПРИКТ、ВЦЭК 在布良斯克州图书馆联合举办的“为了可持续发展的生态信息与教育”国际研讨培训班，研讨学习内容包括图书馆电子信息和教育的新前景与问题、为了可持续发展的生态文化、UNESCO IFAP 与生态文化和信息建设、图书馆与“联合国可持续发展教育十年（2005 - 2014 年）国际实施计划”、全球生态环保行动、可持续发展背景下的图书馆社会文化现象、图书馆与现代社会生态文化建设等。培训使馆员掌握了胜任生态教育活动的知识与技能，密切了与国家机关、环保机构、社会组织的环保人士的联系，奠定了成为“图书馆员 - 生态专家”的基础。

（4）举办全俄性图书馆生态教育活动竞赛

1991 年俄罗斯文化部提出举行图书馆生态教育竞赛的意愿，以评定和提高图书馆生态教育水平，并推而广之。1995 - 2006 年，俄罗斯文化部（联

---

① Т. Я. Кузнецова. Библиотекарь – эколог как профессионал: новые подходы к экологическому образованию библиотечных кадров [EB/OL]. http://www.gpntb.ru/win/inter-events/crimea2000/doc/tom2/section2/Doc79.HTML

② О. В. Покровская. Библиотеки России в Десятилетии ООН по образованию для устойчивого развития[EB/OL]. www.ecoculture.ru/ecoeducation/development/material_01.php

邦文化和电影署)联合俄罗斯自然资源部、俄罗斯教育部、国家杜马生态委员会举办了四届"全俄图书馆居民生态教育观摩竞赛"。每届竞赛,上述部门都联合发布竞赛令、制定章程、成立评委会,由 ВЦЭК 负责组织工作。竞赛分两阶段:先是各联邦主体的选拔赛,优胜者参加全俄决赛,竞赛评委会通过评审参赛材料选出最终获胜者。参赛材料应反映如下内容(对图书馆的要求,即评判标准):①有系统性的生态教育计划和长远规划;②履行地方生态信息中心职能;③建立生态咨询服务系统和数据库;④馆藏生态主题文献结构合理;⑤馆藏文献从社会、法律、人文等多方面支持生态教育;⑥组织和参与生态活动,与地方生态部门保持联系,利用其资源开展生态教育;⑦有支持不间断生态教育的信息和方法,分析研究用户生态咨询;⑧有创新的生态教育方式,举行旨在提高馆员技能的研讨会、培训班等;⑨出版科学方法指导类和书目类的参考资料,介绍经验;⑩吸引专家、学者等参与生态教育活动。赛后,俄罗斯文化部发布命令,宣布获奖图书馆,总结并公布竞赛研究成果。

竞赛吸引了科学图书馆、城市图书馆、农村图书馆、大学图书馆、学校图书馆、青年图书馆、儿童图书馆等的踊跃参加。78 个联邦主体的 5 万多个图书馆参加了前三届竞赛,[①]583 个进入决赛,41 个成为最终胜者,64 个联邦主体的 223 个图书馆进入第四届竞赛决赛,所有联邦主体的图书馆都参加了前两届竞赛,[②③]一些地方(如马里埃尔共和国等)的所有图书馆都参与了首届竞赛,[④]40 个联邦主体的图书馆参加了全部四届竞赛,每届竞赛都有 8000 - 10000 多个图书馆参与,[⑤]也有数据表明参加第一、二届竞赛首轮的图书馆有

---

① М. В. Фокеева, А. И. Александров. Основные акции Всероссийского центра библиоэкологии[EB/OL]. http://libconfs. narod. ru/2004/s3/s3_p21. htm

② И. Б. Михнова, В. В. Лещинская. Итоги Общероссийского конкурса - фестиваля по экологической тематике среди публичных биб - лиотек:новые грани и критерии оценки состояния экологического просвещения в библиотеках России[J]. Научные и техничес - кие библиотеки,2011(2):41 - 49.

③ О. В. Покровская. К высокой гуманитарной культуре через экологическое сознание[J]. Научные и технические библиотеки,2000(1):90 - 94.

④ Т. А. Петрова. Экология и библиотека. Работа библиотек ссузов Республики Марий Эл по экологическому просвещению[J]. Науч - ные и технические библиотеки,2002(6): 73 - 78.

⑤ Н. Ф. Церцек. Библиотеки - центры экологической информации и культуры в регионах России. [EB/OL]. http://www. ecopolicy. ru/upload/File/bull_38ru. pdf

1.4 万个和 2 万个。[①] 竞赛的规模大、涉及面广、影响力强，得到俄罗斯生态新闻协会、俄罗斯生态环境基金会、生态教育协会、Спасение 全俄生态报、教育与生态中心、国际独立生态政治大学等的参与和支持。俄罗斯文化部、РГЮБ、俄罗斯生态信息通讯社、ВЦЭК 编辑出版了《图书馆作为生态文化建设中心—全俄图书馆生态教育竞赛总结》（1998 年）、《图书馆与生态教育：全俄图书馆生态教育竞赛总结》（2001 年）、《图书馆与生态——过去、现在与未来：第四届全俄图书馆生态教育竞赛总结》（2007 年），总结参赛馆生态教育方式、经验、研究成果，对外宣传图书馆生态教育活动，成为图书馆生态教育的参考指南。

其他全俄性竞赛还有：①2006 年 5 月，ГПНТБ России 与国家杜马生态委员会在克里木会议期间举行"图书馆生态信息资源竞赛"，以拓展图书馆和其他机构在生态信息提供方面的合作，支持生态信息提供领域的计划，研究生态信息交换与利用的方法，建立分布式生态信息数据库，竞赛设 16 个指标以评选优胜者，全俄 28 个图书馆和出版社参赛；②2009 年 4 月 – 12 月，俄罗斯文化部、РГБМ、РБА、信息创新研究所联办"公共图书馆生态主题文献、网站（页）设计和活动方案"全俄竞赛，作为全俄图书馆居民生态教育观摩竞赛的继续，38 个联邦主体的 159 篇作品参赛，评出最佳的"印刷物""电子出版物""网络计划项目""活动措施"；③2009 年 10 月 – 2010 年 3 月，РБА、联邦科学和创新署、俄罗斯社会院生态政策和生态保护委员会、ГПНТБ России、俄罗斯国立农业大学、莫斯科农业科学院联办"图书馆——面向生态科学与教育"全俄竞赛，评出最佳的电子资源、互联网计划、合作项目、生态主题出版物等，旨在构建基于图书馆的全俄统一生态信息空间。

举办竞赛的意义在于：①有利于俄罗斯文化部宏观掌控全俄图书馆生态教育基本情况（如开展生态教育的图书馆的大体数量，图书馆生态教育所用的文献信息、人员、技术设备等资源状况）和预测发展趋势，为决策和行动提供依据；②有利于发现图书馆生态教育活动中存在的问题，提出整改建议措施；③有助于交流宣传图书馆生态教育先进经验，推动研究，激发创新，加快生态教育活动在图书馆的普及；④有助于提高图书馆生态教育的积极性

① Н. Ф. Церцек. Библиотеки России в системе непрерывного всеобщего экологического образования. Новые формы взаимодействия [J]. Научные и технические библиотеки, 2001(3): 78–83.

和水平,竞赛使每个联邦主体都出现了“绿色”图书馆;[①]⑤有助于图书馆获得政府和社会的资金、设备、信息资源等方面的援助;⑥有利于密切图书馆与政府机关、社会组织等的关系,使图书馆生态教育得到政府和社会的认可,确立和巩固图书馆在生态教育体系中的地位。《俄罗斯自然环境保护法》肯定图书馆在生态教育体系中作用,与竞赛的举办关系很大。[②] 分析总结竞赛的过程和成果,反映出图书馆参与竞赛的热情持续不减,对生态问题关注度日益增强,参赛作品质量不断提高,生态教育活动愈加呈现出创新性、多样性、系统性、计划性和长期规划性,水平逐年提升的趋势。一句话,图书馆在居民生态教育方面具有远未耗尽的潜力,有进一步挖掘的必要与可能。

(5)制定实施《保障居民获取公共图书馆生态信息示范标准》(草案)

为规范和指导图书馆生态教育活动,2006 年联邦文化和电影署组织图书馆界、环保界专家制定了《保障居民获取公共图书馆生态信息示范标准》(草案),内容包括:①总则——图书馆生态教育活动的基本原则:尊重公民获知可靠准确的自然环境信息及参与环保活动的权利,协助政府机关、环保组织等开展环保活动,建立公民生态教育的联邦图书馆系统,与环保部门、科研教育机构、文化机构、大众传媒、环保组织保持联系;图书馆参与生态教育的法律保障;②生态主题文献建设:图书馆生态教育必备的印刷型和电子型资源的种类、使用方法、获取方式等;③图书馆书目咨询服务系统(略);④文献书目服务(略);⑤图书馆生态活动的营销宣传:与政府机关、环保部门、环保组织等建立联系,与媒体合作出版宣传产品,参与环保计划;⑥图书馆生态活动方法指导及馆员技能提高:АПРИКТ、ВЦЭК、联邦主体图书馆等指导和培训馆员。

(6)图书馆开设生态信息中心、建立生态网站(页)或生态电子图书馆

20 世纪 90 年代中期,俄罗斯图书馆纷纷设立生态信息中心,到 2006 年数量达 100 多个。[③] 生态信息中心开展生态文献资源建设、生态信息提供与

① О. В. Покровская. К высокой гуманитарной культуре через экологическое сознание[J]. Научные и технические библиотеки,2000(1):90 - 94.

② Н. Ф. Церцек, Библиотеки - центры экологической информации и культуры в регионах России[EB/OL]. http://www. ecopolicy. ru/upload/File/bull_38ru. pdf

③ Н. А. Егорова. Развитие эколого - просветительской деятельности библиотек: состояние и перспективы[J]. Библиотековедение, 2008(4):37 - 40.

传播、组织和参与生态竞赛和环保行动、制定实施生态计划等活动。联邦主体级的生态信息中心负责本地甚至跨主体的图书馆生态教育的研究、组织协调等工作,在更高水平上有针对性、系统性和综合性地开展生态教育,成为生态政策和行动的参与者甚至组织者,是俄罗斯文化部联邦图书馆生态教育系统的基础。政府机关、环保机构等的代表及环保人士参与中心活动。为提高图书馆生态主题文献利用率,更好满足居民需求,改善中心工作效果,2008 年 3 月,РГБ、ГПНТБ России、РГЮБ 联合主办了"建立生态和可持续发展主题信息资源跨部门联合的可能性"圆桌会。2008 年 11 月,"Либком"会议举行了"建立跨图书馆生态信息中心构想:现状分析与新观点"圆桌会,意在建立跨图书馆的生态信息中心联合,整体上增强图书馆生态信息资源的保障能力。

РГБМ、ГПНТБ России 分别成立了"生态文化"网站(http://www.ecoculture.ru/)和"生态主页"(http://ecology.gpntb.ru/)。这两个联邦级生态网站(页)的资源丰富,是图书馆利用网络信息技术开展生态教育创新的标杆,对宣传和推动图书馆生态教育活动以及生态文化建设发挥着重要的作用。РГБМ"生态文化"网站分生态教育、生态图书馆、生态电子资源三大栏目,及时报道全俄各地图书馆生态教育信息及俄罗斯国内外生态主题的会议、活动、决议、计划、法令规章等,宣传传播工作经验,展示图书馆制定和参与实施的生态计划、项目活动,提供生态主题文献、生态术语库。ГПНТБ России"生态主页"包括生态主题文献阅览室及资源、生态数据库、生态电子图书馆、馆外网络资源、会议报道、图书馆生态活动、生态教育、资源链接、图书馆消息、生态消息等栏目板块,该馆制定实施的生态教育计划和编制的生态资源数据库更具特色。沃罗涅日州、库尔干州等联邦主体的图书馆建立了各类"生态主页""生态网站""生态电子图书馆",通告全俄生态活动和生态教育信息、传播生态教育经验、提供环保法规、推荐生态文献、介绍生态计划等。囿于篇幅,不逐一赘述。

(7)图书馆生态教育活动的研究

1984 年 О. В. Покровская 编著的《图书馆和青少年生态教育:方法建议》一书和《所有人对未来的地球都有责任:居民的生态教育》(载于 1984 年第 11 期《图书馆员》)是俄罗斯图书馆界较早的生态教育研究论著之一。"生态文化"网站显示,1984 – 2007 年 О. В. Покровская 撰写图书馆生态教育主题论文等出版物百余篇（册）。[①] 2009 年科米共和国国家图书馆生态教育信息资源中心编制的馆藏目录显示，2004 - 2009 年图书馆生态教育论文有 164 篇。[②] 如今已有至少三篇相关的副博士论文：莫斯科国立文化和艺术大学 Е. Ф. Бычкова 的《图书馆与公民生态信息保障：问题及解决途径》（2008 年）、莫斯科国立文化和艺术大学 А. Надежда 的《图书馆在生态领域的信息和教育活动》（2010 年）、喀山国立文化和艺术大学 Н. И. Шарафееваэлли 的《图书馆——青年人生态素养培养中心》（2012 年）。图书馆生态教育的研究论文常刊载在《图书馆学》《科技图书馆》《РБА 信息通报》等刊物及生态类期刊上。

图书馆积极组织或参与的各类生态主题会议不胜枚举。地方性会议如“人生活在自然界”（布良斯克州图书馆）、“生态与现代化：图书馆作为生态信息中心”（阿斯特拉罕州图书馆）、“图书馆和生态：现状与未来”（雅罗斯拉夫尔州图书馆）等等，跨地区会议如“农村图书馆在居民生态教育中”（2006 年）、“图书馆在生态教育和生态文化建设中的作用”（2007 年）、“生态、信息、图书馆”（2009 年）等等，全俄性、国际性会议有“为了可持续发展的态文化与信息”国际论坛（2004 年）、第九届“图书馆用信息技术、计算机系统和出版产品”国际会议“现代世界的生态信息”讨论会（2005 年）、第十一届“走向可持续发展的未来之路：教育问题”生态教育国际会议“图书馆作为生态信息获取中心”圆桌会（2005 年）、“信息社会中的文化多样性”贝加尔国际信息素养论坛“可持续发展政策中的生态信息”分会（2005 年）、第八届“为了可持续发展的生态教育：经验与前景”国际会议“图书馆信息网络技术在生态教育中的作用”圆桌会（2007 年）、“俄罗斯生态教育现状与前景”俄罗斯社会院听证会（2007 年）、第四届俄罗斯创新图书馆实验室“生态、文化、教育”会议（2007 年）、第三届“为了可持续发展的生态教育与信息”国际图书馆研讨会（2007 年）等。1999 年，时任 РГЮБ 生态部主任的 О. В. Покровская 首次在克里木国际会议上提出并分析了图书馆在生态教育中的

---

① http://www.ecoculture.ru/ecolibrary/art_19.php

② Л. А. Южакова. Экологическое просвещение в библиотеках России на страницах профессиональной периодики: список литера - туры[EB/OL]. http://www.nbrkomi.ru/dabook/2079

特殊作用,[1]此后至今的每届克里木国际会议都设“图书馆——生态文化中心”(“生态问题的信息保障:图书馆作为居民生态教育中心”)分会,参会论文40余篇,ГПНТБ России生态信息部主任Е. Ф. Бычкова对每届分会的研究状况予以总结。国立莫斯科文化和艺术大学图书馆学教研室主办的“图书馆事业”国际图书馆信息大会在1997年设立“图书馆工作与生态”分会。[2] РБА会年有时也设“图书馆作为生态信息和文化中心”圆桌会。

居民生态教育不仅成为图书馆职业活动之一,也成为图书馆界的研究论题,研究内容从理论分析论证图书馆参与生态教育的必要和可能及社会意义,图书馆与可持续发展、生态文化建设的关系,到图书馆实践开展的生态活动、计划等。图书馆界生态教育研究与图书馆生态教育实践密切相连,对实践起到指导与推动作用。

(8)图书馆生态教育实践活动如火如荼

全俄各地各类图书馆以极大热情和创造精神开展形式多样的生态教育活动。编制生态主题的书目、出版物、数据库,为居民、机构、企业提供生态信息服务,举办生态主题研讨会、展览会,制定和参与实施生态计划、活动,深入企业宣传生态环保,监督当地生态污染等。如布良斯克州图书馆的“生态共鸣”计划、伊尔库茨克州青年图书馆的“贝加尔湖——世界自然遗产”计划、布里亚特共和国青少年图书馆的“青年人的生态教育与信息传播”计划、基洛夫州图书馆的“居民生态教育——21世纪图书馆的使命”计划(2007-2010年)等,彼尔姆边疆区图书馆参与“边疆区生态环境保护计划(2006-2010年)”,基洛夫州图书馆参与“基洛夫州居民生态教育计划(1996-2005)”,楚瓦什共和国公共图书馆参与“提高楚瓦什共和国生态安全(2010-2015年)”“楚瓦什共和国的森林(2008-2011年)”“保障楚瓦什共和国居民饮用水质量(2009-2020年)”等计划,基洛夫州儿童图书馆与当地生态自然保护区联合制定了“基洛夫州红皮书”计划,奥廖尔州图书馆与州环境监测和资源利用局等编制“奥廖尔州红皮书”,开展“自然界——灵感之源”项目展示,РГБМ成立有青年人辩论俱乐部,布里亚特共和国青少年图书馆

---

① Е. Ф. Бычкова. Десятое заседание Экологической секции на Крымском форуме [J]. Научные и технические библиотеки,2010(2):29-37.

② Тезисы докладов конференциии " Библиотечное дело - 1997" [EB/OL]. http://libconfs.narod.ru/1997/tez-97.html

开办“思想屋”俱乐部，还有托木斯克州少儿图书馆的“我给地球的礼物”创作活动、基洛夫切佩茨克城市图书馆的“图书馆、生态、家庭”全俄生态安全日活动、新西伯利亚州青少年图书馆的年度“蝙蝠晚会”、伊热夫斯克自治地方儿童中心图书馆的“绿色之帆”联欢会、库尔斯克市儿童图书馆的“给地球人清洁的星球”文艺晚会、楚瓦什共和国公共图书馆参与生态环境美化活动（如种一棵树并保护它们、保持城市清洁、“大自然——我们的根，新生活的开始”“活水”等）、布良斯克州国立儿童图书馆的“图书馆与生态”调研、克麦罗沃州青少年图书馆的“青年人与生态”调研、坦波夫市图书馆“你我需要地球”和“如果你是总统，你将怎样保护自然环境”互动调查、巴尔瑙尔市图书馆第 18 分馆“巴尔瑙尔的生态：昨天、今天与明天”公民论坛，还有“生态马拉松”“生态知识比赛”等等。“生态文化”网站详细列举了各地图书馆的各种生态教育活动，许多图书馆因此成了地方生态信息中心。图书馆利用环境有关的纪念日，单独或与政府机关、环保组织、企业等联合举行多样的环保宣传活动。阿尔汉格尔斯克州图书馆电子生态图书馆生态日历显示，有水日、地球日、太阳日、生态知识日、森林日、国际气候日、海洋日、野生动物日、鸟日、自然保护区日等俄罗斯国内和世界性的纪念日 43 个。①

（9）图书馆生态教育活动的社会影响

图书馆在居民生态教育领域的付出和取得的成果得到了政府、社会的肯定，赢得较好的社会反响和赞誉。

2002 年新的《俄罗斯自然环境保护法》以法律形式确立了图书馆在居民生态教育体系中的地位。② 该法第三部分“生态文化建设的基础”第 71 条“生态教育的普遍性和全面性”和第 74 条“生态教育”规定，为建设生态文化和专业培训环保人士，建立普遍和全面的生态教育体系，……，利用传媒、博物馆、图书馆、文化机构、环保机构等开展专业培训，提高人员技能水平，传播生态知识，国家权力机关、地方自治机构、社会团体、传媒、教育机构、文化机构、博物馆、图书馆、环保组织等向居民传播生态和生态安全、环境状况等

① Экологический календарь[EB/OL]. http://ecology.aonb.ru/Ekologicheskij-kalendar.html

② Е. Ю. Рябушева. Экологическая деятельность библиотеки в условиях устойчивого развития Байкальского региона[J]. Информаци-онный бюллетень РБА, 2003(24): 181-183.

方面信息,实施生态教育。① 截至2006年,12个联邦主体的环保法和生态教育法有类似规定,②如《伊尔库斯克州生态教育与生态文化建设法》(2003年)第15条"图书馆参与生态文化建设"规定:"州国家机关、地方自治机构拨款支持图书馆生态教育,图书馆以收藏生态类文献、举办环保主题讲演和讨论会等方式参与生态文化建设",《阿加布里亚特自治区生态文化法》选择在2004年图书馆日通过,显示图书馆与生态的特殊关系。

《俄罗斯自然环境状况及保护国家报告》(2005年)指出,РГБ编制的"生态与可持续发展"回溯书目,系统整理了俄罗斯国内1990-2002年可持续发展的文献,为解决生态问题提供文献参考。《俄罗斯自然环境状况及保护国家报告》(2007年)详细介绍了全俄各地图书馆的生态教育活动情况,认定"图书馆是向居民传播生态知识、建设生态文化教育体系和保障国家转向可持续发展的重要环节"。③《2002-2010年布里亚特共和国生态可持续发展纲要》将图书馆视为生态文化建设的支持要素,2006年圣彼得堡政府通过的《圣彼得堡市居民生态文化建设构想》明确了地方政府应吸纳图书馆参与生态教育活动,《托木斯克州不间断生态教育发展战略》(2011-2020年)将图书馆与教育、环保、传媒等机构并列为生态教育参与者,肯定了图书馆在居民生态教育体系中愈加积极的作用,在该战略2011-2015年实施计划中,州图书馆全面参与战略9方面工作中的5个方面:信息—教育保障、信息传播、环保活动、环保教育、研究方法服务,图书馆的地位和作用可见一斑。

俄罗斯国家生态环境委员会主席、国家杜马生态委员会主席等政府官员以及环保组织都认为图书馆是政府机关、环保机构、环保组织进行生态教育的最佳伙伴。2002年11月,全俄第三届自然环境保护大会专门邀请ВЦЭК负责人做报告,优秀的图书馆生态教育员成为大会委员。О. В. Покровская曾参与国家杜马最高生态委员会和国家杜马议会听证会对《俄罗斯生态文化法》草案的讨论。媒体对图书馆生态教育活动积极宣传,如Лазурь等杂志开辟"图书馆参与居民生态教育""图书馆-生态环境"专栏,

---

① В. А. Грачев. Новый закон «Об охране окружающей среды» как законодательная основа формирования экологической культуры[J]. Научные и технические библиотеки,2003(4):32-37.

② Н. Ф. Церцек. Экологическая информация и роль библиотек России в экологическом просвещении населения[EB/OL]. http://www.gpntb.ru/win/inter-events/crimea2006/disk2/116.pdf

③ Государственный доклад «О состоянии и об охране окружающей среды Российской Федерации в 2007 году». [EB/OL]. http://www.ecoculture.ru/ecolibrary/report_2007.php

使图书馆生态教育深入人心。

俄罗斯图书馆生态教育活动引起独联体国家的关注。2007 年 5 月 –7 月，阿塞拜疆与俄罗斯两国文化部按 2007 –2008 年交流计划，联合举行“生态教育与生态问题：图书馆的作用”会议，ВЦЭК、АПРИКТ、布良斯克州和阿尔汉格尔斯克州的图书馆参会，会议主题是国家与社会在解决生态问题方面的关系：儿童青少年生态教育经验、图书馆与政府间组织的关系、政府机关与社会组织的伙伴关系、馆员生态知识培训，会议介绍了布良斯克州图书馆生态教育工作经验、阿尔汉格尔斯克州图书馆“电子生态信息资源建设”创新计划等，РГЮБ 向阿塞拜疆文化旅游部及大型图书馆赠送了 ВЦЭК 编辑的《图书馆与生态——过去、现在与未来：第四届全俄图书馆生态教育竞赛总结》。会议建议为继续交流图书馆生态教育工作经验，从 2008 年起每年在阿塞拜疆的图书馆举办“为了可持续发展：图书馆作为生态教育、文化和信息中心”国际研讨班。

可以说，俄罗斯图书馆在居民生态教育体系中的地位和作用得到国家和地方法律政策的认可，这标志着图书馆真正成为居民生态教育体系的重要组成部分。

6 俄罗斯图书馆事业法制建设

20 世纪 90 年代,俄罗斯图书馆事业发展最重要的成就之一就是制定了《俄罗斯图书馆事业法》,该法连同其他与俄罗斯图书馆事业有关的联邦法律等,共同构筑了俄罗斯图书馆事业发展的法律基础。自此,俄罗斯图书馆事业发展有了坚实的法律规范与法律保障,俄罗斯图书馆事业走上法制轨道。俄罗斯图书馆事业法制建设的不断加强在很大程度上确保了俄罗斯图书馆事业渡过难关,稳步前行,再铸辉煌。

6.1 俄罗斯图书馆立法的历史回顾

任何一个国家的发展都受到自然条件、历史传统、文化特性的制约,特别是对于俄罗斯这样一个国家来说,无论是分析其当下情境,还是研判其未来发展,如果脱离了俄罗斯历史发展的轨迹,都不会得出正确的结论。[①]中国现代国际关系研究院俄罗斯研究所所长冯玉军研究员的这段话,对于我们研究俄罗斯图书馆立法尤显适用。本节通过回顾历史,理清俄罗斯图书馆事业立法的历史脉络与发展轨迹。

6.1.1 沙俄和苏联时期的图书馆立法活动

俄罗斯图书馆立法的历史可追溯到十八世纪初彼得一世改革时期。1706 年彼得一世颁布的“在莫斯科开办印刷厂所属图书馆令”“在圣彼得堡设立藏珍馆令”及 1714 年“开办公共图书馆令”是俄罗斯历史上第一批图书馆法令。沙俄时期有关图书馆的法令主要表现为对图书馆开办程序规定和图书馆活动的管理与检查监督。1795 年沙俄女皇叶卡捷琳娜二世发布“在

① 冯玉军. 对推进中国当代俄罗斯问题研究的几点思考[J]. 俄罗斯学刊,2011(1):11 – 17.

圣彼得堡建立公共图书馆”令，1814 年圣彼得堡皇家公共图书馆建成，即现今的 PHБ。1830 年沙俄政府发布在各省建立 52 个公共图书馆的命令。在俄罗斯大规模、大范围开办图书馆，使沙俄政府担心革命力量对图书馆的影响，加强了对图书馆开办及其活动的监督检查。1865 年沙皇亚历山大二世批准了国家委员会提出的“修补现行出版物检查制度决议”，内容涉及图书贸易、图书馆开办及其活动的检查，这些内容后来列入了《检查和出版物条例》。该条例规定了开办公共图书馆实施许可制度，即必须提出正当理由并经内务部或省长、地方长官批准，这些规定在新政治制度确立前具有“开办图书馆基本法”的作用和地位。1884 年沙皇批准了“开办和经营公共图书馆、阅览室临时办法”，将图书馆开办程序具体化，检查图书馆开办者的政治可靠性，俄罗斯内务部有权向各地方长官指定哪些出版物不应出现在公共图书馆。1890 年俄罗斯内务部颁布“免费公众阅览室规章及对公众阅览室检查程序”部长令，后被列入《检查和出版物条例》，规定宗教界、教育部门、内务部检查监督图书馆活动，同年沙俄政府制定了图书馆和阅览室禁藏出版物目录。1906 年沙俄政府通过“临时规章和定期出版物”令，取消了出版物预先检查制度，但对政权不利的出版物追究行政责任和司法责任（如罚款、没收、取消报刊、逮捕编辑等），这对公共图书馆活动有影响，涉及馆藏禁藏文献。

尽管有沙俄政府的限制和检查，但在民主革命的影响下，图书馆界开始关注图书馆活动的法律问题，研究欧美等国图书馆立法经验，形成了图书馆立法的理论思想和内容，在保护读者使用图书馆权益方面有所发展。1911 年 6 月，第一届全俄图书馆事业大会通过了“图书馆法律状况问题”决议，针对图书馆及其活动受行政法令限制，提出改变现行法令，引入“不经官方许可开办图书馆”和“图书馆撤销的司法程序”制度。有关图书馆立法的草案也列入了国家杜马审议议程，但由于 20 世纪初发生的革命而中断。[①] 沙俄时期没有专门的图书馆法，图书馆法主要是出版物检查法的组成内容，以沙皇名义颁布的具有法律效力和调整各种社会关系作用的法令、章程、条例、命令、宣言、公告，实现了国家对图书馆及其活动的控制、监督、检查。20 世

---

① О. А. Чувильская. Законодательство о библиотечном деле: эволюция и современное состояние[J]. Научные и технические библио – Теки, 2009(9):17 – 27.

纪初，俄罗斯图书馆立法活动在与国家监督和限制图书馆开设及其活动的斗争中得到发展。①

十月革命后，俄罗斯图书馆立法活动得到发展，但从法律意义上说，前文列举的苏联时期苏共和国家机关制定的有关图书馆事业发展的命令、决议等只属于政策性法规，不是专门的图书馆法，但在当时的社会制度下，正是这些政策性法规对图书馆具有极强法律效力，履行着图书馆法的职能和作用，将苏联建成图书馆强国。正如 В. Р. Фирсов 所言，苏共中央权力机关决议和国家立法权力、执行机关的法令是调整图书馆事业的两级法律体系。

20 世纪 80 年代中后期，民主思想的萌芽使图书馆僵化管理体制的弊端逐渐暴露，苏共和国家的决议、命令的权威性降低，改革图书馆发展的法律基础（指调整图书馆各方面活动的、具有法律效力的各种形式的法规总和）成为图书馆界讨论的中心话题，制定专门图书馆法的思想随之产生。1988 年 И. И. Доценко 在其学位论文中从法理学角度研究图书馆法规，其目的不在于评价某个法规是否过时，而是将与图书馆有关的法规按法律效力和法律部门系统化分析整理，她认为图书馆法不是一个独立法律部门，而是包括民法、行政法、劳动法等规范的总和。1991 年 Л. Щенникова 在研究图书馆法制问题的学位论文中指出，图书馆的悲惨境地是制定新图书馆法的动力。И. Ю. Багров 教授强调了制定图书馆法的理由：图书馆事业法律基础已过时，与图书馆实践不相符，阻碍图书馆发展，缺少形成图书馆活动法律基础的专门法律，需要有保护图书馆、制止图书馆领域消极态势的法律。Ю. А. Гриханов 教授明确提出："当务之急是尽快制定图书馆法，保护图书馆自身权利及物质基础，保障公民享用图书馆服务"。在国家立法机关未提出制定图书馆法之前，图书馆界率先研究制定了两个图书馆法草案。1990 年 3 月，国立列宁图书馆将起草图书馆法列入工作计划，1991 年 4 月，以 Ю. А. Гриханов 为首的专家组起草了图书馆法草案，内容包括总则、图书馆创办、图书馆登记与撤销、用户权利与义务、图书馆权利与义务、图书馆藏书、图书馆间馆际关系、全苏图书馆、图书馆财政经费拨款、馆员工资与社会保障、图书馆居民服务的全国集中化系统、图书馆管理等，规定了各级国家权力机关

① А. И. Пашин. Из истории библиотечного законодательства России [J]. Библиотековедение, 2003(6): 94 – 100.

对图书馆的责任。但该草案由于随后苏联的解体而没有成为日后俄罗斯图书馆法的基础。1991 年 8 月,受俄罗斯文化部委托,以萨尔蒂科夫·谢德林国立公共图书馆(现 РНБ)Л. А. Шилов 教授为首的专家组起草俄罗斯图书馆法草案,该草案成为后来俄罗斯图书馆立法的基础。总体而言,此时的图书馆立法还仅限于图书馆界层面的研究和建议,尚未提到国家立法层面。

6.1.2 《俄罗斯图书馆事业法》的制定

苏联解体后的社会动荡使全俄范围内呈现出图书馆工作混乱、购书经费缩减、国家无法掌握图书收藏等危险趋势,大量馆舍土地被收回,图书馆被撤销,这限制和侵害了公民获取知识和信息权利。图书馆系统的被破坏,使得俄罗斯复兴的精神和文化基础受到损害,这些事实证明了制定图书馆法保障图书馆活动及调整图书馆、公民、国家间关系的迫切性。

1991 年 12 月,俄罗斯最高苏维埃文化委员会通过了制定图书馆法的决议,次年 2 月,按俄罗斯最高苏维埃第一副主席 С. А. Филатов 的命令,成立了由联邦人民代表、图书馆界专家、社会学者、法律学者等组成的专家组,将 Л. А. Шилов 教授专家组起草的图书馆法草案分发各联邦主体和相关部门讨论。1993 年 3 月,俄罗斯最高苏维埃主席团审议了最高苏维埃各委员会、国家与法律研究所、州边区人民代表委员会等 58 个机构对草案提出的几百条建议,并将通过的草案连同主席团意见交送总统、联邦主体、最高苏维埃经济委员会和预算控制委员会、法律和编辑出版局等征求意见。1993 年 6 月,俄罗斯最高苏维埃审议通过了《俄罗斯图书馆事业法》,10 月俄罗斯最高苏维埃解散,国家杜马取而代之。1994 年 11 月,国家杜马经几次议会审议,最终通过了《俄罗斯图书馆事业法》,12 月 29 日经总统签署,1995 年 1 月 17 日正式生效。

6.2 俄罗斯图书馆事业立法价值分析

《俄罗斯图书馆事业法》的制定和实施是俄罗斯图书馆事业发展史上的里程碑,它的社会价值不仅体现在为俄罗斯图书馆事业发展保驾护航,构建起图书馆事业法律保障体系,使俄罗斯图书馆事业建设与发展走上法制化轨道,还体现在为公民自由获取信息提供法律保障,使图书馆成为对俄罗斯信息社会、公民社会、法治社会的建设具有重要意义的最民主的文化部门。从立法角度,《俄罗斯图书馆事业法》是按照俄罗斯政府法律和比较法研究院提出的俄罗斯联邦法律改革总体要求制定的,即制定联邦法律首先应以贯彻和实现俄罗斯宪法为目标、应考虑国家的联邦制度、与国际法公认的原则和规范相近、新的部门法应建立在已有法律基础上。

6.2.1 为俄罗斯图书馆事业发展提供法律基础

以法律手段制止图书馆领域存在的破坏行为和消极趋势、保护图书馆及其馆藏文献、摆脱图书馆危机、保障馆员社会待遇等立法思路和观点一直贯穿于《俄罗斯图书馆事业法》三年的研究制定和审议历程。正如 И. М. Андреева 所言:“制定图书馆法的意义不在于顺应法制国家建设大环境,而在于确定困难时期图书馆生存的最低法律保障”。《俄罗斯图书馆事业法》在开篇就指出:“本联邦法是俄罗斯保存和发展图书馆事业的法律基础”。《俄罗斯图书馆事业法》明确了图书馆的权利(如自主确定工作内容与形式、制定图书馆使用规则、确定借阅珍贵文献的保证金数额、自主确定文献采购来源、依法剔除馆藏文献、开展职业联合、为拓宽读者服务而进行经济活动、与其他组织机构联合合作、参与国内外交流、参加国际组织、图书馆有优先获得按联邦国家出版计划出版文献的权利等)、国家对图书馆的责任(国家参与保障图书馆服务工作的协调与合作,国家支持和促进图书馆资源共享等)、图书馆民主化自我管理(除现有法律规章另有规定外,国家和主管部门无权干涉图书馆的创造性职业活动)。

《俄罗斯图书馆事业法》对内带动了联邦主体的图书馆立法,对外成为独联体国家图书馆立法的重要参考,对俄罗斯图书馆事业发展的法律保障意义不言而喻。俄罗斯图书馆事业能经受住制度转型时期社会动荡的严重冲击,《俄罗斯图书馆事业法》的法律保障作用功不可没。《俄罗斯图书馆事业法》是保护图书馆事业免遭破坏的法律武器,对于图书馆来说也是一种法律精神支柱,为各项图书馆政策的制定实施提供坚实的法律支持。在俄罗斯,图书馆是文化事业的基础部门,《俄罗斯图书馆事业法》保护图书馆就意味着保护了俄罗斯的国家文化,意味着为俄罗斯国家复兴存储智力资源和潜力。

6.2.2 为公民信息权利的实现提供法律保障

建设民主法治国家是俄罗斯新中国成立后的国家战略目标,实现这一目标的首要任务是确保公民自由获取信息,而《俄罗斯图书馆事业法》正是俄罗斯公民获取信息的法律保障机制。

首先,《俄罗斯图书馆事业法》是以《俄罗斯文化立法基础法》确立的文化领域中文化活动的主体是人和具有创造力的个性而不是某个机构、社会组织、公民团体的基本原则和思想观点为立法基础的,法定了公民在图书馆领域的权利:公民不论性别、年龄、民族、受教育程度、社会地位、政治信仰,都有权利用图书馆,免费利用图书馆基本服务、参与图书馆活动、创建图书馆,公民利用图书馆服务时有优先于国家机关、社会组织、政党、职业团体等的权利,公民有权免费获得任何图书馆的馆藏文献,有权使用和选择所需要的图书馆、获取馆藏文献和使用图书馆服务,提交个人资料成为图书馆用户,通过书目系统获取图书馆馆藏信息,在信息检索和选择时获得免费咨询服务,免费临时使用馆藏文献,通过馆际互借从其他图书馆获取文献,使用其他服务包括按用户准则规定的收费服务项目,用户在图书馆有权获取和得到俄罗斯语文献及俄罗斯语服务,在共和国有权获得共和国国家语言的文献和服务。公民可以向法院起诉侵害其权利的图书馆及个人,特殊用户群(如少数民族、盲人和弱视者、残疾人、儿童青少年)享有专门的图书馆服务。

其次,《俄罗斯图书馆事业法》为实现宪法赋予公民自由获取信息的权利提供法律保障。1994 年 8 月,总统叶利钦在审议《俄罗斯图书馆事业法》(草案)时,对联邦中央通过图书馆法的合法性提出质疑,他认为,按《俄罗斯宪法》规定,科学、教育、文化、体育运动的一般性问题属联邦中央和联邦主体共同管辖(第 72 条),联邦主体对除联邦中央管辖以及联邦中央和联邦主体共同管辖之外的领域拥有全权(第 73 条),因此将图书馆事业列入联邦中央和联邦主体共同管辖领域有违宪嫌疑。在立法者看来,没必要制定联邦图书馆法,一方面,世界许多联邦制国家不仅没有联邦图书馆法,甚至连联邦文化法都没有,只有中央集权国家(比如苏联)才对文化领域实行法律或超法律干预。另一方面,图书馆法属于调整"窄客体"的部门法,事关图书馆事业的基本问题可由民法典、行政法、劳动法等规定和调整,图书馆职业性问题则可借助次一级的法令、细则、指导性建议等在地方法规中规定。如果图书馆作为非商业性机构，其活动可由相应联邦法律调整；如果图书馆是法人，则联邦民法典可调整图书馆的法律关系；如果图书馆是法人下属的分支机构，可适用行政法。立法者和立法章程总体上认为部门法只是民法、劳动法、刑法、税法、土地法等基础法律的次级补充，差不多是多余的，只有部门法在实践应用中解决实际问题才能动摇这个观点。对此，图书馆界据理力争，通过以下几点证明图书馆事业属联邦中央职权管辖，《俄罗斯图书馆事业法》不仅不违宪相反却是贯彻宪法的有效机制，使宪法由法律宣言变为现实可行的法律：①《俄罗斯图书馆事业法》包含了联邦图书馆政策的原则及图书馆事业发展的一般性问题，这与《俄罗斯宪法》第 71 条“联邦中央负责制定国家经济、生态、社会、文化、民族发展等方面的联邦政策和联邦纲要的基础”和第 72 条的规定相符；②按《俄罗斯宪法》精神，《俄罗斯图书馆事业法》将保障公民获取文化和信息的基本权利确定为图书馆事业基础，确定了公民在图书馆领域的权利，为实现宪法赋予公民使用合法方式自由获取、传播、生产信息权利（第 29 条）及参加文化活动、利用文化设施、获取文化财富的权利（第 44 条）提供保障；③联邦层次上制定图书馆法才能实现全俄各地公民通过图书馆获取信息和文化的权利平等，这与俄罗斯宪法规定的“每个公民在俄罗斯领土上拥有所有权利与自由（第 6 条）”“国家保障公民的自由和权利平等（第 19 条）”相一致。图书馆界援引《UNESCO 公共图书馆宣言》（1994 年）中的“社会和个人的自由、繁荣、发展是人类的基本价值，只有当拥有充分信息的公民能够实现自己的民主权利和在社会中扮演积极作用时，才能拥有这些价值。只有在充分良好教育也就是自由无限制地获取知识、思想、文化和信息的条件下才能实现真正参与社会生活和发展民主”，以表明国家制定法律保障图书馆事业意味着保障了公民的信息权利。2002 年 2 月，国家杜马主席 Г. Н. Селезнев 参观 РГБ 接受俄罗斯《图书馆学》杂志采访时说：“《俄罗斯图书馆事业法》的制定意味着赋予了图书馆在公民普遍和免费获取俄罗斯信息社会各种知识信息过程中重要的社会价值。”①

《俄罗斯图书馆事业法》是俄罗斯首批百部联邦法律之一，也是文化领

---

① Г. Н. Селезнев. Российским библиотекам – прочную законодательную базу [J]. Библиотековедение, 2002(2): 14 – 21.

域的首部法律，它的制定实施与俄罗斯社会改革提倡的公民人权、自由民主思想相一致，在社会转型时期文化多元化背景下，图书馆成为首先建立新法律基础的文化部门，通过立法为图书馆成为摆脱政党和政治活动影响和控制的非意识形态的民主机构建立法律基础，这与俄罗斯法律界提出法制改革方向和目标一致。欧盟专家评价《俄罗斯图书馆事业法》是遵循民主原则的、先进的，是《俄罗斯宪法》倡导的真正民主基础上重建图书馆事业的重要工具，是用法律巩固图书馆领域民主发展最重要的成就。[①]《俄罗斯图书馆事业法》民主性表现在创建图书馆、用户的权利、图书馆的权利以及禁止限制用户自由利用图书馆藏书权利的国家或其他方面的书刊检查、在图书馆活动中反映社会多样化意识形态和政治思潮等方面。

《俄罗斯图书馆事业法》是对图书馆领域内公民、图书馆、国家之间权利与义务的分配格局的权威性宣告，是图书馆领域内各种社会关系理想状态的权威性蓝图。《俄罗斯图书馆事业法》在发挥其社会作用的过程中保护和增加了社会价值，比如保障图书馆事业有秩序发展、保障公民获取信息自由、保障图书馆职业活动自由、提高图书馆事业管理和服务活动的效率、消除信息鸿沟、维护信息社会公平与正义、保护国家文化财富和遗产、推进信息社会建设。《俄罗斯图书馆事业法》不是图书馆职业法，而是公民信息权利保障法，是国家信息法律体系的基本组成部分，正如 Ю. А. Гриханов 指出的，《俄罗斯图书馆事业法》符合法律的基本要求，即它不是保护个别群体的利益而是为全社会的利益，是俄罗斯迈向信息社会的重要一步。[②] 信息社会的建立及形成在一定程度上是保障与规范信息活动的各项法律、法规不断制定与完善的过程和结果，《俄罗斯图书馆事业法》保障公民自由获取信息、自由的精神发展、自由获取国内外文化珍品的权利以及从事和参与文化、科学、教育活动的权利，是俄罗斯建设信息社会的基础。

① А. Н. Арканников. О библиотечном законодательстве[EB/OL]. http://libconfs. narod. ru/1997/5s/5s_p1. htm

② Ю. А. Гриханов. Библиотечные законы—шаг к информационному обществу [J]. Библиотековедение, 1995(1):18 –24.

6.3 俄罗斯图书馆事业法律基础建设

正所谓独木难成林、孤掌难鸣，俄罗斯图书馆事业发展仅有《俄罗斯图书馆事业法》是不够的。按《俄罗斯图书馆事业法》第2条规定，俄罗斯图书馆事业立法包括俄罗斯文化立法原则、本联邦法、与本联邦法相一致的联邦法律法规、联邦主体图书馆法律法规等。一方面，俄罗斯联邦制度和历史传统决定了需要在联邦主体和独联体国家两个层面制定图书馆法，为俄罗斯图书馆事业提供从中央到地方、从国内到国外独联体国家的全面的法律调控和保障体系，也就是建立俄罗斯图书馆事业的联邦、联邦主体、独联体三级的立法体系，每个层面的图书馆法都有不同的调整范围和作用效力，其中，联邦级的《俄罗斯图书馆事业法》是核心和基础；另一方面，随着俄罗斯改革的深入和信息社会的发展，图书馆社会职能和任务不断拓宽，与社会各领域发生联系，使诸多领域的法律对图书馆事业都具影响作用，这些法律成为图书馆事业的法律基础。

6.3.1 俄罗斯图书馆事业法律体系的确立

(1)联邦级的《俄罗斯图书馆事业法》

《俄罗斯图书馆事业法》共八章二十六条，包括总则（图书馆、公共图书馆、图书馆事业、文献、图书馆用户、集中化图书馆系统等基本概念以及图书馆类型）、公民在图书馆中的权利、图书馆义务与权利、国家对图书馆事业的义务、图书馆中俄罗斯人民文化财富的保护与使用的特殊规定、图书馆间相互关系、图书馆事业的经济调整和附则。《俄罗斯图书馆事业法》明确了图书馆是从事文献收集、整序、收藏并提供给自然人和法人临时使用的信息、文化、教育机构，保障个人、组织自由获取信息及精神自由发展、获取国内外文化珍品及从事教科文活动的权利是其工作原则；按照国际法原则和准则规定了国家、公民、企业、社会组织在图书馆领域的相互关系；规定了任何法人、自然人都可按照俄罗斯联邦法律在俄罗斯境内创办图书馆；公民利用图书馆服务的权利优先于国家及任何其他组织机构；国家不干预图书馆职业活动，国家通过财政拨款、税收、租赁和价格政策来支持图书馆事业发展和为居民服务，联邦政府制定图书馆事业发展联邦政策纲要。

Ю. А. Гриханов 用“完善无止境”来说明俄罗斯图书馆事业立法不能一劳永逸，根据社会环境变化修订与完善《俄罗斯图书馆事业法》是必要和有意义的。[①] 首先，《俄罗斯图书馆事业法》制定时间较早，之后与图书馆有关的高一级法律如《俄罗斯地方自治法》(1995 年)、《俄罗斯民法典》(1996 年)、《信息、信息化和信息保护法》(1995 年)、《俄罗斯非商业机构法》(1996 年)、《国家和自治地方机构公务用商品采购、劳务、服务招标法》(2005 年)等相继出台并不断修订。图书馆存在与发展的社会政治和法律环境有了重大变化，这就要求必须修补《俄罗斯图书馆事业法》，使之与相关法律的精神、原则、内容一致，增强《俄罗斯图书馆事业法》的适用性，避免滞后性影响图书馆事业发展；其次，俄罗斯图书馆从 90 年代中后期开始全面信息化建设，信息技术、网络技术应用于图书馆，图书馆建设数据库、电子图书馆、接入互联网、开展网络服务、馆藏资源数字化保存等，《俄罗斯图书馆事业法》对这些内容的规定是空白的，正如俄罗斯文化部副部长 П. А. Пожигайло 所言，图书馆信息活动的变化应在《俄罗斯图书馆事业法》中得到反映；最后，联邦主体图书馆法中一些创新内容经实践验证是可行和有益的，具有全俄推广的意义，比如阿尔汉格尔斯克州图书馆法中“图书文物”概念以及布里亚特共和国、阿尔泰边疆区、莫斯科州的图书馆法中“跨居民点图书馆”概念及跨居民点图书馆在自治地方的社会职能等内容有必要充实到《俄罗斯图书馆事业法》当中，以丰富《俄罗斯图书馆事业法》。

1998 年 4 月，联邦委员会举行“图书馆为居民服务”听证会，首次以官方形式提出修订《俄罗斯图书馆事业法》的建议。俄罗斯文化部随即成立研究小组，研究《俄罗斯图书馆事业法》修订草案，此后两年时间里草案几经审议和修改，虽对外公布，但终因国家权力部门对修订内容意见不一、国家杜马换届以及政治斗争等原因搁浅。国家杜马对联邦会议提出的草案审议虽然按期进行，但基本上是消极的。[②] 2003 年 9 月，新的《俄罗斯地方自治法》出台，对自治地方组建、管理、职权进行重新规定与划分，为此，2004 年 8 月，国

---

① Ю. А. Гриханов. Совершенствованию нет предела：библиотечное дело должно развиваться [J]. Библиотека，1999(8)：6－9.

② Ю. Н. Столяров. Дума о библиотечном законе [J]. Научные и технические библиотеки. 2001(5)：4－8.

家杜马对《俄罗斯图书馆事业法》中与地方自治有关的内容进行了删改:删除第3条“本法适用于完全或部分依靠联邦、联邦主体和自治地方财政拨款的图书馆,在调整解决保护和使用俄罗斯各民族文化遗产方面,本联邦法适用与所有类型图书馆,无论其所有权形式和组织管理形式”,原因是:联邦法律本就是全俄范围适用的,无须特殊规定,再者给予自治地方管理图书馆事业以更多权限和责任;删除第15条“国家对图书馆事业的责任”中国家为图书馆员提供社会保障和优惠的规定,理由是这属于地方权责,适于地方图书馆法规定;第20条“中心图书馆”只保留联邦主体设立中心图书馆的规定,地方自治机构则自行确定本地区中心图书馆;删除第24条“图书馆财产”中“为改善图书馆服务,国立图书馆和自治地方图书馆有权为自己划分土地和建筑房屋供自己无偿使用”“图书馆章程中须规定图书馆经费使用程序”“不得收回图书馆在结算时尚未使用的拨款经费,不得在下一次结算时在拨款范围内考虑这笔经费”,这主要是联邦与自治地方间财政关系所决定的。这次修订进一步明确了自治地方对管辖区域内图书馆的权责,完善了俄罗斯图书馆事业分权管理体制。为贯彻普京提出的振兴图书馆事业的号召和建立总统图书馆令,2008年10月,国家杜马修订了《俄罗斯图书馆事业法》第18条“俄罗斯的国家图书馆”,赋予叶利钦总统图书馆以国家图书馆的地位,规定国家图书馆为保存馆藏文献并提供用户使用,可数字化复制:①陈旧、破损、有瑕疵的文献;②借阅流通时可能导致损坏和丢失的孤本、善本、手稿;③有科学和教育价值的文献,制作和向用户提供文献电子复本时要遵守《俄罗斯民法典》(IV知识产权)规定。РГБ馆长В. В. Федоров认为,此次修改对图书馆馆藏数字化规定是双重的:令人欣慰的是国家图书馆有权数字化馆藏、建设电子图书馆,遗憾的是在馆藏文献数字化著作权问题上没能有所突破,没有引进欧美国家著作权问题上‘图书馆例外’的规定,即图书馆为实现公民获取信息的宪法权,有权不经作者同意而数字化馆藏文献。这次修改只是迈出了解决电子图书馆著作权问题的第一步,图书馆界为此将继续努力。2009年针对俄罗斯图书馆馆藏文献保护的问题,《俄罗斯图书馆事业法》进行了补充修改,增加了“国家图书馆馆藏文献资源”“图书文物”等概念。①

俄罗斯独立后的十多年时间里，在国家政治经济改革的背景下，各种法律制度一直处于修补、废止、重新制定的动态之中；社会环境、法制环境以及图书馆自身发展的不断变化，必然要求不断修订与完善《俄罗斯图书馆事业法》，只有这样才能始终保持《俄罗斯图书馆事业法》的活力、对环境的适应性、对图书馆事业的适用性。《俄罗斯图书馆事业法》的完善是一项长期活动，已被列为俄罗斯文化部图书馆政策的优先内容，也是促进俄罗斯图书馆事业发展社会委员会的重要日常工作。

(2)俄罗斯各联邦主体的图书馆立法活动

按《俄罗斯宪法》第76条第4款的规定："联邦中央管辖以及联邦中央与联邦主体共同管辖范围之外，各联邦主体(共和国、边疆区、州、联邦直辖市、自治州和民族自治区)自行实施包括通过法律和其他规范性法律文件在内的法律调整"。在全俄统一联邦法律制度下，形成了联邦中央与联邦主体两级法律调控体系，联邦主体有权制定本地区法律。联邦主体图书馆立法的积极性很高，1994年7月的《萨哈共和国图书馆事业法》是俄罗斯第一部地方性的图书馆法，比《俄罗斯图书馆事业法》还早5个月，表明联邦主体在法律调控文化问题上有"宪法优先权"。20世纪90年代中期，联邦主体开始着手图书馆立法，1996－1997年是高峰期，②1999年89个联邦主体中的67个联邦主体制定了图书馆法，到2006年数量增至83个，③如今只有莫斯科和圣彼得堡没有图书馆法，主要原因是这两个特大城市各类型图书馆数量众多，而且相互间缺乏必要联系。④ 这些年来，联邦主体根据联邦法规政策和地方社会发展等对各自的图书馆法进行了修补。

俄罗斯联邦制度的特点决定了联邦主体制定图书馆法的必要性和重要意义。首先，国家权力地方化后，文化事业管理权赋予了联邦主体，《俄罗斯

---

① В. Р. Фирсов. Современные проблемы нормативно－правовогообеспечения деятельности библиотек[J]. Информационный бюллетень РБА,2009(52):5－6.

② Е. И. Борисова. Становление регионального библиотечного законодательства в России [EB/OL]. http://www. ifapcom. ru/files/Monitoring/borisova_reg_leg. pdf

③ В. Р. Фирсов. Нормативы и закон: сокращение, обновление или смена традиций[J]. Библиотека,2006(11):6－9.

④ О. А. Чувильская. Законодательство о библиотечном деле: эволюция и современное состояние[J]. Научные и технические библиотеки,2009(9):17－27.

图书馆事业法》对地方的作用和影响力大为削弱，需要联邦主体制定图书馆法来予以贯彻执行、细化解释；其次，联邦主体图书馆法可规定因为不属于联邦中央管辖而不能由联邦法律规定的问题，图书馆和图书馆网设置、集中化图书馆系统活动规范、分馆权利、联邦主体内图书馆间关系、特殊工作条件、馆员工资和社会保障、居民使用图书馆服务、地方志研究、地方税收等问题是俄罗斯图书馆事业发展的具体实践工作，需要立法加以指导和规范，但全俄各地差异甚大，因此。在全俄层面上做统一规定不合乎联邦制度的法律精神，也是不现实、不合理的；再次，联邦主体可根据地方的文化历史传统、居民构成、行政制度等特点确定符合地方特色和需要的图书馆法内容，使图书馆更好为地方社会发展和经济建设服务；最后，联邦主体图书馆法有助于为地方图书馆政策的制定实施提供法律支持与保障。

联邦主体图书馆法的内容和框架一般都参照和效仿《俄罗斯图书馆事业法》，效仿率达30% -80%，[①]这在一定程度上等同于对《俄罗斯图书馆事业法》的贯彻。当然，联邦主体图书馆立法也有特色之处，比如，赋予联邦主体综合科学图书馆以地方图书馆局的职能，接收和分配并监督文献呈缴本，编制国家书目，保护本地区居民文化遗产，设有专门章节、条款规定馆员社会待遇保障等。综合分析联邦主体图书馆法，可看出给予馆员社会保障的最普遍形式是津贴补助和带薪休假，其标准是馆员工作的工龄、业绩、性质与环境等。秋明州、图拉州、摩尔曼斯克州、巴什科尔托斯坦共和国等规定馆员工作每满5年给予基本工资20%的津贴补助，最高上限一般不超过40%，哈卡斯共和国、克拉斯诺亚尔斯克边疆区规定工龄为3-6年、6-9年、9-12年、12-15年、15年以上的馆员津贴补助分别为20%、25%、30%、35%、40%。库尔干州规定工龄为2-5年、5-10年、10年以上的馆员依次给予10%、20%、30%的津贴补助。摩尔多瓦共和国给予馆员第一个10年连续工龄20%补助，以后每5年为10%，库尔干州规定馆员工龄为2-5年、5-10年、超过10年的带薪休假为5天、10天、15天。图拉州规定工龄10年、20年以上的馆员带薪假期为5天、10天。别尔哥罗德州规定工龄5年以上，工龄每增加一年带薪休假增加1天，但最长不超过12天。别尔哥罗德州

① В. Р. Фирсов. Формирование территориального библиотечного законодательства в России [EB/OL]. http://www.rba.ru/or/od/law/obesp/spisok.html

等规定，对获得功勋文化工作者称号、俄罗斯政府颁发奖章和证书的馆员及职业技能竞赛获胜者、获优秀科研成果奖和有创新成就贡献的馆员补助奖励。图拉州、秋明州、别尔哥罗德州给予在不利健康的环境中工作的馆员以20% –100% 的补助，给予公共休息日、夜晚工作、完成有强度和难度工作（如为特殊读者服务、解答复杂咨询问题、书库工作、外出指导工作等）的馆员 100% 的补助。库尔干州对图书馆研究中心人员完成跨地区性工作给予基本工资 25% 的补助。梁赞州给予在农村地区从事协调指导工作的区中心图书馆馆员 25% 补助。布里亚特共和国规定在书目信息部、国家和地方文献部、基藏部工作的馆员补助高于其他部门。摩尔曼斯克州给予各级图书馆研究中心馆员 25% 补助。克拉斯诺亚尔斯克边疆区规定综合科学图书馆馆员补助为 50% 、儿童青少年图书馆馆员为 30% 。此外，还其他社会待遇措施，如克拉斯诺亚尔斯克边疆区规定，中高等职业教育学校毕业后分配到图书馆的青年馆员在工作前三年享受 50% 的补助，以避免年轻人才流失。莫斯科州在住房、公共交通、通信服务方面为馆员提供优惠。秋明州对馆员每年休假给予额度为两个月工资的补助，对疗养往返提供费用补助，建议地方自治机构为馆员提供住房、建立住房基金为购买住房提供无息贷款。哈卡斯共和国规定馆员有权依靠共和国财政获得住房保障，个人建房可获补偿。别尔哥罗德州规定馆员有权得到医疗补助。摩尔多瓦共和国、别尔哥罗德州制定了“在图书馆连续工作的馆员岗位工资月津贴补助发放办法和数额”“支持州图书馆事业和国（州）立图书馆馆员社会保障办法”等专门规章。[①②]馆员工资和社会待遇一直是各行业中最低的之一，这严重影响图书馆队伍建设与稳定，成为制约俄罗斯图书馆事业发展的潜在消极因素。国家杜马主席 Б. В. Грызлов 在参加 2007 年 РБА 年会时指出，馆员低工资和物质保障水平与其劳动付出和责任明显不相符。图书馆界要求图书馆立法的初衷之一就是希望法律保障馆员社会待遇，但《俄罗斯图书馆事业法》第 26 条规定没能充分反映出图书馆领域劳动关系特点，如今联邦主体图书馆立法填补

---

① Л. В. Куликова. Профессиональная и социальная защита работников библиотек（отражение в региональном законодательстве）[J]. Информационный бюллетень РБА，1997（7）：26 –32.

② Е. И. Борисова. Социальная защита：опыт субъектов Российской Федерации[EB/OL]. http：//www. rba. ru：8101/or/od/law/obesp/bor/bor. html

了空白与不足，使馆员社会待遇问题有了法律保障。

实际上，在世界联邦制发达的国家，地方的图书馆立法活动常常先于联邦中央。比如，美国最早的图书馆法是1848年马萨诸塞州制定的公共图书馆法和1849年新罕布什尔州通过的公共图书馆法，1877年有20个州制定了有关图书馆法，1956年才通过第一部联邦图书馆服务法（LSA）；欧洲第一部图书馆法是英国比尔埃瓦尔达郡1850年通过的，而且地方图书馆立法对联邦图书馆法具有基础性的作用。

（3）独联体国家层面的图书馆立法

苏联的解体使独联体各国间几十年的文化交往和信息往来中断，出于各方面利益的考虑，独联体各国普遍认识到应继续加强图书馆间交流合作关系，建立独联体国家共同图书馆空间作为共同信息空间组成部分，以推动独联体国家一体化进程。这就要求独联体各国首先要对图书馆事业发展有共同认可的法律基础，尤其是各国有各自独立法律制度的情况下，共同遵循的法律基础将是各国图书馆合作交流的依据和保障，同时也将促进独联体国家尽快制定图书馆法。

1995年欧亚图书馆大会（БАЕ）在职业联盟全体大会的支持下向独联体国家跨国议会大会（МПА СНГ）提出制定独联体国家图书馆示范法典的建议，得到了МПА СНГ的积极支持。МПА СНГ成立于1992年3月，是独联体国家间的咨政咨议协商机构，主要任务是研究讨论、审议制定事关后苏联空间独联体各国共同利益的、需要协商的政治、社会经济、议会合作等重要问题，制定并向各国议会、独联体国家元首委员会提出建议性立法文件草案。从1996年开始，在俄罗斯的倡议下，《独联体国家图书馆示范法典》分阶段制定、实施、修订，直到2008年4月最完整的《法典》经МПА СНГ元首委员会会议通过。

《法典》共七章一百零五条，由总则和图书馆法、文献呈缴法、国家图书馆法、公共图书馆法、图书文物法、图书机读目录标准法等6个单元法组成，内容十分丰富，涉及图书馆事业发展的各个基本领域。包括图书馆、公共图书馆、电子图书馆、图书馆事业、文献、电子文献、图书馆用户、文献呈缴本、文献生产者、国家图书馆文献信息资源等一些基本概念。主要条款内容包括：公民在图书馆领域的权利（包括公民使用图书馆服务和参与图书馆活动的权利、图书馆用户权利）、图书馆类型、图书馆地位与基本任务、图书馆领域国家政策、图书馆权利与义务、国家对图书馆事业发展的义务、图书馆馆藏国家文化财产保存与使用的特殊条件、图书馆间相互关系的组织管理、图书馆的法律和经济调控、文献呈缴领域国家政策、文献生产者（文献呈缴本接收者、使用者）及其权利与义务、国家图书馆地位与基本职能、国家图书馆活动的组织管理与财政、公共图书馆基本目的与任务、公共图书馆活动的组织管理、古籍图书文物的所有权、古籍图书文物的统计登记、古籍图书文物的保存和安全、图书机读目录统一格式等。

《法典》作为 МПА СНГ 向各国议会推荐的图书馆信息领域的法令总和，它既不是独联体国家共同遵守的法律也不是独联体国家间的跨国协议，而是为独联体各国制定相关法律、签订跨国协议、进行图书馆领域合作提供的建议性规范基础，它的制定与实施是建立在自愿、平等、尊重主权等原则基础上的，不具有强制约束力。《法典》是独联体国家在图书馆事业发展问题上达成共识的结果，其中规定的原则、概念、权利、义务等内容为各国认可。《法典》为独联体各国制定和修订图书馆法提供框架参考，使各国在遵循共同认定的框架、内容、精神原则基础上，开展图书馆领域合作。《法典》保存和发展了独联体各国的国家文化，促进历史上形成的各国间多边的文化、科技、经济交流联系的发展，促进了各国在居民自由获取信息和国家独立自主原则基础上图书馆立法活动的协同发展，有利于在保障公民使用图书馆信息服务权利方面形成共同政策，巩固和加强了独联体国家互利互惠的统一图书馆空间和传统的图书馆间关系，确保图书馆馆藏文献资源的有效交换，加快了统一信息空间建设，为实现各国公民获取彼此知识信息提供保障。

俄罗斯图书馆界是《法典》研究制定的积极倡导者，Н. П. Игумнова、В. Р. Фирсов、Ю. А. Гриханов、Е. И. Кузьмин 等是《法典》制定的主要组织者与负责人。1996 年 12 月，国家杜马文化委员会举行了 БАЕ 与 МПА СНГ 合作会议，专门讨论《法典》的制定与实施。《俄罗斯图书馆事业法》制定时间早，而且参考了独联体国家同行所熟悉的欧洲国家类似立法条文，并与西方国家及 UNESCO、IFLA 等国际组织有关图书馆文件的精神原则相一致，因此成为《法典》的基础性参考。对于俄罗斯来讲，制定实施《法典》的意义和作用显然是更为突出的，确立和巩固了俄罗斯图书馆在独联体国家统一图书馆空间中的主导地位，扩大了俄罗斯图书馆界与外界的联系，是俄罗斯与独联体国家图书馆界开展交流合作的基础性法律文件，有助于俄罗斯倡导提出的独联体国家统一图书馆空间建设以及俄罗斯与独联体国家间图书馆领域协议的有效履行与实施。

6.3.2 与俄罗斯图书馆事业相关的联邦法律

图书馆作为社会的重要文化机构，发挥着越来越重要的社会职能，图书馆以信息服务为基础和核心的社会活动涉及政治、经济、文化等各领域，因此，图书馆也就成为诸多领域法律的调整对象。近些年，尤其是一些联邦法律的研究、制定、修订、实施，以及相应的法律改革没有考虑图书馆事业的特点和利益要求，影响了图书馆事业的发展，完善这些法律与图书馆事业发展协调关系成为图书馆事业法制建设的重点。

（1）《俄罗斯文献呈缴法》——图书馆馆藏文献补充的法律保障

《俄罗斯文献呈缴法》是与俄罗斯图书馆事业关系最为直接、密切的联邦法律，它与《俄罗斯图书馆事业法》同时起草、研究、制定且同日通过和实施，与《俄罗斯图书馆事业法》并称为俄罗斯图书馆事业立法。从历史上看，文献呈缴本是俄罗斯图书馆馆藏文献最基本来源，《俄罗斯文献呈缴法》为图书馆馆藏资源建设提供法律保障，对俄罗斯图书馆事业发展具有特殊重要意义。

①俄罗斯文献呈缴制度的历史沿革

1783 年 2 月，沙俄女皇叶卡捷琳娜二世颁布“自由印刷厂”令，要求俄罗斯境内所有出版物都要向皇家科学院图书馆（现俄罗斯科学院图书馆）呈缴样本，向图书馆缴送文献样本作为一种国家制度由此确立。[①] 1810 年和 1862 年圣彼得堡皇家公共图书馆（现 РНБ）和鲁缅采夫公共博物馆图书馆（现 РГБ）开始接收文献呈缴本。1810 年亚历山大一世发布命令，规定公共图书馆接收文献呈缴本。

苏维埃政府重视图书馆馆藏文献的充实，1920 年颁布了“向人民教育委员会缴送俄罗斯苏维埃社会主义联邦共和国图书书目”法令，奠定了苏维埃

---

① Ю. А. Гриханов. Обновленный закон «Об обязательном экземпляре документов»: плюсы и минусы[J]. Библиотека, 2004(3): 17 – 21.

文献呈缴制度的法律基础。[①] 1931 年苏维埃中央执行委员会、人民委员会发布"用苏联境内所有出版物供应大型国家书库"令,开始实行收费文献呈缴本制度。[②] 1940 年苏联人民委员会发布决议,收费呈缴本由 50 册至 150 册,接收呈缴本的图书馆增至 285 个,缴送范围扩展到苏联全境出版的所有俄罗斯文出版物。卫国战争期间直到 1948 年,中央图书局增加了收费呈缴本和接收图书馆的数量(270 册、528 个)。1948 年 9 月,按苏联部长委员会的决议,收费呈缴本规定为 150 册。1959 年 5 月,苏联部长委员会制定"印刷出版物提交检查和呈缴方式的决议",收费呈缴本定为 180 册。苏联时期,文献呈缴由苏中央委员会和苏联文化委员会制定的决议、命令规定,全苏图书局、科学图书馆图书分配中心分别负责接收和分配免费呈缴本、收费呈缴本。

苏联解体后,图书出版和文献呈缴法规的废止、书刊检查制度的取消,检查监督机构的撤销等削弱了国家对文献呈缴本提交的管理和监督。图书流通、贸易、配送体系瓦解,缺少完整系统的全国出版物书目,出版业自由开放,非国有出版机构增多,约 80% 出版公司属个人所有。[③] 出版市场混乱无序、缺乏监管,致使不缴送呈缴本的现象极为普遍,社会文化保存积累、图书馆馆藏补充、图书馆服务遭受灾难性影响。图书馆藏书充实问题演变为用户获取信息宪法权利实现问题,文献呈缴制度成为实现这一权利的保证,法律手段确保文献呈缴制度实施成为客观需要。1993 年 6 月,俄罗斯最高苏维埃发布《免费和收费出版物呈缴法令》。1994 年 12 月,国家杜马通过了《俄罗斯文献呈缴法》。《俄罗斯文献呈缴法》得到欧盟委员会及 2001 年哥本哈根举行的"国家书目问题全球大会"的肯定和高度评价,被认为与欧洲

---

① И. А. Андреева, В. Г. Гукова. К 5 – летию принятия федерального закона " Об обязательном экземпляре документов " [EB/OL]. http://www. pcpi. ru/manage/page? tid = 764400057&nd

② Т. Г. Рожкова. Обязательный платный экземпляр — основной источник комплектования книжных фондов крупнейших научных библиотек России и стран СНГ [EB/OL]. http://www. gpntb. ru/ win/interevents/crimea2001/tom/sec8/Doc13. HTML

③ Ю. А. Гриханов. Система обязательного экземпляра документов: нормативно – правовое регулирование на федеральном и региона – льном уровнях [J]. Библиотековедение, 2000 (1) :41 – 43.

水平接近，是进步和遵循民主原则的，可为他国文献呈缴立法之榜样。①

2008年3月，俄罗斯文献呈缴制度进行重大改革，废除了施行七十多年的收费文献呈缴本制度。收费文献呈缴本是俄罗斯独具的特色，20世纪30年代图书数量和种类稀少、图书流通体系尚未建立，图书馆图书补充无法得到保证，为此苏维埃政权实行收费呈缴本制度，要求出版机构必须将出版图书作为收费呈缴本供给图书馆，专门成立了负责收费呈缴本接收与分配的科学图书馆图书分配中心。从此，图书馆文献有了可靠稳定的来源保障，最终成就了苏联图书馆丰富的馆藏。苏联解体后，《俄罗斯文献呈缴法》保留了收费呈缴本制度，并在整个90年代对俄罗斯图书馆藏书补充发挥了重要作用。但随着俄罗斯市场经济改革的深入发展、法律环境的变化，收费呈缴本制度的社会不适应性暴露出来，它毕竟是带有指令性色彩的计划经济时代产物，与完善的市场经济模式有些格格不入，图书不再稀缺，出版市场和图书贸易逐步发展成熟，而且收费呈缴本制度与《俄罗斯图书馆事业法》规定的图书馆有权自主选择图书采购来源和《国家和自治地方机构公务用商品采购、劳务、服务招标法》规定的图书招标采购相悖。收费呈缴本制度完成了自己光荣的历史使命，它对俄罗斯图书馆事业发展的贡献不可磨灭的，正如Ю. А. Гриханов的评价："收费呈缴本制度是我国图书集中统一供应时代应对图书不足的比较成功的发明"。②

从沙俄到苏联再到俄罗斯，俄罗斯文献呈缴制度的作用由最初对出版物监督检查逐步变化为保存国家文化、充实图书馆馆藏。如今《俄罗斯文献呈缴法》虽然只规定了免费呈缴本缴送问题，但仍对图书馆事业发展具重要作用，与《俄罗斯图书馆事业法》一样，制定《俄罗斯文献呈缴法》是国家支持图书馆事业发展的重要举措。

②俄罗斯文献呈缴制度对馆藏文献的充实

《俄罗斯文献呈缴法》规定文献生产者（出版社、印刷厂等）在出版物问世后，有义务按法定期限、方式、数量向指定机构足量、免费缴送文献样本，违者将追究责任和受到处罚。缴送样本的文献包括印刷出版物（图书、期

---

① К. М. Сухоруков. Как решаются проблемы обязательного экземпляра за рубежом [EB/OL]. http://rsl.ru/newsarc.asp?ob_ekz/suh.htm

② Ю. А. Гриханов. Система Обязательного экземпляра документов: новые законодательные нормы[J]. Библотека, 2008(6): 10–16.

刊、报纸、科技报告、咨询报告、学位论文、专利文献、官方出版物等)、视听读物、电子出版物、计算机软件和数据库、盲文出版物等。

《俄罗斯文献呈缴法》确定了联邦、联邦主体、自治地方三级文献呈缴体系,文献生产者分别缴送联邦呈缴本、联邦主体呈缴本、自治地方呈缴本。不同类型文献需在不同期限内向不同接收机构缴送不同数量的样本:印刷出版物出版当日需向俄罗斯图书局、联邦主体图书局和图书馆、自治地方图书馆缴送呈缴本,联邦呈缴本的类型和数量为:俄罗斯文的图书、期刊、连续出版物16册,乐谱、地图等7册,中央和联邦主体的俄罗斯文报纸9份,自治地方报纸3份,俄罗斯其他民族语言和外文的图书、期刊、乐谱、地图等4册,报纸3份、标准10份、博士论文文摘9份,所有类型印刷出版物的联邦主体呈缴本为3册(份)、自治地方呈缴本为2册(份);盲人和弱视出版物出版两天内向俄罗斯国立盲人图书馆缴送样本2册;非公开文献——除医学和药学外所有专业博士论文答辩通过后30天内向РГБ缴送1册样本,医学和药学专业的博士论文向中央科学医学图书馆和莫斯科医学科学院缴送各1册样本;联邦和联邦主体国家机关向议会图书馆缴送官方文献样本2份;电子出版物向Информрегистр科技信息中心和叶利钦总统图书馆缴送样本5份和1份。不同类型文献呈缴本归不同机构接收、分配、保存,做好文献呈缴本的统计、登记、保存、使用工作是接收者法定义务。俄罗斯图书局、联邦主体图书局和图书馆、自治地方图书馆分别负责接收印刷出版物的联邦呈缴本、联邦主体呈缴本、自治地方呈缴本,俄罗斯图书局、联邦主体国家机关、地方自治机构监督呈缴本缴送。Информрегистр科技信息中心接收和分配电子出版物呈缴本,联邦工业产权研究所接收和分配电子版专利文献呈缴本,议会图书馆、俄罗斯国立盲人图书馆分别负责官方文献呈缴本、盲人和弱视出版物的收藏、登记、保存、利用。

《出版物呈缴条例》(俄罗斯政府1995年制定、2002年修订)作为《俄罗斯文献呈缴法》的配套法令具体规定了大型图书馆接收联邦呈缴本的类型和数量,如РГБ、РНБ等16个图书馆接收俄罗斯图书局分配的印刷出版物呈缴本,РГБ、РНБ、俄罗斯科学院西伯利亚分院国立公共科技图书馆(ГПНТБ СО РАН)接收Информрегистр科技信息中心分配的电子出版物呈缴本,РГБ、РНБ、ГПНТБ СО РАН、罗斯托夫国立图书馆接收联邦工业产权研究所分配的电子版专利文献呈缴本,РГБ、РНБ接收文献呈缴本类型及数量:俄文的图书、期刊、连续出版物为2册,地图、乐谱2册,中央和联邦主体的俄罗斯文报纸2份,自治地方报纸1份,俄罗斯其他民族语言和外文的图书、期刊、乐谱、地图、报纸1册(份),标准1份,博士论文文摘1份,电子出版物、电子版专利文献各1份。俄罗斯有16个图书馆接收联邦呈缴本,数量之多在世界上也是独一无二的。

图书馆界以关注《俄罗斯图书馆事业法》一样的热情和积极性参与《俄罗斯文献呈缴法》的研究、制定、修订、实施,将《俄罗斯文献呈缴法》的施行和完善作为一项重要的职业活动内容。在联邦图书馆的建议和参与下,70多个联邦主体制定了文献呈缴法规,而且常与地方图书馆法联系在一起,比如图书馆法包含文献呈缴条款,或是两法合二为一,名为"图书馆事业和文献呈缴法",地方文献呈缴法具体规定联邦主体和自治地方呈缴本的缴送。

俄罗斯文献呈缴制度存在着呈缴本缴送数量不足、联邦呈缴本分配不均等问题,直接影响俄罗斯图书馆事业发展。出版商抱怨缴送呈缴本数量过多,负担太重,且没有从缴送呈缴本中得到利益,因此要求削减呈缴数量,并不如数缴送呈缴本,使一些图书馆无法从俄罗斯图书局分配到呈缴本,造成呈缴本"公开缺失"。"公开缺失"的呈缴本数占出版物总量30% ,影响馆藏文献完整性和连续性。图书馆界则认为呈缴本数不能满足需要,В. В. Шилов从居民数、地域面积、图书印数等方面计算分析并与其他国家对比,得出俄罗斯平均每900万人和100万平方公里区域才拥有1册呈缴本,且很多地方根本得不到。① Ю. А. Гриханов认为,呈缴本是联邦财政无力支付图书馆购书经费而规定的法律意义上的特殊"税",21世纪俄罗斯的发展必须依靠信息的有效传播与获取,而传播和获取信息不能仅依靠图书交易网络,还应依靠图书馆等文献公共收藏部门,国家信息资源建设、出版物宣传、科学和经济发展都需要文献呈缴本,故法律规定的呈缴本数量并不过分,减少是没道理的。РНБ学者建议按出版物印数缴送呈缴本:印数为50-300册、301-600册、600册以上分别缴送6册、11册、16册,②制定配套法规研究缴送样本的补偿问题,鼓励缴送呈缴本,比如国家给予奉公守法的出版者税

① В. В. Шилов, В. В. Брагинец. Федеральный экземпляр документов: Вопросы количества и распределения[J]. Научные и технические Библиотеки,2001(6): 49-56.

② Е. М. Коломейчук. На повестке дня - проблемы законодательства об обязательном федеральном экземпляре документов[J]. Информационный бюллетень РБА,1999(14):23-26.

收、纸张价格等优惠，使他们不会因依法缴送文献而感到“吃亏”。《俄罗斯文献呈缴法》规定的16册联邦呈缴本，11册分给了莫斯科地区的图书馆，其他地区图书馆只分得5册。[①] 联邦呈缴本分配不均影响图书馆藏书，不利于全俄统一图书馆空间构建。有学者建议减少莫斯科地区呈缴本数量，重新分配给其他地区，改变俄罗斯图书局呈缴本分配次序等办法，使图书馆能均衡获得呈缴本。对于图书馆来说，重要的是从政策、机制、管理等多方面协调妥善解决国家、出版商、图书馆等之间利益均衡的问题，保证《俄罗斯文献呈缴法》的有效实施。2008年3月，《俄罗斯文献呈缴法》修订案通过，修订涉及文献呈缴制度建设的目标、文献呈缴的类型，各类文献呈缴问题等，进一步明确对“文献”“联邦主体文献呈缴本”“自治地方文献呈缴本”等基本概念，赋予总统图书馆接收电子文献呈缴本的权利，但还有一些不明晰的问题，首先是联邦主体和自治地方文献呈缴本提交程序、方式，全俄文献呈缴本分布不均问题仍未能解决，这仍是文献呈缴制度的主要问题。[②] РБА 图书馆馆藏文献建设分会及其他相关分会开始起草修改建议。就目前来看，《俄罗斯文献呈缴法》还将不断修订。

（2）《俄罗斯地方自治组建基本原则法》（简称《俄罗斯地方自治法》）

《俄罗斯地方自治法》（1995年8月制定，2003年9月重新制定，2006年1月起施行，2008年在俄罗斯全境施行）是对俄罗斯图书馆影响最大的法律之一。《俄罗斯地方自治法》实现了图书馆事业的分权管理，将管理地方图书馆的权利赋予了各级地方自治机构，法定了区、市、农村等各级地方自治机构对图书馆开展居民服务的职责，为图书馆与地方政府建立关系奠定了法律基础。[③]《俄罗斯地方自治法》确定的地方自治的法律、行政区域、组建、经济等原则、方式、程序等直接决定了自治地方图书馆的存在与发展。

俄罗斯文化部多次提出，《俄罗斯地方自治法》的施行使俄罗斯图书馆

---

① В. Фирсов. Законодательное обеспечение деятельности библиотек в современных условиях [J]. Библиотечное дело，2008(21)：6－9.

② В. Р. Фирсов. Законодательное обеспечение деятельности библиотек в современных условиях[J]. Библиотечное дело，2008(21)：6－12.

③ Е. И. Борисова. Библиотека и местная власть [EB/OL]. http://www. rba. ru/ or/od/ law/ obesp/bor1. html

消亡的危险变为现实，[1]是导致图书馆数量连年持续减少（1998 年 48829 个降到 2005 年 47447 个）、图书馆状况恶化、发展缓慢和不均衡的重要原因。A. B. Соколов 教授直言："《俄罗斯地方自治法》将图书馆为居民服务的责任交给了最贫穷和最外行的自治地方机构，自然会出现农村图书馆、区、市图书馆缩减，集中化图书馆系统解体，简单说，俄罗斯反文化革命正在来临"。[2]许多地方自治机构在对地方图书馆拥有所有权之后，对图书馆不甚重视，在地方自治组建过程中随意撤销、重组、合并图书馆，对图书馆拨款采取财政"剩余原则"，致使图书馆状况每况愈下。一些地区尤其是农村失去了图书馆服务，居民的基本信息需求无法得到满足，拉大了地区间信息鸿沟。信息不平等的加剧对俄罗斯经济发展和社会稳定都具有不利影响。自治地方图书馆是俄罗斯图书馆事业的基础，为俄罗斯居民提供最基本的图书馆服务，因此，自治地方图书馆生存与发展状况一直是这些年来俄罗斯图书馆事业发展最严峻的问题。

《俄罗斯地方自治法》对图书馆事业产生消极影响的主要原因并不在于该法本身，其根本问题在于地方自治制度下如何建设和发展图书馆事业。解决这个问题的基本思路是：首要任务是在地方自治组建过程中保存自治地方图书馆网，采取措施消除该法执行过程中对图书馆事业造成的负面影响，按该法确定的自治原则和自治区域等要求设置或重新组建图书馆、改进图书馆服务、定位图书馆职能和任务等。比如行政自治区域重新划分后，原有的跨地区性集中图书馆系统（ЦБС）、地区中心图书馆的组建、联合、管理、财政拨款等等都需要重新设置。为做好地方自治制度下图书馆服务工作，主要从以下几方面入手：

①修订完善《俄罗斯地方自治法》中关于地方自治区域图书馆网建设的有关规定，进一步明确图书馆财政和物质技术保障等问题，争取制定图书馆服务最低社会标准的联邦法律。

②修补《俄罗斯图书馆事业法》等联邦法律及联邦主体图书馆法，使之与《俄罗斯地方自治法》相适应。E. Борисова 认为，《俄罗斯图书馆事业法》

---

① Ю. А. Гриханов. Административная реформа и библиотечное обслуживание населения России[EB/OL]. http://www. library. ru/1/ ocal_uprav/admreform/article. php? a_uid = 196

② А. В. Соколов. Демократия и библиотечная интенция[J]. Информационный бюллетень РБА，2006(40)：134 – 136.

对地方自治图书馆活动法律调整方面的规定欠缺，与《俄罗斯地方自治法》不相适应。[①] 全俄有 152 部法律因《俄罗斯地方自治法》而修改或重新制定，[②]足见该法效力范围和影响力。《俄罗斯文化立法基础法》第 20 条修订明确了地方自治机构组织和管理图书馆居民服务、确保公共图书馆基本服务免费性的权责。《俄罗斯图书馆事业法》第 42 条修补赋予了居民点综合性图书馆以区中心图书馆地位，城市居民点综合性图书馆以市中心图书馆地位。联邦主体制定辅助性法规、条例、章程、规范性协议文件等，如《阿尔汉格尔斯克州自治地方公共图书馆示范条例》《彼尔姆州流动图书馆居民服务条例》《鄂木斯克州自治地方图书馆服务标准》《卡累利阿自治地方图书馆服务章程》等。

③制定自治地方图书馆建设与服务基本标准。俄罗斯各地经济、文化、社会民主等情况千差万别，因此必须在地方自治组建过程中制定图书馆服务的最低社会标准，即在实行自治的一定行政区域范围内，必须存在最起码的图书馆服务。为此，2007 年 5 月，PБA 制定《自治地方公共图书馆网建设和资源保障标准》；2008 年 2 月，俄罗斯文化部颁布了《农村地区文化机构（公共图书馆和文化休闲机构）服务最低资源保障标准》。这两个标准向全俄推荐使用，标准参照国际标准和《俄罗斯地方自治法》的规定，对按地域范围和居住人口数量设置图书馆的数量以及自治地方图书馆应具有的藏书量、新书入藏量、图书馆馆舍面积、工作人员数量、技术设备做了最下限的规定，同时标准也作为自治图书馆服务活动的指南和业务基本规范。

《俄罗斯地方自治法》的实行加强了图书馆与地方自治机构和文化部门的联系，共同策划图书馆发展模式，促使各地图书馆探索图书馆存在和服务的新方式。比如别尔哥罗德州、特维尔州等组建统一联合的自治地方图书馆网络，与大学图书馆、学校图书馆等其他机构图书馆及档案馆、博物馆、文化宫等机构联合重组，建立社会文化中心、信息中心、休闲中心。彼尔姆州、坦波夫州、奔萨州等在积极采用流动图书馆服务点、集体借书证、流动阅览室、移动图书馆（汽车图书馆）等各种非固定形式图书馆居民服务，协调自治

---

① Е. Борисова. Нормативно – провая база: основные направления развития отрасли[J]. Библиотека. 2007(11):23 – 24.

② О. Ф. Бойкова. Библиотека в контексте местного самоуправления: законодательно – правовые основы[EB/OL]. http://www.library.ru/1/local_uprav/admreform/article.php? a_uid = 169

图书馆网发展。

为全面贯彻执行《俄罗斯地方自治法》，2004 年俄罗斯专门出台了针对该法的《联邦法律修改和部分法律条款失效联邦法》，要求此前制定的联邦法律、法令应根据新出台的《俄罗斯地方自治法》做出相应修改，删除与《俄罗斯地方自治法》不相一致的法律条款。《俄罗斯图书馆事业法》也存在着进行相应修改的必要，因为该法未针对自治地方图书馆的术语概念、法律、经济等一系列问题做出规定。①

（3）《著作权与邻接权法》《俄罗斯民法典》（IV 知识产权）

20 世纪 90 年代中期，俄罗斯图书馆界开始关注著作权法律问题。“图书馆、出版社与著作权”国际会议（1996 年 5 月，莫斯科，全俄国立外文文献图书馆主办）和“电子通信时代著作权、图书馆与出版社”国际会议（1998 年 5 月，圣彼得堡，PБA、驻俄罗斯美国中心、德国文化中心联合主办）最先讨论图书馆与著作权问题，在这些会议上，图书馆界意识到图书馆是著作权的主体之一，研讨图书馆职业活动过程中的各种著作权问题。针对互联网发展对著作权产生的影响，2004 年 7 月，国家杜马修补了 1993 年制定的《著作权与邻接权法》，为著作权人增加以任何方式使用自己作品的新权利，即“有权允许任何人在人机交互情况下在任何地方和任何时间以任何方式获取和使用其作品”（第 16 条），这意味着作者的著作权延伸至互联网，即作者有权将作品上传至互联网并进行网络传播，作品的网络使用和传播权归属作者，尤其还专门增添了对图书馆电子资源服务的规定：“图书馆可不经作者同意、不支付费用，向用户提供馆藏文献的临时免费使用，但产生文献数字化复本的临时免费使用只限图书馆内，且产生的数字化复本能被清除”（第 19 条）。2006 年 10 月，国家杜马通过了《俄罗斯民法典》（IV 知识产权）（以下简称《民法典》（IV）），并于 2008 年 1 月取代《著作权与邻接权法》正式实施，《民法典》（IV）第 1274 条（为信息、科学、学习、文化目的对作品的使用）第 2 款基本沿用了《著作权与邻接权法》第 19 条的规定，还增加了图书馆间资源共享时产生数字化复本限于图书馆内使用且应能被清除的规定。

依照这样的著作权制度，电子图书馆在互联网上使用和传播受著作权

① Е. И. Борисова. Проблемы отрасли：законодательное обеспечение деятельности библиотек на федеральном уровне[J]. Библиотечное дело，2008（15）：9.

制度保护的作品，必须与著作权利人签订协议，得到授权许可，否则为侵权。著作权制度对图书馆建设电子图书馆提出限制——电子资源的使用仅限图书馆内（如电子阅览室、互联网室、虚拟阅览室）且不能产生数字化复本，在图书馆局域网之外无法使用，用户只能在线浏览不能下载电子文献，离线后临时使用时产生的数字化复本即被清除。显然，依此图书馆无法建设真正意义的电子图书馆。从这个角度看，著作权制度成为制约俄罗斯电子图书馆发展的最重要和最复杂的问题。图书馆界对著作权制度没有给予图书馆建设电子图书馆的权利表示质疑与不满。在《民法典》（IV）起草阶段，以 В. Р. Фирсов 为首的图书馆界就提议，希望能借鉴澳大利亚、英国、瑞典、捷克等国做法，赋予国家图书馆不经作者同意数字化其作品的权利，但未被采纳。兼任国际电子图书馆和新技术研究和使用者协会主席的 Я. Л. Шрайберг 质问：为什么对影视作品、计算机软件、数据库的大量复制和盗版视而不见，对图书馆电子复制馆藏文献却斤斤计较？既然《民法典》（IV）的制定参照了欧美著作权立法精神和原则，为什么不从关心读者的角度，引进欧美著作权法中为科研教学和个人学习目的而设定的“合理使用”制度？В. Р. Фирсов 也提出类似看法：如今在著作权市场上很多方面是没有依法调整的，对充斥市场的盗版音像制品、游戏软件等没有采取有效制裁手段，而对科学工作者、大学生、工程师等图书馆用户获取信息却严格限制，电子图书馆建设和服务变得举步维艰。Ю. А. Гриханов 在《立法者，请读自己制定的法律！》一文中回忆 20 世纪 80 年代在俄罗斯一个科学院图书馆发生的尴尬事——馆长骄傲地领日本同行参观坐满年轻学者和老科学家的阅览室，本以为会听到客人对座无虚席阅览室的赞叹，谁知日本客人却疑问：“为什么这些人工作在阅览室里，国家应把图书资料送到他们家中和电脑里，因为他们的时间十分宝贵”，馆长惭愧地回答：“我们的年轻学者家中没有电脑”，并编了个理由说俄罗斯有“集体创造研究”的传统。如今这位馆长可以引用法律的规定来解释了，“因为图书资料只能在图书馆内使用”。在这略带戏谑的话反映出图书馆界对著作权制度无视图书馆用户利益需求的一种不满与无奈。

图书馆界认为著作权制度对电子图书馆的限制与现行法律相矛盾。首先，图书馆建设电子图书馆是为公民更广泛便利获取信息创造条件，是实现公民获取信息宪法权利的最好方式，著作权制度对电子图书馆的限制等于限制公民信息获取权；其次，《俄罗斯图书馆事业法》第 12 条规定了图书馆在保护和发展文化的联邦纲要框架内建立自动化数据库的义务；第 19 条规定了国家支持和保障图书馆资源共享建设（馆际互借、联合目录、数据库、寄存本）以满足用户信息需求、合理利用馆藏，因此图书馆有权利和义务建设电子图书馆以实现资源共享，应从法律上鼓励而非限制电子图书馆建设；最后，《信息、信息技术和信息保护法》赋予了信息系统拥有者开发利用信息资源的权利与义务，电子图书馆本身就是由经有序化组织的文件和信息技术组成的信息系统。著作权制度在一定程度上剥夺了图书馆建设电子图书馆的权利，影响图书馆事业发展和公民对文化知识的获取利用。

2008 年借《俄罗斯图书馆事业法》修订之机，俄罗斯图书馆界经过努力建议，使国家杜马在一审通过的修订草案中规定了"国家图书馆有权不经作者同意、不向作者支付费用而对按《俄罗斯文献呈缴法》规定接收的文献呈缴本在入馆两年后进行数字化"，但此规定遭到一些作家和出版社的强烈反对，2008 年 9 月，他们联名致信总统梅德韦杰夫，认为赋予国家图书馆数字化馆藏文献的权利，将使俄罗斯互联网上盗版行为合法化，在对互联网上作品使用缺少监督机制的情况下，图书馆没有能力确保电子图书馆中图书不被非法使用，建立"免费电子图书馆"将导致电子图书从图书馆流出，直接被盗版和非法交易，侵害作者和出版社权益，违反国际和国内著作权制度，杜马此举是将每本图书著作权真正国有化。为消除作家和出版社对著作权权利可能遭受损害的疑虑，国家杜马在二审时删除了该项规定。

俄罗斯为加入世贸组织，加大了知识产权保护力度，以消除入世的最大障碍。《民法典》（Ⅳ）的制定实施正是措施之一。在强化知识产权保护的大环境下，电子图书馆建设争取著作权豁免的道路将是艰难的，但图书馆界并没有放弃，如今仍将修改《民法典》（Ⅳ）使其有利于电子图书馆建设作为重要的职业活动目标，与议会议员密切接触，进行"院外游说"。2010 年 2 月，联邦委员会国家政策委员会举行了"图书馆事业的法律调整：问题与前景"会议，提出的《民法典（Ⅳ）》修改建议写入了 2011 年《民法典（Ⅳ）》修订草案中，第 1275 条中增加了："图书馆有权不经作者同意、不支付费用，对按文献呈缴法接收的文献进行电子复制”,[1]再次引发了社会各界对图书馆馆藏文献数字化的著作权问题的激烈争论。不管结果如何,图书馆界为突破现有著作权法律制度对馆藏文献数字化限制而进行的“战斗”还将继续。

(4)《国家和自治地方机构公务用商品采购、劳务、服务招标法》(简称《招标采购法》)

1997 年 4 月,“预防贪污受贿和缩减国家机构采购商品开支的措施”总统令颁布,一些图书馆开始招标采购图书,但实践效果极差:国家对图书馆的购书经费投入非但未节省反而增加、图书采购有效性丧失、藏书质量降低、图书供应商垄断、图书采购招标方式形同虚设,因此,鲜有图书馆采用图书招标采购。2005 年 7 月,国家杜马通过了《招标采购法》,要求由国家和自治地方财政拨款的机构,在进行与公务有关的商品采购和劳务服务时实行招标,其中第 55 条规定了图书馆图书采购实行招标。这引起图书馆界普遍反对,图书招标采购原本存在的问题尚未解决,联邦法律的出台有增添新问题,直接影响到图书馆藏书补充。

首先,《招标采购法》与《俄罗斯图书馆事业法》第 13 条第 2 款之规定矛盾,剥夺了图书馆自主确定文献采购来源的权利。各地对图书采购招标数额、方式等理解和规定不同,不利于整个图书采购供应市场发展,而且第一季度就将全年图书招标采购不合理,影响图书馆藏书补充连续性。其次,图书出版信息不全、市场供应量庞大、出版市场瞬息万变、图书馆图书采购特点等原因,使图书馆图书采购不宜采取招标方式。按俄罗斯图书局统计,2005 年全俄出版新书 10 万多种,但缺少全面、准确报道全俄图书出版供应情况的书目信息,全俄 16000 多家出版社中只有十几家出版社有图书预出版信息,一些出版社出于商业秘密和利益的考虑,在出版信息中不标明图书价格甚至书名(图书印刷时才公布这些信息),图书馆在招标前无法预知出版社、图书及价格等基本信息,无法进行招标。最低价格是招标的基本标准,但不是图书馆购书的基本标准,图书馆既要满足社会阅读需求还要为后人保存文化遗产,便宜的图书一般印刷质量低、纸张差、软皮简装、胶粘,流通借阅几次后,图书馆需重新装订或复印,价格高的图书一般质量较好,节省

---

① В. Осипова. Проблема с оцифровкой библиотечных фондов и ее возможное разрешение [J]. Информационные ресурсы России, 2011(1):21－25.

了图书修复费用。印刷费用、纸张价格不断上涨，供方无法按固定价格长期供应图书。招标程序复杂性和时间性使图书馆容易漏订一些价格高、印数少、销售快的具有科学价值的图书，导致购书无效，图书馆过后难以填补空白，需要高价补进。目前，没有任何一个参与招标的供应商能提供满足图书馆需求的全部种类图书，图书馆不得不从其他渠道高价购买其余所需图书，增加购书费用。招标在供应商间进行，实际上将出版社排除在外，使图书馆失去了以往按出版社优惠价格获取图书的可能，供应商数量的有限性还可能导致垄断，人为地提高购书价格，影响图书馆藏书质量。最后，"图书"与需要招标采购的"同一商品"的概念不同。《招标采购法》规定对"同一商品"采购招标，但对"同一商品"却没有给出明确定义、商品名录，依靠财政拨款的机构购买的商品都在该法调整对象。"同一商品"有许多定义描述，对比俄罗斯国家标准"商品贸易：术语与定义"（ГОСТ Р51303－99）和"出版物：基本类型"（ГОСТ7.60－2003），可得出图书是有别于其他商品的特殊商品。图书的需求价值首先是由其内容决定的，从这个角度来说，每种图书都是不同的，同时每种图书都有各自不同的功用性和技术性特点——功用性主要通过内容、作者观点、阅读用途、目录索引、图表等表现，技术性特点主要是通过简精装类型、纸张、书籍、开本、印刷装帧、书皮材料（纸、硬纸板、皮革）类型、插图质量水准表现。不同出版社出版的同一作者的书以及同一题名的图书在上述两方面表现是不一样的，因此不能认定为是同一商品。应当说，图书馆在图书采购时，只有图书与其复本才可被认为是同一商品。综上，"同一商品"的概念不适合不同作者和不同出版社的图书，图书的上述特点应视其为不同商品，因此无法按"同一商品"对图书招标采购。

2006年8月，РБА向联邦文化和电影署、国家杜马文化委员会、国家杜马经济政策、企业和旅游委员会、俄罗斯经济发展和贸易部和国家杜马工业、建设、高新技术委员会提交建议函，要求修改《招标采购法》中图书招标采购的有关规定，建议制定《招标采购法》实施细则时，明确"同一商品"的概念。在2006年9月举行的莫斯科国际图书博览会上，РБА专门组织了"图书采购招标：国家资金的节省还是浪费"讨论会，公布РБА关于修改《招标采购法》的声明和建议书，向联邦主体发出响应此号召的倡议，研究制定类似建议书，形成一种力量，争取对图书馆最有利的结果。2007年4月，国家杜马工业、建设、高新技术委员会举行听证会，议员及俄罗斯政府各部、总统国家法律局、俄罗斯最高仲裁法院、联邦主体立法和执法机关的代表200多人参会，РНБ馆藏文献科学研究部主任И. В. Эйдемиллер作了“图书采购招标特点”的报告，并将РБА的声明和建议书提交给委员会主席。2007年7月，《招标采购法》进行修订，规定了图书不招标采购的例外情形：出版社对电子和印刷出版物有专营权，亦即某出版社为某出版物唯一供货者；采购有重要历史、艺术、文化价值的珍稀出版物、手稿、档案文献及其复制本时，允许向唯一提供者购买。显然，这与图书馆界的要求和图书采购实践还有相当距离，需要继续完善。图书馆界仍认为，图书招标采购不仅没有节省反而增加了国家对图书馆购书经费的投入，最终导致无法挽回的结果：图书馆藏书人为的“贫困”、居民服务水平降低、人们对图书馆和阅读失去兴趣、国民智力水平降低。所以，取而代之的是，图书馆应积极参与市场经济，有意识地自主选择经济有效的文献采购来源，摆脱中间商－垄断者狭小的圈子。

（5）信息领域法律

1995年2月出台的《信息、信息化和信息保护联邦法》将图书馆定义为信息系统（第2条），图书馆成为信息化领域（信息资源和信息服务市场）国家政策的主要内容之一。因此该法规定的与信息资源建设有关的内容（如信息资源的组织、建设、利用和提供服务、建设与保护国家信息资源、建立和发展自动化网络和系统、构建统一国家信息空间、保障国家信息安全、实现公民在图书馆信息化环境中的权利、信息资源领域国家义务和国家政策等）适用于图书馆信息服务。这对图书馆信息化建设，尤其是确立图书馆在俄罗斯信息社会建设中的作用和地位有积极促进作用，图书馆开展信息活动、参与信息社会建设有了更多的法律依据。该法强调了国家信息资源是开放的，所有人有平等使用国家信息资源的权利，公民有权获取完整、准确和可靠的信息，拒绝向公民提供公开信息或提供不可靠信息的机构，可能被起诉到法院，被拒绝的公民或使用不可靠信息而受损失的公民有权要求给予赔偿，非法限制信息获取和破坏信息保护制度的工作人员要承担法律责任。非法拒绝向公民提供信息、不及时向用户提供信息、或者提供不完整和准确信息的机构人员将受到行政处罚和罚款，这些适用于图书馆信息服务。1996年实施的《参与国际信息交换法》对俄罗斯图书馆与国外图书馆界交流合作、向国际市场提供信息产品和服务有重要意义。

2006年俄罗斯重新制定了《信息、信息技术和信息保护法》，在第8条

“自由获取信息权利”规定了公民有权自由获取图书馆、博物馆、档案馆等国家和自治地方及其他信息系统中保存的公开收藏的文献资源。同时，Ю. А. Гриханов 认为，如果逐字逐句解读这句话，则可看出，图书馆不再属于信息系统，似乎是要重建一个类似苏联时期与图书馆平行的科技信息中心。为此，Ю. А. Гриханов 建议应修订图书馆法，在国立中心图书馆和自治地方中心图书馆的职能中增添建立信息系统，以保障收集、保存提供居民官方信息及其他行政管理信息等相应规定，避免发生类似事件。[①] 2007 年俄罗斯文化部部长在俄罗斯政府会议上的做的《图书馆事业发展报告》中指出，《俄罗斯图书馆事业法》中应增添《信息、信息技术和信息保护联邦法》中提到的信息技术、信息通信网络等术语，以推进图书馆信息化发展，针对《俄罗斯图书馆事业法》和信息领域法律对“文献”的定义规定不同——图书馆法认为文献是物质载体（带有信息的），《信息、信息技术和信息保护联邦法》认为文献是信息（记载在物质载体上的），应作统一规定。

2009 年制定实施的《国家机关和地方自治机构官方信息获取保障法》，赋予图书馆保存和向公众提供政府官方信息的职能，按该法和《国家机关和地方自治机构提供服务法》（2010 年），俄罗斯信息和大众交际部成立了“国家服务”网站（http://www. gosuslugi. ru/）。公民、法人组织可以通过该网站获取国家机关和地方自治机构的信息和服务并对其实施监督，提出意见建议。РГБ 作为联邦国家机构，依据这两部法律通过该网站提供其馆藏的文献信息。

实际上，影响图书馆事业发展的法律远不止这些，比如作为非商业性机构和经济主体的图书馆，从经济法角度来说，其收费经营活动应受到联邦民法典、非商业机构法、俄罗斯联邦税法典。在诸多联邦法律中，规定文化、科学、教育、信息和信息化领域社会关系的法律在调整图书馆活动包括图书馆信息服务中具有重要意义。比如《国家支持俄罗斯联邦大众信息传媒和图书出版法》《俄罗斯教育法》（1992 年）和《高等职业教育和大学毕业后职业教育联邦法》（1996 年）规定了在职业学校、中专、大学、科学院都要设有图书馆，以保障为师生提供信息服务，《科学和国家科技政策联邦法》（1996

① Ю. А. Гриханов. Региональное библиотечное законодательство в контексте социально – экономических реформ[J]. Информационный бюллетень, 2007(45): 19 – 23.

年)规定了为了有效地为科研工作者和研究生提供服务创造必要条件而建立的作为科研机构的组成部分的图书馆的权利与义务。

因此,对俄罗斯图书馆事业发展来说,不仅要制定和完善相关法律,还要加强这些法律之间的协调性、兼容性,建立适于图书馆事业发展的广泛的法律基础。

7 俄罗斯图书馆职业组织与职业规范

俄罗斯图书馆职业活动的历史可追溯至百年前,[①]并随俄罗斯国度的历史变迁明显地分为前苏联、苏联、后苏联三个时期,[②]总体上经历了兴起、沉寂、复苏、稳定的发展阶段。以 РБА 为代表的图书馆界开展多种形式的职业活动,成为俄罗斯图书馆事业“国家 - 社会”管理体制中的重要社会力量。

7.1 俄罗斯图书馆职业活动的历史与现状

7.1.1 沙俄时期俄罗斯图书馆职业活动的兴起

20 世纪初,俄罗斯图书馆界的三大重要事件即 1908 年第一个图书馆学协会成立、1910 年第一本图书馆职业杂志《图书馆员》出版、1911 年第一届全俄图书馆工作大会召开成为俄罗斯图书馆职业活动兴起的标志。

(1)图书馆职业组织的出现

19 世纪与 20 世纪之交的近 30 年间是俄罗斯文化史上最辉煌的时期之一,被称为“白银时代”,这是俄罗斯历史上一个由近代向现代转换的大时代,一个精神觉醒、思想活跃、文化振兴、创作繁荣的时代。20 世纪俄罗斯杰出思想家尼别尔嘉耶夫,曾以生动的文笔描述了这个“罕见的、才华横溢的、闪光的时代”,把它称为俄罗斯的“文艺复兴”时代,或“文化复兴”“精神文化复兴”时代。“白银时代”俄罗斯文化是与外来文化、特别是西方文化发生撞击之后的产物,是俄罗斯思想与文化以主动积极的姿态汇入现代世界思

---

① В. Н. Зайцев. Сообщество профессионалов. Новый этап сотрудничества[J]. Библиотека, 1996(4):4 -7.

② А. В. Соколов. Уроки библиотечного демократического движения в России[J]. Научные и технические библиотеки,2006(4):5 -17.

想文化潮流中而必然产生的现象。①

“白银时代”造就了 Л. Б. Хавкина、Н. А. Рубакин 等一批图书馆界杰出人物,他们将国外图书馆发展的新思想观点、经验成果引入俄罗斯,使图书馆员了解到欧美图书馆有国家财政支持、独立的职业组织、职业出版物、馆员培养制度、举办职业大会,感受到自身的落后,开始关注图书馆发展。这时期除检察机关审查外,没有国家机构管理图书馆,图书馆学、图书馆教育、图书馆工作方法等问题都依靠社会原则解决。俄罗斯图书馆界意识到应联合来探讨和解决这些问题,②提出图书馆在职业自愿基础上“联合工作”的思想。③图书学家、目录学家 Н. М. Лисовский 撰文号召建设目录协会,1889 年莫斯科目录小组成立,1900 年改名为俄罗斯图书目录协会,附属于莫斯科大学。1899 年俄罗斯图书学协会在彼得格勒(今圣彼得堡)成立,略晚于美国图书馆学会(1876 年)和英国图书馆学会(1877 年)。各类图书馆职业组织在卡卢加、彼尔姆、雅尔塔、托木斯克等地相继成立。图书馆职业组织的产生受当时知识分子资产阶级民主革命思想的影响,还与馆员技能欠缺和图书馆管理机构不足有关。提高馆员业务水平、参与图书馆管理成为图书馆职业组织的基本工作。

1902 年图书馆学分会从俄罗斯图书学协会独立出来,1903 年召开第一次会议,指出图书馆发展首先取决于社会力量,并将代表图书馆利益、搞好图书馆联合作为己任。1905 年图书馆学分会发布俄罗斯图书馆状况报告,引起社会反响。1907 年图书馆学分会在彼得格勒艺术科学院图书馆宣布组建图书馆学协会,1908 年在官方注册。图书馆学协会的主要目的和任务是促进图书馆发展与完善、掌握图书馆基本状况、开展图书馆学研究、探讨图书馆合理有效的工作方式,到 1916 年有会员 237 人。图书馆学协会和 1916 年在莫斯科成立的俄罗斯图书馆协会是十月革命前俄罗斯最具影响力的图书馆职业组织,后者在其存在的短暂时间里(1916 – 1921 年)在全国设立了

① 汪介之. 白银时代:西方文化与俄罗斯文化的融汇[J]. 南京师大学报(社会科学版),2007(2):138.

② Н. М. Березюк. Отечественный библиотековед К. И. Рубинский [J]. Научные и технические библиотеки,1998(11):74 – 84.

③ И. Г. Матвеева. Российское библиологическое общество[EB/OL]. http://libconfs. narod. ru/1996/2s/ 2s_p15. html

7 个分会。①

(2)图书馆职业杂志——《图书馆员》的出版

1910 年图书馆学协会出版职业刊物《图书馆员》,这是俄罗斯最早和最具影响力的图书馆职业杂志之一。《图书馆员》每年四期,刊载图书馆和图书方面的理论性和科普性文章,传播图书馆工作先进思想和经验,宣传欧美国家图书馆界新思想和新成果,对馆员提高职业水平、开阔视野帮助很大。《图书馆员》在发行的六年时间里(1910 - 1915 年),为俄罗斯图书馆发展而斗争,联合社会力量解决图书馆发展面临的问题。

(3)第一届全俄图书馆工作大会召开

1911 年 6 月,在图书馆学协会的倡议组织下,第一届全俄图书馆工作大会在彼得格勒召开,大会被誉为俄罗斯图书馆界"民主自我管理和职业自我意识的最高表现形式",是俄罗斯图书馆历史上的重要事件。大会召开基于以下背景:②首先,当时俄罗斯图书馆基本状况是民众图书馆和社会图书馆处于无权地位、科学院图书馆状况不确定、馆员分散且其活动缺乏组织协调、图书馆因缺少统一管理而缺乏内部组织性。图书馆学协会将发展与完善图书馆事业作为己任,但单凭协会力量难以解决图书馆面临的复杂问题,举行职业大会将俄罗斯各地馆员联合在一起,无疑是商讨解决图书馆问题最好的方式;其次,1911 年前俄罗斯图书馆员与图书馆学协会积累了大量的工作经验和统计资料,有必要交流和共同研究;再次,馆员职业自我意识增强,召开大会是多个职业组织的共识:1910 年 2 月,《俄罗斯公报》发文指出只有召开大会才能改变民众图书馆和社会图书馆的不幸境况,提高其社会地位,引起社会重视,刊登了俄罗斯图书馆目录协会决定在 1911 年 1 月举行图书馆目录和图书馆学大会的一封信。同时,图书馆学协会会议听取了 A. E. Плотников 必须举行大会的报告,之后收到俄罗斯图书馆目录协会共同举行大会的提议;再次,1890 - 1900 年,教师、医生、合作社工作人员、缙绅等职业的大会相继举行,社会对举办职业大会的重要作用有一定认识,召开图书馆职业大会成为时代必然;最后,1910 年前,美国、英国、澳大利亚、比利

---

① С. А. Басов. Актуальное наследие: К 140 - летию Л. Б. Хавкиной [J]. Научные и технические библиотеки, 2011(11):50 - 60.

② М. Ю. Матвеев. К 100 - летию Первого Всероссийского съезда по библиотечному делу [EB/OL]. www. rba. ru/conference/ forum3/docs/hist/matveev1. pdf

时、丹麦、新西兰、法国、日本等都成立了全国性图书馆组织,[1]1853 年美国举行了第一届图书馆员大会,德国在 1908 和 1909 年召开了图书馆员大会,俄罗斯图书目录协会派代表参加 1910 年国际图书目录学院举行的国际会议,受国外影响,俄罗斯图书馆界认为有必要举行全俄范围的图书馆大会。

大会设国立图书馆、科学院图书馆、专业图书馆分会场和社会图书馆、民众图书馆分会场,讨论议题内容广泛多样,包括俄罗斯图书馆工作状况及发展建议、图书馆内部管理、图书选择与获取、图书馆使用准则、馆员职业培养、图书馆技术方法、图书馆建筑与设备、图书馆文化教育活动、图书共同采购、图书馆工作问题咨询、图书馆家具生产、目录学等。大会最终通过了多达 87 项内容的决议。大会首次提出图书馆发展民主性和社会性原则,声明并论证了图书馆在俄罗斯文化发展和经济繁荣中的作用,首次明确了馆员的地位,馆员职业是专门职业也是学术职业。大会讨论了图书馆立法问题,通过了"图书馆法律状况问题宣言",会后向俄罗斯第一、二届国家杜马递交了法律草案。1912 年图书馆学协会将大会论文结集出版,多达 700 余页的论文集被称为图书馆工作的"百科全书"。虽然大会提出的诸多有价值的建议没有得到行政当局的充分支持,[2]但大会报告中提出的许多观点时至今日仍具有现实性。[3] 1913 年在 Л. Б. Хавкина 倡议下,莫斯科国民大学成立了图书馆班,培养图书馆工作人员,这被认为是俄罗斯图书馆教育的开始。[4]在沃罗涅日、奥伦堡、彼尔姆、哈尔科夫等地也开设了图书馆短期班。

1917 年 3 月爆发的二月革命真正激起了俄罗斯图书馆界职业活动的热情,[5]俄罗斯图书馆发展迎来短暂的民主繁荣时期,建立了 24 个图书馆职业组织,社会各阶层、党派、团体、个人都有权参与图书馆活动,开设图书馆、阅览室,成立图书馆团体、阅读协会等。1917 年 3 月,俄罗斯图书馆协会与图

---

① Е. Ю. Ажеева. Из истории первого библиотечного съезда России[J]. Библиотековедение, 2007(4):102－107.

② Ю. Н. Столяров. Итоги развития отечественных библиотек к концу второго тысячелетия [J]. Научные и технические библиотеки,1998(10): 35－50.

③ О. А. Чувильская. Законодательство о библиотечном деле: эволюция и современное состояние[J]. Научные и технические библиотеки,2009(9): 17－27.

④ А. В. Соколов. Эволюция библиотечной школы. Научные и технические библиотеки,2008 (1): 89－109.

⑤ А. В. Теплицкая. Библиотечно－библиографические общества Москвы и Петрограда в 1917－1920 гг. [EB/OL]. http://libconfs. narod. ru/1998/8s/8s_p27. html

书馆学协会联合举行会议,建议成立全俄图书馆团体联盟,目的是借鉴欧美国家经验,加强社会力量在图书馆发展中的作用,削弱国家管理力量,指出图书馆事业繁荣发展与广泛的政治自由密不可分,图书馆职业组织的主要任务之一是“为国家民主发展做准备”“促进国家民主建设”,为图书馆事业民主化奋斗,将图书馆建设成为超阶级、无党性的社会机构。1917 年 10 月,俄罗斯图书馆协会发布“告俄罗斯图书馆员书”,首次明确提出建立全俄图书馆员联盟的任务。

总体而言,1917 年前半年,俄罗斯图书馆界职业活动十分活跃,积极参与图书馆问题的解决。1917 年后半年,图书馆职业活动积极性有所下降,“借助二月革命营造的激情氛围蓬勃发展的希望被接下来的事件所打破,甜蜜的海市蜃楼终为幻景”,[①]这个事件就是 1917 年 11 月的十月革命,这也成为俄罗斯图书馆职业活动发生重大转变的分水岭。

7.1.2 苏联时期俄罗斯图书馆职业活动的沉寂

十月革命后执政的苏维埃政权对图书馆事业采取集中化的“党 - 国家”领导模式,加强对图书馆事业的行政管理与检查。与 1917 年相比,1918 年俄罗斯图书馆职业活动的活跃景象明显不再,尽管依旧举行会议、做报告、出版杂志,但国家发生的政治事件在图书馆职业活动议事日程中得不到体现。到 1919 年,只有俄罗斯图书目录协会、俄罗斯图书学协会、图书馆学协会仍继续开展较为活跃的职业活动:图书学协会在圣彼得堡组建社会图书学研究所,开展社会科学图书目录研究,图书目录的理论、历史、方法研究,开办图书馆工作培训班,俄罗斯图书馆协会与“和平”出版社联合出版图书馆学专著,针对一些图书馆和藏书库因图书征用而出现的危急状况——全国图书馆藏书减少将近一半、图书目录卡片处于混乱状态甚至被毁,俄罗斯图书目录协会成立了书库保护委员会,编制俄罗斯国家目录,参与建立俄罗斯中央图书局。

1924 年苏维埃人民教育委员会图书馆部主任 M. A. Смушкова 强调指出,图书馆联合组织的建立要有助于政治教育。图书馆职业组织试图自己

---

① M. H. Глазков. Петербургское общество библиотековедения (1908 – 1922 гг.) [EB/OL]. http://libconfs. narod. ru/1997/3s/3s_p6. html

解决馆员权利保护、制定工资表等日常社会性问题,但遭工会反对,认为这是“行业习气”“小圈子作风”,企图侵犯工会权利,图书馆职业组织与工会间产生矛盾,图书馆职业组织被认为是“资产阶级民主性质”的机构,它们首创的职业活动和建议遭怀疑和否定,大量社会性、非阶级、非党性的图书馆组织因其是革命前的组织而逐渐被禁止存在。尽管图书馆学协会为适应新环境付出很多努力,但仍于 1922 年因“重新注册不及时”而解散。隶属各级文化部门的跨部门图书馆委员会等机构负责协调图书馆活动。20 年代末起,苏联国内图书馆实际都是孤立封闭发展的,只利用各自馆藏资源服务读者。30 年代初,图书馆职业组织的活动日显衰微并最终停止,之后类似组织再未重现。50 年代之前,苏联没有能在国际上代表苏联图书馆界的机构,为了在国际领域不被孤立,1959 年苏联政府以行政手段成立了隶属于苏联文化部的跨部门性的全苏图书馆委员会(ВБС),履行苏联图书馆协会的职能,在 IFLA 代表苏联,国家财政提供会费。但委员会成员不是图书馆界选举而是苏联文化部指定的。[①] 60 年代,在国家科技发展的影响下,全苏各地图书馆积极开展联合工作,但多限于系统内图书馆联合,70 – 80 年代图书馆合作的效率完全发挥,苏联图书馆事业也登上了发展巅峰。

总体来说,苏联时期虽然国家倡导成立社会性图书馆组织,但要受党政机关领导,成为其附属机构。正如 В. Н. Зайцев 所言:社会各领域实行严格中央集中化管理的年代(20 世纪 20 – 70 年代),社会性图书馆组织消逝了,[②]成立的对图书馆实施协调管理的社会机构(如全苏图书馆联盟、跨部门图书馆委员会等)都具有行政性。[③] 党 – 国家对图书馆实施集权领导,严格限制社会参与图书馆活动,限制了社会对图书馆的影响,图书馆不是建立在公民权利和民主自由基础上,图书馆界自下而上的职业积极性和创造精神被压抑,图书馆自我管理力量逐渐消失殆尽。图书馆社会性职业活动长期

---

① И. И. Макарова. ИФЛА и отечественные библиотеки, Библиотечные ассоциации и общества: взаимосвязь, взаимовлияние и взаимодействие[EB/OL]. http://libconfs.narod.ru/1997/5s/5s_p9.htm

② В. Н. Зайцев. Сообщество профессионалов: новый этап сотрудничества: о деятельности РБА[J]. Библиотека1996(4):4 – 7.

③ В. Н. Зайцев. Российская библиотечная ассоциация в международном контексте профессиональных библиотечных объединений[EB/OL]. www.rba.ru/content/activities/section/18/publ/fir/1.doc

陷入沉寂状态，图书馆自我管理意识和能力的丧失，也成为 20 世纪 80 年代中后期苏联图书馆危机的原因之一。有俄罗斯学者指出："如果 20 世纪俄罗斯政治发展走的是民主道路，没有来自国家对图书馆的垄断性领导，那么俄罗斯图书馆职业团体将与西方一样，在现代图书馆事业建设和发展中具有重要作用"。①

7.1.3　苏联解体后俄罗斯图书馆职业活动的复苏

戈尔巴乔夫推行的"改革新思维"为俄罗斯图书馆职业活动复苏创造了条件，与社会民主运动相对应，这时图书馆职业活动表现为社会性的图书馆运动，大体分为三阶段。

（1）积极活跃期（1987 – 1991 年）

伴随国家政治形势的变化，俄罗斯图书馆统一的职业价值体系急速走向瓦解，图书馆界内部思想观念呈现多样化。在社会民主化思潮和运动高涨的背景下，现代俄罗斯首批图书馆社会性职业组织开始建立，图书馆职业联合的思想逐渐成熟。

图书馆运动始于图书馆员职业思想的变化，职业刊物充分体现出这种变化，С. А. Мамаева 对 1986 – 1994 年《图书馆员》杂志栏目和内容分析证明了这一点。② 1986 年《图书馆员》每期栏目名称都完全符合苏联传统："党计划 – 我们的计划""苏共二十七大——可敬的相聚""苏共二十七大的决议在实施"等，馆员职业观未发生改变，"坚信共产主义思想""苏共——苏维埃社会的领导力量"。苏共宣布的社会生活改革被理解为例行的政治运动，职业刊物习惯性地重复着"集约化""加速发展"等标语，但图书馆工作实际却没有任何变化。1987 年馆员职业意识发生明显变化，第 2 期《图书馆员》设置新栏目——"改革路上"，馆员是图书馆改革的关键因素成为讨论主题。刊发此类文章的目的在于激起馆员的"公民性"，即觉悟性、职业创造性、责任心、积极态度，实质性改革图书馆工作，使馆员意识到作为职业建设者的作用，强调图书馆工作应摆脱千篇一律和惰性，克服和根除形式主义，正如 Ю.

---

① Т. Е. Коровкина. Библиотечное общественное движение в России в 1910 – е и 1990 – е гг: постановка проблемы[EB/OL]. http://libconfs. narod. ru/1996/2s/2s_p12. html

② С. А. Мамаева. Российская библиотечная ассоциация: единство в действии[EB/OL]. http://www. rba. ru/content/activities/section/18/publ/mam/1. pdf

Н. Столяров 所言:“馆员职业意识和心理思想必须革新,思想意识僵化是彻底改革的最大障碍”。1988 年《图书馆员》取消了党栏目。馆员的思想在探讨图书馆改革中悄然变化,思考图书馆社会作用及职业活动意义使馆员逐渐意识到图书馆问题取决于自己的毅力、坚持不懈、职业思想水平。习惯已久的意识形态开始动摇,图书馆界开始寻找新的职业价值观,探寻不趋于政治形势和不受时间限制的图书馆的社会使命,图书馆活动实质、社会任务转变等基础性问题的研究日显迫切。图书馆界涌现出的积极人士成为图书馆运动超凡脱俗的领袖,他们关注图书馆职业利益、倡导图书馆民主改革、主张图书馆界联合团结。图书馆界建立职业组织的意愿日渐浮现并趋于强烈。

1988 年 6 月,苏联第一个图书馆员社会性职业组织——爱沙尼亚图书馆员协会的成立具有带动意义,使图书馆界、苏联文化部产生了建立全苏图书馆(员)协会的想法。1988 年第 10 期《图书馆员》刊发 А. С. Зонин 的文章,提出应成立全苏图书馆协会。1989 年全俄国立外文文献图书馆举行“为莫斯科图书馆的复生”大会,图书馆界 300 多人参加,大会号召举行图书馆员大会继而建立全苏图书馆员协会。1989 年第 4 期《图书馆员》发布了图书馆员协会创建组的“告图书馆员书”,指出“全国没有一个对图书馆状况负责,能把图书馆联合在一起、能将图书馆职业利益和人民利益紧密相连的组织”,应建立这样的组织。1988 年 10 月,全苏图书馆委员会(ВБС)会议建议成立全苏图书馆协会。图书馆界和苏联文化部对建立怎样的协会存在分歧,苏联文化部意在通过建立协会对图书馆运动实施领导,图书馆界则希望在民主、公开、自愿的原则上“自下”建立协会,实现自我管理。图书馆界担心苏联文化部“自上”倡建的协会,会变成类似于全苏图书馆委员会的官僚机构,或成为附属于官僚机构的伪社会组织。按 С. А. Басов 的观点,不能将图书馆界倡建的职业组织与行政机构混为一起,并成为其附属,否则将使馆员丧失事业责任心,破坏图书馆界的独立思考,任何异己思想者都会被认为是意识形态的颠覆者,倡议者被变成听命的执行者。图书馆界认为协会应具普遍性,向所有关爱图书馆的个人和集体开放,克服图书馆部门分割、馆员互不往来等问题,研究图书馆工作建议,促进图书馆科学的发展和创新,协力解决图书馆基本问题,促进图书馆教育,保护图书馆职业利益,提高图书馆职业威望,开展国际交流等,协会有权在国家、社会和国际组织中代表图书馆界和读者，党和政府有关图书馆工作的决议未征得协会同意不能通过，协会决议对成员具有法律约束力，协会应经济独立，自主支配资金和物资，选举产生协会领导并应是集体制，协会机构构成应是多层面和动态的。图书馆界认为，建立全苏图书馆员协会的决议只有在民主原则选举出的全国图书馆员大会上才能通过，苏联文化部“自上”而建协会的想法最终没有得到广泛支持，但却加速了“底层”图书馆界职业团结的进程。

1989年列宁格勒图书馆协会、莫斯科图书馆协会、萨拉多夫图书馆协会、俄罗斯文化工作者创作联盟图书馆委员会等相继成立，这是现代俄罗斯第一批图书馆职业组织（总计14个，1990年增至17个）。普通教育学校、寄宿学校、少年宫、军队图书馆、大学图书馆等建立了各自部门性的图书馆职业组织。1989年12月，图书馆界首次倡议举行了列宁格勒地区图书馆工作者大会。1991年莫斯科图书馆协会出版了第一份职业报纸——“莫斯科图书馆学报”。1990年3月，列宁格勒图书馆协会和莫斯科图书馆协会举行大会，倡议成立俄罗斯图书馆协会联合会（РФБА），加强图书馆组织的全国性联合。1990年11月，РФБА成立大会在列宁格勒举行，联合了来自俄罗斯17个联邦主体的17个图书馆组织，下设图书馆政策、编辑出版、国际联系三个委员会，РФБА的主要任务是联合图书馆民主运动、保护图书馆利益、协助建立图书馆职业组织。

1989－1991年是俄罗斯图书馆运动活跃的高峰期，图书馆运动是整个社会民主运动的组成。公开性、社会生活民主化、图书馆工作去意识形态化等对图书馆运动产生重要影响，图书馆界越来越坚信，图书馆应成为民主开放的社会机构才能实现社会使命。图书馆在自愿、平等、人文主义、民主、独立和合作的原则基础上组建图书馆组织，建立凝聚图书馆界愿望的РФБА则是这个阶段图书馆运动的顶峰。

（2）稳定发展期（1991－1994年）

俄罗斯图书馆运动的高峰出现在马列主义思想尚未被彻底推翻之时，1991年苏联轰然垮台，图书馆界思想趋向发生实质性转变，国家旧管理制度的破除、中央权力的软弱置图书馆于危境，出现全俄统一图书馆体系瓦解、图书馆孤立无联系的征兆，经费不足导致图书馆基础设施落后、馆舍年久失修、藏书破旧，低工资及社会地位骤降使图书馆职业优越感丧失，国家意识形态的崩溃让图书馆失去了思想传播者的传统作用，对马列主义思想的否定使图书馆界在民主多元化情况下为探寻新的职业价值观和社会使命而困惑迷茫。积极活跃的图书馆运动开始降温，图书馆刊物上有关职业组织的文章明显减少证明了图书馆界对职业联合的兴趣降低，主要原因是政治、经济、社会的不稳定使居民对社会运动和政治活动的激情逐渐消退，普遍表现出冷漠态度，馆员对多数图书馆组织未能实现其目标和任务深感失望，一些职业组织建立之初的社会活动旨在“斗争”的政治化意图明显，特别关注消极、负面的问题和现象，但极少能提出将职业组织联合在一起的积极、正面且能实现的建议，更缺少能证明职业组织的存在和联合对图书馆事业总体上是有益的令人鼓舞的例子。

面对残酷现实，图书馆界必须设法团结起来，应对国家剧变和社会动荡带来的挑战与威胁，保护和发展图书馆事业。但此时作为全俄图书馆运动领军者的 РФБА 却有名无实，辜负了图书馆界期望，既未能广泛开展工作和登记注册，也未能实现联合图书馆团体力量、统一行动的基本目标，尤其面对当时馆员无社会保障的严峻问题，РФБА 显得无能为力。РФБА 的许多目标仍是一种愿望的宣示。究其原因主要有：РФБА 机构构成不合理，缺少执行机构和专门机构，成员限于一些团体，缺少作为图书馆事业基础的图书馆和图书馆教育学校；[①]法律的滞后和不确定性——社会组织法、非商业组织法、图书馆法当时尚未出台，РФБА 无法获得法律地位，限制了 РФБА 的发展；РФБА 所需经费、设施、人才等资源缺乏，物质基础薄弱；图书馆界惰性弥漫，缺少自下而上的倡议和积极的社会支持。可以说，РФБА 成立的有些为时过早，它成立时的社会环境远没有它要真正开展活动时复杂、困难。

此时，俄罗斯图书馆界一方面建立图书馆慈善基金会（1991 年），新建 10 个图书馆职业组织，另一方面将目光转向国外，开始加入国际和跨国性图书馆组织。基于历史渊源、传统文化、地缘政治等因素，俄罗斯图书馆界倡议成立了以独联体国家图书馆为成员的跨国性图书馆组织，如欧亚图书馆大会（1992 年）、国际科学和科学技术图书馆学会（1992 年）、国际科学院图书馆和科学信息中心学会（1993 年）等，以继承和发展苏联时期形成的友好职业联系，保护和传承各国文化，恢复和维护有利于独联体国家科学、教育、

① В. Н. Зайцев. Сообщество профессионалов：новый этап сотрудничества：о деятельности РБА[J]. Библиотека，1996(4)：4－7.

文化发展繁荣的统一信息空间。国家的巨变使许多俄罗斯图书馆有机会参与 IFLA 活动,每年都有馆员参加 IFLA 会议。

俄罗斯图书馆运动从积极活跃期步入平稳发展期,预示着图书馆界已站在转折发展的新起点。РФБА 虽基本上夭折于襁褓中,但其重要贡献在于,强化了图书馆界在全俄层面上联合的意识,促使图书馆界研究探索合适的职业联合形式。

(3)规范发展期(1994 - 1995 年)

俄罗斯社会各领域此时呈现出的一体化进程,把图书馆运动推向联合化发展的新阶段,积累的经验和众多严峻未决的问题成为图书馆职业联合走向新阶段的动力。1994 年图书馆运动重新开始聚集力量,到 1996 年全俄有一半多的联邦主体有图书馆职业联合。各类会议、活动经常提出图书馆、图书馆组织应进行全国或跨地区联合协同行动的建议。远东、西伯利亚、乌拉尔、北高加索等地开展跨地区图书馆组织建设。以各种特征为基础建立跨地区图书馆组织的思想迅速蔓延。1995 年初芬兰 - 乌戈尔语系民族地区图书馆学会成立,多语言地区图书馆组织建设工作展开。类似的跨地区图书馆组织的出现表明图书馆组织全俄性联合的必要,必须建立一个全俄性图书馆联合组织,活跃社会性图书馆运动,将图书馆组织、各级各类图书馆、学校、目录机构、信息机构及关注图书馆的机构等社会各方力量联合在一起,促使图书馆重要职业问题能在联邦层面讨论、解决。

苏联解体后,全苏图书馆委员会（ВБС）停止了活动,РФБА 未能找到与 IFLA 建立合作伙伴关系的途径,一时间在 IFLA 出现了俄罗斯代表机构的真空。尽管没有全俄性图书馆职业组织,但 IFLA 仍感兴趣与俄罗斯图书馆合作,并对缺少俄罗斯代表表示忧虑。为了解俄罗斯图书馆组织建设情况,1994 年 IFLA 副主席参观莫斯科、圣彼得堡、秋明、特维尔、托木斯克、雅罗斯拉夫尔等地的图书馆,建议应扩大图书馆的社会组织工作,建立全面的职业联合。于是,一个现实迫切的任务摆在俄罗斯图书馆界面前——必须尽快建立一个能在 IFLA 代表俄罗斯图书馆界的组织,保持俄罗斯图书馆在国际图书馆界的地位。

俄罗斯图书馆协会(РБА)正是在这样的背景和现实需求下产生的。

PБА 成立分两个阶段:[①] 1994 年 10 月,在莫斯科图书馆协会的倡议下,19 个图书馆组织及相关社会组织在莫斯科举行会议,通过了成立 PБА 的决议,选举产生了执行机构——PБА 委员会,并将联合图书馆界、参与图书馆事业发展、馆员社会性保护作为己任,这 19 个社会组织中的大多数不具有法人地位,因此 PБА 很难进行国家注册,拥有法人地位。1995 年 5 月,PБА 委员会在 PНБ 举行第二次会议,30 个联邦和联邦主体图书馆、社会组织作为共同创建者签署了 PБА 成立协议,批准了 PБА 章程。1995 年 8 月,官方批准了 PБА 名称中使用"俄罗斯"的申请,意味着承认了 PБА 作为全俄图书馆联合组织的地位。1995 年 11 月,PБА 在圣彼得堡依法获准国家注册,成为具有法人地位的图书馆、图书馆组织及与图书馆发展有关的机构组成的全俄性社会组织。

PБА 吸取其先行者 PФБА 失误的教训,从 PФБА 到 PБА 是"飞蛾化蝶"的过程和结果。PБА 的成立开创了图书馆社会职业运动新篇章,成为发源于 20 世纪 80 年代末 -90 年代中期俄罗斯图书馆职业运动有组织、合乎法律规范的体现,PБА 的成立甚至被誉为俄罗斯图书馆职业界的"十月革命",其对俄罗斯图书馆事业发展的重要意义和影响不言而喻。

随着《俄罗斯社会团体组织法》(1995 年)、《俄罗斯非商业机构法》(1996 年)、《俄罗斯图书馆事业法》(1994 年)等法律的出台实施,图书馆职业组织的建设和发展有了法律依据与规范。1995 - 1996 年,许多图书馆职业组织选定合适的组织方式,依法进行国家登记,这给图书馆运动带来新的动力,为在社会基础上开展图书馆职业联合提供了新的可能。

7.1.4 俄罗斯图书馆职业组织的发展现况

经过近二十年的发展,俄罗斯图书馆职业活动取得了斐然成绩,组建了各种类型职业组织,职业活动丰富多样,社会作用与影响力日渐显现,逐渐成为俄罗斯图书馆事业发展的重要社会力量。2008 年 2 月,PБА 与 PНБ 联合进行的"图书馆事业与公民社会"研究项目(由 PНБ 图书馆学研究部主任、PБА 图书馆协会学会分会主席 С. А. Басов 副博士主持),分析了俄罗斯

---

① С. А. Мамаева. Российская библиотечная ассоциация: механизмы интеграции [J]. Научные и технические библиотеки, 2008(10):3 - 10

图书馆职业活动状况。第一阶段研究显示,目前俄罗斯图书馆职业组织基本可分为三大类,每类还可细分,并按覆盖范围分为跨国性、全俄性、跨地区性、地方性等。图书馆职业活动正是围绕这些职业组织的建设、发展而展开的。

(1)社会性职业组织(СПО – Социально – профессиональные объединения)

СПО是按社会原则建立的,基本特征是:将图书馆社会组织的全面(或某方面)发展作为目标;成员为个人、集体或两者结合;在成员间及图书馆界开展职业往来,对外代表成员和一定范围图书馆界的观点和利益;在一定区域内活动;遵循成员开放原则,所有类型图书馆及关注图书馆的机构都可加入,成员数量不限。比如РБА包括来自81个联邦主体的500多个集体成员,在国内和国际上代表俄罗斯图书馆界。特维尔图书馆协会有45个个人成员,代表特维尔州图书馆界。圣彼得堡图书馆协会包括圣彼得堡和列宁格勒州的81个个人和107个集体成员。梁赞图书馆协会联合了梁赞州约1000名图书馆专家。这些组织将一定区域内图书馆社会组织的全面发展作为目标,属于综合性的СПО。

综合性СПО的主要职能:①对内:评价图书馆社会组织状况;科学研究与论证地方图书馆社会组织发展构想、规章等;开展职业交往,建立公民伙伴组织;确立职业价值观,加强职业道德建设,关注职业素养,支持成员活动;按仲裁法院原则解决内部纠纷;在职业规范基础上自我管理;开展专家评价、职业认证,参与馆员培训教育;协同图书馆职业活动。②对外:独立评价国家和地方制定实施的、影响图书馆社会组织的法令规章;对国家图书馆管理制度提出建议;坚持职业立场,捍卫职业利益、用户利益;建立并发展与国家、商业和非商业机构的伙伴关系;履行图书馆政策主体的职能(包括参与图书馆设立与撤销等问题的决定、提出立法建议、参与资源分配)。[①][②] 无论是解决问题的性质还是覆盖范围,综合性СПО都是图书馆领域主要的公民社会机构及公民关系和社会伙伴关系发展的基础,对图书馆职业价值观

---

① С. А. Басов. Библиотечное общество как организация саморегулирования [J]. Информационный бюллетень РБА,2006(40):136 – 142.

② В. Р. Фирсов. Перспективы развития саморегулирования в библиотечной общественно – профессиональнойсреде[J]. Научные и технические библиотеки,2008(10):10 – 14.

形成并以职业道德准则形式对外公布具有重要作用,有权与国家权力机关一并成为联邦和联邦主体图书馆政策的主体。

专门性 СПО 是图书馆按某一共有特性(类型、文化历史特征等)组成的、目的任务具有专门性的联合。比如,2004 年组建的俄罗斯学校图书馆学会(РШБА),是俄罗斯数量最多的图书馆的联合,有职业刊物——《学校图书馆》,目标任务是加强学校图书馆在社会教育和生活中的作用,给予学校图书馆员以社会和职业的保护。最古老的专门性 СПО 是跨地区“巴甫列科夫图书馆合作”(前身是 1992 年注册的 UNESCO“乌拉尔历史遗迹考察者”俱乐部),成员为来自 12 个联邦主体的 414 个以巴甫列科夫命名的图书馆,唯一的任务是全力帮助市场经济条件下无保障的农村读者,行动口号是“不让烛火熄灭”。跨地区普希金图书馆协会和下诺沃哥罗德州普希金图书馆协会,成员都是以普希金命名的图书馆。

СПО 中还有一类“按职业兴趣”建立的联合组织,主要是图书馆中某类群体按职业职务进行的联合,如西伯利亚青少年图书馆馆长俱乐部、斯维尔德洛夫州自治地方图书馆馆长委员会,由学者组成的信息化国际研究院图书馆学分部等。

СПО 的主要任务是建立和发展与国家机关的伙伴关系,因此是图书馆职业界倡导的“社会 - 国家管理”中的核心社会要素,是图书馆事业管理的重要社会力量。“图书馆事业与公民社会”项目研究显示,1989 - 2008 年俄罗斯共建立了 50 个 СПО(见表 7 - 1),[①]如今仍存在并运行的有 28 个(设有负责人、拥有总部)(见表 7 - 2)。[②]

(2)职能方法性组织(ФТО - Функционально - технологические объединения)

ФТО 是图书馆在方法、技术基础上建立的职业联合,成员为集体而非个

① Проект “Библиотечное дело и гражданское общество”: Библиотечные общества иассоциации. СССР→РСФСР→Россия (Хроно - логическая таблица. 1989 - 2008гг.) [EB/OL]. http://www.rba.ru/content/activities/section/18/activities/doc/7.pdf

② 根据 С. А. Мамаева 的专著《Российская библиотечная ассоциация: единство в действии》(СПб.: Российская национальная библиотека. 2010)和“图书馆事业与公民社会”研究项目(Проект “Библиотечное дело игражданское общество”: Социа - льно - профессиональные библиотечные объединения в Российской Федерации[EB/OL]. http:// www.rba.ru/content/ activities/ section/18/ activities/doc/8.pdf)整理。

人，在分工协作基础上开展图书馆资源共建共享，实现某种职能和工作活动的优化及远程用户服务。ФТО 的历史可溯至苏联时期积极活跃的各类图书馆工作方法中心、藏书建设委员会等，如今这些组织多数保留下来，个别进行了改革，属于工作方法性的 ФТО，主要由某个图书馆研究方法中心倡议建立，一般不需建立法人机构，没有正式的创建文件和正式组织所拥有的特征，不选举产生领导，由中心负责人负责，成员围绕中心开展联合活动，目的是研究共同认同并遵守的图书馆工作方法，以便分工合作开展工作，协调图书馆活动，交流经验。这种形式的图书馆组织数量众多（С. А. Басов 的研究显示全俄有 64 个，С. А. Мамаева 认为实际多于此①），主要是地方性和跨地区性的。

表 7－1　从苏联到俄罗斯：图书馆协会和学会（1989－2008 年）

	图书馆社会职业组织	所在地	成立时间	现状
1	列宁格勒（圣彼得堡）图书馆协会	列宁格勒	1989.5	存在
2	萨拉多夫图书馆协会	萨拉多夫	1989.9	存在
3	莫斯科图书馆协会	莫斯科	1989.11	停止存在
4	苏联科学与科学技术图书馆协会	莫斯科	1989.12	停止存在
5	俄罗斯文化工作者创作联盟图书馆委员会	列宁格勒	1989	存在
6	古比雪夫图书馆协会	古比雪夫（萨马拉）	1990.2	缺少消息
7	库尔干市图书馆工作者协会	库尔干	1990.3	存在
8	特维尔图书馆协会	加里宁格勒（特维尔）	1990.4	存在
9	鄂木斯克图书馆学会	鄂木斯克	1990.6	缺少消息
10	库班图书馆学会	克拉斯诺达尔	1990	缺少消息
11	巴尔瑙尔图书馆学会	巴尔瑙尔	1990	缺少消息

① С. А. Мамаева. Российская библиотечная ассоциация: единство в действии［EB/OL］. http://www.rba.ru/content/activities/section/18/publ/mam/1.pdf

续表

	图书馆社会职业组织	所在地	成立时间	现状
12	北高加索高校图书馆学会	顿河畔罗斯托夫	1990	缺少消息
13	俄罗斯图书馆协会和学会联合会（РФБА）	列宁格勒	1990.11	停止存在
14	梁赞图书馆协会	梁赞	1990	存在
15	“阿尔泰图书馆协会”州社会组织	巴尔瑙尔	1991	存在
16	欧亚图书馆大会（БАЕ）	莫斯科	1992.11	存在
17	斯摩棱斯克州图书馆工作者协会	斯摩棱斯克	1992	存在
18	巴甫列科夫图书馆合作	叶卡捷琳堡	1992.10	存在
19	跨国科学与科学信息中心协会	莫斯科	1993	缺少消息
20	跨国科学院图书馆学会	莫斯科	1993	缺少消息
21	信息化国际研究院图书馆学分部	莫斯科	1993.11	存在
22	俄罗斯工会图书馆协会	莫斯科	1994 年前	缺少消息
23	儿童图书馆员学会	莫斯科	1994 年前	缺少消息
24	奔萨图书馆协会	奔萨	1994 年前	缺少消息
25	秋明图书馆协会	秋明	1994 年前	缺少消息
26	俄罗斯图书馆协会（РБА）	圣彼得堡	1994	存在
27	达吉斯坦图书馆工作者协会	马哈奇卡拉	1994	缺少消息
28	芬兰－乌戈尔语系民族地区图书馆学会	缺少消息	1995	缺少消息
29	斯塔夫罗波尔图书馆学会	斯塔夫罗波尔	1995.2	停止
30	滨海边疆区图书馆协会	符拉迪沃斯托克	1995.12	存在
31	新西伯利亚图书馆协会	新西伯利亚	1996.3	存在
32	库尔干州社会组织“图书馆联合”	库尔干	1996	存在

续表

	图书馆社会职业组织	所在地	成立时间	现状
33	阿尔泰共和国图书馆协会	戈尔诺－阿尔泰斯克	1998	存在
34	伏尔加格勒图书馆学会	伏尔加格勒	1998.2	缺少消息
35	克拉斯诺雅尔斯克图书馆学会	克拉斯诺雅尔斯克	1999.6	存在
36	“对话”跨部门职业俱乐部	鄂木斯克	1999.4	停止存在
37	“库兹巴斯图书馆”非商业伙伴组织	克麦罗沃	2000	存在
38	萨哈共和国（雅库特）图书馆协会	雅库茨克	2000.3	缺少消息
39	西伯利亚青少年图书馆馆长俱乐部	新西伯利亚	2001	存在
40	卡累利阿共和国图书馆学会	彼得罗巴甫洛夫斯克	2002	存在
41	阿尔汉格尔斯克图书馆协会	阿尔汉格尔斯克	2002.3	存在
42	印古什图书馆学会	奥尔特热尼基特杰夫斯克	2002.3	缺少消息
43	堪察加图书馆协会	彼得罗巴甫洛夫斯克	2002.4	缺少消息
44	“阿穆尔图书馆伙伴”地方社会组织	布拉戈维申斯克	2002.5	停止存在
45	俄罗斯学校图书馆学会	莫斯科	2003	存在
46	下诺沃哥罗德州普希金图书馆协会	下诺沃哥罗德	2003	存在
47	普斯科夫图书馆学会	普斯科夫	2005	存在
48	鄂木斯克市学校图书馆员社会组织	鄂木斯克	2005	存在
49	斯维尔德洛夫州自治地方图书馆馆长委员会	别列卓夫斯基	2006	存在
50	普希金图书馆协会	莫斯科	2007	存在

注：表中“缺少消息”指调查研究中没有得到这些组织反馈的数据，多数名存实亡；“存在”表示这些组织仍存在并开展职业活动；“停止存在”表示这些组织已关闭、解散。

表 7－2　俄罗斯社会职业性图书馆联合组织

<table>
<tr><td rowspan="2">覆盖区域</td><td colspan="3">社会性职业组织（СПО－Социально－профессиональные объединения）</td><td rowspan="2">数量</td></tr>
<tr><td>综合性</td><td>专门性</td><td>按职业利益</td></tr>
<tr><td>跨国性</td><td>—</td><td>欧亚图书馆大会（БАЕ）</td><td>信息化国际研究院图书馆学分部</td><td>2</td></tr>
<tr><td rowspan="2">全俄性</td><td>俄罗斯图书馆协会（РБА）</td><td rowspan="2">俄罗斯学校图书馆学会（РШБА）</td><td rowspan="2">—</td><td rowspan="2">3</td></tr>
<tr><td>俄罗斯苏维埃联邦社会主义共和国图书馆协会和学会联合会（РФБА）（1990－1994 年）</td></tr>
<tr><td rowspan="2">跨联邦主体性</td><td>圣彼得堡图书馆协会</td><td>“巴甫列科夫图书馆合作”俄罗斯跨地区社会组织 UNESCO 俱乐部</td><td rowspan="2">“西伯利亚青少年图书馆馆长俱乐部”跨地区社会组织</td><td rowspan="2">5</td></tr>
<tr><td>“库兹巴斯图书馆”非商业伙伴组织</td><td>普希金图书馆协会</td></tr>
<tr><td rowspan="16">联邦主体级</td><td>莫斯科图书馆协会</td><td rowspan="16">下诺沃哥罗德州普希金图书馆协会</td><td rowspan="16">斯维尔德洛夫州自治地方图书馆馆长委员会</td><td rowspan="16">13</td></tr>
<tr><td>特维尔图书馆协会</td></tr>
<tr><td>梁赞图书馆协会</td></tr>
<tr><td>阿尔泰共和国图书馆协会</td></tr>
<tr><td>斯摩棱斯克州图书馆工作者协会</td></tr>
<tr><td>新西伯利亚图书馆协会</td></tr>
<tr><td>阿尔泰图书馆协会</td></tr>
<tr><td>克拉斯诺雅尔斯克图书馆学会</td></tr>
<tr><td>卡累利阿共和国图书馆学会</td></tr>
<tr><td>阿尔汉格尔斯克图书馆协会</td></tr>
<tr><td>普斯科夫图书馆学会</td></tr>
<tr><td>萨拉多夫图书馆协会</td></tr>
<tr><td>堪察加图书馆协会</td></tr>
<tr><td>印古什图书馆学会</td></tr>
<tr><td>萨哈共和国（雅库特）图书馆协会</td></tr>
<tr><td>滨海边疆区图书馆协会</td></tr>
</table>

续表

覆盖区域	社会性职业组织（СПО – Социально – профессиональные объединения）			数量
	综合性	专门性	按职业利益	
自治地方级	库尔干市图书馆工作者协会	鄂木斯克市学校图书馆员社会组织	—	2
数量	21(2)①	6	3	30(2)

网络信息技术的发展催生了信息技术性 ФТО（即图书馆联盟）的出现，其成员利用信息技术与网络平台在分工合作的基础上共建共享图书馆资源，成员不仅限于图书馆，还包括拥有电子信息资源的机构。如 Libnet、АРБИКОН、国家电子信息联盟、俄罗斯信息图书馆联盟、俄罗斯电子图书馆协会、国际电子图书馆和新信息技术使用者和开发研究者协会、俄罗斯西北部科学和教育图书馆网等。俄罗斯第一批图书馆联盟是 1999 – 2000 年建立的，参建图书馆联盟成为当今俄罗斯图书馆联合最普遍、发展最快的形式，大城市的联邦主体级图书馆联盟发展势头良好，呈现出规模不断扩大、向全俄性和跨国性发展的趋势。

（3）倡议性组织

由法人甚至个人倡议建立的非政府组织。比如，权力机关下设的由权力机关和社会界代表及图书馆界专家、馆长组成的委员会，其他行业专家组成的旨在支持图书馆发展的社会机构、监管委员会、为图书馆计划提供经费的社会基金会。这些组织的活动具有社会职业指向性，但不把联合图书馆（员）并代表图书馆界的利益作为己任。按目的和工作方式可分为：①计划型：提出新观点，制订计划项目，吸引图书馆参与实施，比如，在 1998 年“普希金图书馆”大计划基础上建立的“普希金图书馆”非商业基金会（http://www. pbl. ru/），为实现促进俄罗斯文化及其基础机构——图书馆的发展的使命，提出或参与制定了“图书馆领袖学校：图书馆——地方社会稳定发展的中心”“示范型农村图书馆：地方社会中心”“全俄图书馆支持阅读计划”

① 21(2)：指 21 个图书馆社会职业组织中有 2 个（即 РФБА 和莫斯科图书馆协会）已停止存在。

“人民的书架”“图书馆藏书补充”等计划项目，参与的图书馆由最初的3000个增至目前的1.2万个，计划得到文化部门和图书馆的好评。再如1995年成立的跨地区图书馆合作中心（МЦБС），目标旨在促进俄罗斯图书馆的合作发展，受联邦出版与大众交际署、俄罗斯图书联盟的委托，МЦБС参与制定了《支持和发展阅读国家纲要》，引导图书馆参与开展全民阅读活动，作为UNESCO IFAP俄罗斯委员会的工作机构，МЦБС积极倡导图书馆参与IFAP的实施活动，提高了图书馆在信息社会、公民社会建设中的地位。②院外游说型：由有影响力的政治人物和社会人士、国务活动家等组成的旨在推动图书馆事业发展的社会组织，最典型的是国家杜马主席Б. В. Грызлов倡建的促进俄罗斯图书馆发展社会委员会，其组成、活动、作用等前文已述。③慈善型：旨在慈善捐助图书馆，改善图书馆物质基础的组织，如莫斯科图书馆协会成立的“图书馆慈善基金会”，曾积极参与接收和向图书馆分配慈善捐赠，目前已停止，2008年在乌里扬诺夫斯克成立的支持儿童阅读基金，《非商业机构专项资金筹集与使用程序法》（2006年）虽对图书馆慈善起到促进作用，但非商业文化机构资金投入的经济机制尚未建立使得目前图书馆领域还未真正建立此类组织。一些大型图书馆成立有“××之友”，对图书馆提供馈赠和赞助等社会支持。④自愿型：主要由志愿者和积极分子组成，典型的就是图书馆读者委员会，其工作是无偿自愿的，与地方当局建立联系，给予图书馆现实帮助，由于读者和图书馆员之间未能建立完全可信的公民伙伴关系，使读者愿意为图书馆发展自愿联合，因此这种组织发展得并不活跃。⑤电子型：在交友、校友等网站上建立的“图书馆主题”的群组，虚拟的图书馆职业组织。2009年9月20日，“В контакте（社交）”（http://vk.com）网站有“克鲁普斯卡娅列宁格勒国立文化大学毕业生”群（2417人）、“图书馆员的故事”群（451人）、“图书馆员－自豪的称呼”群（1100人），“Одноклассники（同学）”（www.odnoklassniki.ru）网站有“图书馆领袖学校”群（219人）。[①] 俄罗斯甚至世界各角落的图书馆员（及图书馆热爱者）在群组中交流思想观点和经验，交往、互通信息。虽然俄罗斯只有几个倡议性组织，但它们属于图书馆职业的“外部组织”，对密切图书馆间及图书馆与社会

① Проект “Библиотечное дело игражданское общество”: Типология негосударственных некоммерческих организаций в сфере библиотечного дела[EB/OL]. http://www.rba.ru/or/comitet/18/doc/3.doc

之间的关系、建立社会参与图书馆问题解决机制有独特作用。

此外，值得一提的是，一些图书馆（员、职业组织）加入到文化或与图书馆相关的其他领域的社会组织：①一些组织的图书馆分会，如90年代在圣彼得堡成立的俄罗斯文化工作者创作联盟及其在联邦主体的分部都设有图书馆工作者分会；②工会中保护图书馆员经济和劳动权益的分会；③具有协调性质和职能的社会组织，如“文化、教育领域主要社团组织协调委员会”（2007年国立外文文献图书馆举行的“EVA－莫斯科”国际会议决议成立的），作为俄罗斯文化领域社团组织的协调机构，旨在协调国家机关、社团组织、文化机构在制定数字信息资源建设与保护方面文化政策的行动，PБA、促进俄罗斯图书馆发展社会委员会、АРБИКОН、ЭБНИТ、俄罗斯电子图书馆协会与国际博物馆委员会、UNESCO IFAP俄罗斯委员会、档案工作委员会等20多个组织加入该委员会；④联邦主体的图书馆职业组织参加附属于地方政府、州长、立法机构的社会委员会和社会经济组织，例如“库兹巴斯图书馆”非商业图书馆伙伴组织参加“西伯利亚协议”跨地区协会，卡累利阿共和国图书馆学会与自治机构委员会、社会机构资源中心合作，加入卡累利阿共和国立法会议非商业组织委员会，库尔干市图书馆工作者协会加入“后乌拉尔妇女”“科学的妇女”地方组织，新西伯利亚图书馆协会加入俄罗斯图书联盟地方分部。俄罗斯图书馆界通过参加这类职业外或与职业相关的社团活动，突破职业限制，扩大和加强了与其他职（行）业的联系，有利于获得更多的社会伙伴、扩大社会影响和知名度、有机会参与更多社会事务，在更广阔的社会职业空间与其他职业形成社会职业力量联合，在与国家对话时更有力地捍卫自己的观点立场，使与图书馆有关的问题在更广阔的社会范围内研究解决。

不同的历史时期及客观原因使得某种形式的职业联合在俄罗斯图书馆职业活动中占主导地位。苏联解体前后的民主改革时期，受社会民主运动的影响，俄罗斯图书馆联合的首要形式是建立在社会原则上的СПО，目的是形成图书馆界集体性联合并以此力量捍卫自己的社会利益和职业利益，把图书馆建设成为民主、开放、非意识形态的社会机构。2000年前后随着社会稳定及对图书馆性质、目标、任务、使命等本质性问题认识的渐进明确，为了适应图书馆事业发展及服务用户的需要，基于图书馆资源共建共享的ФТО（图书馆联盟）和倡议性组织开始出现，并成为主导形式。目前СПО在经历了20世纪90年代初的活跃后近十年呈现低落缓慢态势，ΦTO的发展快速。虽每年都有1－2个新СПО建立，但图书馆界对在社会原则基础上组建СПО的兴趣有所减弱。数据证明了这一点：这些年建立的50多个СПО中停止存在（15个）和名存实亡（10个）地占据一半，最有名的莫过于1989年成立的莫斯科图书馆协会在经历发展高峰后于2001年自行解散，本想联合莫斯科市及莫斯科州大多数图书馆，但1999年却只有240个个人成员和20个集体成员，莫斯科地区只有少数图书馆参加。

总体上讲，俄罗斯图书馆职业活动仍处于发展阶段，必然存在一些问题。一般认为，当今俄罗斯图书馆民主运动的力度不够。原因是：①法律制度不健全，至今未形成允许非商业机构为自己活动建立经济基础的法律机制，资金匮乏限制了СПО的活动和独立发展。СПО作为法人，应有稳定可靠的资金收入来源，以维持日常活动运作，排除了商业活动，意味着СПО需要指望赞助者、慈善家的行善资助，大型图书馆往往是其赞助者，[①]СПО没有得到国家、社会和商业领域等有效的资源支持。②国家与公民社会组织之间的社会伙伴关系缺少切实有效的法律条款和经济措施作保障，国家和地方权力机关是图书馆的创办者和管理者，СПО不具有任何管理权力，不能有效影响图书馆事业发展，РБА、РШБА尚且为在图书馆管理体系中地位不明确而苦恼，地方性СПО在地方图书馆发展中的作用则更具不确定性。

俄罗斯图书馆界意识到当前必须繁荣发展联邦主体地方性图书馆职业活动。原因是：①地方社会改革复杂环境下，地方图书馆面临许多不是单个图书馆能独立解决的共性问题，为了行业利益，地方图书馆界需要联合和共同努力。图书馆管理权限地方化后，地方政府决定地方图书馆命运，需要有联合团结在一起的地方性图书馆职业组织，作为地方图书馆界利益代表与地方权力机关打交道，这在当前及未来都极为重要。因此必须使地方图书馆界活跃起来，让他们相信，其社会职业活动对整个图书馆界乃至号召实现社会生活民主化的国家都是需要的。②俄罗斯图书馆职业活动呈现“矛盾”趋势，一方面，地方图书馆社会职业活动发展缓慢甚至停滞；另一方面，РБА作为全俄图书馆活动协调者的作用在增强。РБА虽为全俄性组织但不能直

① А. В. Соколов. Опыт библиотечной демократии[J]. Школьная библиотека，2007(8)：38－45.

接插手地方图书馆问题的解决,РБА 的措施、计划等只具有建议性和推荐性。毕竟只有 11 个联邦主体的 15 个图书馆职业组织及将近 500 个图书馆加入 РБА。[①] 为此,应加强地方图书馆职业组织建设或在地方建立 РБА 的分会(或代表),使它们成为 РБА 在地方的"支点",РБА 借此参与地方图书馆问题的解决,活跃地方图书馆职业运动。③图书馆职业组织在各地发展不均衡,且对当地图书馆事业发展的作用的差距巨大,现存留的 28 个 СПО 中有 4 个位于莫斯科、2 个在圣彼得堡、22 个在其他 20 几个联邦主体,总体来说,目前全俄 3/4 的联邦主体没有 СПО。只有 РБА、РШБА、卡累利阿共和国图书馆学会、新西伯利亚图书馆协会等个别 СПО 活动活跃。

总体看来,参与 РБА 各项职业活动是当今俄罗斯图书馆界最普遍的形式,РБА 在一定程度上将大多数俄罗斯各类图书馆、图书馆职业组织及与图书馆有关的机构的活动联合协调在一起。截至 2010 年 5 月,РБА 有来自 77 个联邦主体的 544 个集体会员,40 个下设机构(其中 31 个分会、8 个圆桌会),[②]会员包括 15 个图书馆职业团体、3 个国家级图书馆、16 个联邦级图书馆、400 多个地方图书馆、11 所高校、24 个出版社和图书传播分销机构、22 个其他机构以及哈萨克斯坦国立共和国儿童图书馆。[③]

7.2 俄罗斯图书馆职业组织——图书馆事业管理的社会力量

图书馆职业活动是一个国家图书馆事业发展状况的重要表征和是否具有活力的重要体现,为图书馆事业发展与繁荣增添动力。俄罗斯图书馆职业组织是俄罗斯图书馆事业"国家 - 社会"管理模式中的重要社会力量。

---

① Члены Российской библиотечной ассоциации[EB/OL]. http://www. rba. ru/content/about/members/index. php

② В. Н. Зайцев. Деятельность Российской библиотечной ассоциации в 2007 - 2010 гг. и стратегия развития на 2011 - 2015 гг. [J]. Информационный бюллетень РБА,2012(62):21 - 33.

③ Члены Российской библиотечной ассоциации[EB/OL]. http://www. rba. ru/content/about/members/index. php

7.2.1 俄罗斯图书馆职业组织参与图书馆事业管理的现实需求

俄罗斯图书馆职业组织参与图书馆事业管理符合俄罗斯国情和图书馆事业发展客观要求,与世界图书馆事业发展趋势相一致。20 世纪 90 年代,国家管理文化事业原则和法律基础的改变、全俄范围内社会积极性的增强、公民倡议出现以及社会非意识形态化和社会价值观念的转变,对俄罗斯图书馆事业发展带来根本性影响。消极影响——经济原则改变致使图书馆财政拨款锐减,全国图书馆体系瓦解,不同部门图书馆间相互联系削弱,思想观念和目标导向丧失,图书馆职业威望降低;积极影响——图书馆职业自我意识增强,图书馆界作为社会力量开始形成,出现杰出领袖人物,图书馆职业组织希望自我组织和管理,图书馆界渴望职业联合,合作交流经验,在新的社会经济环境下合理使用物质技术资源,图书馆国际交流能力增强,范围扩宽。正是这些主客观因素使俄罗斯图书馆职业组织参与图书馆事业管理成为必然趋势。

20 世纪 80 年代中期,苏共为实现社会生活改革和加快经济发展而实行社会各领域管理的民主化,这导致社会各领域逐步的非国有化,意味着拒绝国家对社会生活的集权领导和对经济的行政命令式管理,广泛利用市场和社会调节机制。正是国家管理民主化的思想对社会意识产生了决定性影响,成为社会力量活跃的推动因素,出现了"社会 - 国家"的管理思维与倾向,并逐渐成为俄罗斯改革前行的方向。民主化、非国有化进程必然波及图书馆事业,使国家对图书馆影响的性质发生根本变化,国家对图书馆事业领导的垄断地位被动摇,国家领导逐渐为国家调控所取代。1993 年《俄罗斯宪法》将文化事业管理权分给联邦主体,联邦中央权力减至最少,2001 - 2002 年的财政改革在经济层面巩固了这一点。新的法律和经济形势下,联邦中央对地方文化事业的调控权力十分有限①,联邦中央只是确定全国文化政策的基础原则,联邦主体、自治地方在文化问题上实际是自治的。苏联时期,苏联文化部下设的国家跨部门图书馆委员会(ГМБК)领导全苏图书馆事业,

---

① В. Р. Фирсов. Государственная библиотечная политика: механизмы формирования и реализации[EB/OL]. Информационный бюллетень РБА,2008(47):13 - 14.

但如今俄罗斯文化部没有这样的权力，只是研究制定文化领域政策和依法对文化领域实施调控。俄罗斯文化部图书馆系统因文化领域国家所有权重新分配而彻底瓦解，按经济所有权分为联邦图书馆、联邦主体图书馆和自治地方图书馆，俄罗斯文化部只直接管理 9 个联邦图书馆。最终结果是，在国家层面上不再有统一协调管理各类所有权性质图书馆活动的中央机构，各部门、各地方图书馆各自为政、彼此间缺乏联系，图书馆面临着社会地位急剧下降、境况悲惨、前景堪忧等灾难性威胁。图书馆界和俄罗斯文化部都意识到，需要一种非国家性的社会组织力量来协调组织全俄图书馆事业发展，填补国家不再集权领导图书馆事业后留下的空缺，РБА 正是代表图书馆界、具有这样能力及责任的社会性职业组织。

2000 年后俄罗斯开始关注公民社会建设。2005 年普京发布总统令，成立了俄罗斯联邦社会院，批准了《社会院法》，俄罗斯政府下令要求政府各部门成立社会委员会。各联邦主体随后也都建立了社会院和各种社会委员会。社会院是在公民、社会团体自愿参与的基础上成立的协商性机构，旨在协调公民、社会团体与国家之间的关系，确保国家政策实施过程中公民、社会团体的利益诉求，是社会力量参与和监督国家事务的重要形式，是国家和公民社会联系的纽带。社会院有权邀请国家机构领导人参与社会院全体会议，派代表参与联邦委员会工作，出席联邦会议，工作涵盖科技、教育、文化、对外交往等方面，经济、社会方面的公众意见和建议被越来越多地纳入到政府部门决策中。[①] 社会委员会与社会院的职能、作用相近。

社会院（包括社会委员会）的这种参政议政机制为图书馆社会性职业组织参与图书馆事业管理提供了法律依据和极大的现实可能。2009 年 3 月，俄罗斯文化部成立了社会委员会，意在加强与文化艺术者和社会组织间联系、研究文化事业发展优先问题建议、吸引公民和社会组织参与文化领域国家政策的制定实施，俄罗斯文化部长称之为“通过正确决议的机制”。[②] 全俄外文文献图书馆馆长曾为该委员会成员，РБА 主席 В. Р. Фирсов 为现任委员。一些地方的图书馆界人士加入当地社会委员会组织，如利佩茨克州青少年图书馆馆长为州社会院历史文化和精神遗产保护委员会成员、阿穆尔州

---

① 徐海燕. 俄罗斯联邦社会院的成立与发展[J]. 国际资料信息，2007(1)：20－22.

② Общественный совет при Минкультуры России[EB/OL]. http://mkrf.ru/otkrytoe－pravitel-stvo/obshchestvennyy－sovet/

图书馆馆长为州文化社会委员会委员、卡累利阿共和国图书馆馆长为共和国立法会议非政府组织委员会委员、阿尔泰边疆区图书馆馆长为边疆区文化管理委员会委员、萨拉多夫州图书馆馆长为州社会院教育、科学和文化委员会成员等。图书馆界因此有机会直接与政府对话，在政府层面实现话语权。比如，2012 年 7 月的俄罗斯文化部社会委员会会议上，В. Р. Фирсов 作为委员，做报告表达图书馆界的意愿："委员会优先工作之一是参与研制文化事业法律规范，委员应能对文化领域及影响文化机构的跨部门性法令做出鉴定结论。国家政策制定者对文化的理解过于狭窄，认为只是艺术领域和演艺活动，让委员会关注和支持文化机构活动更为重要和必要。俄罗斯有 4.5 万个公共图书馆，其中 3.5 万个农村图书馆，且逐年持续减少，图书馆在农村经常是唯一的文化机构，关注地方政府制定怎样的政策支持图书馆应是委员会最重要的任务之一"。① 与社会院和社会委员会建立良好关系，并加入其中，成为俄罗斯图书馆界实现参与管理图书馆事业管理的重要方式和途径。

从图书馆自身角度来说，参与图书馆事业管理是俄罗斯图书馆界职业自我意识增强的必然结果，也是实现自我管理的重要表现形式，是俄罗斯图书馆事业发展的客观要求。同时，这也是与世界图书馆事业发展相接轨，以实现融入全球图书馆事业大家庭、重返世界图书馆事业强国、借鉴世界经验以加快图书馆事业发展等对外交流合作目标的必然要求。

对俄罗斯图书馆事业发展来说，图书馆职业组织和政府部门两种力量的作用不同，但不是对立和割裂的，而是相辅相成、共同发挥作用的，缺一不可，各自职能的发挥需要相互结合、相得益彰、协调统一。比如，俄罗斯文化部图书馆政策需图书馆界、社会机构的宣传和配合才能有效实施，社会力量制定的图书馆政策计划也离不开政府机构的支持。正如 Е. И. Кузьмин 所言："只有各类社会力量共同努力，分析其产生原因并有针对性开展工作，才能克服俄罗斯图书馆事业面临的各种问题，无论是国家、市场还是个别图书馆都无法单独做到这一点"。②

---

① Государственная политика и законодательство в области библиотечного дела[EB/OL]. http://www.rba.ru/content/activities/address/obzor/07_2012.php

② Е. И. Кузьмин. Государственная библиотечная политика в России: итоги и перспективы[J]. Научные и технические библиотеки,2003(1):65－81.

7.2.2 俄罗斯图书馆职业组织参与图书馆事业管理的主要形式

РБА 主席 В. Н. Зайцев 在 1995 年《РБА 信息通报》创刊号上的致辞中指出,РБА 的基本工作是参与研究制定和实施图书馆政策法律、促进图书馆员社会保障、提高图书馆社会地位、组织开展全方位职业交往与联系、培养和提高馆员技能、在国内外显示俄罗斯图书馆的存在并保护俄罗斯图书馆界利益。①《РБА 章程》列举了 РБА 活动涉及的领域:图书馆政策和立法、科学研究和实践工作、馆员及书目信息机构工作人员的社会保障、用户权利保护、国际合作、文化教育、设立图书馆及馆员保护基金、与图书馆相关的经济活动、图书出版等。② 基本反映出俄罗斯图书馆界参与图书馆事业管理的主要方面和方式。

(1)参与图书馆及相关领域政策和立法的研究、制定与实施

这是 РБА 首要和长期的优先工作,是其作为社会力量参与图书馆事业管理的重要形式。1995 年 РБА 成立之初就与俄罗斯文化部签订协议,开展“图书馆活动法律规范保障”计划研究,一直延续至今,并设立了由 РБА 主席、副主席任负责人的图书馆政策与法律分会。分会工作是:分析、评价现行政策法规,提出应用于图书馆的建议;分析总结图书馆在法制建设中的工作经验;推动联邦主体图书馆立法;促进独联体国家图书馆示范法典的制定与应用;比较分析国外图书馆政策法律;制定、宣传推荐性职业规范;评价图书馆制定的规章制度并予以咨询帮助;在 РБА 网站上建设和完善“俄罗斯图书馆立法”数据库。РБА 提出多个事关图书馆的立法倡议,首个被采纳的是俄罗斯总统令将 5 月 27 日定为全俄图书馆日。全俄图书馆日是图书馆向权力机关和社会显示存在的最好方式,是图书馆院外游说的重要方式,图书馆界举行各种活动,邀请地方当局的代表、社会活动家、商业精英等参加,媒体参与报道,扩大了图书馆的伙伴圈,吸引社会关注与资助。

РБА 全力参与《俄罗斯图书馆事业法》《俄罗斯文献呈缴法》的研制、修

① М. И. Демидова. «Информационному бюллетеню РБА» 10лет[EB/OL]. www. rba. ru/ or/comitet/12/mag7/13. pdf

② Устав Российской библиотечной ассоциации[EB/OL]. http://www. rba. ru/content/about/doc/charter. php

订,对两部法律的完善与实施起到重要作用。当年两部法律在审议时几度搁浅,1994 年 12 月,法律草案在国家杜马三审后交送俄罗斯总统办公厅,PБA 直接向总统叶利钦建议,请求支持通过。PБA 积极开展两部法律的学习、宣传,并根据社会环境变化和图书馆发展,组织图书馆界讨论修改建议,2007 年向联邦委员会、国家杜马、俄罗斯文化部递交建议函,PБA 的主席、副主席及专家加入国家杜马文化委员会、俄罗斯文化部、促进俄罗斯图书馆发展社会委员会图书馆法修订工作组,参与图书馆法制建设研究。为解决用户获取公共图书馆数字信息问题,2012 年 6 月,PБA 主席 B. P. Фирсов 致信梅德韦杰夫总理,呼吁《俄罗斯图书馆事业法》第七条补充"用户有权利用馆际互借或其他方式,通过互联网接收数字形式的所需信息",并将这作为公共图书馆基本服务。PБA 很早就将推进联邦主体图书馆立法列为最重要任务之一。1995 年 7 月,PБA 按俄罗斯文化部部长令参与成立了联邦主体图书馆立法及联邦图书馆法实施咨询指导组。针对联邦制度初期联邦主体图书馆立法缺少经验、照搬联邦图书馆法的情形,[①]为提高立法水平、加快立法速度,图书馆政策与法律分会给予联邦主体图书馆立法以指导、评价,提出修补建议,致信联邦主体行政长官,开展院外游说,建议通过图书馆法。如今全俄绝大多数联邦主体都制定有图书馆法,PБA 功不可没。

俄罗斯图书馆还受到其他联邦法律的调控,它们构成了图书馆发展的法律基础。近些年,俄罗斯不断实施的政治经济改革使联邦法律的制定、修补、废止频繁且数量众多,一些法律的制定和修订没有考虑甚至侵害了图书馆利益,新旧法律间的不协调、调整对象的不适用性等问题不同程度地对图书馆产生消极影响。维护图书馆利益,确保图书馆与这些法律规定的适应性,成为 PБA 的关注重点。PБA 跟踪调查、及时了解并评判这些法律对图书馆的影响,采取预防措施,消弭或减弱对图书馆的负面作用。这些法律涉及社会多个领域,举些典型例子:

1)《俄罗斯地方自治法》框架下的地方自治制度改革深刻影响着图书馆。[②]俄罗斯文化部对该法的评价是"使自治地方图书馆(首先是农村图书

① Е. И. Борисова. Новый виток: Региональное библиотечное законодательство: современное состояние и перспективы[J]. Библотечное дело,2008(21):13 – 15.

② О. Ф. Бойкова. Библиотека в контексте местного самоуправления: законодательно – правовые основы[EB/OL]. http://libconfs. narod. ru/2005/s6/s6_p5. htm

馆)消亡的危险变为现实”,[①]从该法2003年重新颁布到2008年全面实施,PБA始终关注其对图书馆的影响,并将“地方自治与图书馆”设为2005年、2006年年会议题。PБA总结各地经验,提出权威建议,比如,面对自治地方图书馆交由农村自治机构后因后者无力支付经费而可能导致的合并或撤销,PБA提议加强跨农村地区图书馆建设,作为集中图书馆系统(ЦБС)区中心图书馆的继承者,保持自治地方图书馆网的存在。针对《俄罗斯图书馆事业法》没有明确自治地方图书馆的法律、术语、经济等问题而与《俄罗斯地方自治法》不相符的问题,[②]PБA建议修订《俄罗斯图书馆事业法》、继续完善《俄罗斯地方自治法》。

2)PБA认为《俄罗斯地方自治机构法》和《非商业机构法》(草案)的个别条款会使图书馆的地位不明确甚至关闭、房屋被剥夺,2004年提议国家杜马修订,并向俄罗斯总统办公厅递交“财政改革中必须保障图书馆活动”建议书,适时有效的预防措施减轻了两部法律对图书馆的不利影响。2005年针对《自治管理组织法》草案,PБA致信俄罗斯文化部,提出该法应用于图书馆的意见及图书馆民主自我管理建议,包括《俄罗斯图书馆事业法》增设一章“图书馆领域社会职业组织”,规定社会职业组织参与图书馆事业管理。

3)针对《招标采购法》将使图书馆难以订购到连续出版物和图书[③],馆藏文献补充面临困境的情况,PБA向联邦文化和电影署、俄罗斯经济发展和贸易委员会、国家杜马文化委员会、俄罗斯总统文化艺术委员会提议修改,将图书馆采购的文献列入俄罗斯政府制定的《无需招标采购的商品名录》。PБA馆藏文献建设分会秘书长参加2007年《招标采购法》修补议会听证会,在莫斯科、圣彼得堡、罗斯托夫顿河畔等地组织会议研讨《招标采购法》对图书馆的不利影响,与PБA图书传播分会联合在书展上举办活动,如2006年莫斯科国际书展上的“图书馆图书采购招标:节省国家资金还是不合理的浪费”讨论会,吸引出版社、图书贸易商参与,让社会了解、关注、支持图书馆的

---

① Ю. А. Гриханов. Административная реформа и библиотечное обслуживание муниципальных образований[EB/OL]. http://www. library. ru/1/kb/books/regional_policy/grihanov.php

② Е. И. Борисова. Проблемы отрасли: законодательное обеспечение деятельности библиотек на федеральном уровне[J]. Библотечное дело,2008(15):9.

③ Об итогах деятельности Общественного комитета содействия развитию библиотек России под председательством Б. В. Грызлова. [J]Библиотековедение,2008(3):12.

观点。РБА 的建议最终得到国家杜马的支持,2007 年 7 月修订的《招标采购法》对图书馆文献采购进行重大修改,包括图书不必招标采购可直接从出版社购进(唯一来源渠道时)。图书馆界认为此次修订未解决所有问题,2009 年全俄图书馆大会上,РБА 继续建议国家杜马完善该法,并展开院外活动,2009 年第二届全俄公共图书馆大会致总统建议书也提出修补该法。

4) 针对《俄罗斯民法典》(Ⅳ知识产权)(简称《民法典》(Ⅳ))对图书馆电子资源建设和公民获取图书馆信息的限制,РБА 向俄罗斯总统和图书馆界发出呼吁,在网站设立"《民法典》(Ⅳ)能帮助图书馆实现公民获取信息宪法权利专栏",①收集社会各方对该法典与图书馆资源数字化关系的观点,基于平衡社会与个人利益,提议修改法典个别条款,提高读者对信息的可获取性,赋予保存全国或本地区最全资源的图书馆数字化馆藏的权利,给予盲人图书馆将数字化资源出借到盲人家中的权利等,并将建议写入俄罗斯总统民法协调与完善委员会制定的《民法典》(Ⅳ)完善构想中。2009 年 РБА 致信该委员会,指出法典第六章条款将使图书馆难以履行社会职能,建议完善知识产权制度。2009 年 В. Р. Фирсов 编著《现代著作权制度下的图书馆工作:俄罗斯和国际的实践与建议》一书,供图书馆应对复杂和矛盾的法律环境。

5) 2010 年 5 月《因完善国家(自治地方)机构法律性质而修改个别俄罗斯法令联邦法》(简称 83 号联邦法,2011 年 1 月生效)通过后,РБА 公共图书馆分会与 РНБ 联合评价该法对公共图书馆法律地位变化带来的积极和消极影响。2010 年 РБА 出版了《国立和自治地方图书馆新的法律形式》指导书,帮助图书馆负责人应对该法。2010 年 6 月 – 2011 年秋,公共图书馆分会主席 С. Ф. Бартова 率团队进行《83 号联邦法生效后公共图书馆改组方案》调研,74 个联邦主体的图书馆参与。图书馆界共同努力,找到了解决避免图书馆因该法施行而被推向市场怀抱的办法。②

РБА 关注的图书馆法律问题广泛,还包括文化法、信息公开法、海关法、税法、民法等,表 7 – 3 列出了 2007 – 2013 年 РБА 向国家机关提出的与图书馆有关的部分建议。РБА 参与图书馆政策立法活动的积极性和创新性,得

---

① 4 – я Часть ГК может помочь библиотекам в реализации конституционных прав граждан на доступ к информации[EB/OL]. http://www.rba.ru/content/activities/discus/4gk/index.php

② В. Р. Фирсов. Дорогие коллеги! [J]. Библотечное дело,2011(1):1.

到了国家杜马和俄罗斯文化部的肯定。[①] 当然,PБA 提出的建议并不是都被采纳,同时新法律不断出台(比如 PБA 开始关注新近制定的《反极端行为法》,将研究规范用户使用图书馆馆藏中属极端性质文献资料的部门性文件提上议事日程)。因此,PБA 参与图书馆政策法律的活动将一直继续,力度和程度都有加大的趋势,并将不懈努力克服种种困难,实现为图书馆发展创建适宜的法律基础环境的最终目的。

表 7-3 2007-2013 年 PБA 向国家机关提出的建议[②]

时间	建议对象及内容
2007.12.5	第一届全俄公共图书馆论坛与会者致俄罗斯总统普京建议书
2009.5.19	2009 年全俄图书馆大会致国家杜马建议书
2009.11.16	致俄罗斯总统民法协调与完善委员会主席“促进完善知识产权法律制度建议”
2009.11.18	致国家杜马文化委员会主席“国家杜马文化委员会《文献呈缴法》及《<文献呈缴法>修订法》实施问题会议”函
2009.12.9	第二届全俄公共图书馆论坛致俄罗斯总统梅德韦杰夫建议书
2009.12.14	致国家杜马文化委员会主席“图书馆订购连续出版物时的欺诈事实”函
2010.3.22	致俄罗斯教育和科学部部长“请求审议旨在支持和发展教育机构图书馆和专业科学图书馆的交流与合作问题”函
2010.4.5	致联邦主体行政长官“在实施《政府信息获取保障法》的计划措施中考虑图书馆联入互联网问题”建议函
2010.12.15	致俄罗斯总统梅德韦杰夫和俄罗斯总统民法协调和完善委员会“支持 PБA 对《俄罗斯民法典》(Ⅳ知识产权)的修改方案”函
2011.8.29	致俄罗斯文化部“图书文物登记国家服务细则规定程序函”
2011.12.7	第三届全俄公共图书馆论坛致国家杜马议员、国家权力机构地方代表议员建议信

① С. А. Мамаева. PБA: механизмы интеграции[J]. Научные и технические библиотеки, 2008(10): 3-10.

② Обращения PБA[EB/OL]. http://www.rba.ru/content/activities/address/obr.php

续表

时间	建议对象及内容
2011.12.13	致国家杜马文化委员会主席“《俄罗斯文化法》草案反馈意见函”
2012.3.30	PБA“数字时代的图书馆藏书:传统和电子资源收藏与利用”会议致信俄罗斯文化部副部长
2012.4.2	致俄罗斯文化部副部长“数字时代的图书馆藏书:传统和电子资源收藏与利用会议宣言”
2012.6.22	致国家杜马经济政策、创新发展和企业委员会主席“修改《招标采购法》建议函”
2012.6.25	致俄罗斯政府总理梅德韦杰夫“补充《俄罗斯图书馆事业法》建议函”
2012.7.2	致俄罗斯文化部副部长“修改《招标采购法》建议函”
2012.9.21	致信国家杜马文化委员会主席、国家杜马主席、俄罗斯政府总理,建议支持《俄罗斯民法典》(IV 知识产权)修订案一审对第 1275 条的修改
2013.1.9	致俄罗斯文化部部长和通信、信息技术和大众传媒联邦监督局局长“《保护儿童免受有害信息法》修改意见函”
2013.3.15	致俄罗斯文化部监督和干部局局长“研究制定图书馆从事人员职业标准必要性”函

(2)研究、制定、实施图书馆职业规范①

(3)参与联邦计划纲要的实施

全俄性图书馆领域的计划纲要是在 PБA 积极参与下研究和实施的。参与实施俄罗斯文化部支持下研制的具有全俄意义的联邦计划纲要是 PБA 在科学研究和实践领域迈出的第一步。PБA 对联邦计划纲要实施发挥着协调、整合、稳定的作用,其优势在于:一些联邦计划纲要实施的负责人、专家往往同时兼任 PБA 的部门负责人,他们利用 PБA 的资源有效实施所负责的计划,比如 Libnet 中心主任是 PБA 现任副主席及自动化、格式和编目分会主席;PБA 可将知名专家、学者跨部门、跨地区集中联合,共同协商联邦计划纲

① 本部分内容将在下文 7.3 俄罗斯图书馆职业规范中专门论述。

要的实施问题，打破部门和地域。РБА 将解决跨部门性问题为己任，成为联邦计划纲要有效实施的必备要素。

《俄罗斯机读目录格式（RUSMARC）》是 РБА“生产”的第一个“心爱产品”。1995 年 РБА 成立编目分会，联合 16 个图书馆和信息中心的 52 位专家组建 RUSMARC 研制组，1996 年起与 OCLC 联合实施俄罗斯编目规则与英美编目规则（AACR2 – Anglo – American Cataloguing Rules，2nd Edition）的协同工作，完成对 AACR2 的英译俄罗斯工作，免费向图书馆发放，1997 年研制完成了《俄罗斯机读目录格式（RUSMARC）》（第一部分）。1998 年俄罗斯文化部令要求下属公共图书馆采用 RUSMARC，推荐其他部门使用。在俄罗斯文化部和“开放社会”研究所的支持下，1998 – 2000 年 РБА 出版了 RUSMARC 出版物，免费向图书馆、信息中心和文化大学提供。2000 年后 РБА 举办专门的学术会、培训会讨论 RUSMARC，来自俄罗斯各地各部门的 500 多名专家参加。[①] 2001 年 РНБ 受俄罗斯文化部委托成立了由 РБА 自动化分会主席 В. В. Скворцов 任负责人的 RUSMARC 国家服务部，负责 RUSMARC 的研究与推广。2002 年在 RUSMARC 基础上开始建设俄罗斯图书馆联合目录（СКБР），为 АРБИКОН 成功发展地方图书馆联盟网奠定了基础。СКБР 成为 РБА 讨论的主题。2002 年 5 月，РБА 制定实施的《到 2010 年俄罗斯国家书目回溯发展计划》解决了重要的历史文化任务——保存历史和现在的俄罗斯国内外图书书目。РБА 跨地区编目委员会历经数年研制了《俄罗斯编目规则》。所有图书馆计划都受到 RUSMARC 的影响，没有 RUSMARC，其他计划将各自为政、不能联合，前文提到的 Libnet 计划、АРБИКОН 等依靠统一的 RUSMARC 格式作为基础开展图书馆联合的。

РБА 与俄罗斯文化部一道担负《保护图书馆馆藏文献国家纲要》实施的一般性协调工作。早在 1996 – 1997 年 РБА 就联合 3 个联邦图书馆和 10 个联邦主体图书馆完成了纲要前期计划“报纸的保存与获取”。РБА 馆藏文献保护分会对纲要的实施做出贡献，分会主席 С. А. Добрусина 是联邦文献修复中心主任，分会代表参加纲要研究实施工作组，组织会议参与纲要实施，2011 年 РБА 年会审议通过了《2011 – 2020 年全俄图书馆信息计算机网

---

① М. А. Шапарнева. РБА：хроника дат и событий（1994 – 2005 гг.）[J]. Информационный бюллетень РБА，2005（33）：15.

(Libnet)发展基本方向》《2011－2020年保护图书馆馆藏文献国家纲要发展基本方向》,这两个计划后经俄罗斯文化部批准,成为未来十年俄罗斯国家图书馆政策的主要内容。

2008年PБA年会上,PБA阅读分会与《支持和发展阅读国家纲要》的主要研究制定者——跨地区图书馆合作中心(MЦБC)共同组织分会,32个联邦主体的馆员、教师、学者、记者、政府机构和社会组织代表,共计250多人参加,听取了19篇报告,讨论地方阅读中心建设、图书馆支持与引领阅读活动等问题。2009年PБA的多个分会组织了一系列旨在支持和加强阅读的活动措施,如儿童图书馆分会的儿童阅读活动中创造性发展经验讨论,青少年图书馆分会的青少年读者服务方法研究,讨论青少年信息素养和阅读素养培养。作为传统,阅读分会每年参加“米哈洛夫之秋”跨地区读书汇演。

参与联邦计划纲要的实施是PБA重要工作之一,PБA积极参与《俄罗斯文化纲要》中有关图书馆事业发展内容,还加大了参与地方性和跨地区的图书馆事业发展计划的力度。

(4)开展国际交流合作

参加图书馆、目录、信息等领域国际组织的活动,与国外图书馆组织建立双边和多边联系。开展广泛的国际交流合作是PБA的优先工作之一。1997年时俄罗斯就有33个图书馆和3个图书馆学会成为IFLA会员。目前,俄罗斯仅次于美国,成为积极参与IFLA活动的世界第二大国家,反映出俄罗斯图书馆界对外职业交流的积极性。

1995年4月,PБA以俄罗斯国家协会成员的身份加入IFLA,恢复了自1991年中断了的“国家层次的代表”。8月PБA代表团首次参加IFLA会议。2001年PБA成立了专门的国际交流分会。PБA在IFLA有40个席位,俄罗斯图书馆界代表在IFLA最高机构——理事会、执行委员会、分会委员会等机构任职,主持、参加IFLA的各项工作活动。

PБA与欧亚图书馆大会(БAE)以及独联体、波罗的海三国、美国、英国、波兰等国的图书馆协会合作。2002年6月,PБA与白俄罗斯图书馆协会、乌克兰图书馆协会签订合作协议,为拓宽与近邻国家图书馆交往打下基础。1997年9月,PБA与美国图书馆协会会、英国图书馆协会、加拿大图书馆协会签署“授权出版俄语版AACR2”协议。1998年4月,PБA与IFLA图书馆协会管理圆桌会议委员会(RTMLA －The round table for the management of library associations）在圣彼得堡举行主题为“图书馆协会如何发展”的独联体及波罗的海三国图书馆协会研讨会。PБA 的分会与国外和国际组织开展合作，如音乐图书馆分会是国际音乐图书馆协会（IAML – International association of music libraries）俄罗斯分部，参与每年的 IAML 大会。参加以独联体国家为主的“图书馆和信息资源在现代科学、文化、教育和商业”国际图联克里木大会成为 PБA 的传统。

PБA 积极推动俄罗斯图书馆参与国际活动，比如 2003 年组织图书馆参与由美国国会图书馆馆长 J. Billington 和俄罗斯文化活动家 Д. С. Лихачев 院士共同倡议、美国国会图书馆研究制定的“开放的世界”计划（1999 年 5 月美国国会通过），该计划的主要任务是让俄罗斯知名专家学者能访问美国，了解本专业领域研究成果，与美国同行建立良好关系。2002 – 2003 年和 2005 – 2006 年，在 PБA 的推荐下，有 300 多名俄罗斯图书馆员参与该计划，成功访美。2006 年 PБA 国际联系分会与 PГБ 俄罗斯与独联体国家图书馆馆际关系部联合进行俄罗斯图书馆国际合作问题调查。

PБA 参与国际交流合作具有伙伴互惠性质：借鉴国外、国际经验，应用于俄罗斯图书馆事业发展；将俄罗斯图书馆经验向国外传输，在国际层面上讨论，加强国际图书馆合作，建立统一的国际图书馆信息空间，平等获取各国各地区信息。对外合作交流使俄罗斯与国际接轨，保持与国际标准水平的一致，按照国际标准建设图书馆，开展图书馆职业活动，同时也巩固了在国际图书馆界的地位和影响力。

（5）加强图书馆职业联系与交往

这是促进俄罗斯图书馆发展的重要因素，也是 PБA 的根本目标和基本职能。PБA 组织、参与各类职业活动，将全俄图书馆界联系一起，凝聚力量，共同探讨和解决图书馆发展问题，规划图书馆未来，使图书馆界活跃起来，成为强大的社会知识保障力量。这些活动有如下特点：①形式多样——会议、竞赛、培训等；②数量众多——2009 – 2012 年逐年增加（68 项、82 项、104 项、134 项）；[①]③范围广泛——国际性、全俄性、跨地区性、地区性；④主题内容丰富、涉及面广——涵盖图书馆事业各方面及图书出版、社会文化、青少年、全民阅读等多个领域；⑤社会各界参与支持——出版界、信息中心、教育

① Сводный план мероприятий[EB/OL]. http://www.rba.ru/content/activities/plan.php

机构、图书贸易商、媒体、文化机构、政府部门、企业、信息服务机构、社会组织等;⑥具有一定的社会关注度和影响力。篇幅所限,下面仅列举代表性活动。

РБА 每年主办和参与多个会议(2009 年 18 个,2010 年 21 个),其中 РБА 年会和全俄公共图书馆论坛是规模最大、最具影响力的全俄性图书馆盛会,是俄罗斯图书馆界每年的大事,为加强职业联系与交往搭建了平台。1996 年第一届 РБА 年会举行,随着影响越来越大,2007 年起,称其为全俄图书馆大会。年会由各联邦主体的城市申请轮流举办,举办城市被誉为当年的“图书馆之都”,申办条件是地方政府全力支持并有能力和经费组织会议和书展、当地图书馆有先进经验、当地图书馆职业组织支持等。“图书馆之都”的设立使地方政府关注图书馆,给予额外资金资助、购置图书与设备、修缮馆舍。[①] РБА 希望随着经济的发展所有联邦主体都能主办年会,以增大影响地域。年会设立主题、议题是与图书馆发展相关的综合性、全方位的现实问题。既有理论探讨又有经验交流,商讨问题大到国家政策法律、公民社会建设、信息社会建设、统一文化空间构建、全民阅读、对外交流合作等;涉及领域小到图书馆实践工作方法、儿童思想启蒙、农村居民点服务等,从图书馆到出版、教育、文化、信息服务与技术等多个领域。年会是自由、开放的,各地各级各类图书馆均可参加,上百篇报告、计划等在会上宣读、交流,图书馆发展最迫切现实的新老问题、图书馆规章制度、图书馆事业发展远景等在年会提出、讨论、磋商、解决、规划,最终达成共识,形成各类文件和建议,向社会公布和向国家权力机关提出(详见表 7 - 4)。2007 年第一届全俄公共图书馆论坛在圣彼得堡举行,现已举办三届(2009、2011 年),论坛主题是“公共图书馆:时代的召唤”,讨论问题广泛——国家图书馆政策、图书馆立法、图书馆现代化、社会伙伴关系建设等,目的是联合图书馆界力量,吸引各级权力机关关注公共图书馆服务现状。论坛得到联邦文化和电影署的经费支持,俄罗斯文化部长莅临致辞。论坛期间举办出版产品和图书馆技术设备展,论坛结束后图书馆界参观芬兰、丹麦、瑞典的图书馆。三届论坛分别有 72 个联邦主体的 400 多人、52 个联邦主体的约 500 人、53 联邦主体的 365 人

---

① В. Н. Зайцев. О пользе библиотек «для каждого благоустроенного государства» [J]. Библиотечное дело, 2004(5):14 - 16.

参加,还有哈萨克斯坦、乌克兰、德国等国外人士。与会者认为,图书馆活动是保障社会稳定和国家安全的重要因素,是俄罗斯民主建设、公民社会发展、保障公民获取信息和参与文化生活的宪法权利、提高国家在世界舞台的竞争力的必要条件,但近些年图书馆服务因得不到社会和国家的应有重视而衰弱,须在新环境下采取必要措施振兴图书馆。为此,三届论坛先后书面建议总统、总理、国家杜马、联邦主体当局应重视图书馆在国家现代化中的作用,加强图书馆现代化建设,修补侵害图书馆利益的现行法律。建议得到国家杜马答复——将更多关注图书馆事业发展、促进问题解决以及 52 个联邦主体书面回应——通告当地政府支持图书馆的情况和措施,如阿迪格共和国文化部制定了“到 2014 年图书馆事业发展”共和国专项计划,巴什科尔托斯坦共和国政府决议通过了“2012 – 2014 年图书馆事业发展”共和国专项计划等。公共图书馆在很大程度上决定了图书馆事业发展水平,尽管每年公共图书馆都参加大量职业活动,但却从未召开过专门针对公共图书馆的会议,因此,举办全俄公共图书馆论坛具有重大意义。

PБА 还与俄罗斯文化工作者工会签订保护图书馆员劳动权益的合作协议(2005 年 6 月),与俄罗斯图书联盟签订图书出版、图书传播、图书馆事业发展、社会阅读等领域的合作协议(2005 年 12 月),拓宽图书馆职业活动的社会影响范围。

表 7 – 4　PБА 年会举办情况(1996 – 2012 年)①

届次	时间	地点	主题	参会人数	其他
第一届	1996.5	莫斯科	—	285 人(52 个联邦主体)	
第二届	1997.6	苏达克(乌克兰)	—	—	
第三届	1998.5	圣彼得堡	—	300 多人(35 个联邦主体)	

① 根据 PБА 网站(http://rba.ru/conference/about/index.php)资料整理。

续表

届次	时间	地点	主题	参会人数	其他
第四届	1999.4	莫斯科	—	—	通过《俄罗斯图书馆员职业道德准则》
第五届	2000.5	特维尔	图书馆事业的现实问题	400多人(来自40个联邦主体及独联体国家、波罗的海三国)	
第六届	2001.5	萨拉多夫	统一的俄罗斯图书馆信息文化空间	700多人(44个联邦主体及德国、美国、芬兰)	首次举办出版产品、信息产品、商品、服务展览会;通过《公共图书馆示范标准》
第七届	2002.5	雅罗斯拉夫尔	全民信息	780人(57个联邦主体及美国、德国、白俄罗斯)	通过《2010年俄罗斯国家书目回溯发展计划》
第八届	2003.5	普斯科夫	图书馆和道德文化素养	800多人(来自59个联邦主体美国、爱沙尼亚等)	通过《PБA公共图书馆宣言》《俄罗斯联邦主体(州、边疆区)中心图书馆地方志工作指南》
第九届	2004.5	新西伯利亚	图书馆—信息社会的心脏	750人(来自59个联邦主体和德国、荷兰、白俄罗斯、哈萨克斯坦)	
第十届	2005.5	圣彼得堡	面向科学、教育、启蒙的图书馆	约1300人(来自75个联邦主体及美国、澳大利亚、白俄罗斯、英国、比利时、德国、哈萨克斯坦、立陶宛、波兰、韩国、乌克兰、捷克)	俄罗斯总统普京、联邦委员会主席致贺信;通过《自治地方公共图书馆(集中图书馆系统(ЦБС))地方志工作指南》

续表

届次	时间	地点	主题	参会人数	其他
第十一届	2006.5	叶卡捷琳堡	图书馆是文化中最重要的	1000多人(64个联邦主体、塔吉克斯坦、美国、德国、爱沙尼亚)	
第十二届	2007.5	布良斯克	图书馆在社会交往体系中	800多人(来自67个联邦主体及白俄罗斯、美国、德国、乌克兰、摩尔多瓦)	国家杜马主席、俄罗斯文化部副部长、布良斯克州州长莅临致辞;首次向举办城市赠书;通过《自治地方公共图书馆网组建及资源保障基本标准规范》
第十三届	2008.5	乌里扬诺夫斯克	图书馆与21世纪的人文价值	1418人(来自59个联邦主体及德国、白俄罗斯等)	国家杜马主席、俄罗斯文化部部长、联邦出版和大众交际署署长莅临致辞;通过《公共图书馆活动示范标准》(新版)、《俄罗斯编目规则》(第2部分)
第十四届	2009.5	沃洛格达	图书馆在知识社会中:一体化进程	700多人(57个联邦主体及德国、美国、芬兰、白俄罗斯)	俄罗斯总统梅德韦杰夫、国家杜马主席致贺电;俄罗斯文化部部长、沃洛格达州州长莅临;通过《俄罗斯儿童图书馆指南》

续表

届次	时间	地点	主题	参会人数	其他
第十五届	2010.5	托木斯克	图书馆和知识：现代社会的呼唤	700多人（62个联邦主体及国外）	俄罗斯总统梅德韦杰夫、国家杜马主席、俄罗斯文化部长致贺电；通过《俄罗斯联邦主体盲人图书馆工作示范标准》《俄罗斯农业科学院科研机构图书馆工作示范标准》
第十六届	2011.5	秋明	俄罗斯图书馆界：目标与前景	615人（53个联邦主体及德国、立陶宛、哈萨克斯坦）	通过《2011—2015年PБA发展优先》《俄罗斯图书馆员道德准则》（新版）
第十七届	2012.5	彼尔姆	图书馆与社会创新发展	960人（61个联邦主体及国外）	通过《俄罗斯公共图书馆服务青年人指南》《图书馆博物馆示范条例》
第十八届	2013.5	奔萨	图书馆与个人权利		联邦委员会主席、国家杜马主席、俄罗斯文化部部长等致信

PБA举办众多全俄性竞赛，如“图书馆之都”选拔赛、“图书馆学、目录学、图书学科研成果”竞赛（1995年—2010年）、公共图书馆现代读者服务发展趋势大赛（2000年—2011年）、全俄公共图书馆网站大赛（2003年—2009年）、地方图书馆刊物大赛（2006年、2007年、2009年）、图书馆青年专家学者优秀科研成果大赛（1993年—2004年）、青年图书馆员成就与梦想创新大赛

(2009年、2011年)、青年图书馆运动领袖大赛、图书馆帮助视力残疾者阅读大赛、图书及图书馆事业保护者和热心者评奖(2001年—2007年)、我们与图书——倡导读书和发展读书文化计划大赛(2004年)、鲁巴金思想遗产及现代性大赛(1998年)、儿童图书馆海报大赛、"图书馆中的最佳"评比(2007年)、"公共图书馆生态主题出版物、互联网计划"竞赛(2009年)、图书馆生态科学和教育大赛(2009年)、农业学者书目指南竞赛(2009年)、视觉文化手段引领阅读竞赛(2009年—2010年)、图书馆地方志电子出版物竞赛(2011年)等。竞赛主题具有现实性,吸引了全俄图书馆员的踊跃参与。比如,举办了6届的"公共图书馆现代读者服务发展趋势竞赛",每届都设主题——"现代公共图书馆读者和阅读研究""图书馆员继续教育""支持阅读的伙伴组织""图书馆在维系家庭和保持家庭阅读传统中的作用""自治地方图书馆与地方自治社会一体化",每届都有50多个联邦主体的200左右个图书馆的100 -

300多篇作品参赛;"全俄公共图书馆网站大赛"举办4届,参评网站和互联网方案逐年增多(107个、124个、135个、179个);67个联邦主体的图书馆的433篇作品参加"图书馆中的最佳"评比;48个联邦主体的图书馆的121种出版物参加"地方图书馆刊物大赛";1978年举办至今的"图书馆学、目录学、图书学科研成果"竞赛,共有1500多位作者的1254篇参评。通过竞赛,图书馆员交流业务经验、增进职业团结、提高业务技能、激发服务热情、改进服务水平,提升图书馆社会公众认知度和形象,赢得社会伙伴关注、赞助,促进俄罗斯图书馆事业整体均衡发展。通过分析参赛作品(专著、教科书、咨询出版物、论文集、目录出版物等),为了解图书馆最现实问题,制定图书馆政策、开展图书馆服务提供依据。

PБA开展全俄"年度最佳馆员"评选、组织"米哈洛夫之秋"读书汇演等传统阅读活动、设立"图书馆发展贡献奖",2002年在斯维尔德洛夫斯克州、鄂木斯克州、克麦罗沃州、卡累利阿共和国、汉特-曼斯科自治区等的多个城市组织"图书馆远行队",2006年开始在克拉斯克达尔边疆区举行"全俄农村图书馆员夏令营"。

(6)开展信息-出版活动

1994年10月,PБA委员会第一次会议决定出版《PБA信息通报》,目的是将国内外图书馆职业信息向图书馆界及时全面通报。2003年起,PБA网站提供《РБА 信息通报》全文电子版。《РБА 信息通报》提供俄罗斯图书馆职业活动最重要问题、图书馆事业现状、发展内容等方面可靠信息，包括俄罗斯国内外图书馆事业发展的理论研究成果和实践工作经验，РБА 及俄罗斯其他图书馆团体、国际合作等方面的消息，《РБА 信息通报》对俄罗斯图书馆理论研究和实践工作具有重要的参考价值和指导意义，成为了解俄罗斯图书馆事业发展的重要信息渠道。РБА 的分会也有自己的刊物，如公共图书馆分会的《公共图书馆》、图书馆馆藏建设分会的《图书馆馆藏：问题与解决》和《永远》（电子版）、医学图书馆分会《俄罗斯医学图书馆》等、高校图书馆分会的《信息通报》等。РБА 网站（www. rba. ru）在向图书馆界传播图书馆职业活动信息方面的作用越来越重要，快速通报图书馆界重要事件，及时将与图书馆有关文件资料、措施对外公开，供广泛获取，吸引潜在成员。2009 年的数据显示，网站访问量超过 50 万次，访问网页累积 200 万页，提升了 РБА 的社会威望。

РБА 翻译出版 IFLA、UNESCO、欧洲委员会等发布的与图书馆有关的指导性文件、专业资料，如《IFLA/UNESCO 公共图书馆服务发展指南》（俄罗斯是首个翻译该指南的国家）、《IFLA 互联网宣言》《图书馆儿童服务指南》《图书馆青少年服务指南》等，参与起草 IFLA 的《多元文化服务指南》，与 IFLA 合作出版《IFLA：地位. 宣言. 指南》（2008 年）文件集。2001 – 2003 年 РБА 与欧洲委员会合作实施出版计划，编制图书馆活动系列丛书。РБА 此举意在向俄罗斯国内介绍和宣传国际图书馆界的思想观点及国外图书馆管理与发展的经验。这对俄罗斯图书馆认识国际图书馆事业发展状况进而参与国际图书馆事业，与国际接轨作出了贡献。

2000 年 РБА 年会首次举办出版物、新技术、信息产品、商品及服务展览会，目的是为图书馆有效采购馆藏文献。展会逐渐扩展为大型图书新产品展示会，俄罗斯国内出版机构、图书贸易商、信息公司等参会，2012 年俄罗斯、美国、德国、荷兰等 30 多个出版社参展。展会首日为图书馆采购员日，馆员作为展会首批观众，优先看到新书并订购，或直接从出版社获得所需文献。展会结束后，所有图书展品由年会主办地的联邦主体图书馆分配给当地图书馆作为馆藏。2003 年起，展会还举办"最佳展台""最佳参展图书""最佳礼物""最佳图书馆采购员""最佳职业出版物"等评选活动，带动出版社、图书馆、读者的参与热情，吸引各方对图书馆的关注。2007 年 РБА 提出新创意，即为年会举办地免费提供图书作为礼物，吸引一些出版社支持和参与。1996 年起，PБA 组织图书馆代表团参加法兰克福、巴黎、莱比锡、莫斯科、北京、德里、开罗、圣彼得堡、日内瓦等大型国际书展（图书沙龙）等。1998 年 PБA 设立俄罗斯图书馆参加国际书展工作组，使大多数图书馆有机会参加书展，通过在国际书展上设立俄罗斯展台，展示俄罗斯的书刊、电子出版物等，进行版权贸易，组织研讨会、圆桌会，与国外同行或读者沟通交流，吸引国内外社会各界对俄罗斯图书馆的关注，为图书馆赢得更多合作伙伴。所有图书馆在 PБA 的组织和援助下都有可能参加书展，任何图书馆都可向 PБA 提出申请，不能派代表参加书展的图书馆，可将自己的出版物和资料交由 PБA 在书展上展示交流。这有利于确立图书馆作为平等的图书市场主体的地位，了解图书市场动态信息。国际书展成为俄罗斯图书馆走出去参加国际交流合作的有效方式，俄罗斯图书馆不仅展示自我，也可有更多机会与出版社、书商、其他图书馆洽谈业务，了解世界优秀出版物，扩大俄罗斯图书馆的国际文化、信息交流，提升社会对图书馆工作活动的认知度。

7.2.3 俄罗斯图书馆职业界参与图书馆事业管理的前景

（1）面临的问题

尽管近二十年时间里俄罗斯图书馆领域建立了几十个社会性图书馆组织，但这些组织在参与图书馆事业管理方面还面临一些问题。

首先，相关法律制度尚不健全。以 PБA 为例，虽然 PБA 对图书馆政策的制定实施发挥着独特作用，但所做的一切都是“非正式的”，在图书馆事业发展中发挥的各种职能，也只能被认为是“插手”国家图书馆政策，主要原因是 PБA 的地位除了 PБA 章程有规定外，没有任何法规文件予以确认。国家对社会性职业组织没明晰的国家政策，立法者尚未能意识到需建立专门针对文化领域（包括图书馆事业）的社会组织制度，非商业组织法、自我管理机构法等法律也不完全适用于图书馆社会性职业组织。有关法律和制度方面的缺失，使图书馆界参与图书馆事业的行动有些师出无名，总是一厢情愿，略显尴尬，这在很大程度上影响了图书馆界进一步深入全面参与图书馆事业管理。

其次，国家对图书馆界的重视程度还不足。实例说明：①2007 年总统普京在国情咨文中提出要加强图书馆事业现代化建设，但总统并未征求对此最有发言权的图书馆界的意见建议，而是直接决定建立总统图书馆及联邦主体分馆，政府自认为这就是俄罗斯图书馆事业现代化，并投入大量财力、物力高调建设。在图书馆界看来，政府只向自认为需要投入的图书馆领域投入，而没有认识到真正需要财政优先支持的图书馆现代化建设内容，想建一个总统图书馆立马就建成了，而建设了十几年的 РНБ 新楼因资金不足还未竣工使用，农村地区图书馆状况更糟糕。国家制定实施图书馆事业发展战略时，没有吸纳图书馆界参与，倾听图书馆界声音，而是独立自作主张，尤其是大量资金并未真正投入到嗷嗷待哺的图书馆关键领域，这令图书馆界感到在国家层面遭受冷遇。С. А. Басов 认为，图书馆界应积极参与并影响政府的政策决议，谏言献策，表明图书馆界的立场——总统图书馆分馆应是联邦主体综合图书馆的有机组成，不应脱离现实图书馆去再建一个“平行”的新的数字图书馆，让政府明白，建立一个充满智慧、自由的公民社会不可能只建立在现代化技术基础上，而不依靠普普通通的文化要素即传统的图书和图书馆。地方政府轻视图书馆界的现象就更普遍了，地方图书馆界参与地方图书馆事业发展的难度更大。②俄罗斯建立了一些“附属于国家”的社会组织，文化领域级别最高的就是 1996 年成立的俄罗斯总统文化艺术委员会，该委员会是隶属于俄罗斯总统的咨议机构，负责向总统通报文化艺术领域事务，确保总统与创作者团体、文化艺术机构、知识分子代表之间的相互联系，向总统提交文化艺术领域国家政策建议，成员为文化艺术领域杰出人士。全俄国立外文文献图书馆馆长 Е. Ю. Гениева、РБА 主席 В. Н. Зайцев、РГБ 主席 В. В. Федоров 先后（1996 年—2000 年、2001 年—2010 年）曾是该委员会成员，这是图书馆界在国家权力机关最高位的代表。但到了 2011 年和 2012 年，俄罗斯总统改组委员会成员，吸纳钢琴家、导演、演员等加入，图书馆领域只有叶利钦总统图书馆馆长 А. П. Вершинин 位列其中（原因是总统委派其负责建立国家数字图书馆）。由于至今仍有专家对总统图书馆是否是图书馆存有质疑，以及兼任 РБА 副主席的 Е. Ю. Гениева、В. В. Федоров 的落选，因此有图书馆界人士认为，如今将 РБА 利益提升到总统层面的可能性几乎消失了。С. А. Басов 直言这种社会组织的成员由领导个人邀请和指定，其成员不能体现社会各方面力量的配置。总之，图书馆界在国家元首面前的话语权有所丧失。

此外，2012 年 2 月，随着 Б. В. Грызлов 卸任国家杜马主席，由他提议建立的促进俄罗斯图书馆发展社会委员会也结束了自己的使命,①这对图书馆界来说无疑是不小的打击。该委员会对图书馆事业发展做出重要贡献,对 РБА 参与国家立法机构立法活动发挥重要作用, В. Н. Зайцев、А. И. Вислый、А. П. Вершинин、М. Д. Афанасьев、В. В. Мосягин 等作为图书馆界代表曾入选该委员会,有机会与议会议员、联邦主体行政长官、政府部门领导等接触,与媒体负责人、科研人员、知识分子等社会人士共商图书馆发展大事。Б. В. Грызлов 本人因对图书馆事业的支持而获得了 РГБ 授予的"鲁缅采夫奖"。如今这个具有社会性意义的委员会停止了工作,使图书馆界失去了与政府高层官员接触,进行院外游说的重要渠道。

综上,俄罗斯图书馆职业组织参与图书馆事业管理的道路还是曲折艰难的,很多问题需要图书馆界努力去解决。

(2)问题的应对策略

首先,图书馆参与社会院及国家机关的咨政机构。以 РБА 及地方图书馆组织为代表的图书馆界,要与联邦和联邦主体的社会院建立日常工作联系机制,并力争加入其中,利用这些机构的潜力,扩大图书馆界院外游说活动范围,还要力争成为国家权力机关中的社会代表,首要任务之一是设法成为国家权力机关下设的社会咨询委员会成员。首选的是进入下设有图书馆的文化部、教育科学部、外交部、交通运输部等的社会委员会和部委会。这在当前和未来都很重要。比如,国家在发展图书馆事业方面的言行不一,国家元首支持图书馆事业的政治性声明在政府经济政策和行动中总得不到体现,总统梅德韦杰夫在 2010 年 7 月俄罗斯信息社会发展委员会会议上要求联邦主体政府 2012 年 7 月前为地方公共图书馆计算机化配备设备和软件、接入互联网,但直至梅德韦杰夫卸任(2012 年 6 月),该任务目标也未实现。类似情况多有发生,常令图书馆界空欢喜和无限失落。为此,图书馆界需要积极影响国家机关,单纯的职业会议、活动、撰文呼吁等显然只是种间接方式,难以引起重视,而参与社会院和成为国家机关中社会代表无疑是重要且最直接有效的方式。2012 年 7 月,俄罗斯文化部重新组建社会委员会,В. Р.

① Общественный комитет содействия развитию библиотек России [EB/OL]. http://www.rba.ru/content/activities/ address/representa - tive/index.php

Фирсов 作为图书馆界唯一委员在委员会会议上作报告，表述图书馆界立场。① 利用国家设立和推行社会参与监督机制，图书馆界才能更好地实现参与图书馆事业管理、表达职业利益诉求的目的愿望。

其次，建立图书馆领域的“社会－国家伙伴关系”机制。俄罗斯国家权力机关与社会组织之间的合作形式大体分为象征式和法律协议式两种：前者是建立在国家权力机关居主导地位基础上的，依靠的不是协议而是有利于社会组织的利益，后者要求事先制定双方都接受并遵守的共同行动准则。可以说，目前俄罗斯图书馆职业组织与国家之间的合作属于象征式的，两者之间没有伙伴协议关系，国家没有政策法令和行动要求 РБА 参与图书馆政策的制定和实施，尽管 РБА 希望参与，但仍处于次要的受支配地位，因此也就形成了对国家与社会伙伴关系的传统认识，即社会组织提出创新性计划，国家权力机关审议通过，支持并最终实施完成。对此，С. А. Басов 提出国家与社会之间应联姻，确立法律协议的伙伴关系，确定双方各自长期稳定的权利义务内容，但如果要建立一种吸纳专家参与问题解决、考虑专家意见建议的真正的伙伴机制，就必须拒绝国家和社会组织之间的垂直关系，为建立社会职业组织参与研制实施国家决议的机制，就必须建立一种国家和社会之间平行的伙伴关系。对图书馆职业组织来说，与国家建立平等伙伴关系，首要现实的一步是 РБА 与俄罗斯文化部签订合作协议。这在法律上没有任何障碍，按俄罗斯文化部章程，俄罗斯文化部与社会团体及其他组织建立相互联系，开展自己的工作活动。俄罗斯文化部的 Е. И. Кузьмин、Т. Л. Манилова 多年来一直关注和支持 РБА 的发展，俄罗斯文化部也与 РБА 曾有过多次友好合作经历，如今这种非正式合作的现实，需要有真正法律意义的协议来巩固。

2011 年克里木大会上，С. А. Басов 提出了促进建立图书馆领域“社会－国家伙伴关系”机制的几点建议：①在平等的基础上成立专家委员会（工作组），研究制定“社会－国家伙伴关系”构想，以使俄罗斯文化部与图书馆领域的社会团体及其他非政府性、非商业机构的关系协调一致；②РБА 委员会成员加入俄罗斯文化部下设的咨政机构（如社会委员会、部务会）；③按 2010

① Государственная политика и законодательство в области библиотечного дела[EB/OL]. http://www.rba.ru/content/ activities/address/obzor/07_2012.php

年4月实施的《关于修改个别俄罗斯联邦法令以支持社会性、非商业机构法联邦法》(40号法律),研究国家支持非政府性图书馆社会组织的机制;④研究制定建立图书馆领域专项基金的建议;⑤研究制定国家权力机关和 PБA 都能接受的、有关国家权力机关转交给 PБA 或与 PБA 共同履行的职能、权利、服务项目目录的建议,包括 PБA 鉴定评价联邦法令规范、参与全国公共图书馆的撤并活动、参与图书馆个别工作活动和图书馆信息专业教学计划等的认证、参与编制全国图书馆事业发展状况年度报告、批准俄罗斯文化部和 PБA 共同决定的图书馆领域的规范文件;⑥对俄罗斯文化部移交给 PБA 的职能、权力和资源进行评价鉴定;⑦研究制定旨在支持联邦主体图书馆社会团体发展的计划项目;⑧研究《俄罗斯图书馆事业法》修订建议,在法律层面确立社会性图书馆职业组织的权利地位。

实施图书馆领域"社会－国家"管理体制,意味着国家的部分管理职能连同必要资源都将可能转交给图书馆职业组织(比如 PБA)。这也引起图书馆界一些人士的担忧和争论,Ю. А. Гриханов 就不同意"社会－国家"中语词排序,他认为正确的应是"国家－社会",担心国家过度让权后,可能出现推卸责任、责任缺位等问题。但实际上,词序先后只是强调和侧重点不一样,并不影响国家和社会两者之间建立平等的伙伴关系,"国家"在前,表明国家对图书馆事业发展应尽重要责任,"社会"在先,表明图书馆职业组织希望能从国家那里获得参与图书馆事业管理的权限,目的之一也是对国家是否履行责任予以监督。俄罗斯社会学家指出:公民对大多数权力机关的信任度极低,文化领域也不例外,对权力机关产生的疏离感不可避免地引起人们对社会生活的漠然视之和"感到不幸"。各领域都有一些社会性的积极活跃群体,权力机关应首先与这些社会组织建立伙伴关系,因为正是这些组织代表广大社会力量,没有这些组织的潜力,任何制度性改变都未必能实现。因此说,图书馆领域管理体制是"社会－国家"还是"国家－社会"并不重要,关键是要建立两者之间的伙伴关系机制。

(3)可期的未来前景

无论是国家还是社会各界,对图书馆职业自我管理都持积极支持态度。如前所述,俄罗斯总统、俄罗斯总理、国家杜马主席、联邦委员会主席等国家政要对包括 PБA 年会在内的各项图书馆职业活动或莅临或电贺,对图书馆职业活动的社会意义和价值给予充分肯定。

普京总统在2004年国情咨文中提出:“必须逐渐将国家不应该和不能有效履行的职能转交给非国家机构”。[①] 2005年6月,俄罗斯文化部部长A. C. Соколов在国家杜马会议的“政府时间”发言谈到文化领域改革时指出:“文化事业的部分管理职能将转交给职业自治团体(如图书馆协会、图书馆联盟等),……在一些情况下,行业自我管理是国家管理的有效补充,因为行业自我管理不仅可降低费用支出,还具有很强的灵活性和应变性,能兼顾到这些机构的特点及其服务用户的利益,管理职能及相应经费使用权转交的必要先决条件是在这个领域有强大的、有影响力的、能够捍卫行业利益的职业组织,PБA是图书馆领域这样的职业组织”。[②] 同年9月,A. C. Соколов在俄罗斯政府会议上做的《俄罗斯国家文化发展政策的基本内容及实施计划》报告中再次强调:“文化事业行政改革的方向之一就是必须将俄罗斯文化部及其下属的联邦署、局的多余行政职能交给行业自我管理机构”。[③] 2007年11月,A. C. Соколов在俄罗斯政府会议上做的《图书馆事业报告》中指出,所有相关联邦权力执行机关、职业团体、社会各界参与图书馆事业发展构想的研究和实施是必要的,如果没有促进俄罗斯图书馆发展社会委员会、PБA等职业团体、社会组织等的支持,俄罗斯图书馆事业很难发展得如此成功。

B. P. Фирсов认为,“按专家预测,最近几年国家机关和社会行业团体之间将进行权力的重新划分,在图书馆领域,与国家作用减弱相对应的是,图书馆职业团体等社会组织作用的加强”。[④] PБA未来优先发展方向之一就是拓宽管理图书馆事业的职能,通过与俄罗斯文化部、联邦文化和电影署等建立合作伙伴关系,签订社会性授权协议或法律协议,将国家的部分管理职能及相应的经费使用权力授予或转交给PБA,巩固PБA在参与研究国家图书馆政策法律、制定职业规范标准、鉴定评估国家图书馆政策法令、提出立法建议、确定图书馆经费优先分配等方面的权力地位。2009年12月,第二次

---

① C. A. Басов. Библиотечная общественность и государство: теория и практика сотрудничества[J]. Научные и техничесkие библиотеки,2012(1):63-75.

② B. H. Зайцев. Предложения по развитию системы саморегулирования в библиотечномделе [EB/OL]. http://www.rba.ru/ or/comitet/18/publ/zay/2.doc

③ C. A. Басов. Библиотека в демократическом контексте [J]. Научные и технические библиотеки,2006(7):23-27.

④ B. P. Фирсов. Перспективы развития саморегулирования в библиотечной общественно-профессиональной среде[J]. Научные и технические библиотеки,2008(10):14-17.

全俄公共图书馆大会致总统梅德韦杰夫的建议信中指出，РБА准备承担国家管理图书馆事业的部分职能，建议国家制定法律法规对此加以明确，并给予相应经费支持。В. Р. Фирсов在2011年《图书馆事业》杂志新年刊首致辞中指出："我们有权利说，РБА的政治－社会分量逐渐在增强，我们向家机关提出的呼吁具有现实意义，影响到国家的图书馆政策，总统批准了2012年7月前为地方图书馆信息化和网络化建设提供设备资金的决议，这是РБА的贡献，一些联邦主体行政长官在答复РБА的建议中承诺将制定地方图书馆现代化计划并给予支持。……为了使国家领导人支持图书馆事业发展的指示能真正落实，我们必须积极主动去影响政府机关的态度，争取图书馆在国家和地方财政及政策体系中占据优先地位。"①

可以展望，以РБА为代表的社会力量在图书馆事业未来发展中的管理职能和作用将会进一步得到加强，与此同时，国家在将部分管理权分给图书馆界后，主要是从政策和财政方面加大对图书馆事业的扶持力度。比如，2008年末世界经济危机使俄罗斯遭受严重影响，许多计划或停止实施或缩减经费，在这样的情况下，国家杜马主席Б. В. Грызлов指出，国家给予图书馆事业的财政预算不会减少还将增加。在国家和社会两股力量的齐心努力下，俄罗斯图书馆事业已逐渐走出苏联解体后危机的阴影，与整个国家一起开始走上复兴之路。

7.3　俄罗斯图书馆职业规范

俄罗斯图书馆职业规范是俄罗斯图书馆事业不可分割的重要组成部分，较为完善的图书馆职业规范体系成为对俄罗斯图书馆事业发展具有基础性作用的一种保障制度，在一定程度上也体现出俄罗斯图书馆事业的发展水平、价值理念、职业精神、方向目标、任务内容等。

РБА作为全俄性图书馆职业规范最主要和重要的研究者、制定者、宣传者，研制、推广、实施职业规范是其首要和重要的工作之一。2003年5月，

---

① В. Р. Фирсов. Дорогие коллеги! [J]. Библиотечное дело，2011(1)：1.

PБА 专门制定了《建议性职业规范的制定程序》，[①]确定了职业规范的作用和形式类型，明确了各分会、圆桌会等分支机构及 PБА 主席和秘书长有权提出制定职业规范的倡议，要求 PБА 成员知晓职业规范并引以为荣、自觉遵守，职业规范对非成员开放使用，重点规定了职业规范制定和审议通过的程序方式，确保职业规范制定的规范性和程序性，使之成为一项科学严谨的研究与实践活动。如今 PБА 制定的职业规范为俄罗斯图书馆界、政府部门、社会组织普遍认同和基本接受，并在图书馆事业发展及图书馆与社会、国家之间相互关系中发挥着独特作用。因此，我们着重了解 PБА 职业规范的制定情况、内容、特点、意义等。

7.3.1 俄罗斯图书馆职业规范制定的现实需求

(1)俄罗斯图书馆界实现自我管理的需要

制定职业规范是图书馆界发自内心的一种自我约束、自我规范的行为，是图书馆职业自我意识的表现，意在以这种方式实现自我管理。面对国家、社会，俄罗斯图书馆界一直倡导和追求职业自我管理，研制职业规范是图书馆界实现自我管理最必要和重要的形式之一，制定出符合现实需要并能有效付诸实施的职业规范，才能表明图书馆界有能力实施职业自我管理。

(2)统一协调俄罗斯图书馆界活动的需要

图书馆因部门属性而分割，缺乏联系的问题，影响俄罗斯图书馆事业整体发展。苏联时期成立有隶属文化部的国家跨部门图书馆委员会(ГМБК)，但如今俄罗斯没有一个国家机关有此职权，对图书馆数量众多、分布广泛、存在较大差异的俄罗斯来说，实现图书馆活动的跨部门统一协调意义重大。职业规范作为图书馆界共识的产物，能为图书馆界所普遍认同、接受、遵守，这为图书馆之间行动的协同一致奠定了基础。对 PБА 来说，制定职业规范首先是确定自己活动的原则、立场，表明对图书馆信息活动及相关领域重要问题、事件、现象的态度。更主要的是，PБА 借助于职业规范可实现对全俄图书馆活动的统一协调，可以说，在一定程度上履行了国家机关跨部门管理图书馆事业的职能。

---

① Положение о порядке принятия заявительных, нормативно – рекомендательных и регулирующих актов PБА[J]. Информационный бюллетень PБА,2003(27):53.

（3）完善俄罗斯图书馆事业法制建设的需要

1994 年俄罗斯就制定了《俄罗斯图书馆事业法》，这对图书馆法制建设来说是完全必要的，但却还显不够，至少还应制定一系列职业规范，作为指导图书馆实践活动更为具体、明确、灵活的规范。国家只负责制定图书馆法，不参与职业规范的制定，任何一个国家机关都无法制定针对全俄所有图书馆都必须执行的职业规范。为此，PБA 担负起制定职业规范的责任，将图书馆法蕴含的法理精神、理念原则、价值取向、原则性内容等以职业规范的形式细化、解读并加以贯彻落实，使图书馆事业法制化建设逐步完善。

（4）保护和发展俄罗斯图书馆事业的需要

2009 年 PБA 年会报告中曾指出，各分会制定职业规范并不是跟风赶时髦，也不是 2008 年修订《公共图书馆活动示范标准》引发的连锁反应，而是一种现实需求，是图书馆界为了不让大学和科研机构等的图书馆消失和解散而采取的努力，因为随着教育和其他行政制度改革，这些消极趋势开始显现。① 一席话道出了 PБA 制定职业规范的首要原因，即挽救因受社会动荡和各种变革影响而处于危机边缘的图书馆，将图书馆从生死存亡的悬崖拉回来，并使图书馆按符合自身规律的规范制度发展。PБA 制定的职业规范都是以保护并促进某类图书馆或是图书馆某项工作发展为首要基本目的的。

（5）开展与评价全俄图书馆服务的需要

俄罗斯地域广袤，图书馆众多、分散，且彼此间由于经济、文化、民族、社会传统等因素而存在水平差异。在认同和保持各地图书馆发展特色化、多样化的前提下，图书馆信息资源建设与服务的开展、评价、合作等在客观上要求有统一的、科学的标准规范为依据，正所谓六律正五音，规矩成方圆。尤其在信息化时代，制定并遵守共同的协议标准、规范准则是信息资源共建共享的基础，对于图书馆事业的信息化、网络化发展至关重要。因此，对于俄罗斯这样一个图书馆数量多、类型和层次多样、发展水平参差不齐、从传统向现代化迈进的国家来说，须尽快制定能为图书馆界共同恪守的职业规范，以保障和促进图书馆事业发展。

（6）俄罗斯图书馆界参与国际图书馆事业的需要

---

① С. А. Мамаева. Российская библиотечная ассоциация: единство в действии [EB/OL]. www. rba. ru/content/activities/section/18/ publ/mam/1. pdf

苏联解体后，俄罗斯图书馆界积极全面地开展对外交流合作，参与国际图书馆事务，一方面，拉近与世界水平的距离，吸收世界图书馆发展先进经验以加快本国图书馆发展，另一方面也希望重返世界图书馆强国、大国之列，对外宣传俄罗斯图书馆，以期影响世界图书馆事业发展。世界很多国家尤其是西方国家都制定有图书馆职业规范，IFLA 更是制定有各类图书馆职业规范，这就要求冀望参与国际图书馆事务、与国际图书馆接轨的俄罗斯图书馆界首要任务之一就是制定相关的职业规范，向先进国家看齐，以国际标准为指导，以融入国际图书馆界。可以说制定职业规范是俄罗斯图书馆对外交流合作的基础之一。

7.3.2 俄罗斯图书馆职业规范的研究、制定

PБA 成立后就着手职业规范的研制，截至 2012 年共制定了十几个职业规范（如表 7－5）。

表 7－5 PБA 制定的主要职业规范①

序号	制定时间	职业规范名称
1	1999 年	《俄罗斯图书馆员职业道德准则》
2	2001 年	《公共图书馆活动示范标准》
3	2002 年	《俄罗斯编目规则》（第一部分）
4	2003 年	《PБA 公共图书馆宣言》
5	2003 年	《俄罗斯联邦主体（州、边疆区）中心图书馆地方志工作指南》
6	2005 年	《自治地方公共图书馆（集中图书馆系统（ЦБС））地方志工作指南》
7	2007 年	《自治地方公共图书馆网组建及资源保障基本标准规范》
8	2008 年	《公共图书馆活动示范标准》（新版）
9	2008 年	《俄罗斯编目规则》（第二部分）
10	2009 年	《俄罗斯儿童图书馆指南》

① Нормативно－рекомендательные документы PБA[EB/OL]. http://www.rba.ru/content/about/doc.php

续表

序号	制定时间	职业规范名称
11	2010 年	《俄罗斯农业科学院科研机构图书馆工作示范标准》
12	2010 年	《俄罗斯联邦主体盲人图书馆工作示范标准》
13	2011 年	《俄罗斯图书馆员道德准则》(新版)
14	2001－2011 年	《俄罗斯机读目录格式(RUSMARC)》
15	2012 年	《博物馆图书馆示范条例》
16	2012 年	《俄罗斯公共图书馆服务青年人指南》
17	2012 年	《图书馆信息服务质量保障指南》(草案讨论稿)

(1)俄罗斯图书馆职业规范的基本分类

PБA 制定的职业规范大体可分为两大类:①一般性职业规范——普遍适用于公共图书馆的各项工作活动,包括《俄罗斯图书馆员职业道德准则》(以下简称《准则》)、《公共图书馆活动示范标准》(以下简称《标准》)、《PБA 公共图书馆宣言》(以下简称《宣言》)、《自治地方公共图书馆网组建及资源保障基本标准规范》等;②专门性职业规范——主要适用于某类图书馆及图书馆某项工作,包括《俄罗斯联邦主体(州、边疆区)中心图书馆地方志工作指南》《自治地方公共图书馆(集中图书馆系统(ЦБС))地方志工作指南》(两者下简称《地方志工作指南》)、《俄罗斯儿童图书馆指南》《俄罗斯联邦主体盲人图书馆工作示范标准》《俄罗斯农业科学院科研机构图书馆工作示范标准》《博物馆图书馆示范条例》《俄罗斯公共图书馆服务青年人指南》等。

《准则》是 PБA 制定的首个最重要的一般性职业规范。20 世纪 90 年代初,俄罗斯图书馆界就有制定《准则》的想法,1993 年莫斯科图书馆协会最早提出制定《准则》,成立了图书馆员道德问题辩论俱乐部,与 PБA 共同举办了“馆员职业意识”“馆员职业道德与礼仪”“馆员职业价值作为职业道德的基础”等会议活动。1995 年 11 月,PБA 成立了“馆员交往与职业道德”圆桌会。《图书馆学》《科学技术图书馆》《图书馆》《图书馆事业》等杂志开设图书馆职业道德问题专栏(题)。《准则》研讨历经 3 年多,实践表明这是一项创新、合作的工作,[1]讨论本身促进了图书馆界在新职业观基础上的团结协作。[2] 2004 年 РБА 年会举行《准则》实施五周年研讨会,畅谈经验与心得,并与国外图书馆道德准则比较分析。[3] 这种严谨务实的研究作风和集体研究形式为日后其他职业规范的研讨开了好头。

《准则》开启了俄罗斯图书馆界制定职业规范的先河,更是为其他职业规范的制定奠定了思想导向基础。[4] 2001 年 РБА 年会通过了《标准》,全方面阐释了公共图书馆公共性原则,被称为公共图书馆工作的新规范基础。《标准》在用户服务、图书馆设置、资源建设、环境设计、馆员安排、社交等方面提出的观点建议,成为图书馆各项管理工作的工具,使图书馆能全面认识自己的工作活动,进行自我分析与评价。2003 年通过的《宣言》使图书馆的发展开始遵循《UNESCO 公共图书馆宣言》的原则和内容。如今新制定的《图书馆信息服务质量保障指南》(草案)正面向全俄征求意见,将在 2013 年 РБА 年会上讨论。[5]

专门性职业规范一般由 РБА 各分会或圆桌会研制。每个职业规范的研制都要做大量前期工作,严格遵守相关程序。职业规范研究最初阶段重要任务之一就是全方位讨论,职业规范研究小组要将规范起草信息及草案传至所有图书馆,开展口头和书面讨论,征求建议。草案公开后接受各地图书馆及相关机构的反馈意见,在各类图书馆会议尤其是 РБА 分会和年会上讨论,然后提交 РБА 委员会和图书馆政策与法律分会审议,最后在全俄图书馆大会(即 РБА 年会)上批准通过。关键一步是公开投票表决,一致同意方可通过。职业规范的研制广泛吸引图书馆界知名专家、馆员参与,征求图书馆界及相关机构的看法,确保最终通过的职业规范是业界共识,并力争为其他

---

① Ю. П. Мелентьева. «Кодексу профессиональной этики российского библиотекаря» – пять лет[J]. Информационный БюллетеньРБА,2005(33):27.

② И. А. Трушина «Кодекс» десять лет спустя. РБА готовит новую редакцию «Кодекса профессиональной этики российского библиотекаря» [J]. Библиотечное дело,2009(22):33.

③ И. А. Трушина. Зачем нужен Кодекс этики? К 10 – летию«Кодекса профессиональной этики российского библиотекаря»[J]. Библиотечное дело,2009(22): 28 – 32.

④ И. А. Трушина. «Кодекс профессиональной этики Российского библиотекаря» – первый общественно – профессиональный акт библиотечной сферы[EB/OL]. http://www. ifapcom. ru/files/Monitoring/trushina_code_librarian. pdf

⑤ Обсуждение проекта « Руководства по обеспечению качества информационно – библиотечных услуг»[EB/OL]. http://www. rba. ru/content/activities/discus/kach/index. php

机构和社会所接受。如今几乎 РБА 所有分支机构都提出要制定各自领域的职业规范,如艺术图书馆分会要制定艺术图书馆馆藏文献建设规范,该分会主席认为是时候研究方法性、规范性指导文件了,因为分会大多数成员都不是独立机构,在联合的基础上制定职业规范有助于艺术图书馆与其主管机构(大学、博物馆、大型图书馆等)建立关系,开展对外工作,"图书馆多元文化服务"圆桌会也表达出制定图书馆多元文化居民服务标准的想法。这种趋势将使专门性职业规范的数量增加、覆盖领域增多。

(2)俄罗斯图书馆职业规范制定、实施的社会背景

近二十年来,俄罗斯持续的经济、政治、社会改革,为图书馆发展营造了极为复杂多变的外部环境,这既给图书馆发展带来了机遇,也产生不小的消极影响。突出表现为地方自治、财政改革等过程中图书馆利益常被忽视和牺牲,不重视或不知如何对待图书馆的现象较普遍,致使图书馆职能萎缩甚至图书馆消亡。这时急需图书馆界挺身而出,参与并影响政府改革措施的制定实施,向政府机关、社会表明图书馆界的态度立场,发出维护图书馆利益的呼声,消除或减弱改革带给图书馆的负面影响,让改革者、行政机构和社会了解图书馆生存发展的社会价值与意义、图书馆设置的原则与方式、图书馆服务的目的与原则、图书馆服务的基本资源条件等等。制定职业规范是将上述内容以书面成文形式表现并巩固下来进而广泛长期传播的最佳方式,使政府机关、社会各界、普通民众和图书馆界自身能通过职业规范了解图书馆存在、发展等方面的相关问题。

《准则》《宣言》是在俄罗斯抛弃马列主义思想转而遵循西方民主价值观的社会制度转型背景下,为使图书馆适应和服务社会民主改革而制定的,彻底推翻了苏联时期的传统图书馆职业观,重新定位图书馆价值观、图书馆职能等,使图书馆尽快转变思想和工作方式,融入新的国家制度和社会服务之中,为俄罗斯图书馆事业的重建奠定思想导向基础。自治地方公共图书馆作为全俄统一信息文化网络的重要组成,是服务大多数居民的重要信息基础设施,它的存亡与发展关乎民众信息获取权利的保障问题,《俄罗斯地方自治法》的实施却使这些图书馆面临被关闭的窘境,呈现日益减少的趋势,[①]

① В. Р. Фирсов. Перспективы развития саморегулирования в библиотечной общественно – профессиональной среде[J]. Научные и технические библиотеки,2008(10):11.

《自治地方公共图书馆网组建及资源保障基本标准规范》和《标准》正是在这种情况下制定的，而且目的明确，就是要尽图书馆界之力，以职业规范的方式号召保存这些图书馆。实践已证明，它们对地方自治改革中公共图书馆的存留发挥了重要作用。

《俄罗斯儿童图书馆指南》《俄罗斯公共图书馆服务青年人指南》的研制有很强的现实迫切性。首先，儿童、青少年图书馆以及公共图书馆的儿童青少年服务遭遇危机困境，苏联解体后的 10 年间 100 多个儿童图书馆被关闭，[①]也有研究表明，1993 年到 2006 年儿童图书馆减少了 600 个，[②]2002 年联邦委员会社会政策委员会举行的“俄罗斯图书馆儿童服务”听证会，对图书馆儿童服务状况表示担忧，提出制定“俄罗斯图书馆儿童服务”法律文件的建议。其次，曾经以阅读大国自豪的俄罗斯也出现了阅读危机，儿童、青年群体表现得较突出且后果将更严重，《支持和发展阅读国家纲要》指出，坚持系统性阅读的青年人由 1991 的 48% 降至 2005 年的 18%，不识字的儿童占 10%，发达国家仅为 1%，[③]联邦委员会主席 С. М. Миронов 在 РГБ 举行的“鲁缅采夫阅读－2009”国际会议上指出，导致俄罗斯急速丧失世界最喜爱读书国家地位的原因就是图书馆财政经费的不足。[④] 2010 年 2 月，俄罗斯文化部部长在俄罗斯国立青年图书馆举行的俄罗斯文化部儿童文化社会委员会“图书馆儿童信息服务”会议上指出，当今读书的青年人比 20 年前少了四、五倍，影响到俄罗斯民族整体的精神健康发展，是全国性问题。[⑤] 从一个侧面表明儿童青年人阅读危机与图书馆儿童青年服务的关联性，加强图书馆儿童青年服务应视为扭转危机的良策之一。最后，俄罗斯儿童图书馆网有百年历史，图书馆儿童服务曾对苏联时期儿童启蒙教育发挥重要作用，奠定了俄罗斯国民高文化素质的基础，虽时过境迁，但这种传统作用应继承发

---

① Г. И. Климантова, Н. П. Золотова, С. Н. Титов. О состоянии библиотечного обслуживания детей в России[EB/OL]. http://council. gov. ru/files/analitical_bulletin/64. zip

② Н. В. Бубекина. Библиотечное обслуживание детей России[EB/OL]. http://www. mcbs. ru/data/File/bubekina. pdf

③ Национальная программа поддержки и развития чтения[EB/OL]. http://www. ifapcom. ru/files/Programma_chtenia. pdf

④ Историкокультурные традиции и инновационные преобразования России. Просветительская ответственность библиотек[J]. Библиотековедение, 2009(4):8－15.

⑤ http://mkrf. ru/news/ministry/detail. php? ID＝84411

扬，俄罗斯国立儿童图书馆制定的《俄罗斯图书馆儿童服务构想》（草案）表明，2009 年图书馆儿童服务覆盖了 67% 的儿童居民，[①]对图书馆儿童服务加以规范显得极为必要。此外，最近十年发达国家重视图书馆儿童服务成为一种趋势，丹麦、挪威、日本、韩国等制定了图书馆儿童服务发展计划和法律，这对俄罗斯图书馆界也是个触动。俄罗斯有儿童 3400 万、青年人 3800 万（占总人口的 27%），[②]儿童是国家的未来，青年人是社会稳定和创新的重要力量，对重新崛起面临人口数量衰减、劳动力不足严峻问题的俄罗斯来说，儿童、青年的重要性不言而喻，20 世纪 90 年代初，俄罗斯开始制定国家青年政策，近些年俄罗斯政府制定了《俄罗斯国家青年政策战略》（2006 年）、《"俄罗斯青年人"联邦纲要构想（2011 – 2015）》等，超过 60 个联邦主体制定了关于青年人的政策法律。在上述背景下，加强对图书馆儿童青年服务的规范、指导、保障尤显必要和迫切，两个规范由此诞生。

《地方志工作指南》是俄罗斯图书馆界参与"世界记忆"计划实施"俄罗斯记忆"的背景下制定的。地方志工作对于任何一个联邦主体图书馆来说，都是最传统、最普遍、较有读者需求的工作之一，[③]地方志最能充分体现地方文化传统的自我性、特色性，因此，地方志文献研究、整理加工工作成为俄罗斯各地"地方记忆"计划的主要内容之一。为规范指导各联邦主体图书馆地方志工作，并使其得到联邦主体政府的重视和支持，做好"俄罗斯记忆"数据库，РБА 制定了《地方志工作指南》。РБА 参与组织的"图书馆地方志工作问题"大会到 2012 年已举行了八届，足以表明地方志工作在俄罗斯的受重视程度。

《俄罗斯联邦主体盲人图书馆工作示范标准》的制定也是基于一定的社会背景。俄罗斯盲人图书馆网建成于 20 世纪 50 年代，但 90 年代之后的经济危机、行政和经济改革等使其面临严峻境地，地方行政机关、地方综合图书馆主观上对残疾人信息保障工作不重视以及全俄盲人企业缩减等原因，导致盲人图书馆发展不均衡甚至出现萎缩，2005 年联邦主体盲人图书馆为

---

① Концепция библиотечного обслуживания детей в России（Проект）[EB/OL]. http://metodisty. rgdb. ru/system/assets/2031/original/RGDB – 2011 – koncept. pdf

② Руководство для публичных библиотек России по обслуживанию молодёжи[EB/OL]. http://www. rba. ru/content/about/doc/mol. pdf

③ О. Ю. Куликова Н. И. Кожанова. Особенности краеведческой деятельности библиотеки в современных условиях[EB/OL]. http://www. gpntb. ru/win/inter – events/crimea98/doc2/doc118. html

72 个,2008 年减至 69 个,3 个作为分部并入联邦主体综合图书馆,这被认为是一种倒退,这种改组不可避免地导致盲人服务工作的削弱。[①] 盲人图书馆需要有专门的资源、设备、服务方法,不能简单地与公共图书馆混为一谈,早在 2003 年 РБА 残疾人图书馆分会就提议制定盲人图书馆统一的工作标准,2007 年开始起草标准,[②]以规范并确保盲人图书馆稳定可持续地开展服务工作,为弱势群体获取信息提供保障,落实《俄罗斯残疾人社会保障法》对残疾人无障碍获取信息(第 14 条)和使用社会信息基础设施(第 15 条)的规定。

《博物馆图书馆示范条例》是艺术和博物图书馆分会在 2010 年提出制定的,重要原因是:博物馆图书馆作为博物馆重要和不可分割的下属机构,是对博物馆馆藏理论研究和实践方法研究的科学基础,但其法律地位和性质却一直不明确,总是介于博物馆法和图书馆法之间,这不利于博物馆图书馆馆藏文献的保护与利用。[③] 为此,俄罗斯图书馆界认为有必要制定相应的职业规范界定这类图书馆的性质、任务及其活动形式等。

2007 年普京总统在国情咨文中提出振兴图书馆事业的号召,成为推进俄罗斯图书馆发展的标志性事件,不仅开启了国家图书馆政策的新阶段,也激发了图书馆职业规范的研制热情。普京在 2007 年俄罗斯总统文化和艺术委员会会议上重申:图书馆包括农村图书馆、学校图书馆应装备先进的信息系统和统一的软件程序,图书馆工作有现代化专家,能将图书馆从普通书库变为信息分析中心和休闲中心。俄罗斯政府此后出台的社会经济领域决议进一步表明了政府对图书馆事业的支持,如 2008 年 11 月的《到 2020 年俄罗斯政府基本工作》《到 2020 年俄罗斯社会经济长期发展构想》将图书馆列为文化事业的优先发展内容之一,明确了图书馆发展的指标要求。[④⑤]《俄罗斯

---

① Е. В. Захарова. Модельный стандарт как средство оптимизации деятельности специальных библиотек[EB/OL]. http://www. rgbs. ru/ru/std/info/zah

② А. М. Чуканова. О Модельном стандарте деятельности специальной библиотеки для слепых субъекта Российской Федерации[J]. Информационный бюллетеньРБА,2010(56):88 – 89.

③ М. А. Мазурицкая. О работе над проектом «Модельного Положения о библиотеке музея»[J]. Библиотечное дело,2012(4):29 – 31.

④ Т. Л. Манилова. Основные направления государственной политики в области библиотечного дела на современном этапе[J]. Информационный Бюллетень РБА,2009(52):7 – 9.

⑤ Т. Л. Манилова. Государственная политика в сфере библиотечного дела[EB/OL]. http://www. rba. ru/conference/history/tyumen/1. ppt

文化纲要》《俄罗斯信息社会发展战略》《俄罗斯信息社会国家纲要》(2011－2020年)、《支持和发展阅读国家纲要》等国家政策计划的实施离不开图书馆的支持,尤其这些纲要都不同程度提及图书馆,比如《支持和发展阅读国家纲要》明确将图书馆与教育科研机构、出版社、图书贸易商、档案馆共列为纲要实施的必要条件而且图书馆是首要条件。国家支持图书馆的政策举措为图书馆发展提出了新要求、创造了最佳时机,图书馆界应当也必须积极主动参与这些政策的实施,这是履行社会责任、体现社会存在与价值、抓住机遇促进自我发展的需要。图书馆如何参与、开展怎样的具体活动、怎样做都是迫切需要解决的关键问题。这就要求图书馆界有共同的认识、态度,协同一致的行动并制定共同遵循的职业规范。

总体来说,俄罗斯每项图书馆职业规范的研制都有较强的社会需求性,都是基于一定的社会背景和现实需求,是与社会需求和图书馆发展需要相一致的,具有现实和长远意义。

(3)图书馆职业规范的制定遵循从一般到具体、循序渐进的原则

PБA 制定职业规范的基本思路和做法是:从一般到具体,分轻重、权缓急,即先制定对各类公共图书馆所有活动都具基本性、普遍性、迫切性的一般性职业规范,如《准则》《宣言》《标准》,在此基础上制定针对某类图书馆或图书馆某领域活动的专门性职业规范。思想决定行动,思想是行动的先导和动力,有正确、积极、统一的思想认识才有正确、积极、统一的行动,要先使图书馆界形成统一的思想认识、态度立场、认同标准,以此为基础开展图书馆各领域具体工作。从20世纪90年代初制定第一个图书馆职业规范到现在,PБA 职业规范的研制活动未间断过,表现出循序渐进的连续性,表明PБA 对职业规范始终保持持续关注,而且对职业规范的制定具有一定的规划性、层次性。现今,一般性职业规范的研制开始向深度延展,表现为对规范的修订完善,从规范指导行为活动转向考核、衡量服务质量,专门性职业规范的研制向广度伸展,覆盖图书馆活动的多个领域,最终使图书馆职业规范成为完善的体系,渐进地使各类图书馆各项活动都有明确的规范予以指导、约束、保障。

(4)俄罗斯图书馆职业规范的制定依据国内外法律法规,参鉴国内外规章及经验

首先,图书馆职业规范制定依据的是《俄罗斯宪法》《俄罗斯文化立法基

础法》《俄罗斯图书馆事业法》及与具体职业规范相关的法律，如《俄罗斯民法典》《俄罗斯文献呈缴法》《俄罗斯教育法》《俄罗斯地方自治法》《信息、信息技术和信息保护法》《儿童权利保障法》《保护儿童免受有害信息法》《残疾人社会保障法》《俄罗斯博物馆及馆藏法》《俄罗斯政府信息获取保障法》等，以及俄罗斯政府的“到 2015 年俄罗斯文化领域国家政策基本内容”“文化艺术机构保障居民的社会标准规范”等政令，还有俄罗斯文化部、教育部等的部门规章、决议、命令等。其次，图书馆职业规范的制定大量参鉴国际组织文件，如《IFLA/UNESCO 公共图书馆宣言》《公共图书馆哥本哈根宣言》《IFLA/UNESCO 公共图书馆服务发展指南》《IFLA 图书馆青少年服务指南》《IFLA 儿童图书馆指南》《IFLA 关于图书馆为 3 岁下儿童服务指南》《IFLA 互联网宣言》《IFLA/UNESCO 关于 IFLA 互联网宣言的指南》《IFLA 关于图书馆、信息服务和知识自由格拉斯哥宣言》《IFLA 亚历山大图书馆宣言》《IFLA 多元文化图书馆宣言》等以及 UNESCO“全民信息”计划、欧洲委员会 PULMAN(Public Libraries, Museums and Archives)计划、CALIMERA 计划、信息社会突尼斯计划等，还有西方国家图书馆职业规范及研究和实践经验，比如《准则》借鉴了芬兰、德国、英国、美国的经验，1997 年美国图书馆协会应邀为俄罗斯图书馆员举办了“图书馆工作的道德基础”研讨会。最后，涉及不同领域(如儿童、青年、残疾人等)的职业规范参鉴相关国际文件，如《联合国儿童权利宣言》《联合国儿童权利公约》《联合国残疾人机会均等标准规则》《残疾人权利国际公约》等，甚至其他行业规章，如《准则》参考了美国医生职业道德准则、美国医学协会准则、俄罗斯记者职业道德准则、俄罗斯目录工作者职业准则(草案)等。

俄罗斯图书馆职业规范有广泛坚实的法律、政策、国际基础，既符合俄罗斯国情也与世界标准相符一致，研究制定的速度和质量也因此得以加快和提升，确保了图书馆职业规范的准确性、科学性、权威性、适用性等。

(5)图书馆职业规范的修订完善

社会环境和职业环境的变化(如俄罗斯信息社会建设、图书馆渐受重视、网络信息技术广泛应用、图书馆界自我认识提高等)对图书馆发展提出了新要求，图书馆职业规范有必要随之修订完善。《标准》《准则》先后在 2008 年和 2011 年进行了重新制定，对比新旧两版《标准》《准则》，从理念到内容都反映出俄罗斯社会经济和民主改革对图书馆的影响和要求。制定新版《标准》的原因:①俄罗斯社会飞速发展,行政和财政改革;②新技术应用产生新的信息资源建设与服务方式、方法;③必须重新评价和定位公共图书馆在公民教育和信息社会建设中的作用;④需要推广先进图书馆的发展经验,带动落后图书馆。两版《标准》的区别在于:[①]2001年版《标准》主要解决当时地方自治建设中图书馆生存与维持问题,向社会展示图书馆的存在意义,建议地方自治机构保护图书馆。2008年版《标准》则是响应2007年普京总统振兴图书馆号召,目的是大力发展图书馆,显示图书馆在社会及公民生活中日益增长的作用——促进学习、自学、修养、信息的发展和文化复兴,强调对所有居民的公共性原则,在现代化和网络化基础上发展图书馆事业。

《准则》是在实施十年后提出修订的,原因有二:[②]社会政治原因——2010年俄罗斯社会政治状况与20世纪90年代明显不同,90年代的主要特点是有意识地破坏原有价值体系,对过去持痛恨态度,而公认的新价值体系尚未形成。对稳定的渴望代替了激进式革命,国家政策、文化政策开始倡导文化继承性,重视精神文化,俄罗斯社会的基本价值观、爱国主义开始回归,社会政治形势的变化必然影响到以履行文化传承为基本职能的图书馆;职业原因——90年代只是俄罗斯图书馆新职业价值体系和社会使命观的形成初期,《准则》只体现了对新图书馆观念的部分认识,虽然图书馆界重视国外经验,但对国外这方面的认识存在欠缺,《准则》的制定只研究了英国、德国、美国、芬兰4个国家图书馆协会的道德准则,[③]如今有更多的国外经验可借鉴,2002年PБA翻译出版了25个国家图书馆协会的道德准则,IFLA网站和PБA图书馆员交往和职业道德圆桌会档案库分别有34个和38个国家图书馆协会的道德准则,丰足的国外资料使俄罗斯图书馆界对道德准则有更全面客观的认识、理解。从2001年起,俄罗斯图书馆刊物刊登系列文章,开始对《准则》持续且激烈的辩论,2002年С. А. Езова撰文指出,“准则虽通过,

---

① Л. В. Куликова. О новой редакции модельного стандарта деятельности публичной библиотеки[J]. Информационный Бюллетень РБА,2008(47):45 – 50.

② И. А. Трушина. О разработке новой редакции «Кодекса профессиональной этики российского библиотекаря» [J]. Информацио – нный бюллетень РБА,2010(56):121 – 128.

③ Ю. П. Мелентьева. Разработка « Кодекса профессиональной этики российского библиотекаря» [J]. Информационный бюллетень РБА,1997(7):60 – 62.

讨论仍继续”,[①]图书馆界专家、馆员提出意见,如认为《准则》缺少教育和文化价值基础原则,具有“无道德性”,必须证明图书馆界对《准则》的需求以及《准则》能反映职业特点。[②] 图书馆员交往和职业道德圆桌会主席 И. А. Трушина 总结认为,这些辩论意见与其说是在发展《准则》,不如说是认为《准则》完全不适用,《准则》遭批的原因之一是其与变化着的时代不相符。图书馆刊物上围绕《准则》产生的大量争论表明是时候修正《准则》了。[③] 2009 年图书馆员交往和职业道德圆桌会、公共图书馆分会、图书馆政策和法律分会及图书馆职业、干部和不间断教育分会举行联席会议,成立了由 И. А. Трушина 任组长、来自 6 个联邦主体的 11 位专家组成的新《准则》研究组,重新制定《准则》。为此,研究组翻阅研究了 38 个国家的图书馆协会道德准则、IFLA 的十几个文件、2003 年世界信息社会峰会宣言和行动纲领,甚至将 1961 年作为社会道德准则楷模的共产主义建设者道德准则都拿出来做参考,对原有《准则》做了根本性修改,使其具有宣言性、推荐性和规则性,遵循人文领域道德准则最典型的结构,确立了图书馆员职业活动中的四对道德关系:图书馆员 – 社会、图书馆员 – 用户、图书馆员 – 同事、图书馆 – 自己(职业)。从国外来看,定期对《准则》审视并有针对性修补,这是图书馆职业活动成功运行的必要条件。[④] 图书馆其他职业规范也需要根据环境的发展变化进行必要的修订完善,从而使其能更好地满足现实需要并指导实践。

7.3.3 俄罗斯图书馆职业规范的主要内容

俄罗斯图书馆职业规范的内容丰富、细致详尽,限于篇幅,在此仅概括归纳列出大标题及部分内容。《准则》《宣言》《标准》的全文内容参见附录。

---

① С. А. Езова. Кодекс профессиональной этики российского библиотекаря принят, но обсуждение продолжается[J]. Научные и технические библиотеки,2002(10):95 – 100.

② Ю. Н. Столяров. Размышления о библиотечной этике год спустя [J]. Научные и технические библиотеки. 2003(4):123 – 142.

③ А. Ю. Кузьмина. К десятилетию дискуссии о Кодексе профессиональной этики российского библиотекаря[J]. Научные и технические библиотеки,2010(2):54 – 62.

④ И. А. Трушина. Российская библиотечная ассоциация готовит проект новой редакции «Кодекса профессиональной этики российского библиотекаря»[J]. Библиотековедение,2010(2):26.

(1)《俄罗斯儿童图书馆指南》[①]

①总则。儿童图书馆的使命——提供符合儿童年龄特点的文献,为儿童发展创造良好环境条件;基本目标——培养并满足儿童智力和精神发展、自我意识和自我学习的需要,引导儿童阅读,使其接触世界和民族文化,宣传阅读和图书的价值,促进儿童融入社会文化环境;基本任务——促进儿童自我发展,培养儿童创造性,促进儿童主体性与社会化的有机结合,宣传童年和儿童亚文化价值,挖掘儿童阅读潜力,保障图书馆向所有儿童开放,尊重各阶层儿童的平等权利,以安全方式为儿童获取信息和信息素质教育创造条件,将传统图书文化与"电子文化"相融合,保障儿童获取电子信息的安全性和价值导向性,促进儿童图书馆用户间联系交流等。

②儿童图书馆用户。14岁(含)以下儿童、儿童父母、儿童教师、儿童培育员及从事儿童阅读研究、儿童文学创作、儿童信息素养研究的专业人士。

③俄罗斯儿童图书馆网。由国立儿童图书馆、自治地方儿童图书馆及其他图书馆的儿童分馆(部)构成,建立从联邦到农村居民点的联邦、联邦主体、自治地方的三级儿童图书馆服务体系(各级的使命、作用、目标、任务、特点等略)。

④儿童图书馆设置。联邦主体行政中心设立一个大型儿童(儿童-青少年)图书馆,履行中心儿童图书馆职能,作为当地儿童图书馆的研究、信息、咨询服务中心,协调当地儿童图书馆工作,按地域面积和当地儿童数量设置自治地方儿童图书馆(具体指标方案略),图书馆设置在交通便利的居住区、文化中心、商业中心等。

⑤童图书馆服务。分馆内固定和馆外流动服务,实施免费和有偿服务,联邦和联邦主体儿童图书馆基本服务项目、方式(略)。

⑥儿童图书馆工作指标。不同类型级别的儿童图书馆一般均有读者服务、文献资源建设、馆内大众活动、科研活动、信息活动、馆藏资源利用情况、图书馆吸引儿童入馆措施等工作指标)。

⑦儿童图书馆资源。馆藏文献、信息化和电子资源、馆舍房间、设备技术、资金经费、馆员。(每方面资源都有详细要求,如馆员数量取决于儿童图

① Руководство для детских библиотек России[J]. Информационный бюллетень РБА,2010(54):7-25.

书馆工作规模,50%以上馆员应具有掌握图书馆学、目录学、心理学、教育学、儿童文学、儿童阅读、信息技术等领域专业知识技能,对馆员不间断教育培训,每五年培训一次,经费来自政府财政、赞助、慈善捐赠,馆舍房间大小和基本状况符合防火、卫生、计算机设备、劳动保护、技术安全等方面规范,馆舍房间数量、面积、空间设计布局、技术应用等以方便图书馆工作服务及用户利用图书馆为标准,按服务项目和儿童年龄特点等配备必要家具。具体内容略。)。

⑧儿童图书馆的社会交往。研究用户的需求和兴趣是儿童图书馆社会工作的基础,政府和社会的支持计划对巩固儿童图书馆社会地位及社会理解图书馆目的任务十分必要,计划包括的内容(略)。

(2)《俄罗斯公共图书馆服务青年人指南》①

①引言。指南制定的背景、过程、基本目的等。

②图书馆服务青年人的目标和基本条件。主要目的——促进青年人的教育、不断自学、个性成长,培养青年人的创造力和劳动竞争力,倡导青年人阅读,提高信息素养和计算机技能,开阔文化视野,汲取精神价值。基本条件——图书馆活动及影响力扩展到青年人感兴趣的虚拟空间和图书馆外部空间,关注特殊需求和生理缺陷的青年人,图书馆工作和资源反映文化思想多样性,提供文化休闲和交往功能,建设综合性馆藏,利用现代信息技术,创新性实践工作方法,建立社会伙伴关系,制定创新计划,借鉴国外经验,加强国际联系,参与实施国际计划,吸引立法者、社会各界关注图书馆青年人服务工作。

③图书馆用户。14–30岁的俄罗斯公民,图书馆按年龄细分这个群体,收集分析青年人信息需求,设置机构与开展服务工作,提供全面的信息服务,最大限度满足青年人需求。

④专门服务的类型。图书馆划分专门的“青年人”区域,俄罗斯国立青年图书馆、联邦主体公共青年(儿童青少年)图书馆、自治地方青年(少年)图书馆等开展专门的青年服务。

⑤图书馆空间。提供舒适方便的空间和丰富的学习资料,配备先进通

① Руководство для публичных библиотек России по обслуживанию молодежи[EB/OL]. http://www.rba.ru/content/about/doc/mol.pdf

信技术,环境色彩、设计装饰、视觉延伸空间等符合青年人的要求,提供信息导航系统、饮水等。

⑥资源。青年人有权选择所需任何信息源,图书馆提供印刷型和电子型等多载体、多语种文献。根据不同社会身份和年龄的青年人在学习、自学、职业、创造性、个性自我实现等方面的不同需要设计资源结构,掌握青年人资源需求特点,引导他们使用传统和现代文献等。

⑦技术方法。免费提供互联网服务和各种设备,如计算机和移动阅读设备、独立复印设备等的临时使用,黑胶唱片、录音机、投影仪等传统设备,确保用户使用互联网电子书店等。

⑧虚拟交往。图书馆设立门户网站、建设网页内容,开展虚拟咨询服务、文献电子传递,图书馆参与网络社交(如 FaceBook、Вконтакте、YouTube、Twitter),形成忠实的用户群,利用互联网开展视频会议、视频桥、网络研讨会、网络学习等。

⑨服务。服务项目内容取决于青年人的需求及信息技术、出版事业的发展,并按《俄罗斯图书馆事业法》确定,包括:组织开展文化休闲、教育、自学、展览、讲座等活动,提供馆藏资源免费获取、电子资源服务、咨询检索服务、读者自助服务、文献复制(应遵守著作权)、自由上网服务、网络资源与服务、心理咨询服务、青年人关注的问题、餐饮服务等,在图书馆组织会议、展览会及其他社会文化活动,编制文教、科技信息资料,举办与其他职业相关专家交流会等等。

⑩公共活动措施与爱好者联合。组织图书座谈会、热点问题讨论会、与社会人士(作家、运动员、企业家、演员等)座谈、文艺演出和表演、青年人作品展、图书馆开放日、参观图书馆、心理辅导和游戏、角色扮演等青年人喜闻乐见的公共活动。

⑪青年人参与图书馆活动。吸引青年人全程参与图书馆活动,自愿与馆员一起实施图书馆计划,图书馆与青年团体合作实施社会计划,图书馆支持建立青年人俱乐部等活动,吸引青年专家加入图书馆,吸收青年人加入图书馆青年人委员会等组织,青年人对图书馆服务提出建议意见,参与馆藏资源建设、空间设计布局等。

⑫残疾人和特殊需求的服务特点。针对有视听障碍和肢体残疾的青年人及其父母等提供专门的服务、资源和设施等。

⑬图书馆工作人员。馆员应具有高技能水平，熟悉印刷型、电子型、网络型的信息资源，能应对用户不确定性的提问和需求，会使用各种电子和移动设备、计算机软件程序，掌握使用互联网和社交网络的技能，了解青年人的个性、职业成长和社会成长，宽容、善意对待不同青年人的思想观点，善于友好相处，及时了解青年人需求和兴趣的变化等。

⑭与其他机构合作。与国家机关、社会组织、学校、其他图书馆及国外组织合作，建立伙伴关系，签订协议，讨论青年人问题等。

⑮服务质量指标。包括馆藏文献年增量、书目数据年加工量、年登记和来馆读者量、服务质量的用户满意率、电子数据年增量、馆藏文献目录电子化率、馆藏文献电子化转换率、图书馆自建全文数字资源（电子图书馆）年增量、自愿参与图书馆活动的青年用户数、馆员参与馆外活动数量、图书馆网站和博客的访问量、图书馆虚拟服务的用户数等，用户远程使用图书馆信息资源增长情况、图书馆工作制度的用户满意度，提供专门的用户自助服务计算机和免费无线上网情况、特殊用户群体（残疾人和特殊需求者）的服务范围、公共活动参与者数量增长情况、媒体对图书馆青年服务工作的评价与报道等。

⑯服务的设计与开展。图书馆青年服务工作实践中应广泛利用如下方式宣传自己，提供新的服务：设计和营造符合青年人的图书馆交际空间、阅读氛围，装饰显现了图书馆理解青年人需要的宣传语；开展能最好展示年轻图书馆员知识和能力的服务方式（快闪族、青年人亚文化联欢、智力竞赛等），感染同龄人，吸引潜在用户以积极态度对待图书馆；在青年人经常出入的地方场所（影院、咖啡厅、商店、学校等）设立宣传广告；邀请青年人参与图书馆广告的创意制作和宣传；在图书馆网站、博客和社交网站上为青年人提供服务；图书馆利用电视、广播、社交媒体等与其他组织一同开展服务；图书馆参与学校及其他机构组织各类型会议，以引起参会者对图书馆资源和服务的关注。

⑰指南实施机制。研究制定图书馆青年服务工作规章制度，在俄罗斯文化部、国家杜马及地方政府会议上审议图书馆青年人服务问题；建立图书馆青年人服务跨部门委员会；研究制定地方建立示范型青年图书馆的联邦纲要；图书馆设立专门的“服务青年人专家”岗位；PБA 会议广泛讨论青年人服务问题；联邦和地方文化教育发展计划中加入公共图书馆服务青年人的

内容;设立图书馆青年人服务的专门教育培训课程;加强国际合作,共同实施相关计划;举行俄罗斯青年图书馆大会;出版图书馆青年人服务方面的电子杂志等。

(3)《博物馆图书馆示范条例》①

①总则。博物馆图书馆是指博物馆设立的分支机构——专门的科学图书馆,保障博物馆专家及用户使用博物馆馆藏文献,优先工作是保护作为国家文化遗产的博物馆馆藏。

②博物馆图书馆职能。馆藏文献的补充、统计、科学加工、保存、陈列展览、科学研究和目录工作、信息服务等。

③博物馆图书馆机构构成。博物馆根据馆藏情况和工作内容等设置图书馆机构,一般包括图书的收藏、交换、研究、书目咨询、保护、服务、修复、装订等部门。

④博物馆图书馆工作活动基本指标。除质量指标外,包括入藏文献量、分编加工文献量、新读者数、日常读者量、来馆人数、图书出借量、咨询量、书目咨询服务量、馆藏文献展览量、文献工作统计量等数量指标等。

⑤博物馆图书馆权利。要求读者遵守使用守则,向主管部门提出建议,参与博物馆的科学研究、藏品展览、出版等活动,图书馆专家参与博物馆下设委员会、工作组的活动及与图书馆有关问题的研究等。

(4)《俄罗斯联邦主体盲人图书馆工作示范标准》②

①基本概念与术语。

②总则。盲人图书馆的社会地位、性质、工作原则、社会作用、经费来源等。

③盲人图书馆的用户及其服务。用户范畴,服务的目标原则、类型内容、方式方法及免费和收费服务项目等。

④图书馆设置及其无障碍性。设置的原则、建筑和设施无障碍性设计及指标要求等。

⑤盲人图书馆的资源。文献资源、馆舍和房间、设备与技术、工作人员、

---

① Модельное положение о библиотеке музея[EB/OL]. http://www. rba. ru/content/about/doc/biblmuz. php

② Модельный стандарт деятельности специальной библиотеки для слепых субъекта Российской Федерации[J]. Информационный бюллетень РБА,2010(56):89 – 96.

经费等。

⑥图书馆和地方社会。图书馆定期向社会通报目标和任务实现情况、资源和服务情况、未来发展规划等，吸引社会关注和支持，表现出自我的社会作用与优势，通过图书馆之友、读者之友等组织吸引居民参与图书馆活动，与地方政府、社会组织建立关系，参与地方经济、文化、社会发展计划，使社会关注残疾人等。

(5)《自治地方公共图书馆网组建及资源保障基本标准规范》[①]

①自治地方图书馆类型及其在图书馆居民服务体系中的地位。

②图书馆的地域覆盖性（在自治地方区域图书馆设置的基本标准）。

③图书馆信息资源的可获取性（文献资源总量、新出版物入藏量、获取信息的技术设备、图书馆房间面积、工作人员的数量规模）。

(6)《自治地方公共图书馆（集中图书馆系统（ЦБС））地方志工作指南》[②]、《俄罗斯联邦主体（州、边疆区）中心图书馆地方志工作指南》[③]

包括总则、地方志工作的开展、地方志文献资源的建设和保存、地方志文献书目体系的建设与使用、书目服务、书目指南的制定、地方志文献的提供、地方志文献的分配传播、方法研究工作和技能提高、科学研究活动等内容。

(7)《俄罗斯农业科学院科研机构图书馆工作示范标准》[④]

包括总则、用户与服务、图书馆信息资源（馆藏文献、图书馆信息资源咨询－检索设备）、图书馆信息化、图书馆设置与图书馆空间设计布局、图书馆工作人员、经费、图书馆与科研机构人员等内容。

---

① Базовые нормы организации сети и ресурсного обеспечения общедоступных библиотек муниципальных образований［EB/OL］. http://www. rba. ru/content/about/doc/baz. pdf

② Руководство по краеведческой деятельности муниципальных публичных библиотек（централизованных библиотечных систем）. http://www. rba. ru/content/about/doc/ruk_kraeved. php

③ Руководство по краеведческой деятельности центральной библиотеки субъекта РФ（области, края）［J］. Информационный бюллетень РБА. 2003(27):42－49.

④ Модельный стандарт деятельности библиотеки научно－исследовательского учреждения Российской академии сельскохозяйственных наук［J］. Информационный бюллетень РБА. 2010(59):177－184.

7.3.4 俄罗斯图书馆职业规范的特点

(1)系统完整性——形成较完善的职业规范结构体系

综观 РБА 及其他协会制定的职业规范(如俄罗斯学校图书馆协会 2007 年制定的《学校图书馆宣言》《学校图书馆员职业道德准则》等),可以看出俄罗斯各种图书馆职业规范在彼此间相互映射、互为补充、相互渗透,呈现出整体构成的层次性、内在逻辑的关联性、相互关系的协调一致性等特点,基本形成了具有一定规模性、系统性、结构性的职业规范有机体。俄罗斯图书馆职业规范的结构体系初步确立,构成要素多元化、结构合理,全方位覆盖图书馆事业多个领域,使各类图书馆各类活动都有章可循,形成了门类齐全、涉及面广、支撑力强的图书馆职业规范保障体系。可以说,在职业规范建设方面,俄罗斯毫不逊于甚至超越西方国家。

(2)内容广泛性——涵盖俄罗斯图书馆事业诸多方面

РБА 制定的职业规范,有一般性的(如《准则》《宣言》《标准》)也有具体业务性的(如《俄罗斯编目规则》《俄罗斯机读目录格式(RUSMARC)》等),有针对特定类型用户的(如儿童、青年、盲人等)也有针对某项工作的(如地方志),有针对各级图书馆的(如联邦主体图书馆、自治地方图书馆)也有针对专门类型图书馆的(如博物馆图书馆、农业科研机构图书馆、儿童图书馆、盲人图书馆等),有评价服务的(如《图书馆信息服务质量保障指南(草案讨论稿)》)也有涉及专业教育的。总之,俄罗斯现有图书馆职业规范涵盖了图书馆资源建设与信息服务两大基本面,虽还不能做到面面俱到,覆盖图书馆所有活动领域,但 РБА 已将此作为职业规范领域研究和努力的目标方向。

(3)类型多样性——形成不同的作用方式和效果

РБА 制定的图书馆职业规范,有道德准则、行动宣言、工作指南、业务标准、操作规程、教育构想等多种类型,具有鲜明的多样性。不同类型的职业规范在表现形式、精神理念、涵盖内容、调整对象范围、目标指向性、作用着力点等方面都不尽相同,正是这些作用方式与效果各异的图书馆职业规范,才能从多角度、多方面、多层次发挥对俄罗斯图书馆事业发展的促进作用,符合俄罗斯图书馆事业多样性和全面性发展的需要。

(4)应用的推荐性——建议其他机构采用

自觉遵守 РБА 职业规范是 РБА 成员的义务,对于大多数非成员,包括

未加入 РБА 的图书馆、图书馆组织,尤其是政府部门、其他机构、社会组织等来说,РБА 职业规范具有推荐性,而非必须执行。РБА 建议图书馆机构等制定职业规范、计划及实施行动时能参照 РБА 职业规范,尤其是希望政府部门制定实施涉及图书馆的政策、计划、措施时,能参考这些职业规范,这也正是 РБА 制定职业规范的初衷之一,即赋予职业规范显著的社会性。地方政府在改革过程中不重视图书馆或不熟悉如何建设图书馆,图书馆职业规范此时的作用在于,一方面要求政府部门应保存并支持图书馆发展,另一方面为政府部门制定发展图书馆的政策提供可参考的方案和标准等。

(5)实践可操作性——指导图书馆工作

除《准则》《宣言》外,其他图书馆职业规范都具有较强的可操作性,主要表现为提出详尽具体的量化指标、标准、方案等,供图书馆实践参考使用。比如《标准》(见附录),再如《自治地方公共图书馆网组建及资源保障基本标准规范》通篇充满了对不同自治区域不同层级类型图书馆的不同的资源配置方案及最低量化标准,比如,人均图书——农村居民点图书馆 7 – 9 册、城市居民点图书馆 5 – 7 册、跨居民点图书馆不少于 4 册、城市中心图书馆不少于 3 册、城市行政区中心图书馆不少于 2.5 册,农村居民点图书馆每 500 名用户配备计算机、打印机各 1 台,农村居民点图书馆每 500 人、城市区图书馆每 750 人、农村地区儿童图书馆每 500 人、城市图书馆每 600 人设置一个图书馆员,跨居民点中心图书馆、城市中心图书馆,局域网计算机不少于 10 台,2 台打印机、1 台扫描仪。农村地区每增加 2000 人、服务半径超 3 公里增设一个公共图书馆。篇幅所限,不一一列举。

7.3.5 俄罗斯图书馆职业规范的意义价值

(1)有助于联邦法律的完善与实施

《俄罗斯图书馆事业法》主要规定图书馆事业的一般性、原则性问题,概念化、概括性的法律条文需要明确的措施手段、规范标准、方案计划等落实,图书馆职业规范依据《俄罗斯图书馆事业法》等法律制定,可对法律条文进一步细化、具体化,在一定程度上起到法律实施细则的作用。比如,职业规范对法律规定的图书馆领域国家义务、图书馆权利与责任、用户权利等详细分解为现实可操作的方案、数据、目标、指标及能切身感受到的行动。图书馆职业规范属于偏重技术方法的规范,是发自图书馆界内部的自我规范,

《俄罗斯图书馆事业法》等法律属于国家立法机关制定认可的社会规范，两者都为图书馆发展提供模式、标准、样式和方向，具有目标一致性、作用互补性，相得益彰。法律是从大量实际、具体的行为中高度抽象出来的一种行为模式，职业规范则可为其提供实践素材，成熟有效的职业规范，可能经法定程序上升为法律条款，弥补法律局限性，完善法律制度。比如，图书馆职业规范中使用“图书文物”“图书馆馆藏文献”等词经历实践之后，为《俄罗斯图书馆事业法》2009 年修订时所采纳，给予法律定义。图书馆职业规范对《信息、信息技术和信息保护法》《政府信息获取保障法》《俄罗斯地方自治法》《俄罗斯教育法》等法律相应条款的施行亦有同样作用。

(2)有利于形成以职业规范体系为形式的自我管理机制

俄罗斯图书馆实现“国家－社会”管理体制的创新，就须从宏观入手，坚持将“管图书馆”向“图书馆管”转变，也就是努力实现图书馆职业自我管理。“图书馆管”意味着图书馆界自身需要建立一种有效的自我管理机制，职业规范作为一种职业自我约束的管理手段无疑是必不可少的，尤其是俄罗斯图书馆职业规范已初具规模，形成近乎完善的结构体系，从多方面、多层级、多角度、全方位实现着对俄罗斯图书馆发展的指导、保障、规范等管理职能，逐渐成为一种名副其实的图书馆事业发展的职业自我调节机制，且是长效切实、不可或缺、非一般手段方式能替代的机制，是“国家－社会”图书馆事业管理体制的重要组成。

(3)有利于国家、社会对图书馆事业的认知与重视支持

图书馆职业规范具有较强的业务性、可操作性，也蕴含着图书馆界对职业精神与理念、信念、社会责任与价值、图书馆发展方向及相关社会问题等的认知、理解、宣誓及秉持的职业态度与观点立场，以及对国家、社会支持图书馆发展的要求、建议，《准则》《标准》《宣言》等更是图书馆界对社会的一种职业责任承诺。职业规范为认知图书馆事业的现象和本质提供了理论基础和方法原则，不仅有利于图书馆界统一职业自我认识，更有利于国家和社会对图书馆的正确、全面认识与定位，进而增加对图书馆的资源投入，巩固和提升图书馆的社会地位。职业规范中确定的图书馆资源建设与服务等方面的量化指标，为国家及社会支持发展图书馆提供具有操作性、可行性、建议性的即用方案。

(4)有利于政府机关、图书馆组织等机构制定相关计划政策

PБA 向政府机关、图书馆组织等推荐图书馆职业规范,希望后者制定有关计划、政策时参照,建议得到了一定程度响应。最突出例子是 2008 年 2 月俄罗斯文化部制定的《农村文化机构(公共图书馆和文化休闲机构)资源最低保障标准》,大量参鉴了《标准》[①]、《自治地方公共图书馆网组建及资源保障基本标准规范》等。一些联邦主体的行政机关、图书馆组织经常以 PБA 职业规范为基础,结合地方特点制定地方性图书馆职业规范,比如《标准》在俄罗斯各地图书馆研制重要文件、发展规划及处理图书馆与政府机关之间关系时被参考和使用,成为楚瓦什共和国、阿尔汉格尔斯克州、伊尔库茨克州、利佩茨克州、马加丹州、克拉斯诺雅尔斯克边疆区等制定类似地方性文件的基础。这充分表明了图书馆职业规范的社会辐射面和影响力,以及政府部门等对图书馆职业规范价值与作用的认可。

(5)有利于图书馆工作活动的开展与评价

20 世纪 90 年代以来的近二十年,是全球图书馆事业从传统转向现代的最显著时期,俄罗斯图书馆还面临着国家制度转型和社会改革巨变带来的挑战。面对国内复杂形势的冲击和国际图书馆事业发展的机遇,俄罗斯图书馆有些无所适从,茫然无措。几十年形成的传统思想价值观念、管理模式、服务方式等需彻底改变,图书馆界迫切需要统一思想认识和行动,拯救处于危机境状的俄罗斯图书馆,引领其走上正轨。图书馆职业规范起到了统领思想和指导行动的作用,为图书馆在新环境下树立并坚持新的职业价值观、开展资源建设与读者服务等工作指明方向,提供参考,使图书馆多样化发展和规范化管理相互统一,巩固图书馆在国家改革复杂年代的地位。同时,也将世界图书馆发展思想潮流引进俄罗斯,开阔俄罗斯图书馆界视野。职业规范为俄罗斯图书馆日常活动提供共同遵守的、最基本的业务指南与行动规则,为评价图书馆服务提供统一、可衡量的规范标准,为网络信息环境下图书馆信息资源共建共享奠定坚实基础。

(6)有利于图书馆界凝心聚力,提高知识和技能水平

图书馆职业规范凝结了图书馆界的智慧与力量,是图书馆界集体的智

---

① В. Р. Фирсов. Перспективы развития саморегулирования в библиотечной общественно – профессиональной среде[J]. Научные и технические библиотеки,2008(10):10 – 15.

力劳动成果和对图书馆发展问题共识的产物。职业规范的研制有稳固的“图书馆民意”基础——广泛吸引图书馆界专家学者、图书馆员参加，并在各类图书馆职业活动、会议上讨论，征集意见。在此过程中，图书馆界研究国内外相关法律规章及相邻领域知识，提高了对相关问题的理论认识水平和业务技能，图书馆理论者和实践者集思广益，开拓创新、团结协作、沟通协调，交流观点，思想相互渗透交融，迸溅睿智火花，增进彼此间了解、信任、默契，增强了合作团结的精神和社会责任感，维护了共同利益。正所谓团结产生力量，凝聚诞生希望，集众智成伟业，聚合力谱新篇，职业规范将图书馆界能量、才智积聚一起，有利于形成统一的图书馆文化，成为最有希望影响和服务社会的重要知识力量。

(7)有利于图书馆为特殊(弱势)群体服务

为了给儿童、青少年、盲人等特殊(弱势)群体提供图书馆服务，俄罗斯成立了儿童图书馆、青少年图书馆、盲人图书馆等专门图书馆，或在公共图书馆专设弱势群体服务部门。但受现实各种因素影响，专门图书馆及公共图书馆弱势群体服务等极易被忽视，儿童、青少年、盲人等无法充分享用图书馆服务，信息获取权遭侵害。比如青年人属于现实和最有需求潜力的用户，需公共图书馆特别关注，设立专门部门吸引青年人来馆阅读，为他们提供专门的资源与服务。[①] РБА 专门制定的《俄罗斯儿童图书馆指南》《俄罗斯联邦主体盲人图书馆工作示范标准》《俄罗斯公共图书馆服务青年人指南》等表明了图书馆界对弱势群体服务的重视，这既有助于这类专门图书馆的保留，也为这类图书馆及公共图书馆开展弱势群体服务提供可循之章，真正践行图书馆公平服务理念。

---

① М. П. Захаренко. Что нужно сделать, чтобы молодёжь пришла в библиотеку:(обсуждение проекта Руководства для публичных библиотек России по обслуживанию молодёжи) [J]. Информационный бюллетень РБА,2012(63):101－103.

附　录

俄罗斯图书馆事业法

（1994 年 11 月国家杜马通过，2004 年 8 月、2007 年 6 月、2008 年 7 月、2008 年 10 月、2009 年 6 月、2009 年 10 月修订）

本联邦法是保护和发展俄罗斯图书馆事业的法律基础，它确定图书馆活动的原则——保障个人、社会团体、人民、民族自由获取信息、自由精神发展、获取国家和世界文化珍品以及开展文化、科学、教育活动的权利。

本联邦法根据国际法的原则和标准，调整图书馆事业发展基本问题，以及国家、公民、管理部门、社会组织之间在图书馆事业领域的相互关系。

第一章　总则

第一条　基本概念

本联邦法使用如下概念：

图书馆：对文献进行组织并向自然人、法人提供临时使用的信息、文化、教育机构。图书馆可以是独立机构，也可以是企业、部门、组织的下属机构。

公共图书馆：向公民和法人提供馆藏文献和服务的图书馆，不论法人的法律组织形式和所有权如何，不论公民的教育水平、专业和宗教信仰如何。

图书馆事业：从事信息、文化、教育活动的部门，其任务是建设和发展图书馆网、收集和保存图书馆馆藏文献、开展用户图书馆服务、信息服务和书目咨询服务、培训图书馆工作人员、为图书馆发展提供科学研究保障。

文献：（2009 年 5 月修订删除）

图书馆馆藏文献：为图书馆居民服务而收藏、保存、利用并进行有效组织管理的各种类型文献总和。

国家图书馆馆藏文献:图书馆馆藏中具有特殊的历史、科学、文化意义,供长期保存和社会利用的,属于俄罗斯人民文化财富的文献。

图书文物:具有重要精神价值和物质价值,有特殊的历史、科学、文化意义,需要特殊制度进行统计、保存和使用的手稿或印刷物。

图书馆用户:利用图书馆服务的法人和自然人。

集中化图书馆系统:图书馆自愿组成的整体结构上的联合。

第二条　俄罗斯图书馆事业立法

俄罗斯图书馆事业立法包括俄罗斯文化立法基础法、本联邦法及按本联邦法制定的其他法令以及联邦主体的图书馆法及其他法令。

第三条　本联邦法效力范围(2004 年 8 月修订删除)

第四条　图书馆基本类型

1. 各级国家权力机关、地方自治机构、法人、自然人都可以创办图书馆。

2. 按所有权形式,图书馆分为以下主要类型:

(1)国家权力机关创办的国立图书馆——联邦图书馆、联邦主体图书馆、国家权力机关各部门图书馆;

(2)地方自治机构创办的自治地方图书馆;

(3)俄罗斯科学院及其他科研院所、教育机构的图书馆;

(4)企业、部门、组织机构图书馆;

(5)社会团体图书馆;

(6)个人图书馆;

(7)外国法人和自然人建立的图书馆及国际组织按与俄罗斯签订协议建立的图书馆。

第二章　公民在图书馆事业中的权利

第五条　利用图书馆服务的权利

1. 每个公民不论其性别、年龄、民族、受教育程度、社会地位、政治和宗教信仰如何,都有权使用俄罗斯境内的图书馆服务。

2. 公民使用图书馆服务的保障

建立国立图书馆网和自治地方图书馆网,免费提供图书馆基本服务;国家为所有建立各种类型图书馆的法人和自然人(不论其法律组织形式和所有权形式、职业和活动范围)实行保护政策。

3. 公民使用图书馆服务的权利优先于国家及其他任何组织、机构、社会团体。

第六条　参与图书馆活动的权利

1. 任何法人、自然人都有权在俄罗斯境内按俄罗斯法律创办图书馆。

2. 公民有权参加图书馆或图书馆创办者建立的监护委员会、阅读委员会及其他读者组织。

3. 图书馆工作人员有权建立社会团体，以促进图书馆服务发展、职业团结、保护自身的社会和职业权利。

4. 收藏有图书文物的公民个人有权为了保护这些文献而得到国家支持，并进行图书文物登记。

第七条　图书馆用户的权利

1. 图书馆用户有权进入图书馆、按自己需要自由选择图书馆。

2. 用户按照图书馆规章、保守国家秘密法、俄罗斯人民文化遗产保护法规定的制度，借阅图书馆馆藏文献和使用图书馆基本服务。

3. 图书馆用户有权免费获取任何图书馆的馆藏文献信息。

4. 在公共图书馆公民有权：

（1）提交个人资料后成为图书馆用户，不满 16 岁的未成年人提交监护人资料后成为图书馆用户；

（2）通过书目系统或图书馆其他信息通报系统获取完全的图书馆馆藏信息；

（3）在检索和选择信息时免费获得咨询服务；

（4）免费临时使用任何馆藏文献；

（5）通过馆际互借系统从其他图书馆获取文献或其复制本；

（6）利用其他服务项目，包括用户准则规定的收费服务。

5. 用户有权在国立图书馆和自治地方图书馆获得和使用作为俄罗斯国家语言的俄罗斯语文献和服务，在俄罗斯的联邦主体——共和国获取共和国国家语言的文献和服务。

6. 图书馆用户有权向法院起诉侵害其权利的图书馆责任人。

第八条　特殊用户群的权利

1. 少数民族用户有权通过国立图书馆获取本民族语言文献。

2. 盲人和弱视者有权在专门的国立图书馆和其他公共图书馆获得专门

信息载体的文献。

3. 不能来馆的年迈和残疾用户有权以非当面或流动服务形式获取公共图书馆馆藏文献。

4. 儿童、青少年有权得到公共图书馆、国立儿童图书馆和青少年图书馆及教育机构图书馆的服务。

第九条　图书馆用户的义务

图书馆用户有义务遵守图书馆规章,违反图书馆规章而给图书馆造成损失的用户,应按规章给予图书馆赔偿,必要时按现行法律承担法律责任。

第十条　图书馆创办者

图书馆创办者为图书馆提供经费,按现行法律对图书馆活动工作监督,任命图书馆负责人,无权干涉图书馆创造性活动,现行法律和章程另有规定的除外。

第三章　图书馆的义务与权利

第十一条　图书馆地位

国立图书馆、自治地方图书馆、集中化图书馆系统,从其依法注册之日起,就拥有法人地位,其他图书馆的地位由图书馆创办者确定。

第十二条　图书馆义务

1. 图书馆在工作活动中保障公民依法享有权利的实现,图书馆按章程、用户准则及现行法律向用户提供服务。不允许对用户实施阻碍其自由获取图书馆馆藏文献的任何形式检查,不允许擅自使用用户个人信息,用户咨询服务、用于科学研究和开展图书馆服务目的除外。

2. 全部或部分由财政预算拨款的图书馆在其工作活动中应反映社会思想和政治的多样性。

3. 馆藏收藏有图书文物的图书馆有义务保管好这些文献,并及时进行图书文物登记。

4. 图书馆有义务按现行法律和创办者文件规定方式向创办者和国家统计机构报告工作。

5. 国立图书馆有义务按用户需求向用户提供图书馆馆藏文献建设与利用方面的信息。

6. 图书馆有义务按联邦文化权力执行机关的规定,统计、收集、保存、利用属于图书馆馆藏的文献，图书馆馆藏中的手稿文献属于俄罗斯国家档案文献的组成部分。

第十三条 图书馆权利

图书馆有权：

(1)按图书馆章程规定的目的、任务独立确定工作内容和方式；

(2)与创办者协商制定图书馆使用规则；

(3)确定提供珍稀文献、图书文物的保证金数额，确定对图书文物复制、展览、出借的限定条件，并按图书馆使用规则制定日常保护规章。

(4)按图书馆规章、用户准则的规定，确定对给图书馆造成损失的赔偿方式和金额；

(5)为拓展图书馆用户服务项目范围和图书馆社会创造性发展，在不损害基本服务的前提下，图书馆开展经营活动；

(6)图书馆在与法人、自然人协商基础上确定馆藏文献的使用规则；

(7)按现行法律确定图书馆联合的方式；

(8)参与中央、地方的图书馆发展计划；

(9)确定与国外图书馆、其他机构组织合作的方式，包括国际图书交流、参加国际组织，参与实施国际图书馆发展计划；

(10)独立确定图书馆文献采购来源渠道；

(11)根据与创办者签订的文件，剔除和出售馆藏文献，图书馆不论法律组织形式和所有权形式如何，都无权注销和出售按现行法律规定属于图书文物的文献；

(12)其他不违法的行为活动。

图书馆有优先获得按联邦国家出版计划出版的文献以及被撤销图书馆的文献的权利。

第四章 国家对图书馆事业的义务

第十四条 图书馆事业的国家政策

国家在图书馆事业领域政策的基础是为普遍获取图书馆馆藏文献和提供使用信息、文化珍品创造条件。国家作为本联邦法实施的法律保证，不干涉图书馆职业活动，法律另有规定的除外。国家通过财政拨款、制定相应的税收、租赁和价格政策支持图书馆事业发展。

政府制定图书馆事业发展的联邦纲要,联邦权力执行机关负责跨地区、跨部门图书馆服务的组织与协调。国家支持图书馆为最低社会和经济保障阶层群体(儿童、青少年、残疾人、退休者、难民、农村及北极周边地区居民)提供服务。国家权力机关通过物质支持手段,促进非国立形式的图书馆开展免费的公共居民服务。按联邦文化立法基础法,在联邦国家计划中考虑图书馆事业发展问题。

第十五条　国家对图书馆事业发展的义务

1. 联邦国家权力机关保障:

(1)监督国家图书馆馆藏文献的保护与利用;

(2)建立国家图书馆和其他联邦图书馆,并提供财政经费,管理这些图书馆;

(3)确定图书馆干部培养、培训、就业、工资方面联邦政策的原则;

(4)建立培养、培训图书馆干部的联邦教育机构,并管理这些机构;

(5)促进图书馆事业的科学研究,并提供经费;

(6)确定图书馆国家标准规范,建立图书馆事业的信息保障系统;

(7)进行图书馆的国家统计。

2. 联邦主体国家权力机关和地方自治机构保障:

(1)国立图书馆和自治地方图书馆馆藏文献补充与保存提供相应经费;

(2)实现公民获取和使用图书馆服务的权利。

3. 联邦和联邦主体国家权力机关、地方自治机构无权通过决议和采取措施,使依靠财政拨款的图书馆物质技术基础恶化,将图书馆迁至不符合劳动保护、文献保存、图书馆服务等条件的场所。上述决议的机构及其负责人违反图书馆和用户合法权益将被提起上诉。

第五章　图书馆事业中俄罗斯人民文化财富的特殊保护和利用规则

第十六条　国家图书馆馆藏文献

1. 国家图书馆馆藏文献是由建立在文献呈缴本制度基础上的文献、图书文物等组成。

2. 国家图书馆馆藏文献作为俄罗斯人民文化财产受国家保护。图书馆、档案馆、博物馆依据本联邦法、联邦文献呈缴法、俄罗斯档案事业法、俄罗斯博物馆法等对属于国家图书馆馆藏的文献进行统计、收藏、保存、保护、利用。

3. 图书文物

（1）图书文物是国家图书馆馆藏有特别价值的组成部分；

（2）图书文物应按俄罗斯政府及联邦权力执行机构全权规定的程序进行图书文物登记。

第十七条　图书馆是俄罗斯各族人民文化财富的组成（2009 年 5 月修订删除）

第十八条　俄罗斯的国家图书馆

1. 俄罗斯国立图书馆、俄罗斯国家图书馆、叶利钦总统图书馆是俄罗斯的国家图书馆，满足社会综合性信息需求，为俄罗斯人民的利益以及国内外文化科学、教育发展，开展图书馆服务、图书编目、科学信息活动。

俄罗斯的国家图书馆履行的基本职能：建设、保存并最大限度地向图书馆用户提供最全面的国内文献和有重要意义的外国文献；组织、指导、参与全俄图书印刷品及其他文献目录的建设和登记；作为国家科学信息和文化中心，研究图书馆学、目录学和图书学，参与制定和实施图书馆事业联邦政策。

俄罗斯的国家图书馆按本联邦法和俄罗斯政府批准的章程开展工作活动。

俄罗斯的国家图书馆属于俄罗斯人民有特别价值的物质文化遗产，是绝对的联邦国家财产，禁止改变国家图书馆所有制形式、取消国家图书馆或者改变国家图书馆专业职能的行为，保障图书馆馆藏的完整性和不分割性。

国家图书馆的馆舍、设备及其他财产由俄罗斯的国家图书馆有效管理，图书馆所占的土地由图书馆无限期、无偿使用。

俄罗斯的国家图书馆在协调合作基础上开展工作活动。俄罗斯的国家图书馆的部分职能可按规定程序转交给其他联邦图书馆或组织。

2. 共和国、自治区、自治州的国家权力机关可以组建自己的国家图书馆。这些国家图书馆按本联邦法及按本联邦法制定其他联邦法律法规以及联邦主体制定的法律法规开展活动。

3. 国家图书馆为保存馆藏文献并提供用户使用，可数字化复制：①陈旧、破损、有瑕疵的文献；②借阅流通时可能导致损坏和丢失的孤本、善本、手稿；③有科学和教育价值的文献，制作和向用户提供文献电子复本时要遵守《俄罗斯民法典》(Ⅳ知识产权)规定。

第六章　图书馆间关系的组织

第十九条　国家参与保障图书馆工作的协调协作

为充分满足图书馆用户信息需求、合理使用图书馆馆藏文献,国家支持和鼓励图书馆资源共建共享。国家权力机关为国立图书馆提供经费,为资源共建共享(开展馆际互借、建立联合目录、建设自动化数据库和寄存图书馆)创造条件。

第二十条　中心图书馆

1. 联邦主体国家权力机关可赋予本地区重要的综合性图书馆以中心图书馆地位:国家或共和国图书馆为共和国的中心图书馆,自治区或自治州图书馆为自治区和自治州的中心图书馆,边疆区或州图书馆为边疆区和州的中心图书馆。自治地方机构指定本地区的中心图书馆。

2. 中心图书馆有义务建设、保存并向用户提供本地区最全面的综合性馆藏文献,组织图书馆资源共建共享,给予图书馆科学方法指导与帮助。

3. 联邦国家权力机关、联邦主体国家权力机关、地方自治机构可规定地方专门的(如儿童、青少年、盲人弱视)中心图书馆。

4. 中心图书馆的职能可按规定在不同图书馆间根据图书馆活动内容进行划分。

5. 文化部和联邦其他权力执行机构可以指定中心图书馆。

第二十一条　图书馆与科技信息机构、档案机构的关系

为保障合理利用国家信息资源,图书馆与科技信息机构、档案馆及其他拥有各类型信息数据库的企业、部门、组织机构建立关系,按现行法律及相互间签订的协议开展合作活动。

第七章　图书馆事业的经济调整

第二十二条　图书馆的创办程序

1. 在俄罗斯境内,按现行法律及本联邦法的规定,创办和经营各类型图书馆。

2. 图书馆从按现行法律程序注册之日起,就是拥有法人权利的机构,不具有法人地位的图书馆可按法定程序注册,享有法人地位,拒绝注册的图书

馆可被依法起诉。

3. 图书馆创办者批准图书馆章程,有义务为图书馆提供经费和物质技术保障,章程对图书馆的法人地位、经费来源、基本任务、使用条件、与创办者间财政关系、管理方式等应予以明确。图书馆与创办者间财产经济关系由现行法律及创办者的规章制度调整。

第二十三条　图书馆重组与撤销

1. 图书馆可按其所有权人和创办者的决定及俄罗斯法律规定重组或撤销。

2. 提出撤销图书馆决议的机构要按规定程序以书面形式向法人国家注册部门提出申请,建立由机构、联合组织、图书馆劳动集体等组成的撤销委员会,并在撤销图书馆前二个月在地方媒体上公开撤销决议。

撤销的图书馆的馆藏和财产归各级国家权力机关和地方自治机构及相应的图书馆所有。

3. 图书馆重组包括合并、联合、分解、改组等形式,应根据图书馆创办者的提议或图书馆的提议在各方同意的情况下按现行法律规定进行。

第二十四条　图书馆财产

1. 图书馆在俄罗斯法律规定范围内有权有效管理、使用、支配其财产。

2.(2004 年 8 月修订删除)

3.(2004 年 8 月修订删除)

第二十五条　图书馆发展基金

为加强各类所有权形式图书馆活动的物质保障,应建立非国有的图书馆发展基金。基金来源包括基金创办者、企业、组织、机构等的赞助,个人和社会组织的慈善捐助,抽奖、拍卖以及从事其他商业活动收入。基金会资金列入图书馆事业发展计划,用于图书馆活动的协作与协调,以及按基金会章程用于发展其他图书馆活动,发展任何所有权形式的图书馆。

第二十六条　图书馆工作人员劳动关系

图书馆工作人员劳动关系由俄罗斯劳动法调整。图书馆工作人员应按俄罗斯政府规定的程序定期鉴定。

第八章　附则

第二十七条　本联邦法生效

本联邦法自公布之日起生效。

第二十八条　与本联邦法相关法律规范的实行

1. 本联邦法生效之日起，苏联最高苏维埃主席团1984年3月13日令在俄罗斯境内废止（苏联最高苏维埃公报1984年12期173页）。本法公布前所有的俄罗斯图书馆事业法规规范，如与本法矛盾，均以本法为准执行。

2. 建议俄罗斯总统根据本法颁布有关法令。

3. 委托俄罗斯政府：

（1）颁布与本联邦法相关的法令法规；

（2）将本联邦法所通过的修改和补充条例列入俄罗斯法典；

（3）在图书馆事业领域内颁布法规规范，以保障本联邦法的实施。

《俄罗斯图书馆员职业道德准则》[①]

（2011年5月，РБА第十六届年会通过）

一、序言

本准则确定了俄罗斯图书馆员职业活动的道德基础。俄罗斯图书馆员遵循以下信仰：

1. 图书馆是满足个人和社会需要的重要的履行信息、教育、文化、休闲等功能的机构；

2. 知识信息的传播是俄罗斯社会发展、现代化、繁荣的重要条件，有助于社会稳定和

正义；

3. 图书馆馆藏文献是保存、发展、传播文化财富、精神传统、俄罗斯及其他国家文化

和民族语言多样性的基础；

4. 人文主义是图书馆职业的世界观基础；

① Кодекс этики российского библиотекаря [J]. Информационный бюллетень РБА. 2011 (60):19－20

5. 图书馆职业的社会性是建立在感知社会责任感基础上的。

二、对待社会

1. 恪守的是职业责任而不是个人观点或政治、经济、宗教及其他组织的偏好；

2. 向用户提供信息、知识和文化遗产时，反对书刊检查及设置经济、政治等方面的障

碍；

3. 遵守法律有关防止出于暴力、宣传种族和宗教仇恨、民族歧视、政治歧视及其他歧

视等目的使用信息的规定；

4. 促进社会上各种族、语言和文化群体积极开展多文化间的对话；

5. 发展与政府机关、社会组织及其他机构的合作伙伴关系，促进图书馆发展和提高图书馆的社会意义

三、对待用户

1. 尊重并友善对待所有现实和潜在的用户；

2. 确保提供高质量的服务和高水平的文化交往；

3. 保障用户搜索、选择和利用信息和知识的权利，包括利用现代网络信息技术；

4. 保障用户获取文化珍品的权利，引导用户参与社会文化生活；

5. 保障用户平等使用图书馆服务的权利，不取决于其性别、种族、国籍、财产情况或

职位、政治或宗教信仰、健康状况；

6. 促进个性的社会化发展、公民意识的形成；

7. 宣传作为个人智力和精神发展源泉的图书和阅读，促进阅读文化的形成与发展；

8. 促进儿童青少年用户智力和精神发展；

9. 不推荐不可靠的、明显虚假的信息，了解这些信息对个人和社会的危害；

10. 保护用户个人隐私权及其信息活动的隐私，具有社会责任感。

四、对待同行

1. 表现出友善、尊重和诚实；

2. 为有效合作和开展同志式互助，参与建设并信奉团队文化；

3. 促进年轻图书馆员的职业发展；

4. 遵守个人信息的保密原则；

5. 用职业水平和道德品质为自己赢得荣誉，不采取不正当竞争手段；

6. 善意使用他人的知识产权作品，不抄袭。

五、对待自己的职业

1. 致力于职业发展和技能提高、文化素养自我形成，并以此作为履行自己社会使命和职业责任不可分割的条件；

2. 努力提高自己职业的社会威望，增强社会对职业在信息社会中未来作用的认可；

3. 关注自己的外表，作为树立职业正面形象的重要组成部分；

4. 在职业活动中不允许依靠用户、同行、图书贸易公司及其他商品和服务提供者获得个人物质或其他收入；

5. 不允许做有损图书馆职业威信的事，关注图书馆职业的崇高社会认可。

六、准则的遵守

知晓和遵守准则是每个图书馆员的光荣、良知、职业责任，РБА在图书馆员中间宣传准则，РБА委员会监督检查违反准则给图书馆职业威信带来重大损失的事件。

《俄罗斯图书馆员职业道德准则》[①]

（1999年5月，РБА第四届年会通过）

1. 图书馆员职业活动的基本方向是通过使用全世界的图书馆信息资源为用户自由、无障碍获取信息创造条件。

2. 图书馆员反对对图书馆馆藏文献内容的检查、以任何非强制性手段拒绝将这些馆藏文献从图书馆剔除和销毁。

① 列出1999年版本，便于对比。

3. 图书馆员通过让用户获取国内外文化产品的方式，把自由获取信息作为促进对用户教育的手段。

4. 图书馆员保护用户个人信息活动中的隐私权，反对任何人对此的监视，宪法另有规定的除外。

5. 图书馆员承认和保护知识产权。

6. 图书馆员努力提高职业技能和业务水平。

7. 图书馆员尊重同行，在他们没有违反职业规范的前提下，维护他们的权利，树立职业的社会威信。

8. 图书馆员关心自己职业的崇高社会地位。

《俄罗斯图书馆协会(PБA)公共图书馆宣言》①

(2003 年 5 月，PБA 第八届年会通过)

20 世纪最后十年，俄罗斯公共图书馆发生了符合世界各国公共图书馆发展趋势的根本性变化。公共图书馆活动面向社会需要，反映社会利益，与地方社会紧密联系。公共图书馆是充满生机活力地发展着的社会机构，它的工作方式方法不断更新，紧跟时代步伐，并与变化着的俄罗斯一起变化。俄罗斯公共图书馆建设发展过程，考虑到了国家传统、世界图书馆发展经验以及《IFLA/UNESCO 公共图书馆宣言》(1994 年)的基本原则和内容。本宣言反映了新俄罗斯公共图书馆发展的特点，包含了 PБA 向俄罗斯自治地方公共图书馆和国立公共图书馆及图书馆工作人员推荐的应在其工作活动中遵守的基本观点和原则。

1. 公共图书馆 · 社会 · 人权

1.1 公共图书馆实现个人为实现公民民主权利和积极参与社会生活而自由获取信息、知识、文化和思想的权利。

1.2 公共图书馆工作活动体现俄罗斯社会意识形态、政治、文化、民族的

---

① Манифест Российской библиотечной ассоциации (PБA) о публичной библиотеке[J]. Информационный бюллетень PБA,2003(27):41－42.

多样性。公共图书馆服务建立在所有用户平等原则基础上，而不论用户的年龄、性别、种族、民族、语言、受教育程度和社会地位。

1.3 公共图书馆工作活动旨在满足个人和社会需求，保障和保护用户使用图书馆服务的权利，反对服务的商业化，反对审查，保守用户信息及其信息活动的秘密。

1.4 公共图书馆保持与国家机关、商业机构、社会组织等社会各界的伙伴关系，开展社会交往，寻求伙伴和赞助者，积极宣传自己的活动工作，促进在社会上形成公共图书馆是重要的、富有生机的、不断发展着的社会机构的认识。

2. 公共图书馆的任务和职能

2.1 公共图书馆将保障用户自由和充分获取信息、知识、思想、文化珍品作为自己最重要的任务，公共图书馆促进各层次水平的不间断教育和自学，接触文化遗产，帮助吸收新思想、科研成果、现代文化艺术，确保公民获取有关地方社会生活和地方自治管理的所有类型信息。公共图书馆作为社会信息化的积极参与者，帮助用户提高信息素质和掌握计算机技能。

2.2 公共图书馆坚持免费服务优先，对社会弱势群体（儿童、青少年、退休者、残疾人、失业者、难民，包括外国人、少数民族等）的社会保障具有重要作用。公共图书馆促进儿童的早期阅读，培养儿童青少年的想象力和创造力，提供专门服务，包括为需要的人提供流动服务。开展文化教育活动和休闲活动。

3. 公共图书馆 · 国家 · 自治地方

3.1 公共图书馆独立开展自己的职业活动、创造活动和经济活动，按照俄罗斯法律与文化管理机构分享管理职能。

3.2 联邦和联邦主体图书馆法、中央和地方财政支持保障公共图书馆工作活动的稳定，文化、教育、信息等领域的中长期计划纲要规划图书馆事业的发展。图书馆享有税收及其他优惠。

3.3 地方政府促进公共图书馆现代化发展，提供信息网络渠道和计算机技术，发展图书馆网络，根据现代图书馆设计和技术工艺建设图书馆建筑。公共图书馆建设和现代化发展的专项计划列入城市和联邦主体大的发展计划纲要之中。

4. 公共图书馆 · 图书馆交往 · 图书馆职业

4.1 俄罗斯图书馆界为建立公共图书馆的现代法律规范基础、职业标准联合起来。公共图书馆为保障用户使用稳定可靠的图书馆信息服务的权利,开展合作、协调,在自治地方、联邦主体和联邦各层面建立统一的图书馆信息空间。

4.2 公共图书馆工作人员努力提高自己的职业水平,掌握图书馆营销、现代信息技术和公共关系技能,促进新图书馆职业的发展。在提高图书馆员和图书馆职业社会保护水平方面表现出职业团结。

4.3 公共图书馆工作人员与国内外同行开展职业交往,与 PБA、IFLA 及其他国内外图书馆员、图书馆及相关领域人员组成的职业联合组织合作,学习并在工作中利用公共图书馆发展的世界经验。

4.4 俄罗斯图书馆界将提高公共图书馆在社会和国家心目中威望、建立公共图书馆的社会保障机制作为自己的目标。

5. 宣言的实施

PБA 建议俄罗斯所有图书馆工作人员、俄罗斯国家管理机关和地方自治机构在自己的工作活动中遵守本宣言中的原则内容。

《俄罗斯公共图书馆活动示范标准》(新版)[①]

(2008 年 5 月,PБA 第十三届年会通过)

1. 公共图书馆在地方社会生活中

1.1 公共图书馆对所有公民开放,是保障和实现公民获取知识、信息、文化权利以及不间断教育、自我教育和文化发展的重要先决条件之一。图书馆作为公共信息化文化中心开展活动,为用户提供文献和信息。开放性和公共性使图书馆能促进信息不平等的消除、为实现智力自由创造条件、保护民主价值观和公民权利、提高社会生活质量。

1.2 图书馆为地方社会和经济发展服务,用馆藏资源促进本地区特色化

---

① 2001 年 PБA 第六届年会通过了《俄罗斯公共图书馆活动示范标准》,2008 年重新制定新版的《俄罗斯公共图书馆活动示范标准》。来源:Модельный стандарт деятельности публичной библиотеки. Новая редакция[J]. Информационный Бюллетень PБA,2008(48):50-59。

全方位发展。图书馆对收集、保存、传播地方文化，保持民族、文化、语言、宗教等的多样性和独特性具有重要作用。

1.3 公共图书馆开展专项服务，与专业的图书馆、科研和教育机构合作，保障儿童、青少年、残疾人、老人等特殊群体获取信息和国内外文化的权利。

1.4 公共图书馆反映社会发展变化，积极与地方权力机关合作，加强与文化部门、社会组织、大众传媒的伙伴关系，加强与文化艺术家和商界人士的往来，向社会公开展示价值观、服务优势、服务能力、活动的目的、任务、服务内容，参与促进居民积极参加社会生活的社会计划、文化和教育计划，参加保护居民信息权利的活动和团体，向居民通告作息制度和图书馆服务、工作变化等。

1.5 图书馆定期向社会公布工作活动，向当地居民公布、向地方自治机构提交年度工作报告。

2. 图书馆活动内容与用户服务

2.1 公共图书馆制定明确的发展政策与战略、优先发展方向、服务内容，制定实施的发展计划、规划等应涉及图书馆各方面工作，反映现实和潜在用户对信息和图书馆的需求。

2.2 用各类型信息资源为用户自学及参与讨论重要问题和决议提供保障是图书馆活动的重要内容之一。

2.3 图书馆参与公民休闲活动，促进公民创造能力的提高、获取文化遗产。图书馆独立或与其他机构共同实施教育计划、信息计划，组织文化活动（晚会、音乐会、见面会、联欢会、竞赛等）。

2.4 图书馆参与多民族的文化交往，收集并保障当地少数民族获取本民族语言文献和信息，与本地和外地的民族文化中心和侨民会合作，与联邦主体国家图书馆、地方图书馆研究中心等进行职业交流。

2.5 图书馆积极促进地方文化历史意识观念的形成，开展地方志研究活动：收集和保存并在咨询书目系统中全面反映地方文献、编写和出版地方志书目出版物、参与保护地方民间文化艺术等。在没有地方志博物馆的地方，公共图书馆承担博物馆职能。

2.6 公共图书馆最重要活动之一是培养用户信息素养，向用户普及计算机、互联网、电子资源使用的知识，图书馆和教育机构开设图书馆课，定期组织参观图书馆，让用户熟悉藏书、咨询服务系统、技术设备。

2.7 公共图书馆培养用户的阅读素养,根据儿童、青少年和成人的阅读特长,培养他们对阅读和教育的终身需求。

2.8 公共图书馆结合本地居民特点和需求开展服务。在图书馆内外,通过电话或电子邮箱为用户提供全面便捷的服务,利用信息技术开展信息服务,保证任何用户在任何地方都能获取信息。

2.9 图书馆基本服务形式:固定式服务(所有用户服务都在图书馆内)、非固定式服务(向在家中、工作地、学校的用户提供服务)、远程服务(利用信息网络技术为远程用户提供服务)。在没有儿童图书馆的地方,公共图书馆担负为儿童服务的任务。

2.10 无论哪种服务方式,当特殊用户无法在图书馆工作期间使用图书馆服务时,图书馆与专业图书馆协同开展各种形式服务:设立文献借阅点、到家中服务、远程服务、馆际互借。

2.11 图书馆利用计算机技术和专门设备为失明、弱视者等特殊用户获取电子信息资源提供保障。

2.12 图书馆为边远地区或因体力和条件受限不能亲自到图书馆的公民提供服务有特殊意义。图书馆利用移动设施服务(如汽车图书馆),汽车图书馆应不断更新藏书、法律数据库等,并装备联入互联网的技术设备。

2.13 实现用户在不同图书馆间文献的通借通还和预约是图书馆有前景的服务方式。这与在图书馆阅览室使用馆际互借证不同,要求图书馆在现代技术基础上开展有效的高水平合作,参与电子资源统一信息网站和系统建设等。

2.14 图书馆根据用户需求特点和图书馆能力自主确定服务项目和服务条件。图书馆有责任提供公民最全面服务,提高图书馆服务水平。

2.15 公共图书馆基本免费服务:用户检索和收集文献信息时给予咨询服务,通过书目系统和其他形式提供馆藏信息,按用户规章借阅馆藏文献,利用馆际互借、内部交换、电子传递等获取其他图书馆资源。

2.16 为使用民族语言的用户提供图书馆和信息服务属于图书馆基本服务,并应符合地方特点和用户专门要求。

2.17 最大限度提供馆藏文献是公共图书馆服务的基本要求。图书馆根据馆舍情况,尽最大可能开放、展示、提供使用馆藏文献。在提供儿童文献时,应从文献分类到书目考虑儿童利用图书馆的便利性。图书馆特别收藏的珍稀文献应放置专门书柜、书架中保存或在图书馆网站上展示。

2.18 公共图书馆网站是用户获取信息和图书馆服务的有效途径。公共图书馆网站为用户(包括视力、听力障碍用户)提供方便的导航系统,网站提供文献电子预约、图书续借、信息咨询等全面服务。开设专门的儿童服务网页。

2.19 图书馆倾听和记录用户建议,分析服务不足,评价服务质量和效果,研究用户需求、制定服务计划、分析用户服务满意度。评价服务基本指标包括:用户需求分析符合度、信息知识内容量、服务方式、为特殊用户服务的数量和特色。

2.20 研究制定整套的内部规范标准是有效管理图书馆业务活动和用户服务的手段之一。

3. 图书馆信息资源

A. 馆藏文献

3.1 公共图书馆信息资源的基础是馆藏文献,包括图书、连续出版物、声像出版物、电子资源等各种类型和载体的出版物。

3.2 每个图书馆的馆藏文献是当地图书馆信息资源和俄罗斯国家图书馆信息资源的组成部分。图书馆馆藏应反映社会思想的多样性,宣传仇视、暴力、色情等思想的书刊除外,公共图书馆馆藏符合社会需求并不断更新。公共图书馆的目标是提供所有信息,不仅限于本馆实体馆藏,通过馆际联合渠道确保馆藏文献的充实和提供使用。

3.3 公共图书馆馆藏文献量按俄罗斯居民人均 5 – 7 册(城市)、7 – 9 册(农村)的保障率确定。具体的藏书量由地方居民需求、图书馆特点、图书馆间距离、图书馆外部资源的可获取性、经费资金等决定。

3.4 公共图书馆馆藏从内容到形式都是综合性的。公共图书馆有权获取地方文献呈缴本和地方自治机构官方文献,向所在地居民提供全面藏书、专业藏书(如儿童读物、地方主题文献),建设最全面的符合其活动优先的各种形式和载体的文献体系。

3.5 公共图书馆综合性馆藏中(在当地没有儿童图书馆的情况下),供 14 岁以下儿童阅读的文献不少于馆藏文献总量的 30%,儿童声像读物应包括国内外经典音乐和影片。图书馆应提供“有声图书”,包括俄罗斯国内外现代经典作品。

3.6 图书馆应收藏专供盲人、弱视者、聋哑人等使用的文献。

3.7 公共图书馆收藏少数民族文献(参考国际通行标准:民族人口为500人的图书为100种,2000人以下每10人一种)。

3.8 公共图书馆应订阅自治地方和联邦主体的报刊、联邦中央的主要报刊、儿童报刊、图书馆员职业刊物。

3.9 参考咨询类和书目类出版物的数量不少于公共图书馆馆藏总数的10%,应包括综合性和专业性的百科全书、语言词典、地方志、旅游手册、旅行地图、地址黄页、信息指南,供居民学习用的教学大纲等。

3.10. 公共图书馆为保持藏书的意义与价值,必须不断更新和充实:按IFLA和UNESCO年新书入藏标准250册/千人,按俄罗斯国家图书馆的建议,新进图书占年图书馆流通借阅量的3.8%。

3.11 公共图书馆馆藏更新由文献补充和剔除速度决定,图书馆按规定程序剔除破旧和过时的出版物。对有永久保存价值的文献,以传统形式保存唯一样本,将其进行载体转换(如缩微化或电子化),作为图书馆日常使用的文献。

3.12 图书馆应按规定的面积、设备、温度、湿度、防火安全等标准保护馆藏文献及文献的物理状态。

B. 电子资源

3.13. 为建设电子资源,开展新服务保障获取信息,公共图书馆进行信息化建设:加强物质技术基础建设、必备供业务工作和用户使用的计算机设备、购置计算机软件产品、建立局域图书馆网、连接互联网、确定图书馆基本业务和用户服务、图书馆管理流程的自动化、建设图书馆网站、购买电子信息资源、提供资源和服务信息、为远程用户提供电子资源和虚拟服务等。

3.14 图书馆独立或与其他图书馆合作或利用共享资源,图书馆馆藏电子目录是图书馆基本的电子资源。

3.15 除电子目录之外,公共图书馆可自建特色数据库:书目数据库、事实数据库、全文数据库,包括地方自治机构的官方文献数据库。图书馆按规定方式建设地方志电子资源,反映自治地方活动和历史文化的主题数据库。为保障更全面和高质量的用户服务,满足其信息需求,图书馆应拥有现成的数据库。

3.16 最大的公共图书馆可以参与实施"数字"计划,建设特色电子资源。

3.17 公共图书馆在与其他部门图书馆、文化机构、教育机构、信息中心及其他组织的合作基础上，参与建设统一信息网（地区、跨地区、联邦、国际）合作的计划。图书馆联合合作旨在补充图书馆电子资源、满足用户需求，在图书馆网站上建立互联网分类导航、网站（页）链接，保障提供新的图书馆信息资源，包括虚拟咨询服务、图书馆信息资源和服务的电子展示。

3.18 图书馆计算机技术水平取决于财政经费、图书馆采用新技术面临的任务、用户对新资源和服务的需求。图书馆应保证工作用机和用户用机，所有软件都应有授权许可，使用蜂窝通信、电话线、卫星通信等方式接入互联网。

3.19 弱视用户获取电子资源使用的计算机技术和软件等应符合世界网络联盟（C3W）推荐的标准。

3.20 公共图书馆计算机设备和软件程序等应根据信息技术和网络技术的发展及时更新，每五年至少更新一次。

4. 图书馆馆舍和空间布局

4.1 每个自治区域的居民点都应设有公共图书馆。

4.2 公共图书馆的选址建设应考虑到最大限度的便利性（确保本地居民15－20分钟内能到达）。

图书馆设在文化和商业中心、交通十字路口、靠近车站等地带，便于所有居民方便到达，图书馆名称标识和宣传标志清晰可见，周边环境清洁，有街道指南，供盲人使用的设备，设有停车场，停靠卫生清洁车、消防车等。理想的是图书馆周边有公园、街心花园以及儿童游乐设施。

4.3 公共图书馆可单独馆舍，也可与其他机构共用一个建筑。最理想的是图书馆有专门按卫生、防火、反恐等标准要求设计规划的独立馆舍。

4.4 公共图书馆应确保有便捷通道，供用户出入、图书馆运输文献、防火等。与其他机构同处一个建筑物中的图书馆，应有专门通道供用户使用和文献运输，应有符合图书馆藏书、用户服务环境要求的专门房间。

4.5 公共图书馆对特殊居民群体开放，馆舍房间和通道为年迈老人、残疾人、儿童等进行专门设计，如便于残疾人轮椅、童车的通行等，并提供专门的设备设施。

4.6 图书馆各部门的设置和安排布局应确保用户使用及图书馆工作的舒适性和便利性，考虑到用户需求和图书馆技术的变化，书目咨询服务部门最好设置在图书馆大厅附近（不超过二层），并与其他咨询服务整体规划。藏书库与外借部保持便利的通道和联系。

4.7 根据相应标准按功能设计图书馆房间面积。用户服务区面积标准：外借区不小于 $5m^2$/1000 册、阅览区不小于 $10m^2$/1000 册、专业服务部门为 $5m^2$/1000 册、书目咨询部门不小于 $3.5m^2$/目录柜、一个文献外借接待台面积不小于 $4.5m^2$、一台用户用计算机设备占用面积不小于 $6m^2$、单个用户座位面积为 $2.5m^2$，休息区应设置 10% 的座位、为举办展览会图书馆基本部门（如阅览室等）面积应增加 10%、举行大众文化活动必须有面积不小于 25 m^2 的专门区域、图书馆大厅面积为 $0.2m^2$/用户、存衣柜面积为 0.08 m^2/衣物挂钩，为生活能力受限的特殊用户服务，面积增加 $2.7-3.0m^2$/用户。图书馆保存文献所需面积标准：书刊每 1000 册不小于 $2.5m^2$、报纸合订 1000 本不小于 $14m^2$、声像文献 1000 件不小于 $3m^2$。

4.8 图书馆办公和业务区的面积取决于工作人员数量和工作内容，但面积不应小于读者区的 20%。

图书馆业务加工区按工作内容不同确定标准，如：每个文献采编加工区为 $9-12\ m^2$、科学研究区为 $9m^2$，行政管理区为 $5-6m^2$、馆长和副馆长室为 $15-40m^2$。

4.9 图书馆技术设备（包括业务工作设备和用户服务设备）应放置有电源、能保障设备正常运行的房间，符合相关卫生和安全规定。

4.10 图书馆应确保馆藏文献安全，50 m^2 的区域应配备灭火器，每个房间至少有一个灭火器和报警器。

4.11 图书馆通过设立用户通行指示和使用指南、利用信息网络和电话通讯实现各类型文献的获取使用、保证各种设备正常有效运转、环境布置、公示图书馆员职业道德、尊重用户权利等，保证用户在图书馆享用服务的舒适性便利性。

4.12 公共图书馆的儿童服务区应容易识别，营造友好、有吸引力的环境氛围，让儿童能感受服务和设施的儿童化。儿童座位舒适有自己特点和功能，有专门的家具、颜色鲜艳的装饰、布景等。

4.13 公共图书馆作息制度根据地方居民需要和馆舍的有效利用而定，图书馆工作时间不应完全与居民基本工作时间相一致。图书馆点的工作时间根据地方条件进行调整。

5. 公共图书馆工作人员

5.1 公共图书馆工作人员应具有职业知识、技能，提高业务水平和能力，熟悉岗位职责、规章制度，明确本馆发展的目标、任务、问题、前景，参与研究制定本馆发展战略、计划活动，提出改善图书馆服务的创新型建议。

5.2 图书馆的管理者和创建者应保证图书馆有足够数量的工作人员。

图书馆工作人员数量配置方案：(1)按工作时间和完成工作的时间标准：基本指标包括读者数量、馆舍规模、服务内容、图书馆分支部门(分馆)数量、非固定服务方式等；(2)按图书馆基本工作流程：文献采编加工 0.7－1人/1000 册、藏书整理 1－1.2 人/6 万册、用户服务 3－3.5 人/1000 人、书目咨询和信息服务 1－1.5 人/1000 人；(3)按地方居民数量：5 万人口的城市—1 人/2000 人、5 万人口以下的城市—1 人/2500 人、14 岁以下居民 1 人/1000 人、农村地区——1 人/500－1000 人、14 岁以下居民 1 人/500 人。

5.3 图书馆管理者应关心有专业技能的工作人员，如为特殊用户群(儿童、青少年、少数民族、老人、残疾人等)服务的、管理某些文献(电子文献、声像文献、乐谱、绘画美术出版物、外文文献等)的、电子资源建设和服务的。

5.4 按国家教育标准，进行图书馆工作人员的基本教育，各层次继续职业教育每三年至少一次。有偿服务收入的 0.5% 以上用于图书馆工作人员培训。

5.5. 图书馆管理者和创建者确保所有工作人员不间断教育计划的实施，开展各种形式的提高图书馆工作人员业务技能的活动，如地区、国内外的培训、见习，

5.6 公共图书馆应与地方专门图书馆(如盲人图书馆等)联合实施残疾人服务培训。

5.7 图书馆管理者和创建者确保图书馆工作人员的社会保障和职业保护，关心工作人员的劳动条件，给予年轻图书馆专家以帮助。

6. 支持公共图书馆活动

6.1 联邦和联邦主体通过制定法律法规保障公共图书馆稳定性，保障地方财政为图书馆提供经费。

6.2 国家管理机构和地方自治机构在促进图书馆网发展、图书馆信息服务、图书馆现代化建设和馆舍建设中具有重要作用，公共图书馆事业应成为地方文化、教育、信息发展领域长远战略的重要组成部分。

6.3 公共图书馆财政经费的使用应有计划地分配到图书馆各项工作之中,促进图书馆目的、任务、优先活动的实现,现阶段特别关注支持图书馆信息化和公民服务现代化。公共图书馆财政经费还应用于图书馆工作人员和用户的培训、技术和设备资源更新、图书馆服务的完善、残疾人及其他特殊用户群体服务等方面。

6.4 图书馆自主或者在国家和地方机构的支持下,吸引来自不同渠道(慈善捐款、商业赞助、奖励等)的补充资金,以促进图书馆发展。

6.5 图书馆管理者应合理有效分配和使用各项资金,国家管理机构和地方自治机构应制定图书馆工作评价标准,评价图书馆工作效果。

文中名称缩写全称及中文参考译名表

	缩写	全称	中文参考译名
1	АРБИКОН	Ассоциация региональных библиотечных консорциумов	地方图书馆联盟协会
2	АПРИКТ	Академия переподготовки работников искусства, культуры и туризма	艺术、文化、旅游工作者教育进修研究院
3	БАЕ	Библиотечная ассамблея Евразии	欧亚图书馆大会
4	ВБС	Всесоюзный библиотечный совет	全苏图书馆委员会
5	ВГБИЛ	Всероссийская государственная библиотека иностранной литературы им. М. И. Рудомино	全俄国立外文文献图书馆
6	ВЦЭК	Всероссийский библиотечный научно – методическийцентр экологической культуры	全俄图书馆生态文化科学研究中心
7	ГМБК	Государственная межведомственная библиотечная комиссия	国家跨部门图书馆委员会
8	ГПНТБ России	Государственная публичная научно – техническая библиотека России	俄罗斯国立公共科学技术图书馆
9	ГПНТБ СО РАН	Государственная публичная научно – техническая библио – тека Сибирского отделения Российской Академии наук	俄罗斯科学院西伯利亚分院国立公共科技图书馆
10	ЕРСФД	Единный российский страховный фонд документации	俄罗斯文献统一备份库
11	ИОО – Россия	Институт "Открытое общество"（Фонд Сороса）	索罗斯基金俄罗斯“开放社会”研究所
12	МАДБ	Межрегиональная ассоциация деловых библиотек	跨地区商业图书馆协会
13	МОПЦПИ	Межрегиональное объединение публичных центров правовой информации	跨地区图书馆法律信息中心联合会

续表

	缩写	全称	中文参考译名
14	МПА СНГ	Межпарламентская Ассамблея СНГ	独联体国家跨国议会大会
15	МЦБС	Межрегиональный центр библиотечного сотрудничества	跨地区图书馆合作中心
16	НЭБ	Национальная электронная библиотека	国家电子图书馆
17	ПЦПИ	Публичный центр правовой информации	公共法律信息中心
18	РБА	Российская библиотечная ассоциация	俄罗斯图书馆协会
19	РГБ	Российская государственная библиотека	俄罗斯国立图书馆
20	РГБМ	Российская государственная библиотека для молодежи	俄罗斯国立青年图书馆
21	РГЮБ	Российская государственная юношеская библиотека	俄罗斯国立青少年图书馆
22	РНБ	Российская национальная библиотека	俄罗斯国家图书馆
23	РРСМ	Российский регистр страховых микроформ	俄罗斯图书馆文献缩微目录
24	РСФДБ	Российский страховой фонд документов библиотек	俄罗斯图书馆馆藏文献备份库
25	РСФСР	Росси́йская Сове́тская Федерати́вная Социалисти́ческая Респу́блика	俄罗斯苏维埃联邦社会主义共和国(1918 – 1992年),
26	РФБА	Российская федерация библиотечных ассоциаций	俄罗斯图书馆协会联合会
27	РФТР	Российский фонд технологического развития	俄罗斯技术发展基金会

续表

	缩写	全称	中文参考译名
28	Спецсвязь ФСОРоссии	Служба специальной связии информации Федеральной службы охраны России	俄罗斯联邦安全局特殊信息通信服务部
29	ЦБС	Централизованная библиотечная система	集中图书馆系统
30	ФАПСИ	Федеральное агентство правительственной связи и информации при Президенте Российской Федерации	俄罗斯总统政府通信和信息联邦通讯社
31	ФТЛ	Федеральная техническая лаборатория	联邦技术实验室
32	ФЦКБФ	Федеральный центр консервации библиотечных фондов	联邦图书馆馆藏文献保存中心
33	ЭБР	Электронная библиотекя России	俄罗斯电子图书馆
34	IFLA	International federation of library associations and institutions	国际图书馆协会联合会
35	UNESCO IFAP	United Nations educational, scientific and cultural organization information of all programme	联合国教科文组织全民信息计划
36	WSIS	World summit of information society	信息社会世界峰会

参考文献

[1]林曦. 俄罗斯图书馆学理论研究热点评析[J]. 中国图书馆学报. 1997(6):26－37.

[2]黄宗忠. 20 世纪 100 年图书馆学基础理论的研究与进展及其评介(下)[J]. 晋图学刊. 1998(3):1－7.

[3]何善祥. 克鲁普斯卡娅的图书馆学思想[J]. 中国图书馆学报. 1991(2):49－57.

[4]彭斐章. 论苏联图书馆事业发展中观念的变革[J]. 武汉大学学报(社会科学版). 1987(5):12－14.

[5]董光荣. 苏联图书馆事业七十年(1917－1987)[J]. 中国图书馆学报. 1988(3):36－42.

[6]库茨明. 变革中的苏联图书馆[J]. 杨丹译. 国外社会科学. 1994(12):70－71.

[7]H. C. 卡尔塔绍夫著,滕义勇译. 苏联统一图书馆网的发展[J]. 图书馆学通讯. 1988(3):43－50.

[8] 景维民,张慧君. 国家权力与国家能力:俄罗斯转型期的国家治理模式演进——兼论“梅－普”时代的国家治理前景[J]. 俄罗斯研究. 2008(3):6－18.

[9]胡键. 社会分化、社会整合与俄罗斯的经济转轨[J]. 宁夏社会科学. 2002(1):3－9.

[10] 冯玉军. 对推进中国当代俄罗斯问题研究的几点思[J]. 俄罗斯学刊. 2011(1):11－17.

[11] 徐海燕. 俄罗斯联邦社会院的成立与发展[J]. 国际资料信息. 2007(1):20－22.

[12] 汪介之. 白银时代:西方文化与俄罗斯文化的融汇[J]. 南京师大学报(社会科学版). 2007(2):138.

[13][苏]O. C. 丘巴梁. 普通图书馆学[M]. 徐克敏,郑莉莉,周文骏译. 北京:书目文献出版社,1983:2,5,95.

[14]文化部图书馆事业管理局. 列宁论图书馆事业[M]. 北京:书目文献出版社,1984:2 – 6,12.

[15]杨威理. 西方图书馆史[M]. 北京:商务印书馆,1988: 59,333.

[16]程文中. 苏联模式的兴衰[M]. 武汉:湖北人民出版社,2000:209.

[17]宫达非. 中国著名学者:苏联剧变新探[M]. 北京:世界知识出版社,1998:278.

[18]李静杰. 十年巨变:俄罗斯卷[M]. 北京:中共党史出版社,2004:258.

[19]吴克礼. 当代俄罗斯社会与文化[M]. 上海:上海外语教育出版社,2001:500.

[20]刘春萍. 转型期的俄罗斯联邦行政法[M]. 北京:法律出版社,2005:53 –54.

[21]于良芝. 图书馆学导论[M]. 北京:科学出版社,2003:82.

[22]周新城,张旭. 苏联演变的原因与教训:一颗灿烂红星的陨落[M]. 北京:社会科学文献出版社,2008:115 –116.

[23] 普京. 普京文集:文章和讲话选集[M]. 北京:中国社会学科出版社,2002:29.

[24]冯绍雷,相蓝欣. 转型中的俄罗斯社会与文化[M]. 上海:上海人民出版社,2005:4,215,227.

[25]П. Т. 瓦西林科夫主编. 苏维埃行政法总论[M]姜明安,武树臣译. 北京:北京大学出版社,1985:35.

[26]И. М. 福鲁明. 图书馆的组织与管理[M]. 赵连生等译. 北京:书目文献出版社,1985:136,191.

[27] Н. В. Рыжак. Цензура в СССР и Российская государственная библиотека [EB/OL]. http://rumchten. rsl. ru/2007/ru/upload/ doc/1169205431. doc

[28] М. Самохина. Из жизни сегодняшних российских библиотек: заметки библиотечного социолога[EB/OL]. http:// magazines. russ. ru/nlo/2005/74/sa18. html

[29] А. С. Соколов. О развитии библиотечного дела: доклад на заседании Правительства РФ 1 ноября 2007 г. [J]. Библиотековедение. 2007 (6):1, 8 – 13.

[30] Е. И. Кузьмин. Библиотеки на службе общественному прогрессу. Модернизация и сотрудничество библиотек. Приоритеты государственной политики Министерства культуры России [J]. Научные и технические библиотеки. 1997(10):12 – 17.

[31] Б. В. Ленский. Издательство – книготорг – библиотека: путь книги к читателю [J]. Научные и технические библиотеки. 2002 (2): 7 – 10.

[32] В. В. Шилов. Некоторые особенности развития фондов общедоступных библиотек России в последнее десятилетие XXв. [EB/OL]. www. gpntb. ru/win/inter – events/crimea2002/trud/sec78/ Doc22. HTML

[33] Ф. В. Климаков. Снова о ленинском наследии в библиотечном деле[J]. Библиотековедение. 1994(4):112 – 120.

[34] Е. И. Кузьмин. Библиотеки России в контексте социально – экономических реформ[J]. Библиотековедение. 1994(6): 7 – 12.

[35] М. Н. Глазков. Массовые библиотеки России в контексте партийно – государственной библиотечной полтики (середина1920х гг. и май1941 г.) [EB/OL]. http://vak. ed. gov. ru/common/img/uploaded/ files/vak/announcements/pedagogicheskie/15 – 12 – 2008/ GlazkovMN. doc

[36] Е. И. Кузьмин, Т. Л. Манилова. Библиотечная политика [J]. Научные и технические библиотеки. 2004(1):56 – 61.

[37] В. И. Харламов. Феномен библиотечной идеологии историка[J]. Советское библиотековедение. 1991(2):41 – 46.

[38] Ю. Н. Столяров. Итоги развития отечественных библиотек к концу второго тысячелетия[J]. Научные и технические библиотеки. 1998 (10):36 – 50.

[39] А. И. Пашин. Из истории библиотечного законодательства России[J]. Библиотековедение. 2003(6):94 – 100.

[40] Ю. Н. Столяров. Полуправда хуже лжи[J]. Библиотековедение.

1993(2):46－52.

[41] В. Р. Фирсов. Государственное законодательное регулирование деятельности библиотек. [EB/OL]. http://www. rba. ru: 8101/ or/od/law/obesp/fir/fir1. htm

[42] М. Н. Глазков. Советское юношество, библиотеки и идеология 1930 гг. [J]. Школьная библиотека. 2008(1):4－7.

[43] К. И. Абрамов. Научные основы теории и практики библиотечного строительства в демократической России[EB/OL]. http://libconfs. narod. ru/1996/1s/1s_p1. html

[44] К. И Абрамов, Н. С. Карташов. Библиотековедение [M]. M.: Книжная палата. 1988:45.

[45] Е. И. Кузьмин. О политике Министерства культуры РФ в области библиотек[EB/OL]. http://www. gpntb. ru/win/inter－events/crimea96/report/DOC/1. html

[46] Т. Л. Манилова. Библиотечное дело в России на современном этапе: несколько штрихов к портрету[J]. Информационный бюллетень РБА. 2007(45):9－12.

[47] А. А. Калягина. Культура и будущее России. Новый взгляд. Доклад председателя Комиссии Общественной палаты по вопросам развития культуры[EB/OL]. www. rba. ru/ or/comitet/05/od/10. 2. doc

[48] Ю. А. Гриханов. Библиотечное дело страны на рубеже тысячелетий. Россия в окружающем мире[EB/OL]. http://www. rus－stat. ru/ stat/345POM2008_120－143_Grikhanov. pdf

[49] О государственной политике развития библиотечного дела в Российской Федерации: Решение коллегии Министерства культуры и массовых коммуникаций Российской Федерации[J]. Библиотековедение. 2005 (5): 8－9.

[50] Е. И. Кузьмин, Л. А. ДубровинаВ. М. Красильщикова. Реализация государственной библиотечной политики Министерством культуры Российской Федерации в 2002 －начале 2003 г. [EB/OL]. http://www. minervaplus. ru/publish/P2002－03. htm

[51] Тезисы выступления председателя Комитета Государственной Думы по культуре Г. П. Ивлиева на заседании Общественного комитета содействия развитию библиотек России " Правовая основа деятельности муниципальных библиотек: реалии и проблемы" 27января2009года[EB/OL]. http://www.duma.gov.ru/cult-tur/news/03_02_2009.htm

[52] Г. П. Ивлиев. Российские библиотеки в правовом поле нового законодательства[J]. Научныеи технические библиотеки. 2008 (9):5-7.

[53] Стратегия модернизации библиотечного дела России[EB/OL]. http://er.ru/news/2011/7/11/strategiya-modernizacii-bibliotechnogodela-rossii/

[54] А. И. Пашин. О некоторых вопросах управления библиотечнымделом [EB/OL]. http://libconfs.narod.ru/1997/5s/5s_p11.htm

[55] Т. Ф. Каратыгина. Любовь Борисовна Хавкина (1871 - 1949 гг.). К 125-летию со дня рождения, или портрет через 47 лет[J]. Научные и технические библиотеки. 1996(11): 20-25.

[56] С. А. Басов. Актуальное наследие. К 140-летию Л. Б. Хавкиной [J]. Научные и технические библиотеки. 2011(11):50-60.

[57] Ю. А. Гриханов. Система Обязательного экземпляра документов: новые законодательные нормы[J]. Библотека. 2008(6):10-16.

[58] Программа ЛИБНЕТ 1998 - 2001 "Создание общероссийской информационно-библиотечной компьютерной сети" [J]. Библиотека. 1997(12):12 - 20, Спец. Вкладка

[59] Е. И. Кузьмин. К новой России с новыми библиотеками: проблемы интеграции и доступности информационных ресурсов российских библиотек[J]. Научные и технические библиотеки. 1999(1): 35-46.

[60] А. Н. Арканников. Декрет «О централизации библиотечного дела», как первая попытка создания в России закона о библиотеках [EB/OL]. http://libconfs.narod.ru/1998/8s/8s_p5.html

[61] Т. Л. Манилова. Библиотечная политика и библиотечное дело в России на современном этапе [EB/OL]. http://www. ifapcom. ru/f iles/16Manilova. doc

[62] Н. Дементьева. Программа ЛИБНЕТ и библиотеки [J]. Библиотека. 1997(12):21, Спец. Вкладка

[63] А. Б. Антопольский, Е. А. Данилина, Т. С. Маркарова. Правовые и технологические проблемысоздания и функционирования электронных библиотек[M]. Москва: ПАТЕНТ. 2008:4.

[64] К. И. Абрамов. Л. Б. Хавкина и демократические преобразования библиотечного дела в России. http://libconfs. narod. ru/1996/2s/2s_ p1. html

[65] Е. И. Кузьмин, Б. Р. Логинов. Программа ЛИБНЕТ: современное состояние и перспективы [J]. Научные и технические библиотеки. 1997(8):15 – 19.

[66] В. М. Красильщикова. Библиотеки в формировании единого информационного пространства страны [J]. Начные и технические библиотеки. 1998(1):12 – 16.

[67] Ж. Т. Дмитриевна. К вопросу о государственной политике в области развития шокольных библиотек[EB/OL]. http:// www. gnpbu. ru/nmo/an – mat – gykova. htm

[68] Справка на коллегию Минкультуры России по вопросу" О проблемах сохранения и развития сельских библиотек" [EB/OL]. http://ns. rba. ru/or/comitet/14/3(14)/3_2. htm

[69] Е. И. Кузьмин, Э. А. Орлова. Поддержки и развития чтения – общенациональная задача. Поддержка и развитие чтения в библиотечном пространстве России [C]. //В. Я. Аскарова. Сборник научно – практических работ. Составитель. М. :МЦБС. 2007:14.

[70] Е. И. Кузьмин. Национальная программа поддержки и развития чтения[J]. Библиотека. 2007(1):1 – 3.

[71] О. В. Кулева Н. С. Редькина. Место библиотек в структуре электронного и информационного пространства [EB/OL]. http://conf. infosoc. ru/2007/thes/part2/Kuleva_ Redkina. pdf

[72] Основные направления государственной политики по развитию сферы культуры и массовых коммуникаций в Российской Федерации до 2015 года и план действий по их реализации[EB/OL]. http://mkrf. ru/dokumenty/581/detail. php? ID =61208&t = sb

[73] Е. И. Кузьмин. Государственная библиотечная политика в России: итоги и перспективы[J]. Научные и технические библиотеки. 2003(1): 65 –81.

[74] Э. А. Восканян. Ассоциация центров правовой информации, о необходимости которой так долго говорили, —создана! [EB/OL]. http://www. gpntb. ru/win/inter – events/crimea2003/trud/ tom2/222/Doc35. HTML

[75] И. Б. Михнова. Муниципальная библиотека – информационный мост между населением и местной властью[EB/OL]. http://www. gpntb. ru/win/inter – events/crimea99/doc2/Doc113. html

[76] Е. И. Кузьмин. Роль Программы ЮНЕСКО «Информация для всех» в развитии стратегии, методов и инструментария для формирования правового и информационного общества в России[EB/OL]. http://www. pcpi. ru/manage/printdoc? nd =749550726&nh =0&ssect

[77] Концепция государственной информационной политики[J]. Научные и технические библиотеки. 2000(6):6 –45.

[78] А. С. Соколов. «О государственной политике развития библиотечного дела в Российской Федерации» (Справка): К заседанию Коллегии Министерства культуры и массовых коммуникаций Российской Федерации 28 марта 2005года[J]. Библиотековедение. 2005(5): 9 –19.

[79] Г. И. Климантова, Н. П. Золотова, С. Н. Титов. О состоянии библиотечного обслуживания детей в России[EB/OL]. http://council. gov. ru/files/analitical_bulletin/64. zip

[80] Е. И. Кузьмин. Государственная библиотечная политика России: общие понятия, контуры, детали[EB/OL]. http://www. kemrsl. ru/documents/izdania/fulltext/bgk/2001/1/htmlJHJ01

[81] М. А. Мазурицкая. О работе над проектом «Модельного положения о библиотеке музея» [J]. Библиотечное дело. 2012(4):29 –

31.

[82] Е. И. Кузьмин, Л. А. Куйбышев, Н. В. Браккер. Оцифровка культурного и научного наследия России. Состояние дел, проблемы, перспективы[EB/OL]. http://www. minervaplus. ru/m_in_ru/b3p6 –2. doc

[83] Е. И. Кузьмин. Политика Министерства культуры Российской Федерации в области создания и интеграции информационных ресурсов российских библиотек[EB/OL]. http://www. evarussia. ru/eva99/rus/ Zas1 –R/ dR1 –1. doc

[84] В. Р. Фирсов. Дорогие коллеги! [J]. Библиотечное дело. 2011(1):1.

[85] О. В. Сюнтюренко. Программы РФФИ в области развития информационной инфраструктуры науки и образования[J]. Научные и технические библиотеки. 2000(1):53 –59.

[86] В. Н. Зайцев. Деятельность Российской библиотечной ассоциации в 2007 – 2010 гг. и стратегия развития на 2011 – 2015 гг. [J]. Информационный бюллетень РБА. 2012(62):21 –33.

[87] Е. И. Кузьмин, А. А. Демидов, М. Н. Усачев. Формирование системы доступа граждан Российской Федерации к правовой информации: итоги и перспективы[J]. Библиотековедение. 2005(6):8 –16.

[88] В. Н. Зайцев. Предложения по развитию системы саморегулирования в библиотечном деле[EB/OL]. http://www. rba. ru/ or/ comitet/18/publ/zay/2. doc

[89] С. А. Басов. Библиотека в демократическом контексте [J]. Научные и технические библиотеки. 2006(7):23 –27.

[90] И. А. Трушина. Зачем нужен Кодекс этики? К 10 – летию «Кодекса профессиональной этики российского библиотекаря» [J]. Библиотечное дело. 2009(22): 28 –32.

[91] Межведомственная программа " Электронные библиотеки России" [J]. Научные и технические библиотеки. 1999(7):1 –8.

[92] Л. В. Куликова. О новой редакции модельного стандарта деятельности публичной библиотеки [J]. Информационный Бюллетень

РБА. 2008(47):45 –50.

[93] Основные направления развития Общероссийской информационно – библиотечной компьютерной сети ЛИБНЕТ на 2007 – 2010 годы [EB/OL]. http://www. nilc. ru/nilc/libnet. doc

[94] Основные направления развития Общероссийской информационно – библиотечной компьютерной сети ЛИБНЕТ на 2011 – 2020 годы[J]. Информационный бюллетень РБА. 2012(62):113 –128.

[95] Национальная программа сохранения библиотечных фондов [EB/OL]. http://www. rba. ru/ programm/fond. html

[96] В. И. Кучеров. Программа информационной поддержки российских библиотек компании "Консультант Плюс": итоги, проблемы, факты[EB/OL]. http://www. gpntb. ru/win/inter – events/ crimea2003/trud/ tom2/222/Doc44. HTML

[97] Ю. А. Гриханов. Программа создания системы репозитарных хранилищ малоиспользуемых библиотечных фондов [J]. Научные и технические библиотеки. 2005(3):21 –23.

[98] Ю. А. Гриханов. Система обязательного экземпляра документов: нормативно – правовое регулирование на федеральном и региональном уровнях[J]. Библиотековедение. 2000(1):41 – 43.

[99] В. Н. Зайцев. О пользе библиотек «для каждого благоустроенного государства»[J]. Библиотечное дело. 2004(5):14 –16.

[100] Е. И. Кузьмин, Н. А. Щербачёва. Первые итоги реализации национальной программы[J]. Библиотека. 2003(11): 6 –9.

[101] Итоги реализации национальной программы сохранения библиотечных фондове Российской Федерации (Првый этап: 2001 – 2010гг.)[J]. Информационный бюллетеньРБА. 2011(59):24 –48.

[102] Государственная политика и законодательство в области библиотечного дела [EB/OL]. http://www. rba. ru/content/ activities/ address/obzor/07_2012. php

[103] Т. Я. Кузнецова. Научно – организационные основы подготовки специалистов по сохранению библиотечных фондов [J]. Научные и

технические библиотеки. 2002(3):73 –79.

[104] Н. З. Стародубова. Публичные центры правовой информации: история вопроса и настоящее их состояние[J]. Библиотека. 2005(4):54 –56.

[105] М. Усачев. Создание общероссийской сети публичных центров правовой информации на базе общедоступных библиотек[EB/OL]. http://www. dzyalosh. ru/02 – dostup/books/opit/ usashev. html

[106] Е. И. Кузьмин. Ориентиры культурной политики: вопросы создания общероссийской сети публичных центров правовой информации на базе общедоступных библиотек[EB/OL]. http://www. ifap. ru/pcpi/library/pcpi0011. pdf

[107] В. Р. Фирсов. Дорогие коллеги! [J], Библотечное дело. 2011(1):1.

[108] Положение о порядке принятия заявительных, нормативно – рекомендательных и регулирующих актов РБА[J]. Информационный бюллетень РБА. 2003(27):53.

[109] В. Г. Юдин. Программа создания сети публичных центров правовой информации в России[EB/OL]. http://www. ifapcom. ru/files/News/Images/2009/a/yudin_2009. doc

[110] О развитии сети ПЦПИ в общедоступных библиотеках[EB/OL]. http://www. mcbs. ru files/documents/Documents/shvydkoj_pcpi_1. jpg/

[111] С. А. Басов. Библиотечная общественность и государство: теория и практика сотрудничества [J]. Научные и технические библиотеки. 2012(1):63 –75.

[112] Э. А. Восканян, Т. П. Ярцанкина, Т. Ю. Верхоланцева. Центр правовой информациииновое подразделение РГБ[J]. Библиотековедение. 2000(2):38 –40.

[113] С. А. Мамаева. РБА: механизмы интеграции[J]. Научные и технические библиотеки. 2008 (10): 3 –10.

[114] М. А. Шапарнева. РБА: хроника дат и событий (1994 –2005гг.)[J]. Информационный бюллетень РБА. 2005(33):15.

[115] Историкокультурные традиции и инновационные преобразования России. Просветительская ответственность библиотек [J]. Библиотековедение. 2009(4):8-15.

[116] И. И. Миронова. Связанные одной сетью (открылся портал общероссийской сети публичных центров правовой информации) [EB/OL]. http://www.gpntb.ru/win/inter-events/crimea2004/264.pdf

[117] И. И. Миронова, Н. В. Сашкова. Электронная юридическая библиотека от"Кодекс":вчера,сегодня,автра[EB/OL]. http://www.gpntb.ru/win/inter-events/crimea2001/tom/sem2/Doc46.HTML

[118] М. И. Демидова. «Информационному бюллетеню РБА» 10лет [EB/OL]. www.rba.ru/ or/comitet/12/mag7/13.pdf

[119] А. А. Демидов. Российской системе доступа к социально - значимой информации 12 лет: история и перспективы[EB/OL]. http://www.ifap.ru/library/book148.pdf

[120] Типовое положение о фонде центра правовой информации на базе общедоступной библиотеки[J]. Библиотековедение. 2004(4):56-64.

[121] Научно - практический семинар «Государственность и закон: от Руси до Российской Федерации. Актуальные проекты правового просвещения на площадках библиотек». [EB/OL]. http://www.rsl.ru/ru/s7/s409/2012/20127299

[122] Г. Н. Селезнев. Российским библиотекам - прочную законодательную базу[J]. Библиотековедение. 2002(2):14-21.

[123] Программа ПЦПИ - создание общероссийской сети центров публичного доступа к социально значимой информации[EB/OL]. http://www.ifap.ru/pcpi/index.htm

[124] Э. А. Восканян. История библиотечных центров правовой информации в России[J]. Научные и технические библиотеки. 2010(9):23-33.

[125] Э. Восканян, Т. Верхоланцева, Т. Оноприенко. Первые" Десять лет" программе ПЦПЦ [EB/OL]. http://www.gpntb.ru/win/ inter-events/crimea2008/disk/109.pdf

[126] И. И. Миронова. Портал общероссийской сети публичных центров правовой информации (ПЦПИ) – технология корпоративной работы[EB/OL]. http://www. gpntb. ru/ win/inter – events/crimea2003/trud/tom2/222/Doc34. HTML

[127] Ю. А. Гриханов. Административная реформа и библиотечное обслуживание муниципальных образований [EB/OL]. http://www. library. ru/1/kb/books/regional_policy/ grihanov. php

[128] Нормативно – рекомендательные документы РБА[EB/OL]. http://www. rba. ru/content/ about/doc. php

[129] Т. Л. Манилова. Основные направления государственной политики в области библиотечного дела на современном этапе [J]. Информационный Бюллетень РБА. 2009(52): 7 –9.

[130] Е. И. Кузьмин Т. А. Мурована. Доступ к правовой и иной социально значимой информации в библиотеках России. Развитие правовой культуры граждан. Аналитический доклад [M]. М.: МЦБС. 2011:22 –23.

[131] В. Г. Юдин. Состояние и проблемы развития сети публичного доступа к правовой информации[EB/OL]. http://www. ifapcom. ru/files/News/Yudin_PCPI. doc

[132] Национальная программа поддержки и развития чтения[EB/OL]. http://www. ifapcom. ru/files/Programma_chtenia. pdf

[133] Е. В. Тихонова. Центр правовой информации РНБ в обеспечении правовых запросов библиотеки[EB/OL]. http://www. gpntb. ru/ win/inter – events/crimea2001/tom/sem2/Doc47. HTML

[134] А. Ф. Порядин. Экологическая безопасность – неотъемлемое условие устойчивого развития в XXIвеке[EB/ OL]. http://www. gpntb. ru/ win/ntb/ntb2001/ntb1_2001/f01_03. htm

[135] А. А. Крушанов. Устойчивое развитие: что это такое и почему это важно? [EB/OL]. http://www. ecoculture. ru/ ecoeducation/development/material_03. php

[136] Н. Ф. Церцек. Библиотеки России в системе непрерывного

всеобщего экологического образования. Новые формы взаимодействия [J]. Научные и технические библиотеки. 2001(3):78 –83.

[137] О. В. Покровская. Библиотечный мониторинг экологической культуры: размышления по поводу… [J]. Библиотековедение. 2002 (3): 18 –21.

[138] Об итогах деятельности Общественного комитета содействия развитию библиотек России под председательством Б. В. Грызлова. [J] Библиотековедение. 2008(3):12.

[139] Н. А. Егорова. Развитие эколого – просветительской деятельности библиотек: состояние и Перспективы [J]. Библиотековедение. 2008 (4):37 –40.

[140] О. В. Покровская. Перспективные направления в развитии экологического просвещения в библиотеках России[EB/OL]. http://www.gpntb.ru/win/inter – events/crimea2003/trud/tom2/111/ Doc43. HTML

[141] Л. П. Мельникова. Роль библиотек в экологическом просвещении населения Российской Федерации [EB/OL]. http://www.gpntb.ru/ win/inter – events/crimea2002/trud/sec910/Doc2. HTML

[142] Н. Ф. Церцек. Библиотеки – центры экологической информации и культуры в регионах России[EB/OL]. http://www.ecopolicy.ru/upload/File/bull_38ru. pdf

[143] В. Р. Островская. Библиотеки России и формирование экологической культуры современного общества[EB/OL]. www.gpntb.ru/general/americadoc/2005/ostrovs. rtf

[144] О. В. Покровская. Экологические дыры в экологической информации[EB/OL]. http:// www.ecoculture.ru/ccolibrary/art_2. php

[145] О. В. Покровская. Библиотека. Экология. Актуальные проблемы[J]. Научные и технические библиотеки. 2001(3):74 –78.

[146] Т. Я. Кузнецова. Библиотекарь – эколог как профессионал: новые подходы к экологическому образованию библиотечных кадров [EB/OL]. http://www.gpntb.ru/win/inter – events/crimea2000/doc/tom2/section2/Doc79. HTML

[147] О. В. Покровская. Библиотеки России в Десятилетии ООН по образованию для устойчивого развития [EB/OL]. www. ecoculture. ru/ ecoeducation/development/material_01. php

[148] М. В. Фокеева, А. И. Александров. Основные акции всероссийского центра библиоэколо – гии [EB/OL]. http://libconfs. narod. ru/2004/s3/s3_p21. htm

[149] И. Б. Михнова, В. В. Лещинская. Итоги Общероссийского конкурса – фестиваля по экологической тематике среди публичных библиотек: новые грани и критерии оценки состояния экологического просвещения в библиотеках России [J]. Научные и технические библиотеки. 2011(2):41 – 49.

[150] О. В. Покровская. К высокой гуманитарной культуре через экологическое сознание [J]. Научные и технические библиотеки. 2000(1):90 – 94.

[151] Т. А. Петрова. Экология и библиотека. Работа библиотек ссузов Республики Марий Эл по экологическому просвещению [J]. Научные и технические библиотеки. 2002(6): 73 – 78.

[152] И. А. Трушина. «Кодекс профессиональной этики Российского библиотекаря» – первый общественно – профессиональный акт библиотечной сферы [EB/OL]. http://www. ifapcom. ru/ files/Monitoring/ trushina_code_librarian. pdf

[153] В. Р. Фирсов. Государственная библиотечная политика: механизмы формирования и реализации [EB/OL]. Информационный бюллетень РБА. 2008(47):13 – 14.

[154] О. В. Покровская. К высокой гуманитарной культуре через экологическое сознание [J]. Научные и технические библиотеки. 2000(1): 90 – 94.

[155] Проект "Библиотечное дело игражданское общество": Типология негосударственных некоммерческих организаций в сфере библиотечного дела [EB/OL]. http://www. rba. ru/ or/comitet/18/doc/3. doc

[156] О. Ф. Бойкова. Библиотека в контексте местного

самоуправления: законодательно – правовые основы[EB/OL]. http://libconfs. na rod. ru/2005/s6/s6_p5. htm

[157] Л. А. Южакова. Экологическое просвещение в библиотеках России на страницах профессиональной периодики: список литературы [EB/OL]. http://www. nbrkomi. ru/dabook/ 2079

[158] Е. Ю. Рябушева. Экологическая деятельность библиотеки в условиях устойчивого развития Байкальского региона [J]. Информационный бюллетень РБА. 2003(24):181 – 183.

[159] В. А. Грачев. Новый закон «Об охране окружающей среды» как законодательная основа формирования экологической культуры [J]. Научные и технические библиотеки. 2003(4):32 – 37.

[160] Государственный доклад «О состоянии и об охране окружающей среды Российской Федерации в 2007 году»[EB/OL]. http://www. ecoculture. ru/ ecolibrary/report_2007. php

[161] А. Н. Арканников. О библиотечном законодательстве[EB/OL]. http://libconfs. narod. ru/1997/5s/5s_p1. htm

[162] Ю. А. Гриханов. Библиотечные законы – шаг к информационному обществу[J]. Библиотековедение. 1995(1):18 – 24.

[163] Ю. А. Гриханов. Совершенствованию нет предела: библиотечное дело должно развиваться[J]. Библиотека. 1999(8):6 – 9.

[164] Ю. Н. Столяров. Дума о библиотечном законе [J]. Научные и технические библиотеки. 2001(5):4 – 8.

[165] В. Р. Фирсов. Современные проблемы нормативно – правовогообеспечения деятельности библиотек [J]. Информационный бюллетень РБА. 2009(52):5 – 6.

[166] Е. И. Борисова. Становление регионального библиотечного законодательства в России[EB/OL]. http://www. ifapcom. ru/files/Monitoring/borisova_reg_leg. pdf

[167] В. Р. Фирсов. Нормативы и закон: сокращение, обновление или смена традиций[J]. Библиотека. 2006(11):6 – 9.

[168] О. А. Чувильская. Законодательство о библиотечном деле:

эволюция и современное состояние [J]. Научные и технические библиотеки. 2009(9):17 – 27.

[169] В. Р. Фирсов. Формирование территориального библиотечного законодательства в России[EB/OL]. http://www. r ba. ru/or/od/law/obesp/spisok. html

[170] Л. В. Куликова. Профессиональная и социальная защита работников библиотек (отражение в региональном законодательстве)[J]. Информационный бюллетень РБА. 1997(7):26 – 32.

[171] Е. И. Борисова. Социальная защита: опыт субъектов Российской Федерации[EB/OL]. http://www. rba. ru:8101/or/od/law/obe-sp/bor/bor. html

[172] Ю. А. Гриханов. Обновленный закон «Об обязательном экземпляре документов»: плюсы и минусы[J]. Библиотека. 2004(3):17 – 21.

[173] И. А. Андреева, В. Г. Гукова. К 5 – летию принятия федерального закона " Об обязательном экземпляре документов" [EB/OL]. http://www. pcpi. ru/manage/page? tid = 764400057&nd

[174] Т. Г. Рожкова. Обязательный платный экземпляр - основной источник комплектования книжных фондов крупнейших научных библиотек России и стран СНГ[EB/OL]. http://www. gpntb. ru/ win/inter-events/crimea2001/tom/sec8/Doc13. HTML

[175] А. В. Соколов. Опыт библиотечной демократии[J]. Школьная библиотека. 2007(8):38 – 45.

[176] К. М. Сухоруков. Как решаются проблемы обязательного экземпляра за рубежом[EB/OL]. http: //rsl. ru/newsarc. asp? ob _ ekz/suh. htm

[177] 4 – я Часть ГК может помочь библиотекам в реализации конституционных прав граждан на доступ к информации[EB/OL]. http://www. rba. ru/content/activities/discus/4gk/index. php

[178] В. В. Шилов, В. В. Брагинец. Федеральный экземпляр документов: Вопросы количества и распределения [J]. Научные и

технические библиотеки. 2001(6):49 –56.

[179] Е. М. Коломейчук. На повестке дня – проблемы законодательства об обязательном федеральном экземпляре документов [J]. Информационный бюллетень РБА. 1999(14):23 –26.

[180] В. Фирсов. Законодательное обеспечение деятельности библиотек в современных условиях[J]. Библиотечное дело, 2008, (21): 6 –9.

[181] Е. И. Борисова. Библиотека и местная власть[EB/OL]. http://www. rba. ru/or/od/law/obesp/ bor1. html

[182] Ю. А. Гриханов. Административная реформа и библиотечное обслуживание населения России[EB/OL]. http://www. library. ru/1/ ocal_uprav/admreform/article. php? a_uid =196

[183] А. В. Соколов. Демократия и библиотечная интенция [J]. Информационный бюллетень РБА. 2006(40):134 –136.

[184] Е. Борисова. Нормативно – провая база: основные направления развития отрасли[J]. Библиотека. 2007(11):23 –24.

[185] О. Ф. Бойкова. Библиотека в контексте местного самоуправления: законодательно правовые основы[EB/OL]. http://www. library. ru/1/local_uprav/admreform/article. php? a_uid =169

[186] Е. И. Борисова. Проблемы отрасли: законодательное обеспечение деятельности библиотек на федеральном уровне [J]. Библиотечное дело. 2008(15):9.

[187] В. Осипова. Проблема с оцифровкой библиотечных фондов и ее возможное разрешение[J]. Информационные ресурсы России. 2011(1): 21 –25.

[188] Ю. А. Гриханов. Региональное библиотечное законодательство в контексте социально – экономических реформ [J]. Информационный бюллетень РБА. 2007(45):19 –23.

[189] В. Н. Зайцев. Сообщество профессионалов. Новый этап сотрудничества[J]. Библиотека. 1996(4):4 –7.

[190] А. В. Соколов. Уроки библиотечного демократического

движения в России[J]. Научные и технические библиотеки. 2006(4): 5 – 17.

[191] Н. М. Березюк. Отечественный библиотековед К. И. Рубинский [J]. Научные и технические библиотеки. 1998(11):74 – 84.

[192] И. Г. Матвеева. Российское библиологическое общество [EB/OL]. http://libconfs. narod. ru/ 1996/2s/ 2s_p15. html

[193] Е. И. Борисова. Новый виток: региональное библиотечное законодательство: современное состояние и перспективы[J]. Библотечное дело. 2008(21):13 – 15.

[194] М. Ю. Матвеев. К 100 – летию первого всероссийского съезда по библиотечному делу[EB/OL]. www. rba. ru/conference/ forum3/docs/hist/ matveev1. pdf

[195] Е. Ю. Ажеева. Из истории первого библиотечного съезда России [J]. Библиотековедение. 2007(4):102 – 107.

[196] Ю. Н. Столяров. Итоги развития отечественных библиотек к концу второго тысячелетия[J]. Научные и технические библиотеки. 1998 (10): 35 – 50.

[197] О. А. Чувильская. Законодательство о библиотечном деле: эволюция и современное состояние [J]. Научные и технические библиотеки. 2009(9):17 – 27.

[198] А. В. Соколов. Эволюция библиотечной школы. Научные и технические библиотеки. 2008(1): 89 – 109.

[199] А. В. Теплицкая. Библиотечно – библиографические общества Москвы и Петрограда в 1917 – 1920 гг. [EB/OL]. http://libconfs. narod. ru/ 1998/8s/8s_p27. html

[200] М. Н. Глазков. Петербургское общество библиотековедения (1908 – 1922 гг.) [EB/OL]. http://libconfs. narod. ru/1997/3s/3s_p6. html

[201] И. И. Макарова. ИФЛА и отечественные библиотеки, библиотечные ассоциации и общества: взаимосвязь, взаимовлияние и взаимодействие[EB/OL]. http://libconfs. narod. ru/ 1997/5s/5s_p9. htm

[202] В. Н. Зайцев. Сообщество профессионалов: новый этап

сотрудничества: о деятельности РБА[J]. Библиотека. 1996(4):4 –7.

[203] В. Н. Зайцев. Российская библиотечная ассоциация в международном контексте профессиональных библиотечных объединений [EB/OL]. www. rba. ru/content/activities/ section/18/publ/fir/1. doc

[204] Т. Е. Коровкина. Библиотечное общественное движение в России в 1910 – е и 1990 – е гг: постановка проблемы[EB/OL]. http://lib-confs. narod. ru/1996/2s/2s_p12. html

[205] В. Н. Зайцев. Сообщество профессионалов: новый этап сотрудничества: о деятельности РБА[J]. Библиотека. 1996(4):4 –7.

[206] С. А. Мамаева. Российская библиотечная ассоциация: механизмы интеграции [J]. Научныеи технические библиотеки. 2008 (10):3 –10.

[207] С. А. Басов. Библиотечное общество как организация саморегулирования [J]. Информационный бюллетень РБА. 2006 (40): 136 –142.

[208] В. Р. Фирсов. Перспективы развития саморегулирования в библиотечной общественнопрофессиональнойсреде [J]. Научные и технические библиотеки. 2008(10):10 –14.

[209] Проект "Библиотечное дело и гражданское общество": Библиотечные общества иассоциации. СССР → РСФСР → Россия (Хронологическая таблица. 1989 – 2008гг.) [EB/OL]. http://www. rba. ru/content/activities/section/18/activities/doc/7. pdf

[210] С. А. Мамаева. Российская библиотечная ассоциация: единство в действии[M]. СПб.: Российская национальная библиотека. 2010

[211] Проект "Библиотечное дело игражданское общество": Социально – профессиональные библиотечные объединения в Российской Федерации[EB/OL]. http:// www. rba. ru/content/ activities/ section/18/activities/doc/8. pdf

[212] А. М. Чуканова. О Модельном стандарте деятельности специальной библиотеки для слепых субъекта Российской Федерации[J]. Информационный бюллетеньРБА. 2010(56):88 –89.

［213］А. Ю. Кузьмина. К десятилетию дискуссии о Кодексе профессиональной этики российского библиотекаря［J］. Научные и технические библиотеки. 2010(2):54－62.

［214］О. Ю. Куликова Н. И. Кожанова. Особенности краеведческой деятельности библиотеки в современных условиях［EB/OL］. http://www.gpntb.ru/win/inter－events/crimea98/doc2/doc118

［215］Т. Л. Манилова. Государственная политика в сфере библиотечного дела［EB/OL］. http://www.rba.ru/conference/history/tyumen/1.ppt

［216］М. П. Захаренко. Что нужно сделать, чтобы молодёжь пришла в библиотеку:(обсуждение проекта Руководства для публичных библиотек России по обслуживанию молодёжи)［J］. Информационный бюллетень РБА. 2012(63):101－103.

［217］Ю. П. Мелентьева. «Кодексу профессиональной этики российского библиотекаря» － пять лет［J］. Информационный Бюллетень РБА. 2005(33):27.

［218］Ю. Н. Столяров. Размышления о библиотечной этике год спустя［J］. Научные и технические библиотеки. 2003(4):123－142.

［219］И. А. Трушина. Российская библиотечная ассоциация готовит проект новой редакции «Кодекса профессиональной этики российского библиотекаря»［J］. Библиотековедение. 2010(2):26.

［220］С. А. Езова. Кодекс профессиональной этики российского библиотекаря принят, но обсуждение продолжается［J］. Научные и технические библиотеки. 2002(10):95－100.

［221］Модельный стандарт деятельности библиотеки научно－исследовательского учреждения Российской академии сельскохозяйственных наук［J］. Информационный бюллетень РБА. 2010(59):177－184.

［222］Базовые нормы организации сети и ресурсного обеспечения общедоступных библиотек муниципальных образований［EB/OL］. http://www.rba.ru/content/about/doc/baz.pdf

[223] Обсуждение проекта «Руководства по обеспечению качества информационно библиотечных услуг» [EB/OL]. http://www.rba.ru/content/activities/discus/kach/index.php

[224] Руководство по краеведческой деятельности центральной библиотеки субъекта РФ (области, края) [J]. Информационный бюллетень РБА. 2003(27):42–49.

[225] Е. В. Захарова. Модельный стандарт как средство оптимизации деятельности специальных библиотек [EB/OL]. http://www.rgbs.ru/ru/std/info/zah

[226] И. А. Трушина «Кодекс» десять лет спустя. РБА готовит новую редакцию «Кодекса профессиональной этики российского библиотекаря» [J]. Библиотечное дело. 2009(22):33.

[227] Модельный стандарт деятельности специальной библиотеки для слепых субъекта Российской Федерации [J]. Информационный бюллетень РБА. 2010(56):89–96.

[228] И. А. Трушина. О разработке новой редакции «Кодекса профессиональной этики российского библиотекаря» [J]. Информационный бюллетень РБА. 2010(56):121–128.

[229] Ю. П. Мелентьева. Разработка «Кодекса профессиональной этики российского библиотекаря» [J]. Информационный бюллетень РБА. 1997(7):60 – 62.

[230] Руководство для детских библиотек России [J]. Информационный бюллетень РБА. 2010(54):7–25.

[231] Руководство для публичных библиотек России по обслуживанию молодежи [EB/OL]. http://www.rba.ru/content/about/doc/mol.pdf

[232] Н. В. Бубекина. Библиотечное обслуживание детей России [EB/OL]. http://www.mcbs.ru/data/File/bubekina.pdf

[233] Публичные центры правовой информации: вектор развития [J]. Современная библиотека. 2011 (3):8–9.

后　记

从十年前第一次敲击键盘打开俄罗斯图书馆网站的那一刻起，我就对俄罗斯图书馆事业产生了兴趣。此时的俄罗斯图书馆事业已失去了苏联时期的荣耀光环，也不比西方国家发达先进，但深深吸引和感染我的却是俄罗斯图书馆事业蕴含的文化气质，沉淀的文化底蕴，以及俄罗斯图书馆人执著的职业精神与顽强不懈的毅力，这使俄罗斯图书馆事业拥有和散发着浓浓的人文主义气息，关注人的全面发展和社会的现实需求，着力体现图书馆职业的价值与意义，少几许喧嚣、浮躁、倦怠，多几分恬静雅致、务实、敬业。这一切都融入了俄罗斯图书馆事业的发展之中，成为俄罗斯图书馆事业的重要组成和发展动力，或许可称之为俄罗斯图书馆事业的特质。

兴趣引领关注，感受需要记录。于是，进一步了解乃至研究俄罗斯图书馆事业的想法油然而生。在查阅大量资料后，我自认为俄罗斯图书馆事业政策法规最能从宏观层面和微观细节全方位展示俄罗斯图书馆事业的发展状况。因此我最终选择了俄罗斯图书馆事业政策法规为研究视角，并将此作为自己博士论文的选题方向，而本书正是在此博士论文基础上修改而成的。

由于篇幅和时间所限，我只好割舍了中国与俄罗斯两国图书馆事业政策法规的比较研究，甚是遗憾，文中有些部分的写作也不尽如人意，论述未及深入，或许这些缺憾将成为自己未来继续研究的方向和动力。值得欣慰的是，图书馆是成长着的有机体，俄罗斯图书馆更是如此。本书的研究只是对俄罗斯图书馆事业发展的阶段性认识和总结，而近几年俄罗斯图书馆事业在经历艰难转轨带来的动荡后，开始稳定复苏并振兴发展，各项图书馆政策法规的制定、修订、实施正处于进行时，这必将为后续的关注和研究提供了可能和必然。

当今的俄罗斯图书馆事业在世界上不是最发达的，技术水平不是国际领先的，但其积蓄的巨大的发展潜力是公认的，因此有理由期待其未来发展前景，或许俄罗斯重回图书馆事业强国之列只是时间问题。希望能有更多的学者关注俄罗斯图书馆事业，共同研究并促进中国与俄罗斯两个金砖国家的图书馆事业交往合作。

本书的出版得益于黑龙江大学信息管理学院马海群和蒋永福两位老师的鼓励与支持，以及知识产权出版社许波女士的辛苦付出，在此一并表示深深谢意。

还要感谢我的家人和博士同窗。

虽然追求和力图完美，但学识和能力有限，书中疏漏之处，还望同仁批评指正。

贺延辉

2013 年 6 月